信息化探索实践 30 年

吴建明 著

科学出版社

北 京

内 容 简 介

本书介绍了作者 30 多年来在信息化工作方面的成果,分为六篇。信息理论篇介绍信息系统四个有序要素构成说、基于稳定信息结构的数据规划方法、病态信息理论、信息关系论、统一信息模型和信息闭环结构。保障模型篇介绍 8 个经典模型及其建模过程。建设实例篇选取部分推广应用软件的非保密部分。统一方法篇针对研发中出现的一些比较普遍、主体重复的问题,给出了统一解决方法。管理工具篇介绍作者在长期工作中形成的且十分有效的管理工具。课程教学篇介绍部分小、全、精、深且卓有成效的教学案例。

本书适合于信息系统规划人员,管理、技术等软件研发和维护人员,以及科研人员学习和研究参考,也可作为本科生、硕士研究生、博士研究生信息化相关课程的教学参考书。

图书在版编目 (CIP) 数据

信息化探索实践 30 年 / 吴建明著. —北京:科学出版社,2018.5
ISBN 978-7-03-057245-5

Ⅰ. ①信…　Ⅱ. ①吴…　Ⅲ. ①信息化建设－研究－中国
Ⅳ. ①G203

中国版本图书馆 CIP 数据核字(2018)第 084623 号

责任编辑:闫　悦 / 责任校对:郭瑞芝
责任印制:张克忠 / 封面设计:迷底书装

科 学 出 版 社 出版
北京东黄城根北街 16 号
邮政编码:100717
http://www.sciencep.com

保定市中画美凯印刷有限公司 印刷
科学出版社发行　各地新华书店经销
*
2018 年 5 月第 一 版　　开本:720×1000 1/16
2018 年 5 月第一次印刷　　印张:27
字数:509 000

定价:148.00 元
(如有印装质量问题,我社负责调换)

作 者 简 介

　　吴建明，男，江苏南京人，1961 年 12 月生，工学硕士，军事学博士，专业技术大校军衔，中国人民解放军陆军工程大学石家庄校区装备指挥与管理系副教授，硕士生导师，主要从事军事装备学和信息化方面的研究。

联系地址：河北省石家庄市和平西路 97 号装备指挥与管理系　　邮编：050003
联系电话：13081102160
E-mail：a13601@aliyun.com

前　　言

一个在装备指挥教研室工作了 30 多年的教员，撰写了一部信息化的著作，大家可能会感到意外。从何说起呢？作者想了很久，还得从"逼上梁山"和"赶鸭上架"说起。

1986 年，作者从军械助理员大专班毕业，留到军械管理系军械勤务教研室，也就是现在的装备指挥与管理系装备指挥教研室任教。由于当时中越边境自卫还击作战接近尾声，"再不参加战斗，可能这一辈子都没有机会了！"于是作者联系到一个昆明前线指挥部的同学，好不容易为作者安排了一个岗位(这在后来被称为代职)，作者的心已经飞向那战火熊熊的边陲。

正在作者准备行囊时，我们军械管理系接受了"军械一号"作战模拟训练系统的研制任务，作者的导师、当时的系主任甘茂治教授，动员作者留下做这一课题，该项目首期投入 7 万元，后续投入 16 万元，居当时隶属于解放军总后勤部的 14 所院校作战模拟项目之首，而第二名只有 5 万元，第三名只有 2 万元。在工资百元、许多项目投入只有 5000 元的年代，这是很多人向往的大课题。然而对于一个血气方刚的军人而言，与上前线相比较，它显得一文不值。按照"一场战争让他安静 30年"的说法推算，错过了这场战争，作者的军旅生涯只能是"和平梦中温柔乡"，事实也基本如此。在相持不下的争执中，最后的"动员"变成了"命令"，作为军人，作者只能服从。这个"代职"岗位由另外一名教员"享用"了，这令我后悔至今！

所谓"祸福相依"，作者失去了参战的机会，却得到了一个"练手"的绝佳机遇，作者参加了"军械一号"开发全过程。在编程技能上，作者从零开始，在课堂上只学到一点点 BASIC 和 dBASE II 基础，作者自学并应用 N88-BASIC 和 dBASE III 编程，一步一步成为当时的编程高手。在需求分析上经过"事百功一"的懊悔，也经过"败笔生辉"的兴奋，从中悟出了一些需求分析的精髓，为随后的信息系统开发"职业"生涯争得了一张入场券。

所谓"事百功一"的懊悔，就是在"军械一号"开发中作者负责数学模型的建设与开发任务，与作战想定和环境仿真(后来称为多媒体)并称三大核心。作者根据"计算机作战模拟系统"的术语，望文生义，认为战场弹药消耗的数据应当由计算机产生。因此，努力地研究数据仿真算法，经历了艰难的历程终于得到了权威人士的肯定："仿真数据与战场情况基本接近，可以用于模拟训练。"这是对作者莫大的鼓励，然而，"话音未落，笑容未止"，"总导演"的一句话浇了作者一个透心凉："数据是由导演给出的，而不是由计算机产生的！""为什么？""你的数据满足了真实性，但不满足教学中需要的典型性！""你要是早这么说，我 3 天就可以完成！"真是"道在迩而求诸远，事在易而求诸难！"近 300 个真正的不眠之夜，每天吃完晚饭就坐到计算机旁边，直到第二天六点出早操，吃完早饭后睡一上午，下午办事，其中的艰辛只有自己知道，当时的感觉可想而知。这是真正的事百功一！不过，也没有白费劲，可谓失之东隅，收之桑榆！依这个模型撰写的论文获得了中国人民解放军军械工程学院(下称军械工程学院)首届科技周优秀论文二等奖，作者很高兴，以助教的身份进入这个获奖圈子，这在当年屈指可数，并且让作者轻松通过了后来的硕士论文答辩，典型的一个"败笔生辉"！这样一个巨大的"起-落-起"过程，刻骨铭心，真有"醍醐灌顶""取经归来"之功效。

1988 年"军械一号"完成后，作者转入专业教学工作。半年后，作者发现"军械勤务"(至今已经扩展成为军事装备学)是一个几乎百分百的经验学科，基本内容简单到不能再简单，而学完这些内容，即便在考试中获得优秀成绩，到实际工作中却常常束手无策。如果教"高等数学"，作者自信，三年可以成为一名优秀的教员，但在这个专业，十年媳妇也熬不成婆！目前作者在这个专业工作已有 30 多年，是该学科资格最老的教员，仍然不敢称"婆婆"。于是作者找到导师、系主任甘茂治教授诉苦，得到的回答是"正是因为这个不满意的学科现状，更需要一代甚至几代人的奉献！没什么可学的，你可以创造，让别人来学你的！"这一方面让作者感到羞愧，另一方面也让作者感到振奋！作者在迷茫中似乎找到了方向。如何规划自己的专业生涯？思量许久，最终选择以"计算机在装备保障中的应用"为主攻方向，既不脱离专业，又发挥了作者在"军械一号"项目中的计算机特长。用悲观的观点看，在专业上作者比不过那些前辈教员，在计算机上比不过那些科班；但用乐观的观点看，作者具有计算机专业系统分析人员渴望的专业知识，也有业务人员羡慕的计算机技能，而信息系统的开发离不开两者的有机结合。本书的形成也充分地验证了这一点，单一方面的人都很难写出这样的著作。

在 1990 年前后，作者有幸进入全军军械管理信息系统评比活动 9 人专家组，为作者向其他专家学习、开阔视野、全面掌握全军军械管理信息系统状况、学习和积累开发经验提供了绝妙的机遇。在此，也向带作者进入专家组的赵恩祥参谋，带领专家组工作的组长、后来成为军械工程学院院长的米东教授表示感谢。虽然此事已经过去 20 多年，但与本书有着重要渊源。

随后作者为军械工程学院开设出了两者结合而成的"军械管理信息系统"课程，后来改名为"管理信息系统"，并一直延用至今。1991 年，作者在解放军出版社出版了第一部独立撰写的教材《军械管理信息系统管理基础》，此书的成型，一是要感谢赵强教授，在他的鼓励下，作者突破了"中专生"和"助教"的思想枷锁；二是感谢当时自学考试办公室张惠轩主任，他大力支持作者完成该书，并订购了 4000 余册，首次印刷超过了 5000 册，作为学院教材，后又翻印了若干次；三是感谢 20 多位帮助规划并修改该教材的前辈。作者在该课程上任教 20 余年，并在此基础上开设了硕士课程"信息系统原理"，以及博士课程"国防系统分析方法"。

由于"管理信息系统"这门课程，作者结识了一批管理信息系统界的前辈，在交流中发现，当时北京的名校暑假较长，但其中有一个 2 周的小学期，主要用来练习汉字输入、DOS 操作等计算机基础；当时能输入汉字的都可算作高手；而当时我国进口了大量的计算机，但遗憾的是全国计算机的开箱率只有 5%左右。作者敏锐地感受到管理专业对于计算机素质的依赖性。于是作者提交了一份《关于在军械助理员专业进行计算机强化训练》的报告，增加了五笔字型、DOS 操作、硬件维护、文字编辑、表格制作、图形制作、信息系统等七门课程各 10 个学时，以及争取到每人70 个机时(当时军械工程学院计算机应用专业四年也就接近这个上机时间)。得到了系、部、院三级的肯定，当年就按"考试课程"标准实施教学。在随后的若干年中，全军各种软件推广班上抽调的辅导教员几乎都是该班的学员，学院为此感到自豪。

1996 年，全军应急机动作战部队计算机配发与培训工作交由作者负责。经过半年多的调研、选型、配套等工作，确定方案并进行培训，取得了圆满的成功。至此，在程序编写、人员培训、硬件论证、需求分析、系统分析各个方面都经过了充分的实践，积累了相当丰富的经验，随后作者主持和参与开发了大量的信息系统。作为其中典型代表的"两成两力"综合评估系统、"两成两力"考核试题库、全军武器雷达系统病态数据检测软件三项各配发全军 1400 套；全军武器雷达系统"三化"考评软件、侦察情报系统"两成两力"评估系统、全军弹药管理系统病态数据检测软件配发全军使用；装备维修保障构件成为一个软件装备的部分列装。作者还参与了××平台、××9 等军队大型项目，作者作为这些信息系统需求的分析与设计人员，看到其已经发挥了巨大的效益并在后来的教学中成为经典的教学案例。为了充分发挥其效益，作者撰写了本书，与大家分享。由于水平有限，书中难免存在不妥之处，敬请读者批评指正！

本书集作者从"七五"开始从事信息化工作 30 余年以来的学术研究、主持和参与研发项目以及教学实践等方面的成果。尽管这些工作主要集中于部队装备保障信息化，但其同国家信息化的历程基本同步，从一个侧面反映了国家信息化的历史过程。尽管本书比较全面地涵盖了信息化工作的方方面面，但本书的目标并不在于构建一个完善的体系结构。完整的体系结构在很多著作和教材都有非常出色的论述，因此，本书的目标在于用亲历来说明作者个人的思想、观点和方法，内容的取材都是第一手的。为何如此？信息化工作的前辈、清华大学的侯炳辉教授指出："我国信息化实践的 30 多年是从引用国外的理论方法开始的,但也产生了诸多可'不分伯仲'甚至'后来居上'的中国特色的理论与方法,只是没有系统地整理而已！"他希望并支持作者在国家自然科学基金申请立项，收集并提炼中国"本土"的信息化理论与方法，以提高我国在该领域的国际地位。对于他的希望，我深感惭愧，因为这是一个需要宽广的理论知识、超群的见识和才能方可完成的工作，并且需要付出极大的艰苦努力，而作者已经接近退休，能力和精力都无法支持这项宏伟任务的完成。但为尽微薄之力，作者将个人的成果初步划分为信息理论、保障模型、建设实例、统一方法、管理工具和课程教学六篇出版，以期江山自有后来人！

信息理论篇介绍多年来的学术研究成果。①信息系统四个有序要素构成说，较美国《计算机科学与工程百科全书》中的三要素说更加全面、深刻地诠释了信息系统的内涵，对克服信息系统建设中单纯注重软件开发，忽略系统全面建设，特别是制度系统建设造成的信息系统失败具有针对性极强的指导意义。②基于稳定信息结构的数据规划方法，指出了国外引进的方法几乎都对于信息过程的稳定性具有强烈的依赖，只有在银行、财务等信息过程十分稳定的领域才能取得成功，而因改革开放造成急剧变化的其他领域，信息过程是不稳定的，因此，其失败的原因在于采用了不适当的数据规划方法。③信息关系论，以事物普遍联系观为推理基础，由于信息是普遍联系的事物的反映，所以，信息也是普遍联系的。这种联系在本书中称为关系，它有利于我们在数据的海洋中找到病态数据之所在，为提高信息质量奠定基础。④病态信息理论，以 1995 年台海危机时暴露出的"我军缺乏大规模数据质量控制方法"的问题为重点，经过假数据、异常数据、病态数据和病态信息四个发展阶段，形成了概念、本质规律、方法和工具四大体系，有效地控制了装备保障体系中的病态信息。⑤统一信息模型，力图在众多的信息定义中发现更基础的概念构件，对统一信息概念做了一个初步的尝试，以清除在百家争鸣、飞速发展的时期，多个信息化项目遇到的信息概念的障碍。⑥消除冗余是以往信息系统设计的基本要求之一，但为了更多、更有效地发现病态信息，提高信息质量，需要精心构造信息闭环结构。

保障模型篇介绍 8 个经典模型，主要来自于装备管理评估实践和战场弹药保障信息化两个方面。①多序列叠加生成值的合理性判定模型，是病态信息理论第一例，产生于 20 世纪 90 年代初，为辨别全军"三化"考评中的虚假数据提供了技术手段，配合以管理方法，有效地震慑了评估中的造假活动，提高了评估工作质量。②形式性评估指标调整模型，产生于 2002 年前后全军"两成两力"建设综合评估工作之中，提出了"用绩效性指标调整形式性指标的思路"，弱化了因评估标准允许存在的"显然的不合理"，大大挤压了评估中的水分，提高了评估工作质量。③弹药消耗模式模型是一个弹药供应研究由人工进入计算机的基础性模型。④胡子定律与弹药失供概率模型，为弹药供应军事效益的定量化提供了一种新思路，解决了该领域训练中"以胡子长短论正误"的尴尬局面。⑤弹药补充决策模型，以失供概率为基础，建立了计算机自动决策，以及计算机对于人工方案的评判模型，这在 30 年前充分展示了计算机智能，引起了数年的"围观"。⑥逻辑弹药基数的概念，针对弹药基数这一专业概念基于武器型号，而实际又需要基于弹药型号基数概念的矛盾提出的，它解决了信息化过程中的特殊需求。⑦目标比较函数与帕累托解，改穷举算法为非穷举算法，提高了"军械一号"作战模拟训练系统的学术与技术水平。⑧基于失供概率的弹药储备构成分析，开创用计算机仿真结果对长期积累形成的经验数据进行相互验证的新局面。

出于保密方面的原因，大量的优秀实例难以列入本书，只能在教学和学术报告中弥补；出于容量方面的原因，大篇幅的实例无法选用，从读者的角度出发，只能选取其典型有效和独特新颖的实例部分。因此，建设实例篇中只安排了弹药调拨和年度弹药统计两个系统调查形成的系统流程图的实例。野战兵站软件系统分析过程侧重论述从顶层系统流程图至系统流程全图的特殊表达方法。病态数据检测软件分析与设计是病态信息理论的奠基之作，是一个在没有维护的情况下运行了 10 年的"长寿"软件。"两成两力"综合评估软件和试题库软件各配发全军 1400 套，其中后者的特殊性在于多用户、多专业，适用于数百类考核对象。

统一方法篇介绍针对研发中出现的一些比较普遍的问题所采用的一些独特的思路和方法。在开发了多个管理评估软件系统以后，发现评估项目设计等缺乏理论和规范，以及系统低水平的重复开发等，这促使作者构建统一管理评估模型。针对系统规模扩展、大系统研发、组织的系统综合、多软件融合等工作中出现的字典冲突和接口不稳定问题，提出字典融合设计的方法体系；设计的统一接口，可稳定接口代码，消除频繁修改代码引发的波及效应。对于陌生、不太确定领域的系统开发，我们提出并完善需求全集构造方法，将需求全集作为需求分析的前提。聚类分析方法是系统研发中常用的方法，本书给出了装备大修预测软件应用实例。

在长期的系统研发工作中形成了一些固定的、可供读者借鉴的成果。管理工具篇中安排系统开发日志，介绍日志的重要性，以及写作方法和规范。系统设计规范，针对系统分析设计和实施"两团队模式"中的交流障碍，形成了一套交流规范，其有效性在多年实践中已充分得到证明。界面关系图，是作者独创的一套图形工具体系，可简单明白地表达界面之间的相关性。针对 GB1526-1989 只给出了系统流程图的符号体系，缺乏应用技巧和经验，做了一些弥补工作。系统研发中的问题和变更繁杂、管理困难，我们在长期的研发实践中形成了问题报告和变更管理的有效管理模式。

作者于 1989 年开设了"管理信息系统"课程，多年的研发实践为教学提供了许多非常有效的教学素材，对从事信息化教学的读者可能有所帮助。课程教学篇中介绍：小、全、精、深的战时运输道路决策支持系统软件需求说明样例；最小规模的权值误差的调整分配需求描述作业；能反映系统需求分析难点与创新要求的车炮匹配统计方案的改进过程和弹药回收流程的再设计过程；体现现代物流业务的库存业务系统流程图案例；讲解重难点的信息系统研发过程和用多种工具表达同一业务，以体现各种工具的共性、特点的流程设计与表达的多样性。

其实信息理论、保障模型、建设实例、统一方法、管理工具和课程教学六篇内容相通，而非互斥，无法决然分开。但客观需要一个分类，不得已而为之，只能根据内容的特色进行粗略地划分，望请谅解。

本书经历了 30 余年的积累，几乎涵盖了信息化工作方方面面的经验与亲历，但从读者的角度看，在阅读时，只能处于所面临的信息化工作的某一阶段、某一部分，或者是某一特定的角色，因此各位读者所关注的内容会有所差异。根据作者的体会和本书的内容情况，与信息化工作相关的人员类别可分为：领导与决策者、需求分析人员、逻辑设计与物理设计人员、系统实现人员、系统管理人员，以及信息化教学和研究人员等。从读者涉及信息化的深度，可分为初学者、深入学习者、实际工作者等。各类人员全面了解信息化的理论方法，阅读模型、实例和教学案例，掌握实用管理工具都是从事信息化工作所必须的，但不同类别的人员阅读有其侧重点和核心。

领导与决策者是信息化工作的决定性力量，建议重点阅读第一篇相关内容。四个有序要素构成说可以帮助其建立全面、系统的概念，从宏观上对信息化建设提供指导；"基于稳定的信息结构的数据规划方法"可以帮助其思考本系统当前信息化业务工作所处的状态，以便采用适当的数据规划方法；信息关系论和病态信息理论，可以帮助其认识到数据质量是系统的生命线，而信息闭环结构则可帮助其认识业务系统群之间的相互关系等。这些内容将在系统建设总目标、建设原则和建设步骤的宏观决策中发挥理论指导作用。同时，课程教学篇的第 35 章也是必看的内容，对于开发逻辑流程的理解也是软件质量的重要保证之一。

需求分析人员是系统建设的核心力量，正确地发现和定义需求是信息化建设的核心内容，需求一旦发生偏向，将导致系统彻底的失败，这一点作者亲历了许多痛彻心扉的教训。信息化需求必须以原系统为基础，但不是原系统的计算机化，也不是人工业务的翻版，需要根据信息化的特点进行不断的创新。第二篇的 8 个保障模型，以及第六篇的教学案例，用信息化手段解决了装备保障业务中的难题与关键业务。新需求对于组织能力的提升起到了至关重要的作用。当然，需求分析是一个承前启后的角色，即将决策者制定的目标，用需求的方式，翻译给系统分析与设计人员，这类人员必须对自身的业务工作有一个透彻的了解，并熟悉信息化目标与手段。

逻辑设计人员。在很多著作中，系统分析又称为需求分析与逻辑设计，这两项工作对于人员素质的要求有较大的交集，我国早期的本科管理信息系统专业设计就是想扩大这一交集，但效果并不明显。而作者认为两类人员的素质要求是有巨大差别的，前者应当是业务专家，而后者是信息化专家；前者的任务是完整、科学地表达一个组织的信息化需求，而后者是在需求的基础上建立一个完备的逻辑模型。因此，作者将需求分析人员与逻辑设计人员分类并列，自然，统一方法篇和建设实例篇是其阅读重点，课程教学篇也可供该类初学者参考。

系统设计人员。在许多著作中，系统设计又称物理设计，与之相对应，系统分析又称为逻辑设计。相对而言，系统设计是一个需要计算机专业知识更多的岗位。本书的统一方法篇、建设实例篇和课程教学篇提供了许多技术方案，具有参考作用，是阅读重点。

系统实现人员。与硬件生产相对应，系统实现是系统开发后期的生产阶段。相对而言，系统实现工作目标、任务相对固定，需要的知识技能结构化较强，一般由中级或初级人员承担，但其对于整个信息系统的质量也具有决定性的作用。就本书内容而言：(1)这部分人员处于一个急剧的成长期，需要全面的学习与提升；(2)实现工作需要与前面工序有较多的交流，而了解对方的工作是交流的基础；(3)前序工作留下的问题，在这个工序中可能会逐渐地暴露出来，在协调中需要更多的理解。这些方面决定了本书几乎全部的章节对于系统实现人员都是有效的。

系统管理人员。信息化过程的实际控制者和全程参与者，既需要深刻理解决策人员对于系统建设目标的定位，又需要对于需求和逻辑模型的深刻理解，还需要对系统实现人员进行有效的管控，以及各阶段的验收组织，因此需要比较全面的素质，可读全书，但对于技术方面的理解程度可以适当的放宽，重点可放在管理工具篇。

信息化教学和研究人员需要有一个全面的素质，可读全书，但可以根据其研究的内容选取重点。课程教学篇专门为教学人员提供了特有的素材。

本书主要以自身实践为基础，以基本事实为依据，但为了提高其可读性和观赏性，引人入胜，在一些人物对话中，采用了"戏说"的手法，希望不要对号入座，也希望不要在枝节末梢之处深究不已，从而忽略了本书所要表达的"精髓"。

吴建明

2018 年 1 月于石家庄

目　录

第三篇　建设实例篇

第四篇　统一方法篇

第五篇　管理工具篇

第六篇　课程教学篇

第一篇 信息理论篇

早期的建设理论与方法是面向小规模信息化建设的，可以归纳为技术和管理两大学派。一是强调技术水平的提升。由于当时的软硬件技术能力的限制，人们把失败归咎于技术能力不足，随着软硬件技术和专用工具的日益成熟，信息化项目的成功率依然低下。二是强调管理，在技术问题解决后管理问题成为主要矛盾。与技术学派一样，经历了辉煌以后，成功率显著提高了，但仍然不理想。

在信息化进入大规模建设阶段后，早期的理论与方法更是力不从心。因此，指导大规模信息化建设的理论与方法应运而生，本篇只是其中的一小部分。针对单纯技术观、信息质量，以及采用西方引进的数据规划方法不适合中国国情的现状引起的信息系统"大规模早期失效"的三大诱因，分别提出了信息系统四个有序要素构成说，基于稳定信息结构的数据规划方法，以及病态信息理论。在病态信息防治实践中又提炼出信息关系论和信息闭环结构。这些理论在长期的实践中得到了充分的应用和验证。

第1章 信息系统四个有序要素构成说

研 究 背 景

“七五”期间，军械管理信息系统开发率先进入了高潮。至“七五”结束时，年均投入千万元以上，已经拥有1200多台计算机，2000多人的操作队伍，200多个信息系统软件，以及一大批覆盖了从总体规划至具体机房管理规定等规章制度。为了使其有效地运转，举办了120多期培训班，开展了多次全军性的信息系统软件评比活动。

在取得辉煌成就和丰富经验的同时，也暴露出大量的问题，得到了诸多的教训。在这些问题中，有的是硬件问题，有的是软件问题，这些属于技术类的问题很快都被解决了，但还有很大一部分长期处于“扯皮”状态，结果导致“所有的人员工作都很‘圆满且无责’，但总体却运转不起来！”其后经过相当长时间的不断分析与总结，发现这些问题的主要原因在于制度系统的不完善及其执行偏差。而制度体系的问题又是由于宏观决策、建设方法与制度系统设计等存在的缺陷造成的。在这样大规模的信息系统开发的环境中，大量地暴露了人员、组织机构及其与制度系统的关系问题。在吸取了以美国《计算机科学与工程百科全书》为核心的相关理论精华，经过对现实问题深入的分析与研究，作者提出了信息系统四个有序要素构成说，从理论上对问题产生的根源进行了深入的挖掘，为后续的信息系统建设提供了理论指导。

在信息系统组成方面，美国《计算机科学与工程百科全书》[1]中“硬件、系统软件、应用软件、数据库、过程和有关人员”的提法是40年前的主流，本书将其归纳为“软件、硬件、人员”的三要素构成说，见图1-1第1列。但在信息系统高度发达的今天，这一理论显然已经不能满足客观实际的需要。作者在1991年出版的《军械管理信息系统管理基础》[2]一书中提出了“硬件设备、软件、工作规程、工作人员”组成观，见图1-1第2列，当时硬件价格昂贵，只有买得起硬件，才能编程序，而程序决定了操作方法(规程)，最后使用人员掌握了操作方法，软件才有可能产生效果并取得效益。随着软件数量的快速累积，制度系统与人员职责的矛盾逐渐体现，1996~2002年在《中国军事后勤百科全书》[3]管理信息系统条目的撰写中将工作规程的内涵扩大为制度系统，将工作人员扩展为人员及其组织机构，并将这两个要素的地位大幅度地提升，提出了“制度系统、人员及其组织机构、软件、硬件”的四个有序要素构成说，并强调上层要素对下层要素的决定性作用，见图1-1第3列。

2004 年在作者的博士论文[4]中该观点又有了新的发展：将制度系统要素分解为技术（体制）部分和管理部分，将软件要素分解为方法部分和软件设备部分；将制度系统中的技术部分与软件要素的方法部分合并成信息模型要素，将软件要素的软件设备部分与硬件部分合并为信息设备要素，这样使得各要素的内涵更加合理。制度系统要素中管理部分与技术部分的分离，使制度系统的概念更符合人们的习惯思维；将信息模型上升为独立的要素，因为它是信息系统质量的重要因素，是信息系统分析与设计的重要内容，可以作为独立的研究对象；将软件设备与硬件合并为信息设备，是因为在许多情况下软件设备与硬件是不可分离的,这样的划分更有利于实际应用,如图 1-1 第 4 列所示。

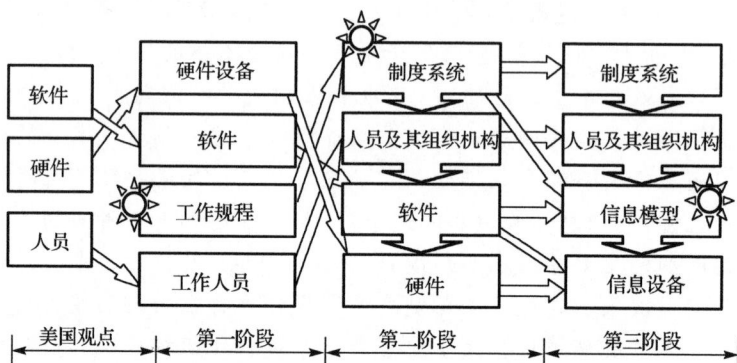

图 1-1　四个有序要素构成说的认识和发展变化过程

制度系统是用来明确各部门职能、协调各部门之间关系的，明确信息职能与职责、系统运行规范等，全系统、全寿命的有关规划、开发、使用、维护和管理等全面工作细节的体系。

人员及其组织机构。人员是信息系统中最活跃、最积极的因素。与信息系统相关的人员有两大类：一类是决定信息系统命运和使用信息系统输出的决策者，它属于信息系统的环境部分，这些人员的信息素质决定了信息系统的宏观基础；二是信息系统内部的人，包括管理人员、软件开发及维护人员、硬件维护人员及系统操作人员。对于一个大型的现代组织的信息系统，这些人员是具有各自的层次结构的，通常分为战略决策层、管理控制层、操作控制层和操作层等，具体层次的划分是由系统的规模决定的。不同层次与类别的人员都有相应的素质要求，除基本信息素质，还需要经过相应的岗位培训。各类人员有专职和兼职之分，专职人员的比例在不断增加。

在向信息社会过渡的今天，现代组织一般都设有信息部门。信息部门在不同的组织中使用不同的名称。它在组织中的位置或地位的不同，所起的作用也会不同。因此需要根据组织对其依赖作用的要求来设计它在组织中的位置，以便适当而又充分地发挥其作用。这种结构对于组织信息系统的结构及信息模型有着重大而深远的影响。

组织中的信息系统人员与组织机构可概括为三种组织形式。

（1）由处理业务较多的部门来管理。将计算机设备和业务的管理隶属于处理业务较多的单位，或者隶属于管理部门，其他各单位需用计算机处理业务时，应先通过该主管单位。这种组织方式的优点是设备集中，使用经济，易于管理。缺点是设备所在单位有使用优先权，易于造成矛盾。而如何在这种组织形式下使其他各单位开展计算机应用会有困难。其结构见图 1-2 信息部门位置 1。

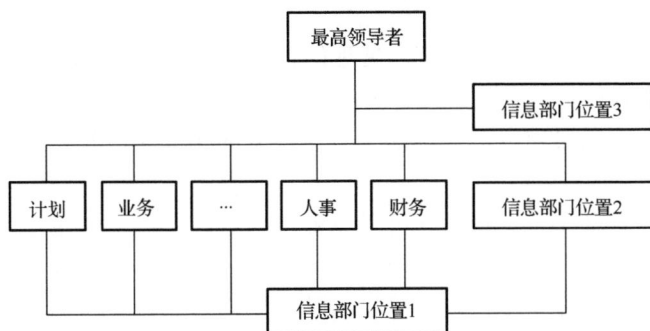

图 1-2　信息部门在组织机构中的位置

（2）与其他业务部门处于平等位置。信息部门是一独立单位，与其他业务单位平行，直接隶属于行政主管。所有的系统设计、应用开发、设备操作和维护等都集中处理，此种组织方式的优点是集中了计算机技术的人才，便于集中规划，提高人员素质，减轻作业成本，并便于统一调度和管理。而其最大缺点是信息部门要应付各方面专业的不同需求，需要配备专门人才或加强与专业部门的合作，而这种合作往往又是难以尽善尽美的。其结构见图 1-2 信息部门位置 2。

（3）信息部门位置高于其他业务部门。这种组织形式的优点与（2）相同。信息部门将负有建立整个组织的信息系统的责任。这种组织形式充分强调了信息在组织中的重要作用和地位。其问题是要慎重地处理信息部门与各业务部门的关系，保证组织信息渠道的畅通，同时对全系统起到控制和调节作用。它对整个组织的管理和决策将起最高领导者的助手作用。其结构见图 1-2 信息部门位置 3。

这三种组织形式都有各自的特点。采用哪一种形式应视组织的特点和对信息的需求，以及信息在组织中所起的作用来决定。根据实际的考察，当前采取的形式大致是：利用计算机的初期，其规模和作用都较小，多为第一种形式；到规模渐大，设备的档次提高，又强调组织对信息的整体需求时，则会从第一种形式过渡到第二种形式，而第二种形式是一个不稳定状态，因为在业务上存在职能交叉，所以，在一个不太长的时间内会过渡到第三种模式。我国目前采用第三种组织形式的较少，大多集中在内部管理非常现代的组织，其标志性的职务是信息主管（chief information officer，CIO）。

我国作为发展中国家，信息基础薄弱，组织信息资源管理水平还较落后。但是全社会的信息意识、信息观念正逐步增强。全国性的信息基础建设也在迅速的发展。1987年成立了国家信息中心，颁布了《政府信息资源管理条例》，其明确规定："各级政府及所属部门必须指定或设立专门机构统一管理其职责范围内的信息活动"。不少国家部门委派了副部长级干部专抓信息工作，大组织纷纷设立信息决策的机构或组织，并配备副总裁担任CIO之类的职务。这些都表明，我国的CIO体制建设，已经有了一个好的开端。

信息模型。信息模型主要指信息处理的体制，方法，过程，边界，输入、输出、存储的内容和形式的集合，一般需要用形式描述工具来表达，是目前信息系统规划、分析与设计研究的主要内容，根据四个有序要素的构成说，其是一个技术性较强的工作。

信息设备。信息设备主要指支持信息处理的物质基础，也包括支持其运行的软件。之所以用设备而不用硬件一词，是因为硬件一词几乎是计算机的专门用语，而本章讨论的信息系统并非专指以计算机为基础的信息系统。

系统依托部分。信息系统通常不是完全独立存在的系统，一方面，它只有在更高层次的环境中才能充分发挥作用；另一方面，它又依赖于环境，就现阶段而言，其依赖性突出表现在各层次之间的通信联系上，我们把这种非输入、输出性的，但信息系统生存必需的环境部分称作系统依托部分，其对信息系统的影响也是不容忽视的。

要 点 评 注

四个有序要素构成说继承了美国《计算机科学与工程百科全书》中"软件、硬件、人员"的三要素构成观，提出了四个有序要素构成说。信息系统是由制度系统、人员及其组织机构、信息模型和信息设备四个要素构成的；并且对于信息系统的重要性是依次降低的，下层的缺陷可以由上层来弥补，反之不行。四个有序要素构成说深刻揭示了"只单纯注重软件系统的开发，而忽略了系统全要素的建设，特别是制度系统建设"是信息系统早期大规模失效的根本原因之一，对于新系统的建设具有重要的指导意义。信息系统的决策者需要掌握信息系统全要素框架，以便指导信息系统规划、审批和验收建设方案等；而建设者也需要掌握这一常识，制定出一个"完整方案"。反过来，如果忽略这一点，可能导致不理想的后果，甚至失败。

从我国，特别是军队在过去以及当前大规模信息系统开发的失败之处，仍然可以看出软件和硬件技术已经不再是阻碍其发展的瓶颈，而管理技术是大规模信息系统难以逾越的障碍。管理技术的最终体现则是人员及组织机构，以及制度系统两大要素。

第2章 基于稳定信息结构的数据规划方法

研 究 背 景

我国的信息系统开发方法，是以改革开放以后，大量地引进国外的理论与方法为基础的。当然引进的总是"好东西"，没有一个人会将在国外都用不起来的东西引进国内使用。但许多引进的东西会出现"水土不服"的现象。

信息系统开发前期的数据规划工作在信息系统质量中起决定性的作用。因此，我们从国外引进了许多优秀的数据规划方法。在大量地使用后，发现了一些奇怪的现象，去除理解不透、错误应用的因素，许多方法只在少量的系统中应用得非常成功，而在其他大量的系统中是失败的。通过多年的归纳、分析与研究，发现这些数据规划方法在银行、财务等一些过程非常明确且不可更改的领域是成功的，而在一些过程不太稳定，可以随意修改的领域，则是非常失败的。进一步的研究表明，这些方法对于过程的稳定性具有高度、强烈的依赖性，这一点在发达国家是不成问题的；而在发展中国家，特别是像中国这样快速发展中的国家，许多管理过程带有较大的随意性，即常说的"一个领导一个法"，因此，这些对于稳定信息过程具有强烈依赖的方法，导致了信息系统的大规模早期失效。但对于银行、财务等领域，再大的领导也不敢"随意"，因此，这些方法显示出其功效。

根据这一结论，以及 James Martin 的数据稳定性原理，即"只要组织的性质不变，其决策所需要的信息是稳定的"，将引进的这些方法归结为"基于稳定信息过程"的方法类别，为了适应我国的国情，与此相对应，提出了"基于稳定信息结构"的数据规划方法。

先天性病态信息是由信息系统诞生(投入应用)前的原因所致，由于其先天性，绝大多数用"后天"的方法是难以解决的。而在先天性的因素中组织的信息规划①[5]起着决定性的作用。因此，强化信息规划工作，是控制先天性病态信息的重要手段。

作者考查了国内外有关信息规划的理论、方法与实践情况，实际跟踪了军内外

---

① 本章所称的"信息规划"，就是根据组织的整体战略目标，结合现代技术以及组织的现状和承受能力，制定一定期限内管理信息系统的发展目标、战略总体信息需求及实现方法。其特征：一是面向总体目标，二是支持组织的管理活动，三是为信息系统开发提供宏观或总体信息模型。在许多著作中，该问题被称为"数据规划"，在本章中可以认为两个术语基本上是同义词。

一系列的管理信息系统失效事件，以及我军装备保障信息系统的实际情况，并对这一状况及其原因进行了综合分析，基本情况如下[6,7]。

(1)许多组织由于数据规划的缺乏和规划中的缺陷，出现了众多的"信息孤岛"、功能交叉、数据重复、信息基础薄弱、信息模型不当等一系列不利后果。针对这种现状，众多学者从各个角度进行分析研究，并给出了许多导致这一状况的因素，提出了各种各样的解决方案[8-10]。Nolan 模型、Mische 模型和西诺特模型揭示了这种状况存在的必然性。

(2)现有的数据规划方法几乎都是进口的，或是进口方法的改进型或本地化，尚未检索到纯国产的数据规划方法。国内的研究大部分属于应用型的，在理论与方法研究方面高复先生的《信息资源规划——信息化建设基础工程》[11]在当时是一部难得的著作。

(3)现有的数据规划方法基本都是基于稳定信息过程的方法(data planning based on steady information process，DPBSIP，简称 P 方法)，这些方法在发达国家获得了成功的应用，但在我国快速变革的时代，这些方法显得软弱无力。

针对国内外、军内外的信息业务过程，特别是装备保障系统信息业务过程的不稳定性与目前国内外数据规划方法对于业务过程稳定性要求的矛盾，在认真研究了多年来装备保障系统信息化建设的经验与教训，整合传统数据规划方法的优点的基础上，提出了全新思路的、适合中国国情的且能有效排除病态信息[12]的基于稳定信息结构的方法(data planning based on steady information structure，DPBSIS，简称 S 方法)。该方法以数据稳定性原理为基本依据，以挖掘组织内稳定的信息结构为基本目标，按照确定的步骤，遵守确定的原则，经过多次反复"收集数据-分析数据"的循环过程，最终实现构建组织信息模型的目标。这在很大程度上克服了 P 方法对稳定业务过程的过分依赖，是一个适合中国国情，以及特别适用于装备保障系统的数据规划方法，对装备保障系统的数据规划具有一定的指导意义。新的数据规划方法至少在这一领域已出现较好的应用前景。

S 方法是由步骤体系与原则体系两大部分组成的。两个部分相辅相成，有着比较确定的对应关系。由于步骤体系是 S 方法特色部分，本章将进行详细的论述；而原则体系的主体是辩证唯物主义与系统理论在该领域内的具体体现，与其他方法的原则并无本质的区别，故本章不进行详细的论述。S 方法在××集团军弹药管理系统、××分部兵站弹药保障系统、××平台和××9 工程维修保障软件等多个项目的系统数据规划中获得了成功的应用，有效地遏制了先天性的病态信息。

2.1 两类方法及其关系分析

建设一幢大楼，需要一个稳定的基础。同样建设一个信息系统也需要建立在一个稳定的基础之上。考察以往的信息系统建设历史，这种稳定基础几乎全部归结为

"稳定业务过程"。这种稳定过程，在以经验管理为主体又处于改革开放的环境中是十分难得的。经验管理是以个体或群体的经验为主体的，而这种经验是不稳定的。改革年代，意味着各种环境的快速变化，在这种环境下，多数业务过程的"不稳定"导致了信息过程的不稳定。因此，有些人所称的在国外应用十分看好的许多方法、工具，到了中国怎么就不行了呢？原因很简单，不是一个个具体的原因所致，而是整体大环境的差别。所谓国外，通常是指西方的一些发达国家，各种业务过程经过了较为充分的发展，成为十分稳定的过程。而我国目前仍然是一个发展中的国家，且这种发展速度令世人瞩目，但业务过程的变化也是惊人的。目前我们看到的这些方法在我国的成功，也仅仅局限于金融、财会等业务过程十分稳定的领域，而其他领域的成功案例，则成为"凤毛麟角"。

　　基于对现行方法缺陷的分析，其根本是依赖"稳定的信息过程"，而我国的现实恰恰难以满足。因此，我们需要寻找新的稳定因素作为数据规划的基础[10]。James Martin 在《数据规划方法学》一书中指出：只要组织的性质不变，其决策所需要的数据是稳定的，而处理过程是多变的。组织的目标及组织机构都在变化之中，因而数据的处理是多变的，但在这些变动的因素中，基本的数据却是比较稳定的。这一原理在高复先的著作《信息工程与总体数据规划》[13]中被称为"数据稳定性原理"，也是 S 方法的思想基础之一。S 方法通过对组织数据的分析，提炼数据之间的逻辑关系，建立组织的信息模型，这在很大程度上减弱了在进行数据规划时对组织现行业务过程的依赖，保证所建立的信息模型的稳定性。

　　从基本过程的角度看，P 方法从组织的目标或职能开始，将其分解为业务过程，再细分为业务活动，从而建立组织的业务模型，然后分析业务活动对数据的使用和处理，通过业务活动之间的关系，把这些数据连接起来，构建组织的信息模型。这种典型的模式无法克服对现行业务的依赖性，致使在现行业务具有某些缺陷或在将来发生这样或那样的变化时，现在所得到的组织业务模型与信息模型将不再适用。而 S 方法，虽然也是从组织的目标开始，但对组织目标和任务的确定与分解是为了更全面地收集初始数据集，数据收集完成后，通过数据项审查、主题数据集审查以及信息关系分析，直接从数据的角度得到组织的信息模型，然后通过数据的流程对应地分析出组织的业务，这是一种从组织信息及其关系到业务过程的认识过程。这种认识过程很大程度上减弱了对现行业务过程的依赖，由于数据及其关系对于组织来讲是稳定的，所以通过信息关系分析组织的信息模型，以及由信息模型得到的组织逻辑业务过程，通常不会由于现行业务过程的变化而发生改变，从而在最大限度上保持了信息模型的稳定性。

　　S 方法是从分析组织的数据出发，得到组织的信息模型，一方面，可以使不太熟悉组织业务的规划人员直接进入数据规划的过程中来，不一定需要对组织业务长时间的熟悉与培训；但另一方面，这也对数据规划人员的规划技巧、经验以及逻辑分析能力提出了较高的要求。

两种方法对于信息需求变动的反应：S 方法的中心是建立"核心数据集"，再转换成满足不同使用者需要的输出信息结构——目标数据集，由于核心数据集的稳定性，通过更改输出信息结构即可满足不同的使用者，而输出信息结构的更改不会产生更多的"波及效应"。由于 P 方法需要首先确定信息处理过程，一方面这种过程是决策者和使用者意志的反映，另一方面是组织与环境作用的结果。当然这一过程不得违反，且必须符合逻辑过程，但一定会加入一些人为的、非逻辑的、不稳定的因素。由于 P 方法在本质上没有实现稳定因素与不稳定因素的分离、没有摆脱对于过程稳定性的过分依赖，致使决策者意志的变化、环境的轻微扰动等就可能形成先天性病态信息，影响使用，甚至引起信息系统的崩溃。而 S 方法从分析组织的目标开始，从组织的目标到组织的任务，然后到组织的数据以及数据关系分析，一步一步展开，其根本目的是通过一系列逻辑严密的步骤，分析提炼隐藏于组织机构和组织运行中的稳定的信息关系或信息流程，然后通过某种建模工具，将这种信息关系或信息流程描述出来，以作为今后组织信息系统建设的基础。

2.2 步 骤 体 系

从过程的角度看，S 方法是在统一信息模型(第 5 章)的基础上，完成从客观信息集合(objective information set，OIS)→主观信息集合(subjective information set，SIS)→数据集合(data set，DS)转变过程的方法。在具体的操作上由五大步骤，见图 2-1。A 确定目标和边界→B 获取初始数据集→C 建立核心数据集→D 完善目标数据集→E 完成信息模型等，其中，任一步骤都可返回任何的前面的步骤，是一个循环过程。由于步骤 A 确定系统目标和边界与其他方法基本一致，本章将从步骤 B 开始论述。

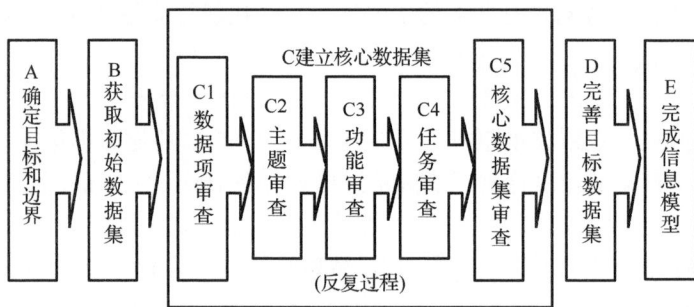

图 2-1　基于稳定信息结构的信息规划方法步骤

2.2.1　获取初始数据集

数据的收集阶段主要是在信息系统目标和边界确定后，灵活运用多种收集手段，通过多种收集渠道，从实际中得到支持组织任务完成的数据。数据收集阶段的结果我们称为"初始数据集"，数据项和主题数据集的审查将以初始数据集为基础。

在建立初始数据集时应当尽可能多地收集一切相关数据，防止有用信息丢失。这里着重强调数据收集时要尽可能多、尽可能全地收集到与组织任务相关的各种报表、中间表、参考资料等。这是因为 S 方法是以数据为基础的规划方法，规划的结果"组织的信息模型"正是在这一步骤所得到的数据基础上经过后面几个步骤的分析而建立起来的。此时数据收集不全，就可能导致最终模型在某些方面有所缺漏。但从另一个角度看，由于数据之间是相互关联的，只要在一个具有强相关性的数据集合中，收集到了一项数据，那么经过严密的逻辑分析，我们就有可能得到这一数据集在逻辑意义上的全集。这里收集的所有数据所组成的集合我们称为初始数据集。

数据收集的原则是一切从实际出发。数据收集工作和后面的数据分析工作在实际工作中一般是交替进行的。数据收集常伴以分析，而数据分析又常需要补充收集数据。这也是步骤 C 可能返回步骤 B 和步骤 A 的原因。

初始数据集将具有以下特点。

(1)包罗万象。因为在收集数据时是"尽可能多"地收集所能得到的且与组织/项目任务完成有关的数据(这里还是要强调与组织任务的相关性)，所以，初始数据集包括各种各样的数据。

(2)关系不明。在没有进行整理和加工时，这些数据之间的关系还不明确。这是初始状态集分析过程的目标之一：明确其相互关系。

(3)冗余度较大。因为在人工管理方式下，各种各样的单证、报表、账册不仅是数据的载体，而且是数据传输的介质，甚至是数据处理的工具(例如，在报表的空格中计算和填写)。有时管理人员出于一些临时性的需求，来不及严格分析就"设计"出一些结构不太合理的表格要求填报，也就不免有许多数据相互重复交叉，存在着较大的冗余。这是分析过程重点要消除的。

(4)数据的来源和目的并不明确。这主要是针对组织保留下来的一些残缺数据而言的。数据的来源不明确是指组织曾经统计或使用过的某些数据，现在看来无法确定其来源；数据目的的不明确是指组织统计或使用某些数据的出发点与目的现在无法确知。

(5)不尽规范。由于组织的信息工作实践不充分，种种历史因素和管理因素的作用、基础数据标准不一，部分报表格式不统一等现象仍然存在，这些问题通常会反映到初始数据集中。

2.2.2　建立核心数据集

建立核心数据集的过程是去粗取精、去伪存真、由此及彼、由表及里的分析过程，需要经过：C1 数据项审查→C2 主题审查→C3 功能审查→C4 任务审查→C5 核心数据集审查(与目标及功能的对比)。其中后四个步骤中发现问题(主要是完整性问题)时还要返回前面若干步骤。

数据项审查。为了便于在建立组织的信息模型时能以精确、逻辑严密的数据作为基础,必须首先对收集到的单个数据项审查。即保证进入信息模型的各个数据项的概念是正确的,精度是足够的,采集是方便、可行的,如果达不到要求需进行适当的修正。数据项审查主要针对的是初始数据集中的单个数据项,它不一定能够表达一个完整的语义,但该步骤的重点在于单个数据项自身的一些特性。

主题的建立、审查、改进。主题是能构成一个完整语义的数据项组合。建立主题就是根据数据项之间的关系进行适当的组合,形成一系列的主题,这些主题的集合称为主题集。例如,当"兵器室数量"与"单位名称""计量单位"这三个数据项组合起来时,我们就可以得到一个完整的语义,得到"某一单位有多少兵器室"这样一个主题。主题审查是检查主题及其集合的指标是否达到满意的程度,并给出通过、改进、暂存、删除的结论。

在此步骤中,规划人员会发现在初始数据集中还会缺少一些数据项,没有它们,有些数据是孤立的,无法构成一个完整的含义,此时,必须重复以前各个步骤来不断完善整个数据集合;也会发现一些多余的数据项,似乎没有什么用途,可暂作保存,有可能在进一步的规划中使用;也可能出现一些类似的、相近的、交差的和重复的主题,要给予一定的优化,这是规划中的难点所在。

功能的建立、审查、改进。每一个主题集是一个更大主题或主题子集的一部分,或者直接服务于一定的功能。基于这一情况,在完成主题集的基础上,需要对每一个主题及其集合进行功能审查,即确定一组主题或主题子集能否完成一个特定的功能。功能的建立就是根据主题集确定其能完成的功能集的过程;功能的审查是检查功能及其集合是否达到满意程度的过程,并给出通过、改进、暂存、删除的结论。

任务的建立、审查、改进。任务是一个或若干个功能的动态组合。如果功能审查是为了保证功能执行的条件是否具备,则任务就是一个应用这些条件达到特定目标的过程。任务集的建立是根据功能集确定其能完成的任务集的过程。

功能与主题是多对多的关系,功能与任务的区别:功能是直接对数据进行操作的部分,任务是功能的集合。任务集的审查是检查任务集实现需求的情况,并给出通过、改进、删除的结论。功能的审查是静态的,任务的审查则是动态的。

核心数据集的建立、审查、改进。核心数据集是可支持一定功能、一定任务的、能为实现组织目标(或信息系统目标)提供全部信息支持的数据集合。建立核心数据集的过程,是在主题集的基础上经过功能与任务分析,将其逐步完善的过程。核心数据集的审查是检查其达到规定指标的程度,并给出通过、改进、暂存、删除的结论。

2.2.3　完善目标数据集

核心数据集是一种纯理性的数据集,其格式、内容与实际应用有一定的差距,不一定能直接满足用户要求。而目标数据集是能够满足用户界面各种需要的数据集,这一阶段要有用户的充分参与,用户需求在这个阶段得到充分的展示,从这个意义上讲,完善目标数据集的过程也是用户需求的实现过程。第 32 章车炮匹配案例中,只要将信息全面记录就可称为核心数据集,而分别满足作训部门和保障部门就需要两个不同的数据集(显示表格),后者称为目标数据,它是直接面向最终的用户需求的数据集合。目标数据集是由核心数据集经过一定的变换得到的,过程中只需要增加一些控制信息,而不需要增加数据本身,从这个意义上讲,完善目标数据集的过程也是对核心数据集逻辑完备性的检验过程。如果存在核心数据集不能满足目标数据集要求的情况,需要重复以前的各步骤,以使其达到规定的要求。

2.2.4　完成信息模型

前面的规划工作是分析过程,组织信息模型的建立则是综合过程。尽管前面的分析有动态的过程,但其结果的形式是静态的,这为动态的信息模型奠定了基础。信息模型的建立过程是根据数据之间的逻辑关系,找出信息的逻辑流程的过程,也是用这些逻辑过程连接各数据集合的过程。信息模型抽象地反映了组织运作过程中信息的流动过程,也就是数据规划的结果和归宿。

信息模型在逻辑上与信息系统是对等的。信息系统的建设是以信息模型为蓝本的,或者说,信息模型代表了组织(用户)的信息需求。也就是说,信息系统的设备、人员与组织机构,及其相应的制度系统的设计都是为它服务的。

2.3　原　则　体　系

S 方法的数据规划原则直接来源有实践、理论分析和借鉴三方面。

一是对于装备保障信息系统数据规划工作经验的总结和提炼。例如,在实际的规划工作中常常遇到:如果规划结果的数据量太大,实际的数据录入人员就会产生烦躁情绪,甚至将历史数据完全复制或随意录入,致使这些数据根本无法使用,据此,我们提出数据规划的"适量性原则";又如规划后某些数据由于涉及个人隐私、保密性等问题,数据提供人员不愿填写,而产生病态信息,基于这类情况的考虑,我们提出了"情愿性原则"。

二是对于数据规划问题的理论分析。规划工作自身存在一定的规律性,而且适应系统科学的思想和理论,它们自成体系,因此,对它们总结、归纳、提炼和完善后,形成了数据规划原则体系的框架。例如,将在数据项审查时,数据项的目的性、层次性，以及主题数据集审查时，主题数据集的目的性和层次性要求归纳为原则体系中的目的性原则和层次性原则。对数据项审查时，数据项概念的正确性以及数据项限定这两方面的内容进行综合，借鉴当前国外数据质量评价标准的研究成果，拓展成为数据规划原则体系中有效性原则的基本框架。

三是借鉴现有的数据规划理论与方法中的原则。

把这三方面的原则有机融合、整理、完善、分类，最终形成了S方法数据规划的原则体系。但这些原则既有相互关联的一面，又有互相独立的一面，关系是错综复杂的，没有任何一种分类对于这些原则来说是十全十美的，本章只是在众多的分类中选择出一种比较合适原则体系描述的分类，见表2-1第一列。

表2-1 原则与步骤的对应关系

原则	步骤									
	确定目标和边界	获取初始数据集	建立核心数据集					完善目标数据集	完成信息模型	案例
			数据项审查	主题审查	功能审查	任务审查	核心数据集审查			
1. 概念正确性原则	★		★	★	★	★	☆	☆	☆	
共识性原则	★		★	★	☆	☆		★	★	
确定性原则	★		★	★	★	★	★	★	★	
独立性原则				★			★			
唯一性原则				★			★			
一致性原则				★			★			
完整性原则				★			★			
2. 目的性原则	★	☆	☆	★			★	★	★	有
真实性原则				★						
客观性原则				★						
主观适用性原则				★			★	★	★	
逻辑完备性原则	★		★	★	★	★	★	★	★	有
3. 有效性原则	★									
（结构有效性原则）										
边界适当性原则	★							☆	☆	★
组合性原则			★							
层次性原则	★		★							有
模块化原则					☆	☆	★	★	★	
（运行有效性原则）										
易理解原则	★		★	★	★	★	☆	★	★	有
易采集原则			★	★						有
适量性原则			★							
简洁性原则	★		★	★	★	★	★	★	★	

原则	步骤									
	确定目标和边界	获取初始数据集	建立核心数据集					完善目标数据集	完成信息模型	案例
			数据项审查	主题审查	功能审查	任务审查	核心数据集审查			
适应性原则	★					☆	☆	★	★	
4. 优化原则	★		★	★	★	★	★	★	★	
(有限优化原则)										
最优化原则							★	★	★	
满意性原则				★	★	★	★	★	★	
情意性原则			★	★						
协调性原则				★						
(产品优化原则)										
稳定性原则	★		★				★		★	
定量化原则			★							
可靠性原则			★	★			★	★	★	
维护性原则				★			★	★	★	
保障性原则							★	★	★	
恢复性原则							★	★		
信息能力充分原则			★	★			★	★	★	
(规划过程优化)										
持续改进原则	★			★						
计算机辅助原则		★	★	★	★	★	★	★	★	

注：★和☆表示依赖程度，前者高

2.4 原则与步骤的对应

S 方法的原则与步骤是密不可分的，离开原则的步骤将"不知所措"，而离开步骤的原则将是"无用之物"。原则与步骤相辅相成，共同构成完整的 S 方法。

S 方法的原则是在施行数据规划时所应该遵循的基本依据和准则，但并不是上述原则体系中的每一个原则在进行数据规划的每个步骤中都要遵循，而是这些原则各有侧重，它们中的有些原则只是针对数据规划中的某些步骤的，例如，易采集原则只在数据收集和数据项审查阶段需要考虑，而独立性原则需要在静态审查阶段考虑，当然也有普遍适用的原则，如目的性原则。表 2-1 列出了数据规划的各项原则与步骤的对应关系。

作为步骤体系顺利实施的基本依据，数据规划方法的原则体系源于实践，又高于实践，其与步骤体系有着一定的渊源关系，二者相互渗透、相互补充。正是步骤体系与原则体系的紧密结合，构成了一个较为完整的数据规划方法，也只有将这两个方面紧密结合，灵活运用，才能保证基于稳定信息结构的数据规划方法的顺利实施。

要 点 评 注

目前，国外引进的优秀数据规划方法，对信息过程的稳定性具有强烈依赖。根据这一特征，作者将其归纳为"基于稳定信息过程"的方法类别。这些方法无一例外地产生于发达国家，其过程的稳定性是自然存在的，而处于快速发展中的中国，在银行、财务等相当稳定的业务领域，其信息过程也是稳定的，但在更多的领域最极端的情况是"一个领导一个法"，因而引进的这些方法出现了"水土不服"。解决问题的办法就是另外寻找一个稳定的基础，并以此构建信息系。根据 James Martin 的信息稳定性原理，提出了基于稳定信息结构的数据规划方法，该方法由步骤体系和原则体系两大部分构成。

该方法在作者主持的多个信息系统开发中，体现出优越性。例如，病态信息检测软件，1997 年配发全军 200 套，2002 年继续配发全军 1400 套，在没有维护的情况下，一直用到 2007 年。再如，××平台维修保障构建，是大系统的一个部分，在开发的 5 年多时间内，接口数量在不断地变化，最少时 42 个，最多时 223 个，由于主系统过于庞大，各层级之间和同层级不同子系统之间几乎是"无时不在变化"的，但采用了本法，建立了 426 个稳定的数据要素构成的核心数据集，并在此基础上进行组合，形成满足不同要求的接口，大大减少了开发工作量和波及效应的危害。

方法的缺陷：①该方法是以原始数据集为基础的，故不适合一个全新领域信息系统的数据规划，原因很简单，新领域或新组织不存在一个该方法赖以生存的"原始数据集"，而只适应于具有很长、很充分的业务实践且有大量的数据基础的、基于计算机的信息系统建设，这很适合目前我军、我国的很多业务和组织；②由于该方法从初始数据集开始进行分析工作，工作量是可想而知的，从方法论的角度而言，信息模型的生成过程是"自下而上"的方式(基于稳定过程的方法则是"自上而下"的方式)，因此，该方法对于大型信息系统的规划能力相对较弱。

实践表明，由于有了信息结构这个稳定基础，在过程、接口和功能大量变化的情况下，能保持信息系统的稳定。

第 3 章 病态信息理论

研究背景

1995 年底，台海局势紧张，部队准备打仗。多年的和平环境，掩盖了我军在数据质量方面存在的诸多问题，战备使得这些问题集中暴露出来。总参兵种部军械技术局武器处刘广迎参谋召集部分同志讨论了"十年来严重困扰武器质量监控工作的难题"，并得出我们缺乏"大规模数据集质量控制的理论、方法与手段"的结论。大家一致认为：信息系统开发是良好的，然而作为其"血液"的数据却常常出现问题。显然，没有可靠的数据，我们投入大量的人力、物力、财力得到的信息系统也只能是一个"观赏系统"。为了做好全军武器质量监控工作，需要大力开展"大规模数据集质量控制的理论与方法"研究。这就是在后来被称为"病态信息"问题研究的开端。

3.1 病态信息概念的形成和研究过程

第一阶段是"假数据(fake data)"概念的研究。由于种种原因，上报数据中含有大量的不能反映客观实际的数据，直观地看，它是一种"假数据"，并因此而得名。"假数据"的观点过于鲜明，遭到了除战略决策层——总部机关以外各层次的强烈抵触，致使研究无法进行。经过研究，我们认识到："假数据"只是一种直观的初步认识，尚无确切的定义，也是很难定义清楚的，很难与我们的研究目标相适应，因为影响数据质量的因素是多样化的，"假数据"只是其中之一，且概念不清。把课题的研究重点放在一个定义模糊、非主要的因素上，显然是不可取的。也就是说，即便我们把"假数据"问题解决了，数据的总体质量也不一定能接近或达到理想的状态。

第二阶段是"异常数据(outlier)"概念的研究。这个概念借助了数理统计中的概念，力图提高数据问题的技术性成分，减少其管理性的成分，降低"假数据"带来的人为压力，其预期的目的是消除或减少研究中的人为阻力，调整课题研究目标。我们可以给"异常数据"赋予比较全面的内涵，例如，可以将其定义为不能"满足需要(fit to use)"的数据，这一名称与课题研究目标相适应，因为它几乎包括了影响数据质量的全部因素。但来自不同的几个管理控制层——军区方面长期从事武器质量监控工作的同志认为："'假数据'是我们绝对不能接受的，因为这是对我们工作最大的不信任。另一方面，我们的工作是努力的、认真的，错误和失误是不可避免的，出现了个别问题不等于我们造假。'异常数据'好像缓和一点，但也是不能接受的。因为我们的部队管理是严格的，'异常'多了是不允许的。我们的工作中，不可能，也不会出现如此多的'异常'"。进一步分析发现"异常数据"只是一个统计规律的概念，而在管理方面，这些异常的数据往往是重要的、高质量的数据，例如，地震前的动物异常反映数据、某年份粮食绝收数据等。由于概念的问题，研究工作又一次陷入僵局。

　　第三阶段是"病态数据"概念的研究。这个名称的产生基于这样的推理：信息系统硬件会损坏，损坏则需要维修，产生了待修设备(损坏-维修-待修设备)；信息系统软件会失效，失效则需要维护，产生了故障软件(失效-维护-故障软件)；而信息系统数据也需要一个类似的概念体系，这样便产生了"生病-治病-病态数据"的概念。从待修设备、故障软件推出病态数据概念也是自然而然的。在部队的武器质量监控数据出现问题(生病)时，需要有人帮助其解决(治病)。因此，需要为部队创造一个"数据医生"。研究工作从"打假"到"挑毛病"，最终发展到为部队的数据"治病"。因为"生病"是一种必然现象，基本消除了由于概念问题造成的人为压力与阻力。为部队服务是"病态数据"概念被全军各部队广泛接受的思想基础。研究工作也因此进入了一个快速的发展时期。

　　第四阶段是"病态信息"概念的研究。装备系统的"病态信息"问题不是孤立存在的，它有着广泛的社会根源，如果我们局限在装备系统研究该问题，将是片面的，在哲学上将陷入形而上学的方法论。将病态信息问题的研究置身于社会大环境下，一方面，有利于吸收更多的理论与方法，更快、更好地解决装备系统病态信息的问题；另一方面，将有利于装备系统研究成果的社会化应用，取得更广泛的社会效益。

　　为此，作者走访了军内外 20 多个单位，40 多名专家，取得了一些共识。但一些专家对"病态数据"的概念提出了一系列的质疑。例如，北京大学马蔼乃教授指出："病态数据是一个用错了的概念，病态数据是数据本身的属性，在人工系统中，会出现无法确认数值的情况(例如，由于个人书写习惯等原因造成的字迹不清；由于通信质量不高造成的音质不清等)，我们可称数据为病态的，但计算机系统中基本不存在这种情况，问题在于数据能否正确地反映客观实际，在这个意义上讲数据是健康的，而信息是病态的"。因而，在概念上进入第四阶段——"病态信息"的研究。2000 年"病态信息控制的理论与方法研究(69974042)"获得国家自然科学基金资助。至此，该项研究的对象被确定为"病态信息"。

　　病态信息的研究是从 1995 年底总参兵种部刘广迎参谋提出"十年来严重困扰武器质量监控工作的难题"和我们缺乏"大规模数据集质量控制的理论、方法与手段"的结论开始的。在概念上经历了假数据、异常数据、病态数据和病态信息四个阶段。

　　本章在武器和弹药两个实际的信息系统数据描述中找出了近千条具体的检测需求，并将其分类，建立了便于程序实现的 40 余个检测函数，又进一步抽象为 10 种信息关系。在理论上形成了指导工作的信息关系论，在实际操作中总结出关于病态信息的无损检测、有限检测、渐进检测和极大检测原则，并称检测四原则。"全军武器质量监控系统病态数据检测软件（1997～2007）"的检测实践获得了极大的成功，从 1997 年 10 月首次运行，1998 年配发全军 200 套，2002 年增配全军 1400 套，病态信息检测工作普遍展开，而且检测需求不断地增长。1998 年"全军弹药管理信息系统"配发全军应用。由于其大量的应用，成功地抑制了病态信息，得到了全军的普遍认可。投入 2 万元经费的"全军武器质量监控系统病态数据研究"项目于 1999 年获得军队科技进步二等奖。

3.2　病态信息概念定义

概念是科学的基础。为了理顺概念，建立了统一信息模型，见第 5 章。它比较深刻地描述了信息运动的宏观结构与本质规律，为目前众说纷纭的信息概念找到了统一的基础部件，目前大部分的信息与病态信息及其相关概念都可以在此基础上统一起来。

病态信息是指不能很好地、直接地满足设计与使用目标的信息集合，具体表现为信息集合的不完整、不适用、不好用，以及假信息等四个方面。

在病态信息定义的基础上提出了实用化的判定"四依据"。病态信息可以用合法性、合理性、真实性和正确性"四性"来判定。病态信息有多个不同的分类标准。病态信息的相对观指出：同一信息对于不同的应用目的、不同的人员呈现出不同的病态特性。信息关系论指出：由于事物是普遍联系的导致反映事物的信息也是普遍联系的，我们就可以通过这种关系判定和找出病态信息。

3.3　病态信息的本质与规律

病态信息是客观存在的，其危害是多方面的，若想对其进行有效的防治，首先要认识其本质和发展规律。本章从研究病态信息的思想基础、本质、判定标准、运动规律几个方面对病态信息进行阐述，见图 3-1，以便较全面地反映病态信息研究的理论成果。最后还讨论了病态信息理论发展模式。

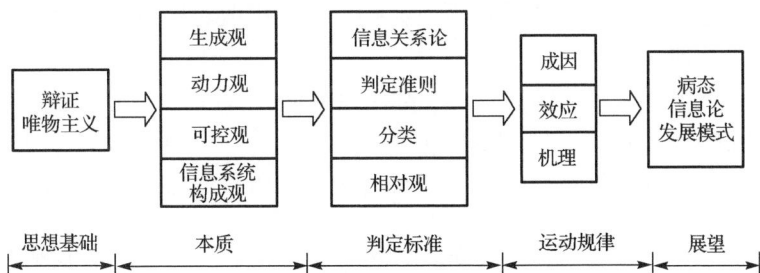

图 3-1　病态信息本质与规律主要内容

病态信息研究以辩证唯物主义的世界观与方法论为指导，充分应用现代信息理论的研究成果，来认识、分析、解决病态信息问题。辩证唯物主义思想在病态信息理论中的典型体现，见表 3-1，本章就不再逐一阐述。

表 3-1　辩证唯物主义在病态信息研究中的应用

病态信息理论与方法	辩证唯物主义思想
有限检测原则	有限与无限
极大检测原则	充分占有材料
渐进检测原则	发展观
扩散效应 信息关系论	普遍联系观
健康与病态	矛盾运动
病态信息概念的四个发展阶段	去粗取精、去伪存真、由此及彼、由表及里
数据规划方法	坚持物质(需求)第一性，意识(概念)第二性，意识对物质具有反作用
公理、常理与个性化的理性关系	矛盾的普遍性寓于矛盾的特殊性之中
"实践—认识"循环，见图 5-1	实践—认识—再实践—再认识

病态信息理论提出了对病态信息本质认识的生成观和动力观，以解决病态信息防治工作中的错误认识为目标的病态信息可控观，以及更正对信息系统组成要素认识的信息系统构成观，并称"四观"。生成观指出：在人们认识世界和改造世界的过程中才产生了病态信息，它是纯主观世界的产物。动力观认为：病态信息是推动信息系统发展的动力，加速旧系统的消亡，推进新系统的诞生。可控观认为：病态信息是可以控制的，并且其可控性是随着加工深度而逐步增强的。信息系统构成观认为：信息系统是由制度系统、人员及组织机构、信息模型、信息设备四个有序要素(第 1 章)构成的，并且其对于信息系统和信息质量的影响是逐次减弱的。

在病态信息定义和"四观"基础上，对病态信息运动规律进行了研究，提出了病态信息的两种效应、五种成因、五种机理。

两种效应是指累积效应和扩散效应。累积效应(the cumulative effect)是指：病态信息对于使用的影响是渐进的，有一个累积过程才能产生效果，并且随着累积的深入，其作用效果呈指数规律增长，最终造成系统的崩溃。扩散效应(the pervasive effect)是指：病态信息随着信息的传播，而不断扩散，且扩散速度与传播频率成正比，与信息的加工深度成正比。

病态信息的成因来自五个方面：一是社会信息能力(统一信息模型，见第 5 章中的 T_1、T_2 和 M_3)不足，二是信息系统构建与维护不妥，三是信息系统的操作与使用不当，四是信息系统管理不善，五是信息系统为之服务的组织系统的变化和环境的变更。

五种机理是指简化机理、强权机理、温室机理、利益驱动与监督不力机理和指挥棒机理。在统一信息模型中可以看出，信息在由客观信息集合、主观信息集合、数据集合的变换和向信息系统映射的过程中，逐步地、不断地产生信息的损失，使用者所能得到的信息一而再，再而三地被简化、忽略，以致最终被使用的信息与实际情况出现了不能忽略的差异，即病态信息，我们称这种规律为简化机理。某种强大权力或势力的存在，致使信息工作人员不得不伪造篡改信息而形成病态信息的现象，我们称为强权机理。人们为信息工作提供了正常的环境所不具备的优越条件，在这些工作进入常规后其缺陷不断地暴露和发作，并产生病态信息的现象，我们称为温室机理。由于利益的驱动，一些人主观故意地修改信息，以获取更大的利益，而监督不力又使其不断地扩大的现象，我们称为利益驱动与监督不力机理，其中利益和监督不力是两个必要条件。在组织或社会的管理中存在着一根无形的指挥棒，在指挥棒应用不当时，产生病态信息的现象，我们称为指挥棒机理。

3.4　病态信息控制方法与工具

病态信息的控制方法是在充分认识病态信息本质和规律的基础之上建立起来的，用于控制病态信息、改善信息质量。其发展是随着病态信息防治工作实践的深入而发展的，大致可以分为六个自然阶段，见表 3-2。

表 3-2　病态信息控制方法的发展过程

发展阶段		焦点	控制方法
I	错误数据	修正	手工修正→自动修正方法*
II	病态数据 数据质量	检测	病态信息检测/监测方法*→{检测四原则　数据分析模板} 数据质量评估→全面数据质量管理
III	病态系统 系统质量	系统 设计	新系统：信息质量设计 现系统：诊断方法*、信息闭环结构
IV	病态信息 信息质量	应用 效果	信息集合的修补方法*、病态信息的剔除方法* 预处待用制、病态决策制
V	广义系统 系统质量	系统 规划	新系统：系统规划→基于稳定信息结构的数据规划方法 现系统：系统重构
VI	信息质量 组织质量	综合	面向国家和社会的道德与法律方法 面向组织的政策和制度方法 面向管理和操作者的软件、硬件技术方法

注：带"*"标的检测、监测、整理(修正、修补与剔除)与诊断并称四种基本方法

最初，人们只是偶然地发现数据错误并纠正之，随着被发现错误数量的增加，手工修正工作量越来越大，修正的难度亦相应地增加，因此，修正方法成为研究的焦点，这可以认为是病态信息发展的起步阶段，称为错误数据阶段，其特点是以修正方法为中心。随着信息化进程的深入，信息量越来越大，发现的错误数量剧增，为了提高修正效率，自动修正方法成为重要的研究对象。

　　由于社会信息化的进步，人们接触到的数据越来越多，因而随机发现的错误数据也越来越多，自然地，人们对信息集合的质量产生了怀疑。由于修正工作的前提是能发现病态信息，而发现病态信息最直接的方法是检测(对于批处理系统)和监测(对于实时系统)，所以检测工作成为研究的焦点。相对而言，检测工作需要更多的经验、技术和技巧，而修正工作偏向于事务性工作。这便是第二个阶段——病态数据阶段，其特点是以检测工作为中心，形成了数据分析模板、检测四原则，出现了数据质量评估和管理方法。

　　经过大规模的检测工作实践，人们发现大量的问题是由于信息系统设计不良造成的，且信息系统设计中没有支持数据质量检测的功能，从而转向对于信息系统质量的关注，这样进入了第三阶段——病态系统阶段，其特点是以信息系统设计为中心，强调信息系统的信息质量设计，形成了信息闭环结构的设计目标，而对于现有系统强调病态信息的整理方法和诊断方法。

　　在以上问题都解决了以后，新的问题出现了，系统开发是成功的、数据设计也是合理的，但信息的应用效果总不遂人心愿，其原因在于信息需求的不合理，与信息系统当前所处的发展阶段不相适应，关于这些阶段的特征与信息需求的关系可参见 Nolan[14-17]模型、Mische[14]模型和 Synnott[15,16]模型等。这样进入了第四阶段——病态信息阶段，其特点是以应用效果为中心，强调信息集合的质量设计，出现了预处待用制与病态决策制两种基本的病态信息处理方法以及病态信息的修补方法和剔除方法。

　　通过以上阶段，在应用效果上取得了很大的进展，但仍未从根本上解决问题，以信息系统为核心(第三阶段)和以信息集合为核心(第四阶段)的狭隘思路的弱点最终暴露出来，被一种范围更大的广义信息系统概念所取代，所谓广义信息系统是包含信息系统自身及其信息源和使用者等与所关注信息相关的一切事物所组成的系统，这是第五阶段——广义系统阶段，其特征是以系统规划为中心，对于新系统，形成了基于稳定信息结构的数据规划方法，对于现行系统强调大系统重构。

　　人们研究信息只是为了更好地利用信息，而人们利用信息又是以实现组织的目标为核心的。我们发现，单一的方法是难以达到组织的目标的，这样进入了第六阶段——信息质量阶段，其特征是强调多种方法的综合应用。形成了面向国家和社会的道德与法律方法(一层)、面向组织的政策和制度方法(二层)，以及面向管理和操作者的软件(三层)、硬件技术方法(三层)，称为三层四法体系，全系统、全寿命和全员管理方法拓展，形成全面信息质量管理方法。

3.5　后续研究与应用

从 1995 年提出病态信息问题开始，至 2004 年作者博士论文完成，经过近 10 年的研究，获得了以上主要成果。

在随后的研究中，作者的研究生在该方向上进入更加深入的研究。曹孟谊[17]构建了信息质量评估的理论模型，并对国外信息质量的研究动态作了总结；陈骞[18]对病态数据的检测方法进行了研究，并建立了基于病态信息检测结果的数据质量排序模型；欧渊[19]对病态数据的修正方法进行了研究，构建了建议值的"排序五模型"，提出了问题极小化准则；王俊田[20]对数据质量评估进行了研究，建立了基于检测结果的数据可信度模型，以及数据可信度阈值确定的方法步骤；邰海军[21]针对重复报错的问题，提出递增式标准数据集合，针对由人工逐项核对，效率低下、工作重复等问题，提出基于排序的核对方法；李会刚[22]提出了装备管理信息系统生命周期由系统获取期与系统继生期组成的观点，并提出信息系统贯穿于获取期与继生期的全过程的设计思想；严凤斌[23]提出了定点分布、均匀分布、正态分布和金字塔分布等几种分布特征及相应的检测方法；高起蛟[24]提出了信息闭环结构，为改进装备信息系统自身缺陷提供了新的方法等。这些研究解决了我军信息系统中实际存在的诸多问题，丰富和发展了病态信息理论。

病态信息的理论与方法在装备系统的许多项目和实践中已经取得了明显的效益，由于篇幅限制，本书介绍的主要应用如下。

(1)病态信息检测与控制实践，参见第 4 章，起源于"全军武器质量监控系统"，应用于"全军武器装备质量监控系统"和"全军弹药质量管理信息系统"。

(2)数据的合理性判定模型——多序列叠加生成值的合理性判定模型，参见第 7 章，应用于"部队武器管理科学化制度化经常化达标验收计算机分析与评估系统"。

(3)数据的合理性调整模型——制约关系模型，参见第 8 章，应用于"部队武器管理科学化制度化经常化达标验收计算机分析与评估系统""全军成系统成建制形成作战保障能力评估系统""集团军以下部队'两成两力'指导体系研究"等多个项目。

(4)数据的自动修正模型——日期的修正规则，应用于"全军武器雷达信息系统病态数据研究"项目等。

(5)基于稳定信息结构的数据规划方法，应用于"××集团军弹药管理信息系统"，参见第 15 章和第 16 章；"××分部兵站弹药管理信息系统"，参见第 17 章，以及"××平台"和"××9 工程"等全军重点项目。

要 点 评 注

在长期研究与实践工作基础上,逐步形成了以统一信息模型为基础的概念体系,以揭示病态信息本质和规律为目的的理论体系,以控制病态信息为目的的方法体系和以提高效率为目的的工具体系等四部组成的适合国情、社会急需、效果显著、结构完整的理论与方法。

21世纪是信息化的世纪,如果我们缺乏有效控制病态信息的方法,又没有病态信息条件下的决策方法,等待我们的将是一场灾难。相反,如果我们在信息系统建设的过程中充分认识到病态信息的危害,充分应用病态信息理论与控制方法,将病态信息控制在一定的范围内,或消除之,我们可以尽享信息化给我们带来的辉煌。

第 4 章 信息关系论与病态信息检测原则

研 究 背 景

1996 年由于备战需要，大量数据汇集总部，但问题较多，难以使用。作者的课题组，临危受命，在深刻分析数据间相互关系的基础上，建立了 600 余条检测规则，并进一步抽象为 36 个通用检测函数和 8 个专用检测函数，以此为基础开发了病态数据检测程序，并于 1997 年首次投入使用，参见保障模型篇。翌年，又为第二个信息系统的病态数据检测程序建立了 400 余条检测规则，并于当年投入使用。

病态信息检测程序为大规模信息质量的控制提供了关键技术手段，被专家们誉为"数据仓库看门狗"，并于 1999 年获得军队科技进步二等奖。

在两个检测程序的基础上，将检测规则合并归纳为 40 余个函数，并进一步归纳成 10 种基本信息关系。为了便于推广，设计了数据分析模板，为了克服检测工作中的阻力，提出了无损检测、有限检测、极大检测和渐近检测四原则。据此，总结形成了病态信息理论与方法体系基础——信息关系论。2000 年"病态信息控制的理论与方法研究(69974042)"获得国家自然科学基金资助。

辩证唯物主义的事物普遍联系观是信息关系论的思想基础。从统一信息模型 (第 5 章)中可以看出信息与事物有一种映射关系。信息关系论指出：事物的普遍联系性导致反映事物的信息也是普遍联系的，这种联系在信息领域称为关系，我们可以通过这种关系找出病态信息之所在。信息关系是病态信息检测工作的思想与方法基础。

4.1 信息关系论的形成

信息关系论的形成来源于我们对武器和弹药两个装备信息系统的病态信息检测的实践。首先，我们对两实用系统的数据集合进行了检测需求分析，找出了需要检测的部分需求，然后，对于这些需求进行分析、总结、提炼，形成了"数据分析模板(4.3 节)"，使得检测需求分析工作大规模地展开，同时也对模板进行了必要的改进。有专业知识的人，经过简单培训，三天后可进行有效地检测需求分析工作。在此基础上，分别为两个系统建立了 600 余条和 400 余条检测规则(其中有 200 余条重复)，但在检测实施中不是一帆风顺的，我们总结出无损检测、有限检测、极大检测和渐进检测四大原则 (4.4 节)，有效地克服认识上存在的问题。在两个检测规则集合上，我们又进行了进一步的抽象，形成了 36 个通用检测函数和 8 个专用检测函数，开发了两个专用病态数据检测程序[25]，这也是整个病态信息理论最引人注目的地方。之后又将 40 余个函数归纳成 10 种信息关系，据此，形成了病态信息检测的理论基础——信息关系论。为了建立更多的信息关系，形成"信息闭环结构 (第 6 章)"这一指导信息系统设计的理论，并由此形成了信息系统重构的宏观指导思想之一。至此，病态信息检测的理论基础——信息关系论全面成熟。

4.2　信息关系类型

信息关系是一个极其复杂的问题，也是信息科学的重要研究课题。本章研究该问题的基本目标是将其应用于病态信息的判定检测工作。目前已实现的主要依据有四个方面：一是信息单元自身的规范与要求 (如信息单元限定)，二是信息之间的相互关系 (如除"信息单元限定"的其他关系)，三是已知的相关信息的对比 (信息闭环的一种，参见第 6 章)，四是信息正确性检验模型。本节重点研究前两个方面，第三方面是显而易见的，第四方面非常复杂，本章只有粗浅的研究，并在第 7 章中给出一个应用案例。在全军武器雷达信息系统病态数据检测程序中实现的信息关系如下，这些关系在程序中具体表现为 36 个通用检测函数和 8 个专用检测函数。

(1) 信息单元限定。信息单元限定有值域限定 (①~⑤) 与格式限定 (⑥和⑦)，以及组合限定 (⑧)。

①时间限定。给定时间范围，用于判定信息单元是否在给定的时间范围以内。按其精度可分为年、月、日、时、分、秒，以及混合精度值的比较与限定等。

②连续与有序值域限定。给定边界值，用于判定信息单元是否在规定范围以内。为具有连续值域的信息单元，以及有序集合，如实数、自然数、字符集等。

③状态值限定。给定值域列表，用于判定信息单元是否在既定的状态值范围以内。状态值通常以字典的方式列出，故又称为字典值限定。

④动态字典限定。由于状态值限定是静态的，如果出现值域与上报信息集合自身相关，用静态的状态值限定，显然不能满足检测要求，故设立动态字典限定。动态字典即根据传送信息集合来临时确定的字典，并用此字典来限定待检测的信息单元。

⑤空值限定。规定一个信息单元可否为空值，用于判定其是否符合规定要求。又分为标识单元空值限定和一般单元空值限定。

⑥字串内空格限定。规定一个信息单元内部可否有空格。通常在字符串中不允许有空格时采用此限定。通常有前空、中空、后空三种基本类型，及其组合类型。

⑦格式限定。规定一个信息单元的格式。判定待查字段值是否为规定的格式。例如，格式表达式为 CCYYSMMSDD 类，其中，CC 表示世纪，YY 表示年份，S 表示分隔符，MM 表示月份，DD 表示日。分隔符 S 可以有单空格、连字线、"/"等。CCYYSMMSDD 可以按约定俗成的任何顺序组成。

⑧组合限定。以上几种简单限定的组合形式。

（2）单向制约关系。当信息集合中的一个信息单元或一个信息子集，对另一个信息单元或信息子集存在一定的制约作用时，称它们之间存在单向制约关系。单向制约关系在检测实践中又分为空制约与值制约。空制约关系主要用于信息集合元素之间的空状态和/或非空状态之间的关系。空的概念对于不同的字段类型有不同的含义：字符串=" "，数值=0，逻辑值=false，状态值=某特定值（如伤残等级="无"）。单向空制约关系通常有四种，见表 4-1，其中，字段 1 为制约方字段，字段 2 为受制约方字段。值制约关系是指一个信息单元的取值，决定了另一个（或单元系列）的值域，若有一个单元取值后另一个单元有唯一值，则为函数关系。例如，某学校中年级与班级的关系，设一年级有三个班，二年级有四个班，这样，某个同学年级为 1，则其班级的值域为{1,2,3}，而某个同学年级为 2，则其班级的值域为{1,2,3,4}。在实际检测工作中也可将此类关系转换为组合关系来处理。

表 4-1 空制约关系种类

类别	字段 1	空	空	有	有	案例 字段 1	案例 字段 2
	字段 2	空	有	空	有		
单向制约	空空制约	不定	错误	—	—	入学时间	毕业院校
	空有制约	错误	不定	—	—	考试成绩	补考成绩
	有空制约	—	—	不定	错误	经济实用住房面积	供给制住房面积
	有有制约	—	—	错误	不定	支出金额	收入金额
双向制约	同态	不定	错误	错误	不定	入学时间	入学院校
	异态	错误	不定	不定	错误	军衔	文职级
	非同有	不定	不定	不定	错误	牵引里程	摩托小时
	非同空	错误	不定	不定	不定	行政职务	技术职务

（3）双向制约关系。两个信息单元取值存在相互制约，但无主次之分时，我们称它们之间存在双向制约关系。双向空制约关系通常可分解为两个单向制约关系，见表 4-1，也可以将其变换为组合关系来处理；双向值制约关系可用差别来表示。例如，设 $f_p > 0$ 为受比较字段值，$f_s > 0$ 为标准字段值，D 为差别值（暂取 $D = 20$）。差别限定的描述模式分为三种：原值差 $ABS(f_p - f_s) \leqslant 20$，倍数差 $ABS(f_p / f_s) \leqslant 20$，百分率差 $ABS(f_p - f_s) / f_s \leqslant 20\%$。为了方便描述。在实际的应用中可能出现以内（含边界），以外（含边界）等情况，则用相应的关系符来表达。有时还会出现只能大多少、只能小多少等，此时可将 ABS 换为 "+" 或 "−"。数值差别限定的种类见表 4-2。例如，

装备现有数 (f_p) 应在编制数 (f_s) 的 20%范围以内表示为 ABS (f_p–f_s)/f_s<20%；儿子年龄 (f_p) 应比父亲年龄 (f_s) 小 20 多岁表示为 –(f_p–f_s) > 20。

表 4-2　数值差别限定的种类

类别	范围	方向		
		双向（A）	正向（+）	负向（−）
原值差	以内	ABS (f_p–f_s) <20	+(f_p–f_s) <20	−(f_p–f_s) <20
	以内*	ABS (f_p–f_s) ≤20	+(f_p–f_s) ≤20	−(f_p–f_s) ≤20
	以外	ABS (f_p–f_s) >20	+(f_p–f_s) >20	−(f_p–f_s) >20
	以外*	ABS (f_p–f_s) ≥20	+(f_p–f_s) ≥20	−(f_p–f_s) ≥20
倍数	以内	ABS (f_p/f_s) <20	—	—
	以内*	ABS (f_p/f_s) ≤20	—	—
	以外	ABS (f_p/f_s) >20	—	—
	以外*	ABS (f_p/f_s) ≥20	—	—
百分数	以内	ABS (f_p–f_s) /f_s<20%	+(f_p–f_s) /f_s<20%	−(f_p–f_s) /f_s<20%
	以内*	ABS (f_p–f_s) /f_s≤20%	+(f_p–f_s) /f_s≤20%	−(f_p–f_s) /f_s≤20%
	以外	ABS (f_p–f_s) /f_s>20%	+(f_p–f_s) /f_s>20%	−(f_p–f_s) /f_s>20%
	以外*	ABS (f_p–f_s) /f_s≥20%	+(f_p–f_s) /f_s≥20%	−(f_p–f_s) /f_s≥20%

注：*表示包含分界点

（4）非突变关系。如果某一信息单元数值在时域上的变化是缓慢的，我们称其与上一次的数值构成非突变关系。即判定待查字段值相对于其历史值是否发生突变。由于其实际上相当于两个数值之间的差别限定，故在检测中可归于数值差别限定类型，之所以单独列为一类，是因为从可理解性需求方面考虑，在检测实践中需要考虑检测项目的设计与实际的检测操作人员能方便地理解这种关系。

（5）组合关系。当信息集合中的信息单元之间存在非单一的对应关系时，我们称它们之间存在组合关系。由于在检测实践中，通常一种组合用一条记录来表示，并穷举之，使其成为一个标准信息表，其检测过程实际上是一个查字典释义的过程，故组合关系在检测软件中又称为多段字典。例如，在"单向制约关系·值制约关系"中提到的年级与班级的关系，用组合关系可表示为{1,1；1,2；1,3；2,1；2,2；2,3；2,4}。再如，一种型号的炮弹可以配几种型号的引信，而一种型号的引信可以配给多种型号的炮弹。这种情况就可用使用组合关系来检测。

（6）顺序关系。当信息集合中的信息单元之间存在大小、前后、上下等顺序要求时，即顺序关系。例如，一个人的出生时间、工作时间、退休时间、死亡时间等即顺序关系。顺序关系按其含不含等号又分为严格顺序关系和非严格顺序关系。在软件实现中，不同数据类型的顺序关系用不同的函数来表示。

（7）子集关系。判定含有相同关键字的两个表中的记录集（待测信息集合 A、标准信息集合 B）是否满足规定要求。记录集的关系主要有相等（对称差为错）、互斥（交集为错)、A 包含 B(B 多余元素，$B-A$ 为错，即查 A 少)、B 包含 A(A 多余元素，$A-B$ 为错，即查 A 多)等几类。例如，一个单位中的职工表与工资表中的人员应是相等的→查对称差，对称差可能是停薪留职等正常原因，也可能是"吃空头"、错发、漏发等不正常的原因造成的；一个单位的获奖项目或等级事故只在相应的年份报一次，这样，两个年度的获奖项目或等级事故应当是互斥的→查交集，同样，同一装备不大可能在连续的两年中进行大修等，也可以设计成交集检测；调入装备清单 A 应当包含装备基本信息表 B 中的装备→查 A 少；某单位装备转级表 A 中的装备，一定包含于装备基本信息表 B 中→查 A 多。

(8)表达式关系。当待查信息单元或序列之间的关系可以用一个表达式来表示时，我们称它们之间构成表达式关系。其合理性可以通过表达式的真假值来判定。

(9)函数关系。其是表达式的一种特例。当信息集合中信息单元之间存在函数关系，即可以用一个简明的表达式来明确表示时，其合理性可以通过判定函数关系是否成立来确定信息是否为"病态"。实际上它是一种特殊的表达式关系。这种关系通常是系统中的冗余设计，需要考虑这种设计的必要性。在检测实践中若在函数关系中包含了较多的信息单元，则表达起来也是十分麻烦的，需要较多的提炼与分解工作，或在系统设计中加入一些冗余的中间变量。但某些特殊的形式也可以利用其特点。例如，单一运算符(如连加、连减、连乘、连除)的多信息单元的运算就可以用一个比较简练的公式表达。

(10)特定关系。主要是应用领域知识建立的关系，只能用"专用检测函数"来表示。

(11)复合关系。复合关系是上述几种关系的复合形式。

(12)外部定义关系。外部定义关系实际上不是一种特定的关系类型，而是一种检测实践中的收容类关系，又称为外部子程序型检测函数，主要用于上述没有提到的、关系复杂但实践中又需要检测的关系，是在检测系统中留出必要的接口的一种方法。

4.3　数据分析模板

数据分析模板的目的在于给报表检测计划的制定者一个比较全面的思考提示，避免造成检测计划的遗漏。表 4-3 给出的是××业务系统的专用数据分析模板，经过一定的修改，是可以通用的。它是检测软件开发者与业务人员交互的基础。它能使从事××工作的业务人员为检测程序的开发人员提供更多、更全面的数据关系或数据规律。实质上它提供了一种数据关系或规律的知识挖掘工具。当然，目前所提供的仅适用于信息系统中数据库报表类的数据规律挖掘，且与××系统紧密联系，随着研究的进一步深入，它会不断地完善，形成通用的数据分析模板系列。

表 4-3　数据分析模板

结构检查	报表结构检查		
	记录的完整性检查	全空记录	
		关键字字段组的完整性	
	空字段检测	关键字段问题	
		一般字段问题	
	字段规范性检查		
值域检查	字典(状态)类字段		
	时间类字段		
	武器号码类字段		
	数值类字段(除数据库限定外的具体要求)		
	不检查字段		
	其他字段		
内部关系检查	记录关系检查	重记录	
		相关记录检查	
	同一记录中字段的检查	运算关系	
		顺序关系	
		单向制约关系	
		互相制约关系	
		其他关系	
历史关系检查	记录集变化检查	一定变化的记录	
		可变可不变的记录	
		一定不变化的记录	
	同一记录中字段变化的检查	一定变化的字段	
		可变可不变的字段	单调增减函数类
			制约关系类
			非突变函数类
			其他类
		一定不变化的字段	
外部关系检查	与总体参数的关系		
	记录集关系检查	多余记录	
		漏记录检查	
		一定不变化的内容	
	相关记录中字段关系的检查		
综合关系检查			

4.4　病态信息检测原则

病态信息检测的实践不是一帆风顺的，与其他新生事物一样经历了各种各样的阻力和障碍，在克服这些障碍的过程中，形成了指导检测工作的四原则，即无损检测原则、有限检测原则、极大检测原则和渐进检测原则。

4.4.1　无损检测原则

无损检测[26]的思想早年见于工程领域，其主要目的是提供一种非损坏性的，进而是廉价的产品检测手段，以使人们能在使用前确认硬件产品的质量。对于信息这样复制极其方便的软件产品而言，其"有损"与"无损"并没有太多的技术意义。病态信息研究中无损检测原则的产生，主要是由于操作人员经常不断地抱怨，对于检测到的信息问题的修改是十分麻烦的，希望检测程序能够提供方便的操作性定位功能，以利于联机、及时地修改，而实现这一功能在技术上没有任何困难。但目前病态信息的检测通常是在管理机关进行，而不是在信息产生地进行的，这样对于病态信息的修正显然是不严肃的。信息的原始性是信息工作的生命线，对于绝大部分信息而言，不与信息产生地核实，就进行比较"随意的"修正，这样的信息通常是不真实的，而这种信息形式上满足了信息的合理性，但仍然是病态的，且具有更大的隐蔽性和危险性。隐蔽性是相对于病态信息的检测而言的，而危险性是相对于决策工作而言的。

无损检测原则的基本思想是：检测软件是专门用于检测病态信息的，只要能提供病态信息的列表、详细的位置、问题统计即完成了自身的使命。其中前者是其核心；而后者是其完美性的表现，并非必要。在检测过程中为了保持信息集合的原始性，对被检测的信息集合应当做到绝对的"无损"。提供对被检测信息集合的修改功能将会给全系统带来"灾难"性的后果。从管理学原理来看，无损检测有利于责任的划分。因此，无损检测是检测系统规划与设计应考虑的最重要的原则之一。

4.4.2　有限检测原则

有限检测原则的产生，主要起源于两个方面的原因：一是针对病态信息检测持否定态度的专家、学者，二是针对对于病态信息检测抱有不现实的幻想的管理人员。

否定病态信息研究工作的原因大体可以归纳为两个方面。一是认为病态信息问题不是一个学术和技术问题，而是一个政治思想工作问题：只要我们做好政治思想工作，使大家都能认真负责、忠于职守，病态信息问题就能解决得非常好。几年来的实践与观察表明，这种认识是片面的：一些政治思想工作非常过硬的单位，也不能摆脱病态信息的困扰；并且通过学术与技术的研究，我们已经取得了实质性的进展和比较满意的阶段性成果。二是认为病态信息是不可检测的，他们认为病态信息是主观的，只要满足合理性要求是无法检测到的。不错，以我们目前所达到的认识与实践水平是不能达到他们的理想要求的，但这仅仅是开始。从病态信息产生的机理上分析，在大规模信息集合条件下，人为制造一些合理的病态信息要比填写真实信息付出更多的代价。因而，只有在假信息的收益比这个代价大很多时才会产生主观病态信息，否则，病态信息应当是一个技术性、学术性较强的问题。

在病态信息检测的研究与应用取得初步的成功之后，一些管理人员对于病态信息检测产生了不现实的幻想，他们认为：只要我们能制订一个完善的检测计划并确实执行，在信息质量问题上便可高枕无忧了。这种理想主义的认识的最大问题在于他们的基本假设是有问题的，因而结论是错误的。其核心是"一个完善的检测计划"，而恰恰在这一点上，目前我们还无能为力。目前这项研究仅仅是一个开始，要达到他们理想的境地还有待进一步的研究。

有限检测原则的基本思想是：病态信息的检测是必要的，随着研究的深入，检测的内容与范围会不断地接近或达到管理人员的理想，即工程意义上的理想境界，但永远不能达到逻辑上或称为理论上的理想。因为事物是不断发展变化的，而一定的信息集合则是相对固定的，新的情况与新的检测需求将会不断地出现。由辩证唯物主义物质与意识关系的原理可知，物质决定意识，意识对物质具有反作用。因此，我们对于信息在其运动变化中产生的新的检测需求的认识是有一定过程的，即认识通常滞后于需求的发展，在一定发展历史条件下的实际检测工作只能是有限的，现实中尚有许多我们没有认识到的检测需求，也有已认识到，但目前由于时间、技术等方面的原因，尚未能实现的检测。而病态信息的研究目前只是起步阶段，其对于检测需求的反作用还有待研究的不断深入。

4.4.3 极大检测原则

极大检测原则的产生，主要在于确定检测项目时的经验主义。许多业务人员和检测项目分析人员会产生一种错误的认识：这个地方不可能出错，那个地方不可能出错，因此，这(那)些地方是不需要进行检测的。我们不能假设：这种错误不可能发生，那种错误在下级的软件中已做过检测，在进入上级系统时就可以忽略(不做检测)，这是一种麻痹思想。因为这种"不可能"的假设本身就是错误的，这种假设的起源是另外一个错误的假设，即系统在任何条件、任何时候、任何子系统都能正常的运行。任何一个子系统、任何时刻出现的问题都可能引起病态信息的产生，并且产生的问题是很难预料的。因此，我们必须对接收到的信息做尽可能多的检测，因为任何种类的错误都是有可能发生的。这也是病态信息研究的基本假设之一。对上报信息集合的每一个已认识到的检测需求都应尽可能地进行检测，包括已明确提出的要求，以及未明确提出的，但存在逻辑上或内在的必然联系的信息。

极大检测原则的基本思想是：当今计算机的处理能力已大大超过了病态信息检测的需求，其运行的质量与效率是满意的、运行的成本是低廉的，检测内容越多，信息集合的可靠性越高。错误可能发生在任何时候、任何地点，因而，只要是已经结构化的检测内容应当全数实施检测，即极大检测。简单地讲，这是一种以很小的代价，能减少或避免较大问题的策略，也是能大大提高信息集合可靠性的策略。

4.4.4　渐进检测原则

其实这不能成为一个独立的观点，只不过是辩证唯物主义中运动的观点、认识与实践的观点在病态信息检测具体问题中一个通俗的体现，其过渡的思想是"戴明环"，即管理学中所说的 plan-do-check-action 循环[27]。渐进检测原则的产生，主要起源于对病态信息检测抱有不现实幻想的管理人员。之所以称为"研究"，是因为病态信息的检测工作不是一个可以找到确定过程并且能确切描述工作结果的工程性问题，它的步骤不是一次完成的，而只能是不断反复的、渐进的。检测到病态信息后，还要分析其原因，提出解决方法，总结经验教训，指导新的检测工作。我们还可能在这些问题的启发下产生新的检测要求，发现新的问题。这一过程在病态信息研究的初期，循序渐进的规律是十分明显的。认识循序渐进的规律，可以避免"大跃进"式的病态信息检测的工作局面，使十分脆弱、但十分重要的病态信息检测工作毁于一旦。

渐进检测原则的基本思想是：人们对病态信息的认识需要有一个必要的过程，病态信息的表现不可能"一步到位"，对病态信息的认识也不可能"一步到位"，即使对现有问题认识"到位"了，或者在相对静止的系统中，事物也总是在不断地运动、变化与发展的，信息需求不会是一成不变的，检测需求也是在不断变化的，人们的认识水平通常滞后于事物的发展，所以，病态信息的检测工作只能是渐进的。

要 点 评 注

信息关系体系包括：辩证唯物主义的普遍联系观、信息关系论、信息的 10 种关系、病态信息检测函数、具体信息系统的病态信息检测规则。信息关系论是指：事物的普遍联系性导致了反映事物的信息的普遍联系性，这些联系可能用来发现病态信息的存在，缩小病态信息的范围。数据分析模板推荐的检查分为结构检查、值域检查、内部关系检查、历史关系检查、外部关系检查和综合关系检查 6 个方面。检测工作的四原则，即无损检测原则、有限检测原则、极大检测原则和渐进检测原则。无损检测是指：检测的目标是发现问题，未经与数据产生地核实的数据修改可以满足形式上的合理性，但仍然是病态的，且具有更大的隐蔽性和危险性，因此，对于原始数据应做到"无损"。有限检测是指：检测工作的效果是有限的，不能达到(无限的)理想的状态。极大检测是指：信息关系的结构化是困难的，但检测的实施是廉价的，因此，只要是被结构化的检测需求，都应实施检测，以提高信息的可靠性。渐进检测是指：人们对病态信息的认识需要有一个必要的过程，因此，病态信息的检测效果也只能是渐进发展的。信息闭环、信息螺旋结构有利于病态信息检测，成为大系统重构的重要原则之一。

第5章 统一信息模型

研 究 背 景

由于病态信息的研究已经获得了丰硕的应用成果，为了进一步扩大成果，需要适时地总结与概括出更深入、更广泛的理论。由于病态信息作为一个术语已经被广泛接受，但作为一个理论性的概念，则有较大的欠缺。尽管绞尽脑汁，在病态信息理论一章中给出了定义，但它是一个作者自己都不满意的定义。继续的研究发现，作为信息科学基础和病态信息概念基础的"信息"一词，也没有公允的结论。

信息科学是20世纪新兴的学科，但直到现在其在基本概念方面还没有形成统一的公允体系。钟义信教授在《信息科学原理》中指出"除了错误的以外，信息定义大约有130多种"。在分析整理后，提出了"本体论、认识论以及其他层次"的信息层次定义结构，成为学术界的主流观点。但仍然存在诸多概念，并且在信息概念基础上延伸出的概念更是数量繁多，且内涵不一。这种现状对于科学的发展和工程质量都有着巨大的负面影响，为了推进该问题的解决，基于"在众多的概念之中抽象出共性"的方法，提出了统一信息模型的构想，力图找到更基础的概念，为统一信息科学的概念奠定基础。

尽管这一成果还不成熟，但对于信息科学的研究人员有一定的参考作用，根据本书的初衷，也将该部分列入本书。

信息系统开发和应用人员可跳过此章。

5.1 引 言

信息问题的研究正处于一个百家争鸣的时代，研究的深度也由一些具体的学科上升到信息科学。在近30年内，国内外许多大学设立了信息科学学院或系，国家自然科学基金委员会设立了信息科学部等，是信息科学形成的有力证据。从信息科学又进一步上升到信息哲学(philosophy of information)，形成了物质与信息这样一对新的哲学范畴。Floridi[28]和黎鸣[29]的信息哲学著作证明了这一点。信息的概念也是众说纷纭，不过已经出现了统一的趋势和成果。但对于信息的运动规律的论述比较一致，形成了几种典型的代表。通过对这一时代特征和具体论点的分析与研究，作者认为，产生如此差异的原因，主要是信息本身的复杂性，并由此而表现出来的基本概念及其属性的散布性，即各种定义出于不同的考虑，产生了概念之间的差异。

为此，本章建立了"统一信息模型"（unified information model，UIM），通过对概念表象上的差异性分析，总结归纳出其本质上的同一性。其基本思路是，找出各种定义中包含的更基础的概念体系及相互关系（模型），并以此来重新认识各种不同概念，建立一个沟通的渠道，然后将各种合理的定义归纳成一个有序的整体，可望能够统一或规范目前国内外的许多概念及定义。当然这是 UIM 的最终目标，本章的研究离这个目标还有相当大的差距。但这一艰难的过程总需要有一个开始。

UIM 是用来描述信息运动规律的模型，它能沟通众说纷纭的信息概念，解释众多的信息现象，如病态信息成因、产生机理等。UIM 由六个集合（S）、四个变换（T）、三个映射（M）和两个循环（C）组成，见图 5-1。

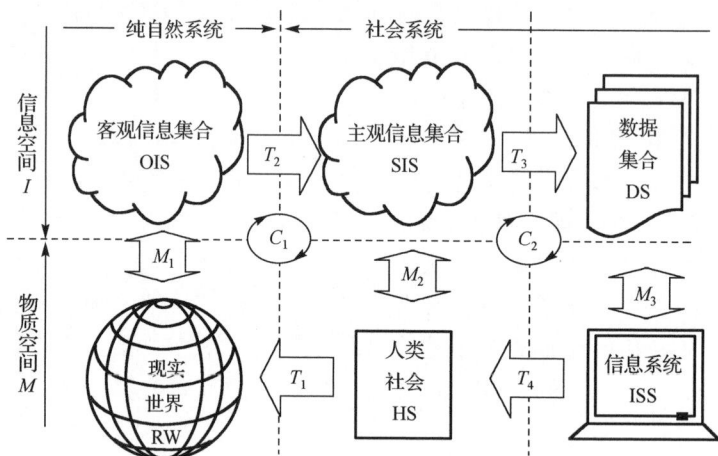

图 5-1　统一信息模型

5.2　概　念　基　础

（1）物质（matter）。列宁的经典定义："物质是标志客观实在的哲学范畴，这种客观实在是人通过感觉感知的，它不依赖于我们的感觉而存在，为我们的感觉所复写、摄影、反映。"

（2）能量（energy）。《中国大百科全书·物理学》指出："物质运动的一般量度。物质运动有多种形式，表现各异，但可互相转换，表明这些运动有共性，也有内在统一的量度。"能量是 UIM 中变换和映射的动力。

（3）信息（information）。钟义信教授的本体论层次的信息定义："信息是事物运动的状态和状态改变的方式。"

（4）空间（space）。空间是一个广泛使用范围的概念，在数学、物理和日常生活中应用最广。在不同学科领域中有不同的定义，哲学上也有不少论述，但统一的空间概念尚未形成。参照不同的定义，本章偏向"(数学)空间"的概念，它由三个条件构成：一是基本的元素集合，二是定义在这个集合上的运算，三是所有运算要在空间中封闭。

(5)物质空间(matter space)，全部物质及其运动的集合。目前已经认识到的有机械的、物理的、化学的、生物的、社会的运动等几类。如果把这些形式的运动，定义为数学意义上的运算，物质空间就可以被定义为一种比较严格意义的数学空间的概念。

(6)信息空间(information space)，全部信息及其信息运动的集合。

(7)集合(set)。《中国大百科全书·数学》指出：集合是现代数学的一个基本概念。一个集合是指一些事物的全体，简称集。集合 A 中的事物 a 称为这个集合的元素，记作 $a \in A$，b 不是集合 A 的元素，记作 $b \notin A$。如果某种事物不存在，就称这种事物的全体是空集，记作 $\varnothing$。给定集合 A，如果集合 E 的元素都是集合 A 的元素，则称 E 为 A 的子集，记作 $E \subset A$ 或 $E \subseteq A$，如果此时 $E \neq A$ 则称 E 为 A 的真子集，记作 $E \subsetneqq A$。A 的一切子集构成的集，称为 A 的幂集，记作 $P(A)$。由两个给定集合(A 和 B)的全部元素所组成的集合，称为这两个集合的并集，记作 $A \cup B$。由两个给定集合的公共元素所组成的集合，称为这两个集合的交集，记作 $A \cap B$。属于集合 A 而不属于集合 B 的一切元素组成的集合，称为 A 与 B 的差集，记作 A / B。两个集合中的一切元素的有序对组成的集合，称为 A 与 B 的积集，记作 $A \times B$。

(8)映射(mapping)。《中国大百科全书·数学》指出：映射，基本概念之一，通常函数概念的推广。设 A 和 B 是两个非空集合，f 是一个法则，如果对 A 中任一元素 x，依照法则 f，B 中有某一元素 y 与 x 相对应，就称 f 为一个从 A 到 B 的映射。如果一个从 A 到 B 的映射，使 A 中任意两个不同元素在 B 中的像也不同，则这种映射称为单射；如果一个从 A 到 B 的映射，使 B 中每个元素都是 A 中元素的像，则这种映射称为满射；既是单射又是满射的映射称为双射。

(9)变换(transform)。本章中的变换是指事物运动中状态发生变化的过程。有物质变换、信息变换和能量变换等三种不同的表现形式，分别在三个不同的空间中进行，具有一定的起因。

在 UIM 中，映射强调的是物质集合与信息集合的对应关系，这种关系是由于信息对于物质的依附性自然形成的；而变换则强调集合中的元素自身的改变，或集合、子集元素的增减，变换需要能量的推动。

5.3　模型的数学描述

UIM = {S, M, T, C}
S = {RW, HS, ISS, OIS, SIS, DS}

OIS，SIS，DS ⊂ Information Space

RW，HS，ISS ⊂ Matter Space

$M = \{M_1, M_2, M_3\}$

　　M_1：RW⇔OIS，客观映射

　　M_2：HS⇔SIS，主观映射

　　　　M_{21}：正确认识的映射

　　　　M_{22}：错误认识的映射

　　　　M_{23}：未知认识的映射

　　M_3：ISS⇔DS，工程映射

$T = \{T_1, T_2, T_3, T_4\}$

　　T_1：HS→RW，效用变换

　　T_2：OIS→SIS，认知变换

　　　　T_{21}：客观的状态信息向主观的状态信息的变换

　　　　T_{22}：客观规律向主观知识的变换

　　T_3：SIS→DS，表达变换

　　　　T_{31}：主观的状态信息的表达过程

　　　　T_{32}：主观知识的表达过程

　　T_4：ISS→HS，应用变换

$C = \{C_1, C_2\}$

　　C_1：T_1→M_1→T_2→M_2，"实践—认识"循环

　　C_2：M_2→T_3→M_3→T_4，"表达—应用"循环

5.4　六个集合

在 UIM 中，RW、OIS 属于自然系统，SIS 与 HS 属于社会系统，DS 与 ISS 属于信息系统。RW、HS、ISS 存在于物质空间，OIS、SIS、DS 存在于信息空间。RW与 OIS 是同一事物的两个方面，是不可分割的，这里的分割是从纯理论与概念的角度考虑的，在现实当中，没有任何力量可以使其分离。同理，SIS 与 HS、DS 与 ISS（这里是广义的 IS）也有相同的关系。我们所说的信息可以与物质分离，是指 OIS 中的信息可以转换为 SIS 中的信息，而 SIS 中的信息可以转换到 DS 中，成为相对独立的部分，但信息空间与物质空间的联系是无法分离的。

现实世界（real world，RW），是一种纯客观事物的集合，是我们研究、认识和改造的对象。按辩证唯物主义"物质无限可分"的观点，它是无限集。我们能从整体上认识物质世界（如东方的整体观），也能从局部上认识物质（如西方的还原论）。

但从局部上认识的世界仅仅是很少的一部分或几个层次。物质是无限可分的，

而人类认识存在历史的局限性，所以，我们只能认识到某个物质的子集，无法界定物质的基本元素，但我们可以讨论它的可列性、势等空间性质问题。

客观信息集合(objective information set，OIS)。"信息是事物运动的状态和(状态改变的)方式"[30]，因此，客观信息集合与 RW 具有一种对等关系。OIS 包含了客观的状态信息(objective state information)和客观规律(law)集合。同 RW 一样，现阶段，我们只能认识到 OIS 中的某个子集而不能确定该集合的全部，因此，也难以定义其基本元素，并且一旦我们对 OIS 中的某些信息有所认识，就完成了从 OIS 到 SIS 的某些变换，即人们所认识到的内容均属于 SIS 范畴。

人类社会(human society，HS)，是全体人类的集合，作为一个整体，它是全体个人(认识主体)的集合，不同的社会组织，即不同的人的组合，可以作为 HS 的不同子集。由于社会系统是有层次结构的，所以 HS 也是一个具有层次结构的集合。进而使得与其有映射关系的 SIS 也是一个有层次关系的集合。

主观信息集合(subjective information set，SIS)。信息是认识主体所能感知或认识的事物运动的状态和状态改变的方式。SIS 是对 OIS 中的一部分信息的一种表示(representation)，SIS 包括主观的状态信息(subjective state information)和知识(knowledge)。由于人类的认识历史是有限的，故 SIS 是一个有限集，但它有无限增大的趋势。

当然，对于客观事物状态的描述也是一种知识，本章中将这种知识约定为状态信息，而将"状态之间的变化法则"约定为规律和知识。状态信息是事物不同时刻的状态值的集合；客观规律是事物状态之间的必然联系；知识是人们已经认识到的事物状态之间的相互联系。规律是客观的，而知识是主观的，因而，知识不是百分之百的正确。

数据集合(data set，DS)，是人们用以表达、复制 SIS 的结果的。由于技术手段等的局限性，有很多人们可以认识的事物及其特性还不能全部地表达与复制，而在人类创造的 DS 中，也不能百分之百地被人类所掌握，所以，在某种意义上讲，主观信息集合与数据集合是一种包含关系，即 SIS⊃DS，或者说再由前者向后者变换的过程中产生了许多省略和简化。

信息系统集合(information system set，ISS)，是人们为了高速、大容量的处理和存储信息，辅助人的大脑机能，而实施的工程实践。通常，作为工程实践的内容，它不能超出数据集合 DS 的范畴，因为不是所有可以表达的认识都加入信息系统的运动，所以，两者之间又是一种包含关系。人在这个模型中是一个关键因素，SIS、DS、ISS 以及人类自身 HS 都是由它来操纵的，但图 5-1 中的人仅仅是指直接用于改造世界的决策者全体。在 UIM 中对于 ISS 有两点需要说明：一是 ISS 是所有人类的信息系统的集合；二是 IS 并非特指以计算机为基础的信息系统，而是一个具有更广泛意义的信息系统。

5.5 四 种 变 换

T_1 是 HS 改造 RW 的实践活动。人们改造客观世界的活动，是一物质运动，但伴随这个物质运动的是信息的运动，即通过物质世界的改造，在改变 RW 的同时也改变了 OIS。T_1 变换可以分为自发的和自觉的两大类，而自觉的变换又可分为探索性的、验证性的和生产性的三类。自发性的变换是人类无意的、出于本能的社会实践活动，自觉性的变换是人们在意识指导下的实践活动，而这种意识来源于 M_2 和 T_4，涉及后面的"语用信息""积存信息"等。

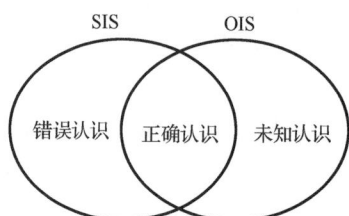

图 5-2　OIS 与 SIS 关系 I

T_2 是 HS 认识 RW 的实践活动。人们改造主观世界的活动，是一种信息运动。即将 OIS 中的状态信息与规律转换为 SIS 中的状态描述信息和知识。OIS 与 SIS 是一种交差关系，形成三个子集：正确认识、错误认识和未知认识，见图 5-2。正确认识是 OIS 与 SIS 的交集；错误认识是 SIS 与 OIS 的差集；未知认识是 OIS 与 SIS 的差集。在人们的认识活动中产生了"正确认识"；在一定时期内人们实践和认识水平的局限性，以及由于人们认识世界的目的性而造成对信息的选择性，必然地对信息进行大量的省略和简化，从而产生了"未知认识"；在将 OIS 中的规律向 SIS 中的知识转换的过程中产生信息损失和噪声，信息损失产生了"未知认识"，而噪声产生错误认识，即 SIS 中包含了 OIS 中所没有的客观规律。OIS−SIS$\geq\varnothing$，这个条件中的等号是不能缺少的，若认为 OIS−SIS$>\varnothing$，则是不可知论；反过来 SIS−OIS$\geq\varnothing$。如果认为 SIS−OIS$=\varnothing$，将容易陷入经验主义。

T_3 是人类对 SIS 的表达活动。表达的目的在于理解，即用一种可以被理解的方式表达出来，便于信息的传输与使用。T_3 的目标是缩小 SIS 与 DS 的差异，但这种差异是无法消除的，否则信息的运动就会终止。原因在于：物质的运动不会终止，造成反映其状态变化的信息的运动也不会终止，即 OIS 是不断变化的，人们的社会实践不会终止，人们对世界的认识也就不会终止。人们认识世界的活动分为对状态变化的感知 T_{21} 和表达 T_{31}，以及对于规律认识 T_{22} 和总结 T_{32}。对于状态的感知是一个连续的过程，而对于规律的总结表现出阶段性。SIS 与 DS 的差异直接原因有三：一是阶段性的影响；二是表达能力的局限性导致了许多"只可意会，不可言传"的信息无法进入 DS 集合；三是人们认识与改造世界的选择性。

T_4 是人类对信息的利用活动。由于其是物质空间的集合，T_4 强调的只能是信息系统对于人类的感觉器官的活动。其实 UIM 中除了自然系统中的三个要素，其他要素均不能独立存在。T_4 也不例外。其实信息系统是一个"人-机"系统，为了分别认识信息的运动规律，在 UIM 中将其分离，但这一分离也是 UIM 中最不成熟的部分。

5.6　三种映射

M_1 是 RW 与 OIS 之间的映射。由于客观信息是客观事物运动状态的反映，任何客观事物的运动状态必然要通过一定的形式表现出来，反过来任何信息都是一定客观事物的表现，因此，OIS 与 RW 可以认为是一一对应关系，即它是一个对射或双射，也是满射。

M_2 是 HS 与 SIS 之间的映射。出于满足数学定义的需要，我们将 SIS 进行改进(图 5-3)，将"未知认识"归入 SIS。由于"有很多尚未认识到的客观世界"作为一种认识本身已无可非议。至于将这一认识作为一个元素还是一个子集进入 SIS，这一点对于本章而言，并不重要。这样，M_2 可以分解为三个不同的子映射：M_{21}、M_{22}、M_{23}。M_{21} 被定义为正确知识的映射，对于 RW 不同部分的认识(输入)得到不同的答案，而对于同一部分必须是相同的答案，因为"真理只有一个"；M_{22} 被定义为错误知识的映射，不同的人在相同的条件下可得到不同的认识(除了正确的认识)；M_{23} 被定义为一种得不到知识的映射，不同的人在不同的条件下得到的唯一认识，即"有很多事物我们暂时无法知道"。由于不同的人(群)可能有相同的知识，而同一个人(群)在不同的条件下对同一问题可能有不同的认识，故 M_2 是一个多对多的映射；又由于 SIS 是所有人的认识集合，故从哪个方向看 M_2 都是满射。从

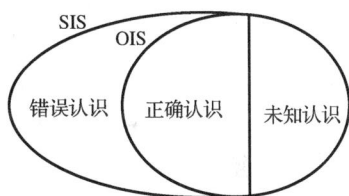

图 5-3　OIS 与 SIS 关系 II

实用的角度看，由于人类自身的新陈代谢(旧个体的消亡与新个体的诞生)，以及个体的遗忘规律，使 M_2 无论从哪个方向都得不到满射的效果。与 M_1 不同的是，M_2 是一种自然映射与人为因素综合决定的，这就使我们能够通过教育、训练等方法改善 M_2。

M_3 是 ISS 与 DS 之间的映射，M_3 是一个纯人类工程的产物，是人类"精心设计"的结果。由于人们工程能力的局限，难以将所有可以表达的信息都在特定的 IS 中实现，造成了 DS→ISS 是一个满射，而 ISS→DS 不是一个满射。

5.7　两个循环

C_1：$T_1 \rightarrow M_1 \rightarrow T_2 \rightarrow M_2$，"实践—认识"循环。人们通过社会实践活动对客观世界产生作用，改变了客观世界，我们称为 T_1 变换。由于 RW 与 OIS 是同一事物的两个方面，他们之间存在自然的 M_1 映射，也就是说，在改变 RW 的同时，也改变了

OIS，由于人与客观世界的作用是相互的，所以社会实践活动不仅改变了客观世界，同时也改变了主观世界，即产生了新的认识，改变了 SIS，即 T_2 变换。由于 SIS 与 HS 也是同一事物的两个方面，它们之间存在自然的映射 M_2，最终也改变了人类自身。这一循环是由两个变换和两个自然映射构成的，T_1 为效用变换属于实践范畴，而 T_2 为认知变换属于认识范畴，故由这四个要素构成的循环被称为 "实践—认识" 循环。

C_2：$T_3 \rightarrow M_3 \rightarrow T_4 \rightarrow M_2$，"表达—应用" 循环。人们在改造主观世界活动 T_2 中所得到的认识，不会瞬时消失，它保存在人的记忆里（SIS），由于人的社会属性和知识传播的需要，这些认识必然以某种形式进行传播（T_3）。如语言、文字、传说、实物等，这些可以/已经传播的认识，属于 DS。为了扩大记忆容量、提高传播效率，人们又建立起各种各样的 ISS，当然，ISS 的建立是以 DS 为前提的，也就是说，只有 DS 中的认识是可以交流的，不管你是否认识到它的存在，两者之间存在着一种无形的映射关系。最后，人们从 ISS 得到自己想要的东西，并且应用其 "武装" 自己（T_4），而这种变化部分又自然地映射到人的大脑中（M_2）。这样，在理论上构成了一个闭环。由于它是以 T_3 表达和 T_4 应用为核心的，故称为 "表达—应用" 循环。

5.8　信息及其与统一信息模型的关系分析

什么是信息？这是一个还没有完全弄清楚的问题。但是，信息社会的发展迫使人们必须把它弄明白，以便充分发挥信息在社会经济生活中的作用。信息的定义是对于信息概念的科学本质的认识问题。这个问题的解决，对于信息科学发展具有决定性的意义。

5.8.1　信息概念的引出

（1）1000 多年前，唐代诗人李中在《碧云集·暮春怀故人》中留下 "梦断美人沉信息，目穿长路倚楼台" 的佳句。这里，信息就指的是 "音信"、"消息"，是信息最原始的含义，从现在掌握的文献情况来看，这是汉语文献中 "信息" 一词的最早记录。

（2）1928 年，哈特莱（Hartley）在《贝尔系统电话》杂志上发表了题为 "信息传输"（Transmission of Information）的论文，将信息理解为 "选择通信符号的方式"，提出了 "信息是指有新内容、新知识的消息"，"信息是代码、符号序列所承载的内容"。第一次提出了信息的科学概念，为信息论的创立提供了思路，为使信息成为一个科学术语提供了良好的开端。

（3）1948 年，香农（Shannon）在《通信的数学理论》[31] 中提出了信息量的概念和信息熵的计算方法，并给信息下了一个高度抽象化的定义："信息是用以清除随机不确定性的东西。"他对信息的系统论述标志着信息论的创立，信息作为一个科学概念、科学术语被确立。从此，人们对信息的研究扩展开来，逐步建立了信息科学。由于 "信宿" 对信息的反应是十分复杂的，故由香农定义引发了信息定义大讨论。

5.8.2 主要的信息定义类别

目前，关于信息概念的定义很多，为了更好地认识信息，我们将分类介绍如下，并按类别给出其与 UIM 的关系。

基元论是系统三基元论的观点。三基元中物质是人类认识最早的概念，然后出现了能量的概念，最后出现了信息的概念。只有信息的概念出现以后，才出现了完整的系统三基元的思想。基元论标志着信息成为一个独立的科学概念登上历史舞台。这一认识为 UIM 提供了认识论的基础，建立了独立于物质空间（matter space）的信息空间（information space）。由于本章是以研究信息为目标的，故 UIM 突出了信息的地位，信息是事物的运动状态和方式，所谓"物"就是指物质，所谓"事"就是物质的运动过程。UIM 中的四个变换都处于两个循环之中。

（1）1948 年，维纳（Wiener）在《控制论》中说"信息就是信息，不是物质也不是能量，不承认这一点的唯物论，在今天不能存在下去"[32]。在诸多信息的定义当中，维纳的定义是很重要的。其重要性就在于他指出构成系统要有三个要素，即物质、能量和信息。它们分别从不同侧面反映了系统性质，缺一不可，且相互联系。

（2）美国哈佛大学信息政策研究中心主任安瑟尼·G·欧廷格（Anthony G Oettinger）教授对物质、能量和信息三者作了如下描述："没有物质，就什么东西也不存在；没有能量，就什么事情也不发生；没有信息，就什么东西也无意义。这就是信息的意义。"[33]

（3）我国学者王雨田先生说[34]："一、任何物质都可以成为信源；二、任何物质都可以产生信息；三、任何物质运动过程都离不开信息运动过程"，"这似乎可以理解成：信息产生于物质系统间的相互作用，借物质系统间的相互作用实现流动；有物质运动的存在就必然有信息运动的存在，信息运动的存在更离不开物质运动的存在；世界是物质的世界，信息之于物质则应是如影随形，信息与物质是共存的[35]。"

新知识论强调信息是新的、原来不知道的知识。但作者认为，这一概念有其先天不足，它是从传播的角度认识信息的，而没有从整体上认识信息概念。按照这一定义，信息的存储将变得毫无意义，因为"原知"是存储的必要条件，如果把用户也考虑进来，至少，为自己以后使用的不能称其为信息。因此，该定义不能成为普遍性的信息概念。从 UIM 的角度看，新知识论强调新，也就是强调了 T_2、T_3 变换，因为只有这两个变换才能产生新的信息。

（1）信息论的创始人香农认为："信息是用以消除随机不确定性的东西。"

（2）《简明社会科学词典》[36]指出："信息，作为日常用语，指音信、消息。作为科学术语，可以简单地理解为消息接收者事先不知道的报道，但在不同的学科中有不同的涵义。"

（3）我国的权威性工具书《辞源》[37]给出的信息定义为："信息就是收信者事先所不知道的报道。"

（4）我国的权威性工具书《辞海》[38]在信息论条目中说："对消息接收者来说预先不知道的报道。"

存在论是通过信息存在方式来定义信息概念的方法，是建立在 RW 与 OIS 关系基础上的定义。

（1）苏联有学者认为信息是一种"信息场"[39]。

（2）"信息是物质间接存在的标志"[40]。

（3）维纳在《人有人的用处——控制论与社会》[41]中指出"信息这个名称的内容就是我们对外界世界进行调节并使我们的调节被外界所了解时而与外界交换来的东西。"

（4）"信息不仅是反映的内容和形式，而且是反映过程的内容和形式"[42]。

属性论是将信息看作物质的一种属性。信息作为物质属性有这样几层含义：①信息必须以物质为载体，物质以所携带的信息决定其存在形式；②信息产生于物质系统间的相互作用；③信息借物质系统间的相互作用实现流动。很明显，这些信息的定义是建立在 OIS 和 SIS 概念基础上的。

（1）我国学者鲁晨光在《广义信息论》[43]一书中指出：信息是被反映的特殊性。与"信息是用以消除随机不确定性的东西"说法不同的是，特殊性不局限于随机现象，更具有普遍性。有公式：不相似性+偶然性=特殊性。也许特殊性还有其他内容，如灰色性；"随机不确定性"很难与价值相联系，而特殊意味着可能有价值，故特殊性可与价值相联系，从而与信息意义相联系；另外，特殊性可以从各个角度量化描述。从特殊性角度看信息，可以对结构进行表达，而更重要的是特殊性涉及价值和意义，即与信宿相联系，也就是与信息作用相联系，与信息能相联系。

（2）"信息是控制系统所接收和加工的物质特征的状态。这种物质特征的状态由控制系统接收和加工后，可以使控制系统的控制行为或它自身的状态有序化"[44]。

（3）塔拉先柯的"控制论中的信息概念类似于辩证唯物主义所研究的反映概念。控制论中的信息概念与哲学中的反映概念是物质同一属性的不同抽象"[34]。

（4）罗维斯基等所言："归根到底，信息并不是别的什么东西，它不过是物质的某一特性。"[45]

（5）我国学者黄学忠在《经济信息与管理》[46]一书中指出："信息是客观世界各种事物变化和特征的反映。"

（6）信息不是物质，它是物质状态的映射。从把熵理解为"状态的丰富（复杂）程度"的思想看，此定义与"信息是结构的表达"的定义几乎一致。

信息的替代词。从不同的角度、不同的学科看，信息一词有不同的替代词。

(1) 信息就是控制的指令(控制论)。

(2) 信息就是数据(从实验、观察的角度)。

(3) 信息就是消息(新闻传媒)。

(4) 信息就是情报(情报学)。

(5) 信息就是知识(知识工程)。

(6) 信息就是信号(通信)。

信息的定义为什么这样多呢？乌家培教授认为原因有以下三方面。

(1) 信息本身的复杂性。信息是一个多元化、多层次、多功能的综合体。

(2) 信息科学尚不发达。由于信息社会才刚刚在少数国家形成，人们对信息的内涵、外延还不够确定，一些重要概念正处在多种定义并存的阶段，还未进入统一的本质概念阶段。

(3) 实际需要的不同。人们出于不同的研究目的，从不同的角度出发，在对信息作用的不同理解和解释的条件下对信息进行定义，难免存在差异性、多样化。

5.8.3　信息层次概念体系

钟义信教授在《信息科学原理》[30]一书中指出：目前有关信息的定义大约 130 多种。由于考虑的条件不同，具体的信息定义有许多不同的表述，形成了信息定义的层次体系。无条件的信息概念是最广义的信息概念，即"本体论"层次的概念，它被定义为：事物运动的状态和/或状态改变的方式。在这一基础上，如果引入"认识主体"层次作为约束条件，就得到"认识论"的信息概念，它的定义是：认识主体所感知或表述的事物运动的状态方式。引入的条件越多，相应信息定义的层次就越低，适用的范围就越窄。虽然信息的概念具有许多不同的层次，但它们之间却是彼此相通，繁而有序：本体论层次的概念加上认识主体这一条件就转化为认识层次的信息概念，而后者若去掉认识主体这一限制则又会回到本体论层次的信息概念。事实上，现今流行的各种信息概念也都可以按照它们的约束条件纳入上述信息定义的层次体系之中。

UIM 中的 OIS 与 SIS 就是以此为基础划分的。

5.8.4　几种信息运动模型在 UIM 中的位置

UIM 是用来描述信息运动规律的，它是在多种信息模型上建立起来的，因而，至今的大部分信息模型都能在 UIM 中找到相应的位置，这就是"统一"的价值。本节重点讨论"语法→语义→语用""先验→实得→实在""自在→自为→积存""信源→信道→信宿"四种模型，然后给出四种模型的比较，见表 5-1。

表 5-1 几种信息模型的比较

信息类别	所属集合	生成过程	信息层次	相近类别
语法信息	DS	T_3	C 物理表达	
语义信息	ISS、HS	$M_3 + T_4$	C 逻辑表达	
语用信息	HS	T_1	D 应用	
先验信息	SIS	C_1	B 认识	
实得信息	SIS	T_2	B 认识	
实在信息	SIS	$C_1 + T_2$	B 认识	
自在信息	OIS	M_1	A 本体	
自为信息	SIS	T_2	B 认识	实得信息
积存信息	SIS	C_1	B 认识	实在信息
信源、信道、信宿	ISS		C 物理表达	语法信息

语法信息→语义信息→语用信息。语法信息就是认识主体所感知或所表述的事物运动状态和方式的形式化描述，是人们将 SIS 中的信息经过加工处理 T_3 形成的内容进入 DS。语义信息就是认识主体所感知或所表述的事物运动状态和方式的逻辑含义，是将 DS 中的内容经过 M_3 映射进入 ISS，再经过 T_4 变换输出给使用者 HS，当然是使用者能够理解的信息。语用信息就是认识主体所感知或所表述的事物运动状态和方式相对于某种目的的效用，是人类社会 HS 将获得的信息投入改造世界 T_1 的应用之中。T_3 是语法信息的生成过程，M_3 是语法信息与语义信息的对应过程或关系。T_4 是语义信息的生成过程，T_1 是语用信息的作用过程，或称为语用信息的生成过程。由于三类信息都是与主观相联系的范畴，故它们是认识论层次上的信息。

先验信息→实得信息→实在信息。先验信息：观察者关于某事物的先验信息是指他在观察之前通过某种途径所感知的该事物运动的状态和方式，存在于 SIS。实得信息：在观察过程中，观察者关于某事物的实得信息，是指他通过观察所新感知的该事物运动的状态和方式，是最新一次 T_2 变换的结果。实在信息是指某事物实际的运动状态和方式，这也是在理想观察条件下观察者所获得的关于该事物的全部信息，是某信息经过 C_1 循环（"实践—认识"循环）多次积累的结果。从这个定义上看，这三类信息仍然是认识论层次上的信息。

自在信息→自为信息→积存信息。"如果从信息是客观世界的'表征'、'映像'的角度和接收信息认识主体的角度来分析，信息在发送和接收中存在三种定义：①自在信息，即客观存在的信息，并不以是否被接收而转移，它说明了信息的客观性；②自为信息，即接收方根据特定目的和实际能力所得到的信息，它能排除对发送方了解的不确定性；③积存信息，即接收方已有的先验信息，是自在信息的'解释系统'，即辨别选择自在信息的能力[47]"。自在信息，即 OIS 中的信息；自为信息，

即 T_2 变换的输出，存在于 SIS 之中；积存信息，多次 T_2 输出的累积，而 T_2 的多次累积是由 C_1 环推动的。以积存信息的存在为条件，从自在信息中取得更多、更有用的自为信息，就是信息资源的开发过程。

信源→信道→信宿。这是狭义信息论观点，是研究信息的物质表示和物理传输过程规律的，它只讨论信息的语法层次，而未涉及信息的语义和语用层次，故在 UIM 中它存在于 ISS 集合内部。

要 点 评 注

基于"在众多的概念之中抽象出共性"的方法，统一信息模型，以物质、能量、信息、集合、映射、空间等概念为基础，构建了由六个集合、四个变换、三种映射、两个循环组成的信息世界系统。

统一信息模型成功地将语法信息、语义信息、语用信息，先验信息、实得信息、实在信息，自在信息、自为信息、积存信息，信源、信道、信宿等大量的信息延伸概念统一在其中，同时还将一些信息运动的规律也涵盖于其中，尽管还不能达到"统一"的理想，但毕竟还是向前推进了一步，对于信息科学理论研究具有一定的参考借鉴作用。统一信息模型还有效地说明了病态信息产生机理中的简化机理。

该模型对信息科学基础理论研究人员研究信息概念及其运动规律有一定的借鉴和参考作用。

第 6 章　信息闭环结构

研究背景

随着病态信息检测实践深入，信息系统中存在的信息关系被不断地发掘出来并用于病态信息检测实践，但很快进入一个瓶颈期。新的规则越来越难以发现，而检测工作要求越来越高，因此需要寻找新的理论与方法作为技术支撑。

基于计算机的信息系统设计中有一个"消除冗余"的原则，而且研发工作几乎都是按此进行的。但从病态信息检测方面来看，消除冗余意味着减少了相互联系。而病态信息检测的理论基础是信息关系论，并且病态信息的修补方法也是建立在信息关系的基础之上的。因此，对于"消除冗余"原则需要有新的认识和新的理论来取代。

在现有信息系统基础上，增加其中的信息关联，以便于病态信息的检测。这种增加信息关联后，与现有信息形成一个可对比分析的关系，在本书中称为信息闭环结构。并在此基础上提出了信息闭环结构的形式、应用原则等，供信息系统分析与设计时参考。

对于现有系统，可以通过维护工作增加关联，形成闭环；而对于新系统的建设，在一开始就应当"有意"而为，为信息质量提供检测和监控的信息关系。

6.1　信息闭环的意义

作者首次听到"闭环结构"一词是在军械技术研究所张国安高级工程师的一项课题中，在 Internet 中也有不少关于闭环结构的描述，几乎是清一色的"建立控制论中的反馈链条"，但遗憾的是在控制论领域之外，暂未检索到对于这一概念的科学描述，也就是说闭环结构目前在其他领域只是一个一般的词语，而非专业术语。

从病态信息的研究中发现，闭环结构对于病态信息的控制有着十分特殊的意义。有很多的检测规则十分有效，但其是基于闭环结构的方法，而在信息系统设计之初，为了减少数据冗余将原本就是闭环的结构拆散了，更谈不上主动建立闭环结构了。

由于信息闭环结构对于检测工作的重要性，本章中给出了定义。所谓信息闭环结构，是指信息系统中的信息是网状结构，任意两点间至少存在两条路径或两种方法相通。从传输意义上讲，就是任何一个信息子集，都有至少两条以上的通路到达目的地。从模型意义上讲，一个数据可以通过多种算法获得或者是两者兼顾与结合。

　　有一些信息系统在两条路径上信息能力是不对称的,甚至另一条是虚弱无力的,或是代价极高的。闭环结构要求减少这两条路径的能力差。严格意义上讲,目前的大部分组织的信息系统都是一个闭环结构,因为至少存在两条路径,一条是正常的上报的间接信息,另一条是上级下来抽查获取的直接信息。但也有不少信息不是闭环结构,因为许多事物是不能再现的,而有的事物再现需要花费大量的资源,另一条通路名存实亡。正因为信息工作的量大,人们引入了计算机,而计算机的引入使信息系统的处理能力快速上升,人们在获得好处的同时,加剧了另一条路径的危机。例如,政府统计信息是这种情况的典型代表。建立新的路径、降低另一条路径的成本——强化闭环结构,有利于减少统计数据中的“水分”,提高统计信息质量。

　　有一些信息系统中两条路径的信息能力是对等的,但没有很好地利用这些信息。例如,在装备系统中,上报装备实力存在两条线,一是军务装备部门上报实力,二是业务保障部门上报的现有数,但这两个数据目前由两个不同的部门管理,有时互不相通。尽管这两个数据存在一些差异,但经过有效地分析与设计,可以建立一个“闭环”,通过这个“闭环”验证数据质量,也可在某个传输系统出现问题时由另一条路径提供数据。建立闭环还可以有效地提高信息的可靠性。

　　有一些信息系统可以通过扩展信息模型,建立两条路径的连接点,形成“闭环”。假设存在领域知识:某地方的收入=新增银行存款+消费(仅仅是本书的假设而已)。中央政府能从地方政府上报的国内生产总值(gross domestic product,GDP)信息中提取地方收入信息,又能从银行获得存款信息,从民间获得消费信息,这样可以说这一数据构成了一个“闭环”。建立这样的闭环,中央能发现政府统计工作中存在的很多问题,进一步,由于这些问题很容易被发现,所以人为故意的病态信息会显著减少,更正起来也更有针对性。但这一闭环会影响一些人的利益,自然在实践中会遇到较大的阻力。

　　有一些可以通过扩展信息模型形成信息螺旋结构,一种准闭环。经费管理信息系统与装备业务管理信息系统是分立的,在基于计算机的信息系统中割裂了这种有机的联系,即割裂了这个实际中的“闭环”,因而大量病态信息的发现成本过大,造成病态信息泛滥。

　　在装备修理工作中,建立以下函数关系:

　　下年度的修理经费=F(本年度修理经费,修理工作实绩,下年度经费需求)

　　公式在修理经费与修理工作实绩两个数据间建立一个准连接点,由于修理经费是两个年度的,不是真正意义上的闭环,而形似螺旋,所以称满足上式关系的信息结构为信息螺旋结构。

　　通过对前面列举案例的结构特征进行分析,发现如果从某个实际系统出发,经过两种不同的方法得出的数据之间存在某种关系,用这个关系连接这两个数据后,总可得到一个信息回路,归纳其共性,最后总结得出“信息闭环结构”的概念。

6.2　电气路匹配案例中的闭环结构

在电气路匹配案例（第 32 章）中，从现实的装备系统出发，图 6-1 左路可得到《装备实力统计表》；而从图 6-1 右路可得到《装备数量统计表》，通过案例分析可知：两个数据集对应数据应当具有等量关系。

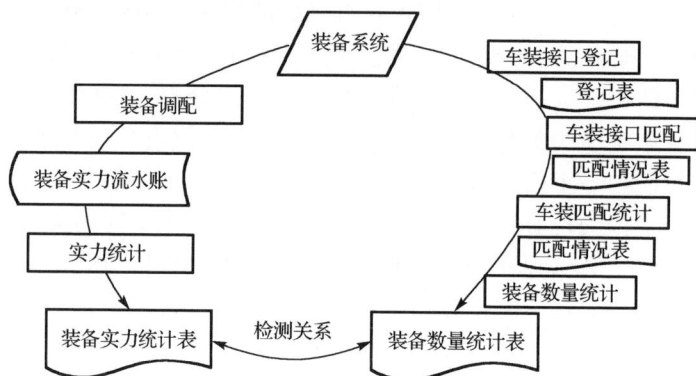

图 6-1　电气路匹配案例中闭环结构示意图

图 6-1 左路：在装备系统中通过装备调配工作得到《装备流水账目》，在此基础上对装备实力进行统计，得到《装备实力统计表》。

图 6-1 右路：首先，对牵引装备车辆与装备的电路与气路接头进行登记，得到《装备与牵引车辆电气路接头登记表》；在此基础上对配对的车辆与装备电气路匹配情况进行判断（也可以进行实际检测），形成《装备与车辆电气路匹配检查登记表》，进一步进行统计计算得到《装备与车辆电气路匹配情况统计表》；最后，在《装备与车辆电气路匹配情况统计表》中取出《装备数量统计表》。

检测关系：由于《装备实力统计表》和《装备数量统计表》具有等量关系，而左右两路基本上是原系统已有的工作，故可在此增加一个规则，编写相应的程序，即可对系统中的数据进行检测，可以发现其中的病态数据。

从以上检测关系中可以发现重报、漏报等造成的数据错误。例如，某师下辖两个步兵团之间存在装备调剂时，由于统计时差或数据错误等原因，《装备实力统计表》与从匹配检查中得到的《装备数量统计表》的对应项目就会有所体现。

6.3　弹药调拨案例中的闭环结构

在弹药调拨案例（第 15、16 章）中，从装备管理系统出发，图 6-2 中左路可以得到《履历书射弹数统计表》，中路可以得到《弹药实发数统计表》，右路可以得到《回收药筒数统计表》；通过分析，三个统计报表得到的数据之间存在明显可以比较的大小关系，见图 6-2。

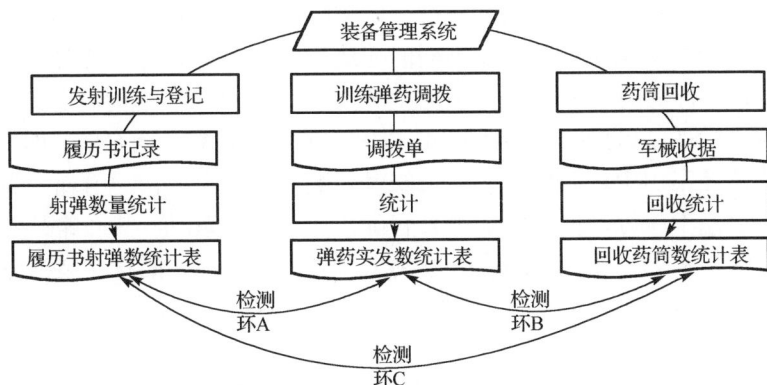

图 6-2　弹药调拨案例中闭环结构示意图

图 6-2 左路：依据《火炮电子履历书》记录，可得到《履历书射弹数统计表》。在该表中统计了所有火炮在一定时期内累计发射的弹药数量。

图 6-2 中路：依据《弹药调拨流水账》，可得到《弹药实发数统计表》（包含《训练损失弹药统计表》和《训练使用弹药统计表》）。通过该统计表，就可得到调拨用以训练的弹药实发数。

图 6-2 右路：依据《利用品回收流水账》对某型弹药回收药筒数量进行统计，得到《回收药筒数统计表》。

检测关系 1：图 6-2 左路与中路之间构建检测闭环 A。在该闭环中，一定时期内《弹药实发数统计表》中的弹药统计数量≥该时期内履历书中记录的射弹数。

检测关系 2：图 6-2 右路与中路之间构建检测闭环 B。在该闭环中，可验证回收的药筒数与实发弹药数之间的关系，即弹药实发数≥回收药筒数。

检测关系 3：图 6-2 左路与右路之间构建检测闭环 C。在该闭环中，一定时期内履历书中记录的射弹数量应与该时期回收的该装备药筒数之间存在明显的大小关系，即履历书射弹数>药筒回收数。

图 6-2 以上三个检测关系中检测环 A，左路与中路+检测关系就可以对弹药实际消耗数与弹药实发数进行对比检测；检测环 B，中路与右路+检测关系就可以对药筒回收数与弹药实发数进行对比检测；检测环 C，左路与右路+检测关系就可以对弹药实际消耗数与回收药筒数进行对比检测。因此，任意一个关系"单独检测"时，都可能产生较大的存伪概率；如果由任意"两关系组合"检测，由于其已经包含了全部信息，故可以达到理想的检测效果；如果用"三关系组合"检测，由于其存在冗余，故检测效果不会超过"两关系组合"。因此，两关系组合是最优方案。

检测效果：通过检测，可以发现在药筒回收过程中没有上交的药筒数。在药筒上交达到标准时，还可检测出废旧药筒登记表中存在的病态数据。

本章对案例中病态数据检测方法进行研究时，均通过构建不同的数据获取路径，从而使得：对于某个系统中可通过不同的方法确定两条信息之间的关系，由此形成了具有"回路"特征的"闭环结构"，在本章中将这一"闭环结构"定义为"信息闭环结构"。当两条信息为等量或为同一信息时，其回路是完全闭合的，即真闭环，例如，在弹药消耗案例中，履历书中记录的射弹数与仓库中统计的消耗数是完全相等的；当两条信息不相等，但可验证出具有确切的大小关系时，其回路是不完全闭合的，即准闭环，例如，在电气路匹配案例中，当下级单位之间存在装备流动时，由本级检测得到的装备实有数≥由下级检测得到的装备实有数。

6.4　信息闭环结构概念的定义

通过以上案例中的这种闭合回路结构特征的研究，得到了以下定义。

以同一实际系统为基础，如果用两种不同的方法从该系统中获得的两个数据之间存在可以相互验证的数据关系，则由该实际系统、两种方法、用两种方法获得的两个数据以及两个数据的验证关系，四个部分组成的回路称为信息闭环结构。如果验证关系为等量关系时，称该结构为真闭环；否则为准闭环。

6.5　信息闭环结构的应用

利用两条数据获取路径对上报数据进行核对的方法，为数据核对提供了新的思路和方法。在统计领域，强化闭环结构的作用，有利于减少统计中存在的"水分"，以提高信息质量。

在装备保障领域，闭环结构对于病态信息的控制也具有十分重要的作用。如在装备系统中，对于装备实力存在两条上报路径，一条是装备部门上报的现有数，另一条是作训部门上报的装备实力数。虽然两个数据由两个部门管理，但经过有效分析和设计，可以利用两条上报路径建立一个"闭环"。当一条路径提供的数据出现问题时，可利用另一条路径提供的数据进行核对。基于此，总部在 2011 年的《××信息系统与数据建设总体规划》中也提出要深入研究装备维修保障信息系统中的病态信息问题并建立基于"闭环"的数据审核模型。本书针对装备保障系统，对数据检测中的闭环问题进行了深入研究。

在本书撰写的过程中，对大量现实案例进行了研究分析。但由于篇幅等因素的限制，仅对训练弹药回交等典型案例中存在的闭环结构进行了研究。表 6-1 中列举了本书在撰写过程中构建的信息闭环结构案例。

表 6-1　信息闭环结构案例集

序号	表名称	相关数据项	构建闭环所需报表	案例名称	闭环类型
①	武器雷达装备与牵引车电气路匹配情况统计表	装备数量	装备实力流水账、武器雷达装备与牵引车电气路匹配情况统计表	电气路匹配统计案例	真闭环
②	军械调拨通知单	弹药发放数、实际消耗数	火炮电子履历书、弹药调拨流水账、废旧物资回收流水账	训练剩余弹药回交案例	真闭环、准闭环
③	器材购置情况统计表	自购器材消耗经费	军械收据、器材消耗登记表	自购维修器材管理案例	准闭环
④	军械人员培训登记表	姓名、出生年月	政治实力统计表、人员基本信息表、军械人员培训登记表	技术学兵选送案例	真闭环
⑤	班组军事训练考核成绩单(维修分队)	考核成绩、名次	军械人员编制情况、班组军事训练考核成绩单(维修分队)	班组军事训练考核案例	真闭环
⑥	装备修理计划执行表	计划数量、完成数量	器材请领登记表、故障维修登记表、报废申请明细表、火炮基本信息库	装备完好率案例	准闭环
⑦	装备维修登记表	维修人员、维修工时、装备号码	军械人员基本信息表、装备维修登记表、装备损坏情况登记表	装备维修案例	准闭环

要点评注

　　本章在检测规则基础上,对各规则形成的结构特性进行了分析和归纳,得到了信息闭环结构的概念:如果用两种不同的方法从某个系统中获得的两条信息之间存在可以相互验证的信息关系,则由该系统、两种方法、用两种方法获得的数据、两个数据的验证关系,四个部分组成的回路系统称为"信息闭环结构"。如果验证关系为等量关系时,称该结构为真闭环;否则为准闭环。

　　目前认识到的信息闭环结构主要有真闭环、准闭环,其中准闭环还有一种信息螺旋的特殊形式。在一个功能主体中的闭环通常是冗余的,但也有特例,例如,计算机编码体系中的校验码,在发生错误的情况下,有利于错误的辨识;在多个功能主体下的闭环是需要的,它能帮助我们缩小和确定病态信息的范围或具体位置。

参 考 文 献

[1] Ralston A. 计算机科学与工程百科全书[M]. 许镇宇, 等译, 天津: 天津科学技术出版社, 1991: 849, 947.

[2] 吴建明. 军械管理信息系统管理基础[M]. 北京: 解放军出版社, 1991: 13-14, 157, 159.

[3] 《中国军事后勤百科全书》编审委员会. 中国军事后勤百科全书·军械勤务卷[M]. 北京: 金盾出版社, 2002: 6-7.

[4] 吴建明. 病态信息理论及其在装备保障中的应用[D]. 石家庄: 军械工程学院, 2004.

[5] 张卓, 曹瑞昌. 试论战略数据规划及其概念基础[J]. 军械工程学院学报, 2002. 14(4): 1.

[6] 孙力. 数据规划方法研究[D]. 石家庄: 军械工程学院, 2002.

[7] 曹瑞昌. 信息规划方法及其在装备保障中的应用研究[D]. 石家庄: 军械工程学院, 2003.

[8] Ross J E. Modern Management and Information Systems[M]. Reston: Reston Publishing Inc, 1976.

[9] Martin J. An Information Systems Manifesto[M]. London: Prentice Hall Inc. , 1984.

[10] 罗伟其, 徐宝民, 刘永清. 关于管理信息系统的综合集成研究问题[J]. 控制理论与应用, 2000(2): 27-30.

[11] 高复先. 信息资源规划——信息化建设基础工程[M]. 北京: 清华大学出版社, 2002.

[12] 吴建明, 张卓. 病态信息及其相关概念研究[J]. 军事系统工程, 2005, 19(2): 51-56.

[13] 高复先, 吴曙光, 等. 信息工程与总体数据规划[M]. 北京: 人民交通出版社, 1989.

[14] 陈志雄. 成熟度模型视野下的基础教育信息化发展——以广州市为例[J]. 教育导刊, 2012(12): 18-21.

[15] Synnott W R. The Information Weapon:Winning Customers and Market with Technology[M]. New York: John Wiley & Sons, Inc., 1987.

[16] Synnott W R, Gruber W H. Information Resource Management :Opportunities and Strategies for the 1980s[M]. New York: John Wiley & Sons, Inc., 1981.

[17] 曹孟谊. 信息质量理论及其在装备保障中的应用研究[D]. 石家庄: 军械工程学院, 2005.

[18] 陈骞. 全军武器雷达信息系统数据检测方法研究[D]. 石家庄: 军械工程学院, 2006.

[19] 欧渊. 武器雷达信息系统病态数据修正方法研究[D]. 石家庄: 军械工程学院, 2007.

[20] 王俊田. 武器雷达信息系统数据质量与可行性评估研究[D]. 石家庄: 军械工程学院, 2008.

[21] 郜海军. 装备信息系统病态数据核对策略研究[D]. 石家庄: 军械工程学院, 2008.

[22] 李会刚. 装备保障数据设计质量问题改进方法研究[D]. 石家庄: 军械工程学院, 2009.

[23] 严凤斌. EMIS 中病态信息问题集合式检测方法研究[D]. 石家庄:军械工程学院, 2010.

[24] 高起蛟. 装备信息工作流程改进与信息闭环结构[D]. 石家庄: 军械工程学院,2011.

[25] 吴建明. Analysis and design of error information detection software[J]. Kybernetes, 2004, 33（2）: 398-405.

[26] 曾祥照. 无损检测文化概论[J]. 无损探伤, 2002（2）: 34-37.

[27] 刘丽文. 生产与生产与运作管理[M]. 北京: 清华大学出版社, 2001.

[28] Floridi L. 什么是信息哲学？[J]. 世界哲学, 2002（4）: 72-80.

[29] 黎鸣. 信息哲学论[M]. 西安: 陕西科学技术出版社, 1992.

[30] 钟义信. 信息科学原理[M]. 北京: 北京邮电大学出版社, 1996: 38.

[31] Shannon C E, Weaver W. Mathematical Theory of Communication[M]. Champaign: University of Illinois Press, 1948.

[32] Weiner N. 控制论[M]. 北京: 科学出版社, 1962: 48.

[33] 童天湘. 高科技的社会意义[M]. 北京: 社会科学文献出版社, 1998: 34

[34] 王雨田. 控制论信息论系统科学与哲学[M]. 北京: 中国人民大学出版社, 1986: 358, 371.

[35] 李艺. 论信息的存在性[EB/OL]. http://etc. elec. bnu. edu. cn/academist/liyi/lun-xin-xi. Htm[2003-12-05].

[36] 《简明社会科学词典》编辑委员会. 简明社会科学词典[M]. 上海: 上海辞书出版社, 1982:762.

[37] 《辞源》编辑委员会. 辞源[M]. 北京: 商务印书馆, 2001.

[38] 《辞海》编辑委员会. 辞海[M]. 上海: 上海辞书出版社, 1980:248.

[39] 别尔格. 控制论的方法论观点[J]. 外国自然科学哲学摘译, 1974（2）: 21-22.

[40] 倪波. 信息传播原理[M]. 北京: 书目文献出版社, 1996: 22.

[41] Wiener N. 人有人的用处——控制论与社会[M]. 北京: 商务印书馆, 1989:9.

[42] 乌尔苏尔. 认识论和逻辑学中的信息方法[J]. 外国自然科学哲学摘译, 1974（2）: 17.

[43] 鲁晨光. 广义信息论[M]. 合肥: 中国科技大学出版社, 1993.

[44] 孙绍荣. 教育信息理论[M]. 上海: 上海教育出版社, 2000:56.

[45] 罗维斯基, 乌耶莫夫, 乌耶莫娃. 机器与思维——关于控制论的哲学问题[M]. 北京: 生活·读书·新知三联书店, 1963: 116-117.

[46] 黄学忠. 经济信息与管理[M]. 北京: 人民出版社, 1985.

[47] 乌家培. 信息与经济[M]. 北京: 清华大学出版社, 1993: 4-5.

第二篇　保障模型篇

信息化建设"基于原系统而高于原系统"的观点深入人心。其中基于原系统是工作的起点，难以背离，而关键的高于原系统，这一点在许多项目中体现甚微。提高操作层效率和质量，降低劳动强度，提高费效比等，仅仅是"高于原系统"的次要方面。更重要的"高"应当体现在对组织目标的支持上。

多序列叠加生成值的合理性判定模型有效地震慑评估成绩的造假活动；形式性评估指标调整模型大大挤压评估数据中的"水分"；弹药消耗模式模型使不规范的经验数据跨越了计算机应用门槛；弹药失供概率模型量化军事效益，克服"年长即真理"行规的不良影响；弹药补充决策模型开启智能决策的先例；逻辑弹药基数的概念，克服基于武器型号的概念与基于弹药型号应用之间的矛盾及其信息化障碍；目标比较函数的概念，改穷举算法为非穷举算法；弹药储备构成分析极大地提高经验参数的可信度和保障信心。这八个模型对于需求的创新具有参照作用，牵引着信息化建设的方向。

第 7 章　多序列叠加生成值的合理性判定模型

研 究 背 景

20 世纪 80 年代全军装备管理领域轰轰烈烈地开展了"三化"考评活动，即要求装备管理做到"科学化、制度化、经常化"。随后全军按专业分别开始制定评估标准，开发计算机软件。其中武器雷达专业的评估标准交由济南军区制定，而计算机评估软件则交由军械工程学院开发，两单位配合，经费各 10 万元。按照这一分工，军械工程学院只是在评估标准制定完成后，开发出一个分值计算软件即可，但当时的 10 万元是一个不小的数目，只编写一个小的加减法计算程序有点说不过去，甚至有人扬言"这就是 1000 块钱的活！"如果按常规办理，显然有损于高等学府的荣誉。

这是一个为了荣誉的战斗，绞尽脑汁，要让成果价值远远超过 10 万元，以彰显高等学府之能力和水平。从基本需求分析可知，"份内"的工作很难让人有成就感，只能靠扩展功能，但问题是，这一扩展需要让人感觉到它存在的必要和价值。经过充分的需求论证与分析，我们设计了该模型。

7.1　问题的引出

在一些管理性评估工作中，通常是按评估目标建立分目标—子目标—指标(项目)—分指标(分项目)体系(或更多层次)，然后再按逆向，由评估人员检查，确定最低层指标的得分或扣分，然后逐层综合，得到对于既定目标的评估。但是，在评估实施过程中，由于最低层指标是由人直接操作的，故容易出现一些问题。某评分标准中某项目扣分是由几个分项目构成的，且这几个分项目扣分值都是由扣分标准(常数)与扣分次数(序列性)的乘积生成的，我们称分项目的值域具有"序列性"，而项目的值域具有(多个分项目的)"叠加性"，这也是本章章名的由来。

正确的过程是先检查确定各分项目扣(得)分，再计算出该项目总扣(得)分。由于各分项目具体的扣分值烦琐且工作量大，且分项的分值是不要求存档的。实施过程中评估专家为了减少工作量，经常出现相反的过程，即检查时不打分，检查完成后由总体印象给出总扣(得)分。如果评估组织者或被评估单位认可，则双方签字生效，如果不认可总分，则专家再给出分项目的扣分情况，再将总扣(得)分分配到各分项目。

在这种体系中，评委的主观性可以充分地体现出来，一方面可以由专家在评估活动中充分运用专家知识和经验，来弥补评分标准所不能考虑的细节，并可克服评分标准自身的一些缺陷，以使评估活动达到最优；另一方面有一定背景的专家，将人际关系的因素带入评估活动，并可能由此造成一系列负面效应。这是一个典型的管理问题，解决问题的方法可以分管理和技术两大方面，本章的重点在于介绍一种技术性控制方法，本章的标题说明了本章的核心内容。

7.2　问题的抽象

1. 基本计算过程

在某组织的实际评估工作中，由于某项目的扣分标准(表 7-1 中的 A 列)、扣分次数上限(表 7-1 中的 C 列)是在《评估方法》中规定的，评估人员(专家)先确定各分项目实际扣分次数(表 7-1 中的 B 列)，然后按表 7-1 计算各分项实际扣分(表 7-1 中的 D 列)，最后，再累加生成该项总扣分 M。由于种种原因，加上规定中只要求记录项目最后扣分(表 7-1 中的 M)，专家往往直接给出 M，如果组织评估人员有要求，再将扣分值分配到表中的各序列中。

表 7-1　专家扣分计算表

项序	扣分标准	实际扣分次数	扣分次数上限	实际扣分
$i=1$	A_1	B_1	C_1	$D_1 = A_1 \cdot B_1$
2	A_2	B_2	C_2	D_2
⋮	⋮	⋮	⋮	⋮
N	A_N	B_N	C_N	D_N
合计				$M = \Sigma D_i$

我们通过 A_i、B_i、C_i 与 M 的逻辑关系，就可以部分地判断专家扣分的合理性，在一定程度上能控制病态信息的产生。

2. 数学描述

通过对表 7-1 中的逻辑关系研究，可对上述问题进行数学抽象。

设定：N 为序列数量，自然数；

　　　i 为项目序号，$i=1, 2, \cdots, N$；

　　　A_i 为各序列扣分标准，自然数；

　　　B_i 为各序列扣分次数，自然数；

　　　C_i 为各序列最多的扣分次数，自然数；

　　　M 为总扣分值，自然数。

已知：N，M，A_i，C_i，$i=1, 2, \cdots, N$；

$$0 \leqslant B_i \leqslant C_i, \quad i = 1, 2, \cdots, N.$$

求解：扣分值 M（专家给出的数据）的合理性。

3. 合理性判定准则

从以上的问题分析可以看出，该问题是一个不定方程的求解问题，见式(7-1)。

$$\sum_{i=1}^{N} A_i \cdot B_i \big|_{B_i \leqslant C_i} = M \tag{7-1}$$

如果能找出一组 B_i，使得式(7-1)有解，本准则失效，即无法判定 M 的真伪，但至少可以说明 M 在逻辑上是正确的，我们将法律领域中的"无罪推定[①]"、"疑罪从无"[②]的原则，引申为"无错推定"，判定 M 正确；反过来，如果不能找出一组 B_i，使得式(7-1)有解，则判定 M 错误。至于出错的原因不是技术方法的主要内容，本章关心的是如何找出这种错误。

7.3　问题的求解

7.3.1　固定序列数量时的求解

所谓固定序列数量，即 N 为常数。不失一般性，设 $N = 3$。

算法 7.1　其基本思路是遍历所有 M 的可能值 M'，逐个判定其是否与实际的 M 值相等，找到第一个与其相等的 M'，遍历结束，判定实际的 M 值为正确；若遍历所有的可能值 M' 也不能找到与 M 相等的值 M'，则判定 M 值错误。

按此思路，算法可以设计如下。

```
For  B₁=0  To  C₁
  For  B₂=0  To  C₂
    For  B₃=0  To  C₃
      If  A₁*B₁+A₂*B₂+A₃*B₃=M  Then  Return("M值正确")
    Endfor
  Endfor
Endfor
Return("M值错误")
```

---

① 一些国家的刑事诉讼法原则，即被告人在未被依法确定有罪以前，应当视为无罪的人，《中国大百科全书·法学卷·无罪推定条目》，中国大百科全书出版社。

② "疑罪从无"的原则是现代刑罚"有利被告"的思想的体现，是无罪推定原则的具体体现。1996 年修改后的我国《刑事诉讼法》确立了"疑罪从无"的原则，如第 162 条规定"证据不足，不能确定被告人有罪的，应当作出证据不足、指控的犯罪不能成立的无罪判决"。

算法 7.2　我们还可以先通过穷举得到 M 的值域 Y，再判定 M 是否在值域范围内。若在，则判定 M 值正确；若不在，则判定 M 值错误。按此思路，算法可以设计如下。

设：集合 Y 为变量 M 的逻辑值域；Insert(Y, New) 函数为将元素 New 添加到集合 Y 中。

```
For  B₁=0  To  C₁
  For  B₂=0  To  C₂
    For  B₃=0  To  C₃
      Insert(Y,A₁*B₁+A₂*B₂+A₃*B₃)
    Endfor
  Endfor
Endfor

Input M
IF M∈Y  Then  Return("M值正确")  Else  Return("M值错误")
```

此两种方法是许多种算法的典型代表，各有所长，前者所用空间小，而后者执行效率高，选择哪一种，还要看具体检测程序开发要求来确定。

7.3.2　不定序列数量的求解

从以上的算法可以看出：N 为常数时算法简单明了，但在检测实施中不可能为每一个 N 值编制一个程序模块。这样，一种通用的算法需求自然而生。通用算法的难点在于，算法中的循环结构的层次不是固定的，怎么样用有限、固定的循环结构来表达这种层次不确定的实际要求，我们在算法 7.2 的基础上加以改进。

算法 7.3　设集合 E_i 为 D_i（表 7-1）的值域，有 C_i+1 个元素（含 0）。

```
Input N
Input Aᵢ,Cᵢ, i=1,2,…,N
Y={0}                          //Y 为 M 的值域
For  i=1  to  N
  Eᵢ={Aᵢ*Bⱼ ｜ Bⱼ=0,1,2,…,Cᵢ}
  Y=Coalition(Y,Eᵢ)            //自定义函数，见下文
Endfor
Input M
If M∈Y Then Return("M值正确")   Else  Return("M值错误")

Function Coalition(F,E)     //F,E 为两个集合
For  i=1  to  Count(F)           //注：Count(F)计算 F 集合元素个数
```

```
    For  j=1  to  Count(E)
      New= Get(F, i)+Get(E, j)        //Get(F, i)函数为从F集中取第i个元素
      Insert(Y, New )                 //将元素New插入集合Y
    Endfor
  Endfor
```

7.3.3　求解过程的补充

1. M_0 对 Y 集合的限制

在考评规则中，通常采用得分与扣分相结合的方式，即为每一个项目制定一个满分值，设为 M_0。当实际扣分值 $M > M_0$ 时，取 $M = M_0$，即每个项目不出现负分值。

考虑到 M_0 的限制，算法 7.3 的 Y 集合中可能出现 $M' > M_0$ 的无效值，故 D_i 定义语句中应增加 M_0 限制，即

$$E_i = \left\{ A_i \cdot B_j \mid_{A_i \cdot B_j \leqslant M_0, \, B_j = 0,1,2,\cdots,C_i} \right\}$$

这个定义不能解决 Y 集合的问题，但可以提高算法的效率。

M_0 对于 Y 集合的限制是至关重要的，必须要清除 Y 中 $M' > M_0$ 的元素，否则会造成误判。所以需要将算法 7.3 中语句 Insert(Y, New) 改写为

```
    If New≤M₀ Then Insert(Y, New)
```

2. 序列的淹没

考虑到极端的情况，设存在一个 $A_i = 1$，且 $C_i = M_0$，可以证明：

$$Y = \{M' \mid 0 \leqslant M' \leqslant M_0; \ M_0 、M' 为自然数\}$$

这样，本章的判定标准失效，因为取任一个 $M' \leqslant M_0$ 的自然数，本方法都无法证明它是错误的。也就是说，只要有一个这样的 E_i 序列，其他的序列 E_j，$j \neq i$，对 Y 的作用失效。

推而广之，考虑到一般的情况：如果有一个序列或几个序列的共同作用，使得另一个或几个序列对于 Y 的作用全部失效，我们就称前几个序列联合淹没了后几个系列。以此类推，如果有一个序列或几个序列的共同作用，使得另一个或几个序列对于 Y 的作用部分失效，我们就称前几个序列部分淹没了后几个序列。

序列的淹没问题不是必要的，即如果我们不考虑这个问题，在实践中不会因此而产生误判。但我们掌握了淹没问题的机制，可以极大地提高合理性判定的运算效率。序列的淹没是一个十分复杂的问题，由于篇幅的限制，这里不再讨论。

3. 对 Y 集合中重复元素的限制

由于在运算中容易出现在一个集合中出现相同元素的情况，这样在集合的生成环节和集合的增长环节均需要加以控制。在本章所讨论的问题中集合 E_i 的生成不会

出现重复元素，但集合 Y 增长时容易出现重复元素。因此，需要在 Insert$(Y,$ New$)$ 函数中增加重复元素的阻拦功能，或在算法 7.3 调用 Insert$(Y,$ New$)$ 函数时增加一个判定：

```
If  not New∈Y Then  Insert(Y,New)
```

为了增加系统的可理解性，通常把该功能赋予 Insert$(Y,$ New$)$ 函数。

要 点 评 注

本章所讨论的问题在涉及专家打分的考评系统中普遍存在。由于种种原因，专家的打分有时会偏离既定规则，这样，对其进行合理性判定，也就显得非常重要了。该方法的缺陷在于，它仅仅是一个证伪的方法，不是证明的方法，与理想的方法还有一定的差距，但这种技术性方法，对解决这一难题有一定的促进作用，能取得良好的效果。某组织在"基于专家误判的惩罚机制"的配合下，应用这一方法，大大制约了专家打分中的负面影响，在实际评估工作中受到了总部和被评估单位的好评。

在当时条件下，计算机是一种无可争辩的"高技术"，许多人对其心存敬畏。在项目的鉴定过程中，代表课题组汇报中强调其"证伪"功能，这引起了"围观"，有 6 个人不相信，给出了 M 值，软件提示其中 5 人结果错误，作者让他们自己"凑"出 M 值，结果都"凑"不出来。一时间，一种"无比神奇"的感觉弥漫在会议中。

总部的人员感到非常兴奋，因为过去制定的标准多有"虚设"之困，而有了这个"打假利器"，这些制度将能很好地落到实处。而一些评委感到很"纠结"，问道："小吴，你说我们该不该让你通过呢？"东西过硬产生自信，但"少不经事"产生疑惑，"怎么会有这样的问题呢？""如果不让你通过，这个项目确实做得不错，于心不忍；如果让你通过，那么我们无异于作茧自缚。"——原来，评委大多数就是考评专家，我做了一件让专家"自找麻烦"的事，不过道义最终战胜私利。

最后，那个所谓的"千元论"者，也不得不竖起拇指，赞扬道"此成果的意义远非 10 万元可比！"

此例后来被定义为病态信息理论第一例。

第8章 形式性评估指标调整模型

研 究 背 景

　　作为管理系的教员，我的团队承接了多个管理评估软件的研发任务，其中影响较大的当属全军"两成两力"综合评估、全军武器雷达系统"三化"考评，以及全军侦察情报系统"两成两力"综合评估等。"事不两罚"[①]的原则，体现在管理性评估中为"一事不扣两次分"，用一句更为通俗的话讲，就是同一个问题不能多次扣分。这一原则落实到制定标准的过程中即需要保证各指标之间的相互独立性。而实践中发现很多指标难以保证其独立性，因此，需要有一个减弱或消除其相关性的方法。因此，设计出该模型。

　　作者在参与"全军武器系统管理'三化'[②]建设评估"、"全军'两成两力'[③]建设综合评估"、"侦察装备'两成两力'评估"等多个评估指标体系的构建与计算机评估软件的设计中，发现"相互独立"的要求仅仅是一种理想，在现实中是很难实现。最直观的原因是由于管理工作涉及方方面面，且呈现出复杂的相关性，是一个综合性非常强的工作，加上人的行为——这种表现为不确定性因素的影响，我们很难构建出理想的指标体系。而种种"不理想"的设计，又导致评估结果时常出现"显然的不合理"。分析其深层次的原因，是由于辩证唯物主义的"普遍联系观"在起作用，各种评估指标只是事物本身一个侧面的反映，而事物本身是完整的，因此指标间的普遍联系是必然的，我们感觉到的独立性只是我们认识的局限性，以及对现实事物的简化造成的。在构建评估指标体系时要求的独立性只能是相对的，这种独立性越弱，"显然的不合理"出现的概率越高。

　　在更大的范围来看，国家卫生城市评估[④]、高等学校基础课教学实验室评估[⑤]等

---

① 即"一事不再罚"原则是法理学上的概念，是指对违法行为人的同一个违法行为，不得以同一事实和同一依据，给予两次以上的处罚。我国1996年的《行政法》第24条规定："对当事人的同一个违法行为，不得给予两次以上罚款的行政处罚。"

② 解放军三总部，关于印发《部队武器装备管理科学化、制度化、经常化标准》实施概则(草案)的通知，(1991)参装字729号。"三化"即科学化、制度化、经常化。

③ 解放军四总部，《全军通用装备成建制成系统形成作战能力和保障能力建设纲要》，2004年8月。"两成两力"即成建制、成系统、作战能力、保障能力。

④ 全国爱国卫生运动委员会，关于印发《国家卫生城市标准》及《国家卫生城市考核命名办法》的通知，1999年4月21日。

⑤ 国家教育委员会关于印发《高等学校基础课教学实验室评估办法和标准的通知》，教备［1995］33号。

一大批以管理情况或工作情况评估为目标的评估指标体系都存在类似的问题，因此，我们将具有这类特性的评估称为管理性评估。其特点是评估指标体系中大多数指标是以反映管理者意志为目的的，带有较多的主观成分。在这一类评估中所述的"显然的不合理"出现的情况较多；与之相对应，技术性评估是以技术指标为基础的，其客观性较强，故不太容易出现这种"显然的不合理"。对于目前大多数的评估而言，纯管理性评估和纯技术性评估都是很少见的，通常是两者占有不同的比例而已，因此，管理性评估是一个具有相对性的概念。管理性评估中指标值的调整问题是一个具有普遍意义的论题，目前尚未检索到对于该问题的学术研究报道和专题论文。

既然这些"显然的不合理"具有客观的必然性，我们不得不面对，余下的问题便是：我们如何减弱或消除其影响？这就是本节讨论的核心问题——管理性评估中病态指标值的调整模型。

8.1 相关性分析

指标相关性：指标相关性是两个指标之间存在的某种特殊的联系，这种联系是复杂多样的，具有显著的领域或行业特性，但不同领域的指标相关性仍然具有一定的相似性，最典型的相似体现在相关模式上。具有普遍意义的相关模式有"同向增减"、"异向增减"（此二模式在调整模型中称为"双向制约"）和"单向制约"等。例如，指标项"组织领导有力"与"机关工作得力"就是同向增减关系；"年度装备维修工作量"与"年平均装备完好率"就是异向增减关系，因为完好率的计算以装备完好天数为基本计算单位，维修中的装备显然是不完好的装备，维修工作量大，则完好率必然降低，反之"完好率"高，则"维修工作量"低；"人员素质过硬"与"技术保障高效"是单向制约关系，人员素质过硬，不一定能达到技术保障高效，但技术保障高效，是以过硬的人员素质作为基础的。这些关系是复杂的，不是简单的值与值的对应关系，而是值与域、域与域的对应关系，且这种对应通常是非线性的。在这种关系的基础上，我们用线性的方法调整这对域中的值，使其满足相关性要求是完全可行的。

制约关系：具有相关性的两个评估指标（设为 A、B）间的限制和约束关系，记为 $\mathrm{Fr}(A, B) \geqslant 0$。本章将介绍单向制约关系和双向制约关系两个基本类别。单向制约关系：构成制约关系中的两个指标（设为 A、B）中，A 指标对于 B 指标值域范围产生一定的限制和约束，而 B 对于 A 则没有限制和约束作用。记为 $A \to B$ 或 $B \leftarrow A$。由于在这一个制约关系中 A 是制约方，故其值是不可以调整的，B 是受制约方，其值是可以被调整的。A 指标称为制约首端，B 指标称为制约末端。双向制约关系：构成制约关系的两个指标（设为 A、B），其取值之间的差别有一个范围限定，记为 $A \leftrightarrow B$ 或 $B \leftrightarrow A$，由于其只要求差别部分，故两个指标值都是可以被调整的，因此，双方是平等的，如果一方被称为制约首端(指标)，那么另一方称为制约末端(指标)，在泛泛的论述中双方均可称为制约首端或制约末端。

调整模型：两个有制约关系的指标值不满足制约关系时，用于调整其中一个或两个指标值的方法。判定是否满足制约关系的条件式，称为调整触发条件。线性调整模型：模型的所有参数、相关关系和调整方法(函数)都在线性空间内的调整模型。尽管许多制约关系和调整模型是非线性的，为了简化和叙述方便，本章均采用线性结构描述。

指标值的可比性变换：在评估指标体系中，各指标值的计量单位、扣分标准、满分标准等有差异，其量值可能不具有直接的可比性，如果需要进行比较，则要将需要比较的指标量值向同一标准转化，我们称这一过程为指标值的可比性变换。在作者设计的系统中，选定各指标的"得分率"作为指标比较的基础。指标值变换只应用在调整实施过程中，但在评估结果中需要其逆变换将指标值还原。

相关强度：调整模型的主要参数之一，用于确定末端指标值域空间的一个变量组。在线性调整模型中用空间长度来表示。在对称线性空间中用半个空间长度$\pm I$来表示；在不对称的线性空间中用上相关强度I_u和下相关强度I_d两个变量表示。从量值单位上看有绝对相关强度(I_a)和相对相关强度(I_r)之分，绝对相关强度是用绝对值表示的相关强度，相对相关强度是用相对值(本书用百分率)表示的相关强度。由于相关强度表示制约末端指标的值域大小，故量值越大，其关系越弱，而量值越小，其关系越强，认为$A(\pm I_r)\to B$，$I_r \in [0, 100\%]$。若$A(\pm 0)\to B$，则表示A、B已构成函数关系，评估指标体系出现冗余；若$A(\pm 100\%)\to B$，则A、B为绝对无关，这是评估指标体系设计的理想状态。本书中均采用对称线性空间和绝对相关强度，即$A(\pm I_a)\to B$或$A\gets(\pm I_a)\to B$。考虑到模型的灵活性和适用性，将该参数设计为模型的输入，由用户自行设定，指标体系的构建人员只需要给出参考量值即可。

问题空间：末端指标值与其值域空间的距离就是不满足相关关系的区间，用q表示。这是调整模型的作用对象。设有制约关系$A(\pm I_a)\to B$，见图 8-1，显然$q=$ IF $[\mathrm{ABS}(B-A)<I_a, 0, \mathrm{ABS}(B-A)-I_a]$，其中 ABS() 为取绝对值的函数。图 8-1 所示区间是向下调整区间，与此相对应，有向上调整区间。

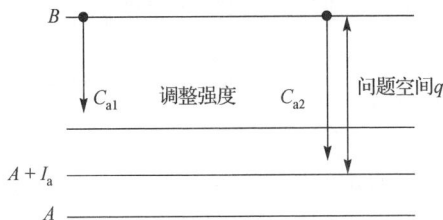

图 8-1　向下调整的问题区间

　　调整强度：调整模型的主要参数之一。用于确定具体指标的调整量值的一个变量。有绝对调整强度 C_a 和相对调整强度 C_r 之分。绝对调整强度是用绝对量值表示的不合理空间的最大减少量值，见图 8-1 中的 C_{a1} 与 C_{a2}。相对调整强度是用百分率表示的对不合理空间的压缩率。在双向制约模型中（设有 $A \leftarrow (\pm I_a, C_r) \rightarrow B$），两个指标均是可调整的，调整不同的指标值，其结果存在差异，但两种调整方法对于 q 区间的变化是等效的，假设 $B > A$，则 $B - q \cdot C_r$ 与 $A + q \cdot C_r$ 对 q 值等效，也就是说，若 $C_r = 40\%$，则 B 向下调整 40% 与 A 向上调整 40% 对 q 值是等效的。在双向制约调整模型中，C_a、C_r 又进一步分化为上部调整强度 C_{au}、C_{ru} 和下部调整强度 C_{ad}、C_{rd}。同样，调整强度也是由用户或使用者自行设定的，指标体系的构建人员只需要给出参考量值即可。

　　在具体的评估指标体系的构建和计算机评估软件的设计中，相关性分析的目标就是要给出每一个相关关系的详细描述，可比性变换规则、相关强度、调整强度等参数集合，以及具体的调整方法，保证选定的调整模型的运行需求。设有 A、B 两个指标，存在一种约束关系，$\mathrm{Fr}(A, B) \geqslant 0$。但 A、B 的实际取值不满足这一关系时，触发调整功能，应用某种调整规则，使 A、B 两值符合关系 Fr。

　　我们对某评估指标体系的分析表明：指标项"A 装备完好配套"与"B 战备工作落实"构成了单向制约关系（$A \rightarrow B$），显然，战备工作落实的前提是装备完好配套，但装备完好配套并不表明战备工作一定落实了，因为战备工作还有其他的因素。由于指标体系设计中考虑了扣分的独立性，这两个指标在实际的评估中可能出现前者只有 60 分，甚至更低，而后者满分 100 分的情况。这就出现了前面所说"显然的不合理"，但究竟这个差距在什么范围内才算是合理的呢？这就需要管理人员来确定具体的量值。例如，在得分率这个可比基础上，设计其绝对相关强度 $I_a = 10$，这一概念相当于统计分析中的"显著水平"，即设计者认定，如果两者得分率差距超过 10，即"显然的不合理"。在《国家卫生城市标准》中指标项"清扫保洁率"与"环卫设施设备完好率"也存在类似的关系。

　　在评估实施过程中得到的指标值的差距如果在相关强度范围之内，只能认为其是合理的；但如果指标值的差距超出了相关强度规定，就需要进行调整。而调整又可分为部分调整和全部调整，即减弱和削除"显然的不合理"的程度。

8.2　指标对的调整模型

　　在评估实施过程中得到的指标值的差距若超出了相关强度规定，即满足了调整触发条件，则需要对有关的评估指标值进行调整。如何进行调整，才能使结果评估设计者、评估者和被评估对象三方都认可，关键在于调整模型的合理性。不同的相关模式需要不同的调整方法。

8.2.1　模型的基础概念

首先，我们引入形式性指标与效果性指标的概念。形式性指标是指在评估工作中"只要存在某种形式，而不考虑其实际效果"的一个指标类别，典型的形式性指标是"组织领导有力"，由于其只能通过其他指标的好坏才能判定其是否"有力"，但指标的"独立性"要求，导致不能通过其他已有的指标来判定，而其独立的子项指标只有"有无领导小组"、"有没有在党委会上专题讨论"、"有没有会议记录"等仅仅由其形式起决定作用的可检查项目，因而使得"组织领导有力"指标成为纯形式性指标。同样，国家卫生城市标准中"爱国卫生组织管理"、"会议室内有禁烟标志"、"有公用茶具消毒设施"等也属纯形式性指标。与其相对应，效果性指标是指评估工作中只与其实际效果而不与其形式相联系的一类指标，即不管你做了没有，也不管你是如何去做的，"以效果论英雄"。最典型的指标是"装备完好率"。新型装备处于早期故障期，且有些设计和技术不很成熟；老旧装备处于晚期故障期，它们过高的故障率使得部队很难保持较高的装备完好率，但成熟的新品装备则比较容易保持规定的装备完好率，从"绩效评估"的观点看，不同的装备在完好率方面的扣分准则应当区别对待，且不同的"新""老"程度在扣分量值上应有所不同，这些都需要非线性的调整模型，以及过多的领域知识。多数现实的评估中，为了简化不予考虑，本章暂不讨论。

其次，我们确定了"以效果性指标值为基础，调整形式性指标值"的调整原则。这一原则的合理性在于：形式和效果的关系，效果是内在目标，而形式是外在表现，外在表现自然要服从和服务于内在目标。例如，评估中，"组织领导有力"得满分 $B=100\%$，而"装备状况完好"$A=60\%$。显然，前者属于是形式性指标，而后者是效果性指标。设关系 F 为 $\mathrm{ABS}(A-B) \leqslant 10\%$，调整强度为 100%。指标间的差距为 $\mathrm{ABS}(A-B) = 40\% > 10\%$，超过规定范围，则以效果性指标 A 为基础调整形式性指标值 B。由于调整强度为 100%，且可以有 10%的差值，需要将前者高出的 30%不合理的部分(问题空间 q)100%调整完，调整后的 $B = 70\%$，使其完全进入关系设定的范围以内，使指标体系更符合实际情况。这一原则得到了"两成两力"模型设计者(课题组、总部机关和首长)、验收组和被评估单位三方的同时认可。

最后，在通常情况下，纯形式性指标和纯效果性指标是不多见的，但指标间的相关关系是普遍存在的。为了使上述调整原则具有广泛的适用性，我们又对概念进行了扩展，引入效果性指标隶属度与形式性指标隶属度的概念(效果性指标隶属度＋形式性指标隶属度＝1)。这样，上述的调整原则变化为"以强效果性指标为基础，调整弱效果性指标"。这一概念解决了"效果性"概念的模糊性和相对性问题：在绝大多数情况下我们不能用这两个概念去描述各指标，而只能说某指标相对于这两个概念的隶属度是多少；对于某指标而言，在一个关系中可能属于前者（制约首端），而在另一个关系中又可能属于后者（制约末端）。

8.2.2　单向制约调整模型

在一个管理性评估系统中，能明确地指出制约首端指标和制约末端指标的关系类别，称为单向制约关系，其相应的调整模型称为单向制约调整模型。在单向制约调整模型中，如果制约末端指标值超出了由制约首端和相关强度为其确定的值域范围，则产生调整行为，即通过一定的算法，使制约末端的值调整到其值域范围以内或接近其值域范围。单向制约关系中制约首端的指标值是不可调整的，只有制约末端的指标值可以调整。设有关系：$B(I_a, C_r/C_a) \rightarrow A$。

当调整强度 $C_r = 100\%$ 时，其调整方法见式（8-1）：

$$A = \begin{cases} B - I_a, & B - A > I_a \\ A, & \text{ABS}(B - A) \leqslant I_a \\ B + I_a, & A - B > I_a \end{cases} \tag{8-1}$$

当调整强度 $C_r \neq 100\%$ 时，算法见表 8-1。

表 8-1　调整方法

调整方法	调整区域	调整算法	特例说明
绝对 调整强度	$A > B + I_a$（向下调整区）	IF$[C_a > q, B + I_a, A - C_a]$	若下调超过上界，则取上界
	$A < B - I_a$（向上调整区）	IF$[C_a > q, B - I_a, A + C_a]$	若上调超过下界，则取下界
	其他（不调整区）	A	不调整
相对 调整强度	$A > B + I_a$（向下调整区）	$A - q \cdot C_r$	特例：$C_r = 100$ 时，取上界
	$A < B - I_a$（向上调整区）	$A + q \cdot C_r$	特例：$C_r = 100$ 时，取下界
	其他（不调整区）	A	不调整

注：B、A 是评估指标的实际取值，C_a、C_r、I_a 是由用户或操作人员给定的参数

8.2.3　双向制约调整模型

在一个管理性评估系统中，我们无法分清具有相关性的两个指标间的主从特性，但相关性又是客观存在的，我们设定它们是互相约束的，由于关联双方都有可能被调整，在实践中到底调整哪个指标呢？需要补充调整方法，通常有就低原则、就高原则和集中原则三个类别。所谓就低（高）原则是量值较高（低）的指标向量值低（高）的指标调整，而集中原则是双方共同向其中心调整一定量值，是一个双向调整方法，集中原则需要输入更多的参数。设甲 $\leftarrow (\pm I_a, C_a/C_r/C_{au}/C_{ad}/C_{ru}/C_{rd}) \rightarrow$ 乙，根据不同的调整原则形成不同的调整方法，见表 8-2。

表 8-2　双向制约调整方法

调整策略	原则	调整方法(满足调整触发条件：ABS(甲−乙)>I_a 时)
单方调整 绝对强度	就高	Min\$(甲,乙) = Min\$(甲,乙)+C_a
	就低	Max\$(甲,乙) = Max\$(甲,乙)−C_a
单方调整 相对强度	就高	Min\$(甲,乙)=Min(甲,乙)+$q \cdot C_r$
	就低	Max\$(甲,乙)=Max(甲,乙)−$q \cdot C_r$
双方调整 绝对强度	集中	Min\$(甲,乙)=Min(甲,乙)+C_{au} Max\$(甲,乙)=Max(甲,乙)−C_{ad}
双方调整 相对强度	集中	Min\$(甲,乙)=Min(甲,乙)+$q \cdot C_{ru}$ Max\$(甲,乙)=Max(甲,乙)−$q \cdot C_{rd}$

注：ABS()为绝对值函数，Min\$()、Max\$()取其内值小、值大的变量名函数

8.2.4　指标对的调整模型小结

本章的研究表明：在一些管理性评估工作中出现的一些不合理的指标值(一种病态信息)的情况，其原因在于"管理性评估指标体系设计要求的独立性"与"事物本身存在的普遍联系"之间的矛盾，即现实事物的普遍联系性，导致现实中难以设计出绝对独立的管理性评估指标体系，因而，病态的评估指标值的出现是不可避免的。

消除或削弱病态的评估指标量值对评估工作的影响的办法就是对病态的评估指标值进行调整。为了清楚地阐明调整原理，我们选择了以相关强度、调整强度、调整方法等为核心的相关关系分析与调整模型体系中的单向制约和双向制约两种最简单、最基础的调整模型，在参数的设计中均采用了线性结构。定义了相关性分析与调整模型构建工作的概念体系：指标相关性、相关模式、制约关系、可比性变换、相关强度、问题空间、调整强度、形式性指标、效果性指标、效果性隶属度、形式性隶属度等，以及相应的配套概念。提出了单向制约调整原则：以效果性指标值为基础，调整形式性指标值；双向制约调整原则：就高原则、就低原则和集中原则等。

这些调整模型在三个实际评估系统中的应用，取得了良好的效果，得到了评估设计者、评估实施者和被评估对象三方认可，成为管理性评估工作的重要指导理论与方法之一，从一个方面有力地保证了评估工作的质量。

8.3　关系集的调整模型

在 8.2 节中建立起两个指标之间的相关关系与病态指标值的调整模型，为该问题的解决奠定了坚实的理论与方法基础，但离实际问题的解决还有一定的距离。在任何一个现实的管理性评估指标体系中，通常会有很多有相关关系的指标对，且这

些指标对之间也存在一定形式的联系，我们把这些有关系的指标对的集合称为"指标对集合"，又称"关系集"。我们可以把不相关的指标对分配给不同的关系集，分别进行处理，这样，系统级的关系处理可以简化为关系集内部的关系处理。关系集内部的关系处理也是十分复杂的，此外，还存在"多指标关系"等因素，这样使得问题的解决变得更加困难。如何处理好这些指标对之间的关系？如何处理好关系集内部的矛盾？如何从评估指标体系整体上把握这些关系？这就是本节要解决的核心问题。

8.3.1　基本问题描述

1. 基本算法设计

如果多个关系是完全独立的，我们可以应用前面提供的理论与方法，由于各个"指标对"之间是不相关的，我们可以一个一个地完成。在系统的设计上以一个二维表数据结构(表 8-3)加上一个简单循环的程序结构就可以解决了。循环的顺序没有任何要求，通常按照录入顺序即可。

表 8-3　关系要素与关系集

关系编码 (主键)	取舍标志	制约方编码	制约方变量名	受制约方编码	受制约方变量名	相关强度	调整方法	调整强度	执行顺序

如果关系集中出现链结构，如 $C \to B \to D \to A$，$H \to I \to K$ 等，且多条链之间是相互独立的，即不存在相同的元素，且录入顺序刚好又是按链的顺序，非常幸运，一遍执行后，指标值的集合便完全协调了。科学不能靠运气，如果没有按链的顺序录入关系，我们会发现在一遍执行后指标值之间仍然可能存在不协调的情况。处理这个问题最简单的办法是让计算机反复循环，直到指标值的集合完全协调。其判定准则也相当简单，在循环内设置一个计数器(初值为 0)，记录每轮循环中产生调整的关系数量，若一个循环执行后计数器仍为 0，则循环结束。有人可能会有疑问，这个算法一定收敛吗？答案是明确的，因为有"所有链之间都是不相关"的假设。这一算法也有缺点，因为同一组关系，调整后的结果有可能不唯一，但都是满足相关关系的，且是有限个，究竟是哪一个，取决于关系的录入顺序，而录入顺序又是不好控制的。所以，需要增加一定的算法，在录入顺序确定或修改以后，计算出各关系的执行顺序。在这种简单的情况下，可以人工录入执行顺序，但在后续的许多情况中，确定执行顺序的规则是十分复杂的。

2. 指标值调整中的冲突现象

让我们首先看两个关系集的实际案例，见图 8-2 和图 8-3。图 8-2 是由某评估指标体系的设计人员提供的关系集之一(一个评估指标体系中可能存在多个关系集)，其中的 6 个指标共构成 15 个指标对。图 8-3 是另一个关系集，它由 10 个指标构成 12 个指标对，其中的"(5)→(7)"与"(7)→(5)"实际上是一个双向制约关系。从这两个案例可以看出：一个实际的评估指标体系中一般存在较为复杂的关系集，通常指标越多，关系就越复杂。

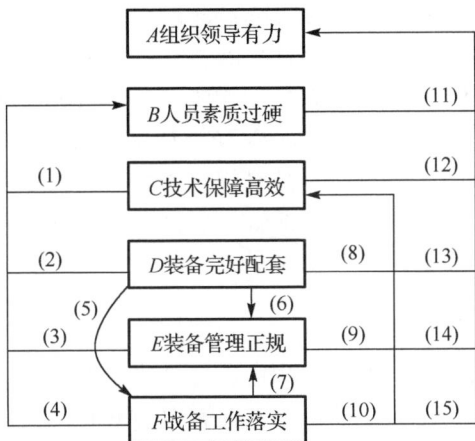

图 8-2　专业部分各分目标间制约关系

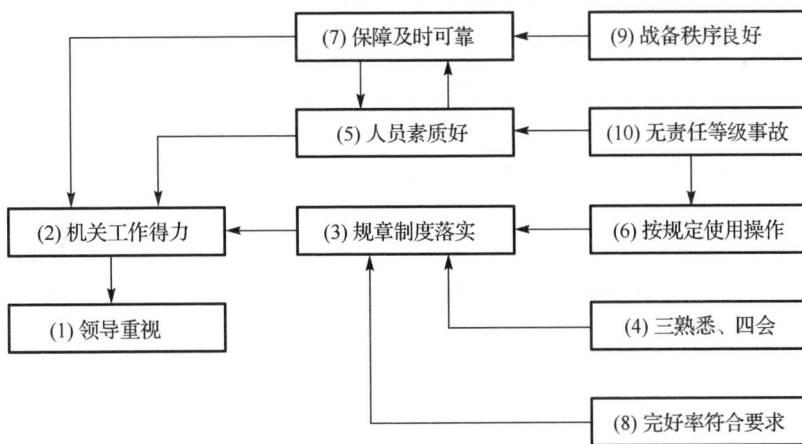

图 8-3　部队武器"三化"管理制约关系

在这个稍微复杂一点的关系集中，对于给定的一个指标可能有多个指标与其产生关系，见图 8-2 中的(6)和(7)，$D \rightarrow E$、$F \rightarrow E$，我们称为沟结构。这种结构有可能导致指标值调整过程的"冲突"，即由 D、F 分别与相关强度构成的对 E 的两个限定范围可能是不相容的。以指标体系和关系集的设计者的理性判定，冲突现象是指标值的严重不合理的情况，在实际的评估系统中必须消除。如何消除？这就是后面将研究的冲突协调方法。

所谓冲突现象，是指在一个管理性评估指标体系中的关系集中，多个指标对的末端指标相同，且在评估实施后，其值的调整无法满足全部的关系，即无解的现象。我们称这些指标对为不能相容的指标对。

如图 8-2 所示的案例中，有制约关系 $D(\pm20，100\%)\rightarrow E$、$F(\pm10，100\%)\rightarrow E$，括号中为相关强度和调整强度，假定评估实得：$D=150$，$F=90$，$E=120$，则 D 对 E 制约实施后，$D\rightarrow E=130$，而 F 对 E 实施制约，$F\rightarrow E=100$，这样，无论如何都不能同时满足这两个关系，即制约关系 $D\rightarrow E$、$F\rightarrow E$ 为不能相容的关系。

冲突现象的产生原因主要有：一是对相关关系认识的不充分，在制定指标过程中人为产生的，是对客观世界的一种曲解；二是评估实施过程中产生的指标值与评估对象之间的差异——失真。

3. 指标值调整中的振荡现象

在一些相对复杂的关系集中，一些指标值可能被多次调整，其中一些关系使某指标增加，而另一些使其减少，这种向不同方向调整同一指标值的现象，就是一种"振荡"。解决振荡问题的要求很明确：一是保证算法收敛，二是加快收敛速度。在这种情况下，执行顺序是一个十分重要的因素。

所谓振荡，是指在某管理性评估指标体系值的调整过程中，某一指标值被多次向不同方向调整的现象。见图 8-2 中的指标对(2)、(3)和(4)，有 $D(\pm20，100\%)\rightarrow B$、$E(\pm15，100\%)\rightarrow B$、$F(\pm10，100\%)\rightarrow B$，假定评估实得 $D=150$、$E=90$、$F=130$、$B=110$，调整过程为：$D\rightarrow B=130$，$E\rightarrow B=105$，而 $F\rightarrow B=120$，这里，D 使 B 值增加，而 E 则又使得 B 值减小，F 又使 B 值增加。也就是说，不同的制约首端指标使同一末端指标的值出现较大幅度的增减波动。

振荡现象产生的原因主要有：一是多次循环，可能会造成某些指标值向不同方向的调整；二是关系集中存在"沟"结构。

8.3.2　冲突协调方法

目前尚未设计出完备的冲突协调方法，但对于目前我们所遇见的冲突情况，已形成了相当有效的方法：一是用领域知识调整关系集的结构；二是弱化相关强度，即增加相关强度的量值；三是在冲突条件下寻找满意解。

关系集的结构调整是一个复杂的问题，我们无法用统一的方法或公式解决，目前只能依靠评估系统的设计者的智慧，但已经形成了一些关系结构的设计原则：一是尽量保持指标对的独立性；二是尽量设计成独立的链结构；三是在不得已的情况下，增加顶结构、弱化沟结构。从前面的讨论中可知，前两种关系集结构不存在冲突问题，而存在冲突的关系集结构中必然包含沟结构。所谓顶结构是指一个指标同时与两个指标有关系，且其他两个指标均为关系的末端指标。例如，指标值调整中冲突的例子，如果增加 $D(\pm 20,100\%) \to F$ 关系，这样 $D \to E$ 与 $D \to F$ 构成了一个顶结构，为下层关系创造一个好的条件。在这种情况下，先实施 $D \to E = 130$，再实施 $D \to F = 140$，这样，$F \to E$ 失效，问题自然解决。沟结构是冲突产生的必要条件，减少和削弱沟结构在逻辑上是一个好的方法，但在现实中不一定能完全消除沟结构。例如，在图 8-2 的关系集中取消 $F \pm X_a(F) \to E$，或/和 $D \pm X_a(D) \to E$，这样就可以消除这个冲突源，但也可能增加评估的失真度，很难使评估指标体系的设计者接受。

我们还可以通过弱化相关强度的方法消除冲突。在上面的例子中，增加相关强度 I 的量值，可以使 $D \pm I_a(D)$ 与 $F \pm I_a(D)$ 两个值域出现交集，使得不相容区间长度 $q = 0$，即出现相协调解。在 $D \pm I_a(D) \to E$ 与 $F \pm I_a(E) \to E$ 形成交集后，对 E 的调整的结果自然应在这个交集以内。至于取这个交集中的哪一个点，需要补充策略信息，通常按 D 与 F 的效果性隶属度的比例来确定，但更为简便的方法是直接用 D 的边界、F 的边界和中心点等。

最后的方法也是不能削除冲突的方法，就是寻找满意解。如果 $D \pm X_a(D)$ 与 $E \pm X_a(E)$ 无法形成交集，即不存在协调解。假设 $D > F$，则 B 的调整结果应在 $[D-X_a(D), F+X_a(F)]$ 域内，同理，假设 $D < E$，则综合制约的结果应在 $[D+X_a(D), E-X_a(E)]$ 域内，至于取域内的哪一个点，还是要根据 D 与 F 的效果性隶属度的强弱比例来确定，通常应接近效果性隶属度强的一方。这一方法的实质是降低了调整强度。

不同的方法有不同的特点，但衡量调整结果好坏有共同的标准：一是所调整后的值与其原始值之差的绝对值之和极小化；二是调整后的不合理区间极小化，由于存在多个差值，我们可用各差值的平方和或方根极小化表示。这两条是我们衡量各种办法优劣时常用的手段，但它们有时可能是矛盾的，这就需要设计者与管理者根据其面临的客观实际来分析确定。

8.3.3　振荡抑制方法

如果不存在冲突问题，一定可以设计出一种计算顺序，使调整过程收敛。那么剩余的事情就是收敛速度的问题了。

一种最简单的方法是用领域知识先确定出关系集中所有指标的效果性隶属度，然后先按制约方指标的效果性隶属度由强至弱排序(假设不同的指标其隶属度存在差异)，制约方指标隶属度相同的再按受制约方指标的隶属度排序，最后按此顺序执行指标的调整模型。在图 8-2 所示的案例中，某管理性评估指标体系中的某一个关系集中有 6 个指标，经过专家比较,6 个指标的效果性隶属度强弱排序为 $D > F > E > C > B > A$，见表 8-4。在这种方法中，隶属度强的关系先进行计算，对关系链中的多个指标，链上方的关系先计算。根据这一方法，图 8-2 案例中的执行顺序见表 8-5。这样，原有的算法可能出现一个问题，由于后执行的结果覆盖前面的结果，即隶属度弱的反而优先，出现事与愿违的情况。因此，应增加描述制约方指标和调整强度引起的对于末端指标的限定范围，见表 8-6，若在后续的调整中产生的限定范围与此有交集，则用交集来修改这个范围，否则，调用冲突协调程序。按隶属度排序后，所有指标对不能出现隶属度低的指标为制约首端指标，另外不能出现环结构，否则算法将可能不是收敛的。所谓环结构是指在一个关系集中出现了若干个指标对的首端与末端依次相接，形成圆环。环结构是指标关系设计的错误之一。

表 8-4　目标隶属度顺序

指标项	A	B	C	D	E	F
效果性隶属度顺序	1	2	3	6	4	5

注：其中 1~6 分别表示各指标的形式隶属度顺序。如果在调整模型中需要用隶属度量值来参与运算，则需要给出更具体的隶属度量值

表 8-5　执行顺序的排列案例

执行顺序	1	2	3	4	5	6	7	8	9	10	11	12	13	14	15
关系编码	DF	DE	DC	DB	DA	FE	FC	FB	FA	EC	EB	EA	CB	CA	BA
关系编号	(5)	(6)	(8)	(2)	(13)	(7)	(10)	(4)	(15)	(9)	(3)	(14)	(1)	(12)	(11)

表 8-6　末端指标的限定范围

末端指标 （编码）	执行 次数	当前 量值	调整 量值	作用关系 （编码）	关系范围		当前范围	
					上界	下界	上界	下界
（主键）	（主键）							

这一方法，只能在一定程度上解决振荡问题，但不能从根本上解决。振荡问题的根本解决还在于制约关系自身的正确性和协调性。这个方法的不足之处在于，领域知识与实际的关系集设计要求一致，而在复杂的关系集中，这种一致性检验是很困难的，往往到实际运行中出现问题才能被发现，容易影响实际的评估工作。

抑制振荡的另一种方法是调整关系集中的关系结构。图 8-2、图 8-3 是两个评估指标体系设计者给出的关系集的描述结果，从领域知识看，其结构性很强，也容易理解和校对，但不利于关系集结构的改进工作。这样就需要对关系集的结构进行一定的规范化处理，我们约定，按关系首端在上，末端在下的原则整理关系结构，见图 8-4、图 8-5。其优点在于：一是容易发现错误的环结构，二是容易发现指标对中

效果性隶属度倒置的错误，三是沟结构一目了然，容易找到振荡源和冲突源，四是有利于确定增加顶结构的位置。

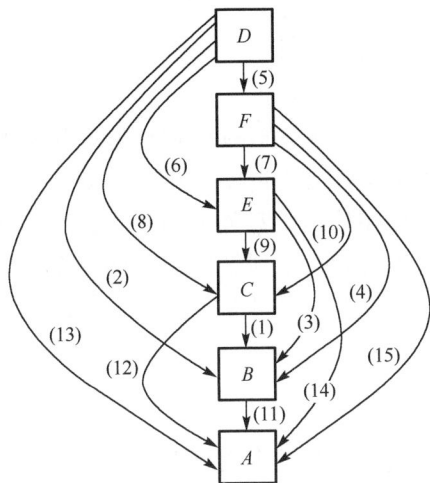

图 8-4　关系集案例(一)的关系结构图

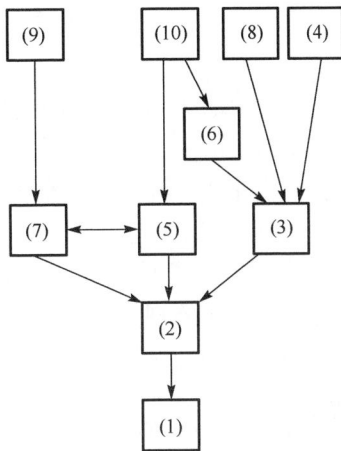

图 8-5　关系集案例(二)的关系结构图

8.3.4　关系集的调整模型小结

指标对集合的基本结构形式有：独立结构、链结构、沟结构、顶结构、环结构等。独立结构、链结构是指标对集合设计的理想结构；沟结构是冲突和振荡的根源之一，是指标对集合设计中应尽力避免的，但又是普遍存在的，通常是不得已而用之；顶结构也是普遍存在的，也可作为消除冲突的手段之一；环结构是指标对集合设计中的错误，应彻底消除。

冲突现象是指在一个指标对集合中，有多个指标对的末端指标相同，且在评估实施后，其值的调整无法满足全部的关系，即无解的现象。在实际的评估系统中必须消除冲突现象。冲突协调方法主要有调整指标对集合的结构、弱化相关强度、在冲突条件下寻找满意解。

振荡是指在病态指标值的调整过程中，某一指标值被多次向不同方向调整的现象。主要原因有多次循环的算法和沟结构。振荡的不利影响在于：一是影响调整算法的收敛性，二是影响收敛速度。如果不存在冲突问题，一定可以设计出一种计算顺序，使调整过程收敛。消除和抑制振荡的基本思路有设计合理算法、修改指标对集合结构。本章提出的按隶属度的强弱设计执行顺序是一个比较有效的方法，但不完备，修改指标对集合结构的方法是从根本上解决问题的方法。

冲突与振荡是紧密相关的，冲突问题的解决并不意味着振荡问题的解决，而是在对冲突问题进行解决时可掩盖振荡的问题，反之亦然。

本章提出的协调运算的有关概念和方法仅仅是初步的方法，对于目前实际应用的两个系统已经基本够用，但这个问题的最终解决还有很多问题尚待研究。

8.4　调整模型实际应用

本节所谈的关系都是两个指标之间的关系，但现实的管理性评估指标体系中经常出现多指标关系，即一个关系中涉及 3 个或 3 个以上的指标。例如，"全军成系统成建制形成作战保障能力评估系统"研究中，应用病态信息处理的基本思想方法建立了评估值的调整模型，得到了主管部门领导的肯定，取得了部队评估工作人员的好评。"两成两力"建设综合评估系统 1.0 版本中采用了以下的规则，随着评估研究工作的深入，新的规则会不断产生。

1. 专业内部制约计算规则

（1）共同部分：如果人员素质、装备管理、装备战备三个项目得分率均比组织领导项目得分率低 20%，则组织领导项目减少满分值的 10%；相反，如果人员素质、装备管理、装备战备三项得分率均比组织领导项目得分率高 20%，则组织领导项目增加满分值的 10%。

（2）7 个专业部分：如果技术保障项目得分率比人员素质项目得分率低 20%，则人员素质项目减少满分值的 10%。相反，如果"7 个专业平均得分率"指标比"组织领导"指标得分率高 20%，则"组织领导"指标增加满分值的 10%。

（3）全部 8 个部分：如果装备管理、装备战备两项目得分率均比装备状况项目得分率高 20%，则装备管理、装备战备两项目减少满分值的 10%。

2. 专业之间制约计算规则

各专业按项目计算平均得分率，记为专业平均得分率。如果 7 个专业平均得分率均比共同部分的组织领导项目得分率低 20%，则组织领导项目减少满分值的 10%；相反，如果 7 个专业平均得分率均比组织领导项目得分率高 20%，则组织领导项目增加满分值的 10%。

要 点 评 注

在管理评估指标设计中，应保证指标之间的相互独立性。但在许多具体指标的设计上又不得不面对其相关性，如何解决这一矛盾？作为一种弥补，作者设计出形式性评估指标调整模型，并已经在实践中获得了较好的效果。

在"两成两力"综合评估系统运行的头几年里，不断地有人传来"评估系统有错误"的消息。有一些朋友告诉作者，"软件是不是有一点问题啊？"作者说不可能！

如果是以个人的名义，或以军械工程学院的名义，或许会有些疏漏，由于落款是总装备部，作者不敢有丝毫懈怠，这是很严肃的事，是不允许出错的，因此，该软件经过严格的测试，并且由作者亲自把关。而对方又说，"确实出现错误了"。作者问"哪里错了？""我们单位的分数算少了！"作者："说你可以告到总部去"。"真是'狗咬吕洞宾，不识好人心！'（其实，这才是朋友，上告之前先打一声招呼）。""真的要上告了！在上告之前你先看看《说明书》第 36 页。"第二天回话："真玄了，要不是你老哥提醒，又要被首长骂得狗血喷头啦！""好人有好报吗！如果你的分数多了，你还会告诉我吗？""那需要等到拿了奖以后，哈哈！""总部正需要查找有'水分'的单位，看来你这个样本自然消失了！"

第 9 章   弹药消耗模式模型

研 究 背 景

弹药消耗模式模型是"军械一号"作战模拟训练系统的核心模型之一。关于该系统的研究背景，由于在本书中的特殊地位，在前言中已经有了比较详细的论述，这里不再赘述。

9.1   弹药消耗模式概念的建立

1. 传统提法及其不足

弹药消耗通常与战斗激烈程度相适应，一般分为激战日消耗和一般战斗日消耗，这种划分使弹药保障和战斗行动，以及储备、运输能力紧密地联系在一起，有一定的合理性，但这个划分还存在不少缺点：①这个划分机械地套用了战术上的激烈和一般的概念，战术和后勤供应有联系，但不能忽视它们的区别，有时甚至是不一致的；②这个划分过于综合，仅仅讨论了消耗总量，而置各种各类弹药消耗的巨大差别于不顾；③这个划分是模糊的、定性的，在激烈和一般之间缺乏明确的界限；④这种划分是不够完善的，激烈状态无可非议，而一般状态包含范围过宽；⑤这个划分在时间段的选取上缺乏灵活性，只能以天表示。

2. 消耗状态数的确定

我们首先考虑确定状态数应遵循的原则：①应与储备、运输能力相适应；②以专家能提供的经验数据为基础；③尽量地接近战术情况，易于掌握和应用。根据这些原则，在坚固阵地防御战斗背景下(本章以此为例)，我们认为增加一个用于描述战斗间隙的零星消耗状态较为合理。激烈消耗需要集中运力提前准备，一般消耗可按正常的储备和运力分配，而零星消耗则不需要考虑补充问题，运力可用于其他方面。这种划分和专家的经验数据也十分协调，因为在他们心中本来就有战斗间隙的概念，仅仅是由于不需要考虑供应问题而被忽略了。这种划分也与战斗情况存在一定的联系，掌握较容易，使用较方便。因此，本模型中的消耗取三个状态，用 M 表示；$M=1, 2, 3$ 分别表示消耗在零星、一般和激烈区间，$M=0$ 表示不存在状态。

3. 边界值和代表点的确定

如果弹药消耗只有三种状态，那么我们需要在消耗值数轴上确定四个分界点和三个代表点。消耗状态的划分见图 9-1，显然 $(-\infty, S_1)$、$(S_7, +\infty)$ 是两个不可能区间，$[S_1, S_3)$、$[S_3, S_5)$、$[S_5, S_7]$ 分别是零星、一般和激烈消耗区间，各区间的代表点分别为 S_2、S_4、S_6。各边界点和代表点具体数值的确定需要依据历史数据和专家的经验。表 9-1 挑选了几个典型的战例及 "820 会议" 的数据，确定了这 7 个分界点分别取 0、0.05、0.1、0.5、0.78、0.98、1.16，并取得了专家认可。应该指出：这些系数的确定取决于具体的专家或使用人，同时这些参数也作为消耗模式的调整或控制参数。

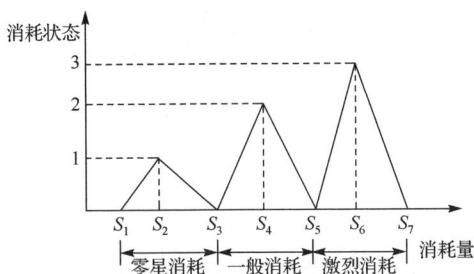

图 9-1　消耗状态的划分

表 9-1　典型师战斗日耗情况

序	战斗名称	资料来源	最大日耗(基数)	平均日耗(基数)	最小日耗(基数)	备注
1	围歼同登之敌战斗	1–329	0.62	0.18	0.038	师
2	攻克凉山之敌战斗	1–329	1.16	0.458	0.029	师
3	攻克凉山北市区战斗	1–330	0.98			
4	820 会议	2–9		74/80		

资料来源：1.《作战物资储备消耗标准参考资料汇编(我军部分)》机密 84.8

2.《通用弹药地雷爆破器材基数标准和消耗标准论证及说明》机密 85.1

4. 消耗模式的定义及表示

通过前面的讨论我们知道，每一个时间段(本案例用天)，都能用一个消耗状态 M 来表示，这个状态显然只有三种，分别用 1、2、3 来表示。而按时间段自然顺序排列成的，能反映全部作战过程的消耗状态序列我们就称为消耗模式(以下简称模式)，如 3223121，实际上它是一个以时间(段)为自变量，以消耗状态为因变量的离散函数，可用直方图或折线图的形式表示，见图 9-2，其中 T(假设战斗类型为坚固阵地防御战斗，$T = 7$)表示战斗持续天数，t 表示战斗天序。消耗状态的范围和分布规律，我们通常用最小、最可能、最大三个值来表示，它是消耗状态 M 的函数(表 9-2)。消消耗模式组是用来反映某级单位(本章为陆军师)、某条件下(本章设定为坚固阵地防御战斗)反映弹药消耗规律的消耗模式集合。

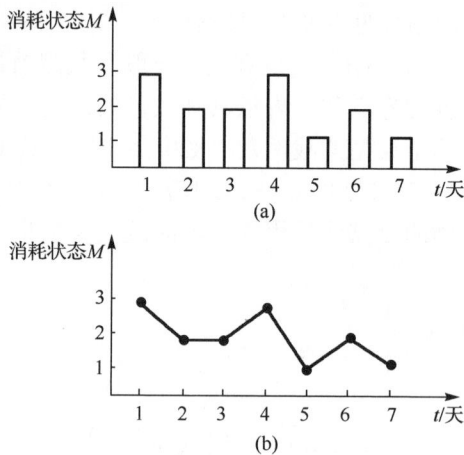

图 9-2　消耗模式表示

表 9-2　消耗状态分布参数取值表

消耗状态分布 M	$\min(M)$	$\mathrm{pos}(M)$	$\max(M)$
1	S_1	S_2	S_3
2	S_3	S_4	S_5
3	S_5	S_6	S_7
统一表示	S_{2M-1}	S_{2M}	S_{2M+1}

9.2　基本数据的获取

在研究和分析弹药供应问题时,军械人员常常因碰到数据不完整、不真实、不充足、不准确甚至是矛盾的数据,而使研究无法进行。这是不注意统计的真实性、完整性和规范化造成的后果。但从另一方面看,这种条件下的长期实践造就了一大批专家,他们掌握了大量的接近真实的、能适应各种需求的数据,我们称为经验数据,他们是军械系统的宝贵财富。但对经验数据也应一分为二,成熟的经验可以转化为理论推动事物的发展,而不充分、不成熟的经验或盗用经验的名誉,大多要得出违背客观规律的结论。因此,我们要研究如何妥善地应用经验数据问题,达到经验数据与真实情况的统一。因此,有效弹药消耗模式组的获取也相应地产生了两种方法,即统计法和经验数据法。

无论哪一种方法首先都必须获得模式空间。例如,坚固阵地防御战斗,作战天数为 7 天,而每天只有 3 个状态。这样共有 $3^7(=2187)$ 种组合形式,这就是坚固阵地防御战斗的模式空间。当然模式空间的获取还有许多变化，例如，时间段的划分以天为单位，也可以用其他时间段(例如，按战斗进程划分：炮火准备、突破前沿、巩固与扩大突破口、向纵深发展和围歼残敌等)，模式还可以是不等长的，状态数也不一定取 3 个，也可以取 4 个、5 个。当然，这样做将会极大地扩大模式空间。

9.2.1　统计法

该方法要求大量的记录每次战斗消耗过程的真实数据。统计时，将每次战斗的消耗值系列与模式空间比较，将与之相匹配的模式的频数加 1(显然边界值的确定将影响统计法得到的模式空间)，每次战斗的消耗值系列必然且只能找到一个与之相匹配的模式。最后将各模式的频数与参加统计的战斗次数相比即得出该模式的权值，而那些权值为零的模式在仿真决策时是不可能发生的模式。统计法能反映出已发生的、真实的消耗情况，结论的可信度较高，但它是以大量的真实数据为前提的，而恰恰在这一点上，我们又无能为力。即便得到模式组，也难以满足典型性要求，因为许多战斗弹药供应很一般，不具有参考价值。

9.2.2　经验数据法

经验数据法就是用专家们提供的经验数据来进行模式筛选，这里我们仍以坚固阵地防御战斗为例。这种筛选通常又分规则筛选和主观筛选两个步骤。当然如果专家们能给出筛选后剩余各模式的权值，那就更为理想了，遗憾的是这一点使专家们也感到为难，但就对决策的用途而言，没有理由说明剩余的模式中的哪一种比另一种更重要或发生概率更高，因而只好假定剩余的各模式权值相等。

(1)规则筛选。这是一种概略的筛选，就是用专家提供的一些规则进行筛选，这种筛选的效率是相当高的。例如，坚防战斗专家提出如下经验：①第一天通常为激烈消耗；②连续规则，连续两个零星消耗状态后通常出现激烈消耗状态，而连续两个激烈消耗状态后通常出现零星消耗状态；③各状态数量的限定，各状态式在模式中出现的频率通常为 2～3 次。这样我们剔除异常情况，就使得专家经验形成规则。用以上规则对 2187 种模式进行筛选，剩下 104 种(表 9-3)。

表 9-3　消耗模式组

分类	序号 j	模式				
有效模式共 85 种	01～05	3113122	3113212	3113221	3113232	3121132
	06～10	3121231	3121233	3121312	3121321	3121322
	11～15	3121323	3122123	3122131	3122132	3122133
	16～20	3123121	3123122	3123123	3123132	3123211
	21～25	3123212	3123213	3123221	3123231	3123312
	26～30	3131212	3131221	3131232	3131322	3132121

续表

	31～35	3132121	3132132	3132211	1332212	3132213
	36～40	3132312	3132321	3133122	3211312	3211321
	41～45	3211322	3211323	3212113	3212131	3212213
	46～50	3212311	3212312	3212313	3212321	3212331
有效模式共 85 种	51～55	3212121	3213122	3213123	3213132	3213211
	56～60	3213212	3213213	3213221	3213231	3213312
	61～65	3221131	3221132	3221133	3221213	3221231
	66～70	3221311	3221312	3221313	3221331	3231212
	71～75	3231311	3231312	3232113	3311322	3312122
	76～80	3312123	3312132	3312211	3312212	3312213
	81～85	3312312	3312321	3313122	3313212	3313221
专家手工删除共 19 种	01～05	3121212	3121232	3122113	3132122	3212123
	06～10	3212132	3212133	3221321	3231132	3231211
	11～15	3231221	3231231	3231321	3232121	3232131
	16～19	3232211	3232311	3233121	3312121	

(2) 主观筛选。这是精确的、由专家凭借经验逐一进行的筛选，规则筛选中，专家又在 104 种模式中去掉了 19 种，最终剩下 85 种模式，即有效模式组，实际应用中的模式都是有效的，所以我们对模式组和有效模式组并不加以区别。

9.3　仿真算法

9.3.1　消耗模式的存储

存储方式决定了应用问题的算法及其运行效率，所以这里只概略地介绍一下存储方式，为后面服务。实用的存储方式有两种：矩阵和三叉树。矩阵比较简单，本章中用二维数组 $M(j, t)$ 表示（其中 j 为模式序号，t 为时间段序号，见表 9-3）。该方法有利于输入和校对。通常从专家那里得到的模式组都是用矩阵表示的。而计算机运行前通常要将其转化为三叉树。三叉树较为复杂，每个节点都有四个域：$\mathrm{LINK}_M(M=1, 2, 3)$ 和 N。为了叙述方便，举一简单例子，假如从专家处或统计中得到表 9-4 中的消耗模式组矩阵，我们将其转换为图 9-3 的三叉树。其中，LINK_M 表示下一时间段发生 M 状态时指向后续节点的指针，N 为以该点为根的子树中叶节点数与模式包含数之和。当 $\mathrm{LINK}_M =$ "∧" 时，表明下一个时间段不可能产生该状态。而全部 $\mathrm{LINK}_M =$ "∧" 表示该节点为叶节点，此时 $N = 1$，战斗将结束。但这不是战斗结束的唯一条件，在不等长的模式组中，如果任意节点 Q 满足式(9-1)，则表示出现模式包含三叉树应有一个引导节点，它表示战斗的开始，即第一个时间段之前。

表 9-4　消耗模式组矩阵

序号	模式	备注
1	3120	
2	3132	
3	3133	被包含
4	3130	
5	3210	
6	3230	
7	3330	

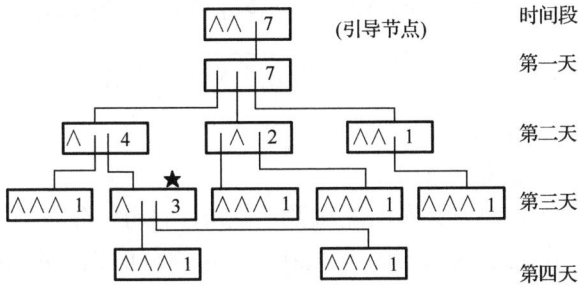

图 9-3　消耗模式三叉树

$$\sum_{M=1}^{3} Q.\text{LINK}_M \uparrow .N < Q.N \tag{9-1}$$

9.3.2　作战模拟中弹药消耗量的确定

作战模拟过程，即如图 9-3 所示的消耗模式三叉树中的爬行过程，每次爬行的方向用随机数来确定，本模型中共用了三个[0，1]均匀随机数 R_1、R_2、R_3。R_1 用于在出现模式包含时确定战斗是否结束，R_2 用于确定后续的消耗状态，R_3 经向三角分布随机数转换后，产生具体的消耗值。消耗数量的确定，可以分以下几个步骤进行。

（1）判定当前节点是否有模式包含，如果有则判定式（9-2）是否成立，若成立则战斗取被包含模式战斗结束。

$$R_1 < (Q.N) - 1 \tag{9-2}$$

（2）按式（9-3）（注：不含模式包含的问题）计算该节点或下一模拟步骤将要发生的各模式的概率。

$$P_M = \frac{Q.\text{LINK}_M \uparrow .N}{Q.N} \tag{9-3}$$

（3）按式（9-4）计算该节点或下一模拟步骤将要发生的模式。

$$M=\mathrm{IF}[R_2<R_1], 1, \mathrm{IF}(R_2<R_1+R_2, 2, 3) \tag{9-4}$$

注：函数 IF（条件，表达式 1，表达式 2）表示当条件成立时函数值取表达式 1 的值，否则取表达式 2 的值。

（4）按式（9-5）计算下一模拟步骤将产生的具体消耗值。

$$C = \mathrm{IF}(R_3 < S_左, \ R_3, \ R_3) \tag{9-5}$$

其中，

$$S_左 = (S_{2M} - S_{2M-1})/(S_{2M+1} - S_{2M-1}) \tag{9-6}$$

$$R_3' = S_{2M-1} + \sqrt{R_3(S_{2M+1} - S_{2M-1})(S_{2M} - S_{2M-1})} \tag{9-7}$$

$$R_3'' = S_{2M+1} - \sqrt{(1-R_3)(S_{2M+1} - S_{2M-1})(S_{2M+1} - S_{2M})} \tag{9-8}$$

注：S_1 见图 9-1 和表 9-2。

式（9-6）～式（9-8）的推导如下。

设：R_3 是服从 0-1 均匀分布的随机数，在[0，1]均匀分布中是横坐标的点，由于其高为 1，故 R_3 所表示的点为图 9-4(a)中阴影部分面积，用 $1-R_3$ 表示右边的面积；图 9-4(b)中 $S_左$ 为左半部面积，h 为三角密度函数的高，而 min、pos、max 分别为三角分布参数（已知）。

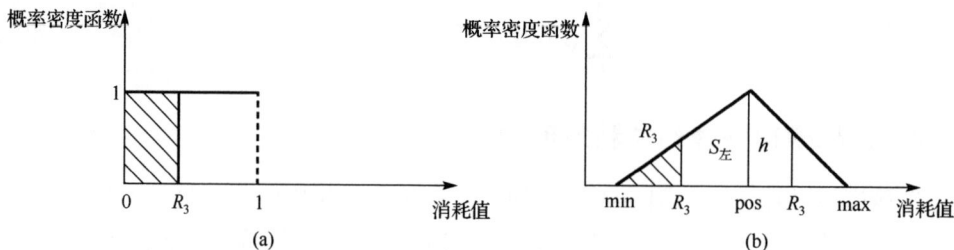

图 9-4　三角分布随机函数

由三角形面积公式知：

$$S_左 = 1/2 \cdot (\mathrm{pos} - \mathrm{min}) \cdot h \tag{9-9}$$

由概率函数的归一性可得：

$$1/2 \cdot (\mathrm{max} - \mathrm{min}) \cdot h = 1 \tag{9-10}$$

将式（9-9）、式（9-10）联立，消去 h 可得式（9-6）。

由相似形对应成比例定理知：

$$R_3 : S_左 = (R_3 - \mathrm{min})^2 : (\mathrm{pos} - \mathrm{min})^2 \tag{9-11}$$

将式（9-6）代入式（9-11）消去 $S_左$，并求解即可得式（9-7）。

同理可推出式(9-8)。以上的步骤我们可用图 9-5 的盒图来表示。

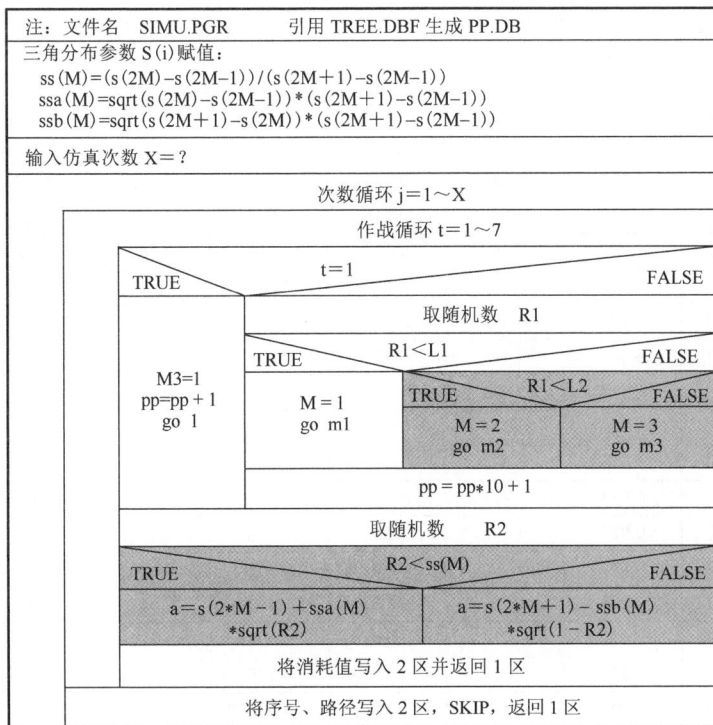

注：文件名　SIMU.PGR　　　引用 TREE.DBF 生成 PP.DB

三角分布参数 S(i) 赋值：
$$ss(M)=(s(2M)-s(2M-1))/(s(2M+1)-s(2M-1))$$
$$ssa(M)=sqrt(s(2M)-s(2M-1))*(s(2M+1)-s(2M-1))$$
$$ssb(M)=sqrt(s(2M+1)-s(2M))*(s(2M+1)-s(2M-1))$$

输入仿真次数 X＝?

次数循环 j＝1～X

作战循环 t＝1～7

t＝1　TRUE　　　　　　　　　　　　　　FALSE

M3＝1
pp＝pp＋1
go 1

取随机数　R1

R1<L1　TRUE　　　　　　　　　　FALSE

M＝1
go m1

R1<L2　TRUE　　　　　FALSE

M＝2
go m2

M＝3
go m3

pp＝pp*10＋1

取随机数　R2

R2<ss(M)　TRUE　　　　　　　　　　FALSE

a＝s(2*M－1)＋ssa(M)
*sqrt(R2)

a＝s(2*M＋1)－ssb(M)
*sqrt(1－R2)

将消耗值写入 2 区并返回 1 区

将序号、路径写入 2 区，SKIP，返回 1 区

图 9-5　弹药消耗数量仿真盒图

　　假设：①战斗弹药消耗服从表 9-3 的消耗模式组；②边界值及参考点选定(表 9-1)是合理的。

　　结果：由本章提供的算法和以上假设，得到无人工干预的 40 次战斗的仿真结果，见表 9-5。

表 9-5　战斗弹药消耗仿真数据

序号	模式	第一天	第二天	第三天	第四天	第五天	第六天	第七天
1	3212331	0.894	0.345	0.044	0.333	0.900	0.914	0.300
2	3121323	0.860	0.032	0.370	0.010	0.926	0.396	0.946
3	3121322	0.907	0.036	0.939	0.049	0.931	0.404	0.475
4	3311322	0.925	0.904	0.040	0.046	0.893	0.489	0.388
5	3122131	0.941	0.034	0.466	0.391	0.039	0.956	0.039
6	3132213	0.842	0.025	0.931	0.412	0.354	0.031	0.919
7	3212312	0.953	0.192	0.037	0.404	0.915	0.022	0.470
8	3132312	0.951	0.046	0.903	0.429	0.837	0.033	0.373
9	3123211	0.826	0.038	0.421	0.932	0.358	0.040	0.034
10	3212312	0.929	0.435	0.018	0.418	0.961	0.045	0.466

序号	模式	第一天	第二天	第三天	第四天	第五天	第六天	第七天
11	3213212	0.907	0.259	0.023	0.918	0.433	0.025	0.392
12	3213121	0.919	0.341	0.037	0.978	0.046	0.460	0.040
13	3122132	0.796	0.030	0.277	0.431	0.034	0.969	0.374
14	3123122	0.911	0.044	0.253	0.899	0.030	0.299	0.462
15	3132211	0.937	0.047	0.935	0.277	0.413	0.047	0.042
16	3121321	0.968	0.027	0.355	0.032	0.842	0.417	0.035
17	3212213	0.914	0.456	0.035	0.423	0.260	0.031	0.893
18	3121322	0.937	0.048	0.424	0.050	0.926	0.321	0.396
19	3212313	0.927	0.251	0.046	0.353	0.836	0.016	0.893
20	3231213	0.961	0.406	0.950	0.044	0.160	0.047	0.914
21	3122133	0.918	0.038	0.371	0.423	0.145	0.934	0.894
22	3113232	0.920	0.036	0.029	0.932	0.380	0.971	0.399
23	3123132	0.957	0.008	0.401	0.43	0.040	0.899	0.398
24	3312211	0.933	0.912	0.028	0.436	0.351	0.012	0.030
25	3123211	0.945	0.041	0.327	0.898	0.426	0.039	0.036
26	3313212	0.894	0.961	0.034	0.962	0.335	0.024	0.324
27	3132132	0.950	0.034	0.896	0.405	0.043	0.866	0.399
28	3213312	0.912	0.429	0.030	0.908	0.927	0.038	0.351
29	3132212	0.927	0.041	0.921	0.225	0.459	0.020	0.382
30	3221213	0.906	0.422	0.219	0.034	0.375	0.009	0.930
31	3212113	0.940	0.406	0.031	0.399	0.033	0.045	0.964
32	3221311	0.852	0.410	0.463	0.047	0.961	0.036	0.036
33	3212331	0.879	0.400	0.041	0.324	0.911	0.937	0.041
34	3213121	0.910	0.436	0.049	0.956	0.036	0.331	0.038
35	3212331	0.900	0.472	0.030	0.435	0.948	0.937	0.049
36	3213212	0.898	0.244	0.023	0.920	0.429	0.028	0.382
37	3221131	0.912	0.370	0.376	0.045	0.049	0.953	0.036
38	3132213	0.869	0.024	0.912	0.488	0.206	0.042	0.964
39	3123132	0.833	0.045	0.385	0.885	0.032	0.948	0.399
40	3132321	0.948	0.040	0.892	0.435	0.798	0.396	0.041

　　分析：专家对表 9-5 中产生的数据基本满意。认为：数据与想定的真实情况相接近，可以供演习或其他工作参考，实质这也是一种类比方法，用仿真得到的数据来与头脑中的固有模式及经验数据相比较，在"93·5"演习中曾经试图更改这些参数，结果专家对数据有点不满，认为数据的真实性和典型性有欠缺，最后还是改用原来的参数值。造成这种结果的原因可能有以下几个方面：①模式组本身的合理性；②边界参考值选取的合理性；③随机数函数的偏差；④军事科学的不确定性；

⑤基本想定条件的偏差；⑥专家自身经验的偏差。在实际应用中偏差的数据和数量所占比例很小，即便进入应用系统也不会产生很大差距。

9.4　简　单　评　价

消耗模式做到了真实数据与经验数据之间的优势互补，既能充分体现专家的经验和意志，又能适应现代科学的定量化方法，并且有许多灵活的参数修改，是一个二者兼顾的、较为理想的研究弹药消耗规律的方法，为进一步深入的研究打下较好的基础。

但目前消耗模式还存在以下不足：①基本数据的获取仍然是一个关键，确定模式的人必须是真正的专家，这一点稍有困难，当然教学训练中模式的确定要满足教学的典型性要求，与实际战斗的应用稍有差别；②在消耗状态与战斗情况的结合上虽然有较大的进步，但离决策人员的要求还有一些差距；③模式的研究，仅仅涉及单一的弹种，稍加处理可推广到某类弹种，但在综合问题上，还没有较大的突破，尽管消耗模式的体系研究，正在逐步深入，并且在模拟训练中的应用已获得较好的效果，但要投入实践应用，还有待于进一步的完善。

要 点 评 注

用户需求是信息系统开发的基本原则。这一点没有充分的理解和考虑，是造成"事百功一"的根本原因。但这为后面深入研究（第 10 章、第 11 章和第 14 章等）奠定了坚实的基础，即所谓功夫不负有心人！

经验参数的利用是当前面临的最重大的难题之一。其特点是难以表达，导致难以传承而大量流失。本例中的三角分布参数设定与模式筛选规则是经验知识利用的成功案例之一。

在当时的历史条件下，"军械一号"作战模拟训练系统是十分先进的项目之一，是军械工程学院"十大景点"之一。河北政协会议也组织来参观，为此，几乎每天都有参观者，有时一天要接待好几批。

之后，作者将此模型写成论文，前三稿给导师甘茂治教授审阅，他均不同意投稿，第四稿才勉强通过，投至某刊，半年都没有给审稿，多次催促无果，只得取回。1990 年，军械工程学院首届科技周上，该论文获得优秀论文二等奖。1994 年，作者将其作为硕士论文的核心部分，该论文在导师那里一次通过。1997 年，作者携论文《弹药消耗模式研究》赴美国参加国际学术会议，进行学术交流，这在当时是很难得的。

第 10 章　胡子定律与弹药失供概率

研 究 背 景

在"装备管理与保障"课程的教学中，确定战时弹药供应量是一个最为经典的问题。例如，在既定的想定或作战背景下，供应多少基数(一种专用的弹药计算单位)这个问题一直没有一个令人信服的方法。不同的人给出不同的答案，有人给出 0.2 基数，有人给出 0.8 基数，还有人给出 1.2 基数等，有时相差很大，在供应方向上更是"南辕北辙"，然而教学或演习中是需要给出评价或打分的。这样，在学员与教员之间出现差别，显然要以教员答案为准；学员与学员的答案出现差别，通常是老同志获胜(当时的送学体制决定了一个班级中学员的年龄差别较大)；而教员与教员之间出现差别，则通常是老教员获胜，并且答案是建立在一种"感觉"的基础上，因此多有不服者。这种现象，被学员们戏称为"胡子定律"，即谁的胡子长(年龄大)谁说了算，表面上大家都接受了这一规则，但实际却不满。这也是经验学科的难题之一。

如何解决这一教学中的难题？在第 9 章完成以后，我们有了解决问题的新方案。

直到中越边境自卫还击作战，我军的战术弹药供应研究工作仍处于一种定性的战后总结方式，并且往往被战斗的总体胜败所左右。战斗胜利了，一切都好，包括弹药供应，不足之处也一带而过；战斗失败了，一切都不好，自然弹药供应也不好，这种以胜负来确定保障工作的好坏的方法，在许多场合是不合适的。显然，打了胜仗，不一定什么都好，而打了败仗也不一定一无是处，所以需要一个新的合理的评价方法。

目前，定性的评价尚未形成固定的模式，定量的评价自然就更为困难。但目前流行的指标是军事效益和经济效益两个方面，当然后者从属于前者，然而军事效益到底是什么呢？无从定量，甚至连某些定性的解释都很牵强。通过本章的研究认为：宏观的军事效益很难定量，但微观的、具体问题的军事效益则相对容易定义。弹药供应问题的军事效益显然在于弹药保障能力的提高，保障能力也难以定量，再往前推，保障能力弱则出现弹药短缺，弹药短缺即失供，而战前弹药消耗并未发生，失供与否只能是概率的量。因此失供概率可作为战前的军事效益评价指标。战后又如何评价呢？战后和战前的情况不同，因为一切都已发生，概率的量变为确定的量。因此相对而言要容易些，作者认为在战术范围内建立一个储备利用率指标来作为军事效益的度量，还是值得研究的。

10.1　失供概率的基本概念体系及定义

（1）失供。失供就是因弹药供应不足而导致战斗力的降低。丧失战斗力（一发弹没有）仅是失供的极限或特例，称为断供。对战斗力影响的大小，取决于失供的程度，而弹药的消耗又具有极大的弹性，它是难以量化的，因此，失供的概念是模糊的。

（2）失供概率。即在一定储备条件下出现失供的可能性。由于失供的概念是模糊的，失供概率的计算又是精确的，但从建立失供概念的目的来看，又是可行的。失供概率将作为战中决策及事先衡量储备状况的定量指标，它具有相对性，特别是参考界限的确定，带有很多人为的因素，但它从反面又使得失供概率具有适用性，因为通过参数或界限的调整可使结论符合使用者或专家事先确定的储备数量的意志或规范。

（3）失供概率函数（P）。失供概率取决于储备量（Q），它们构成了一元函数关系，其基本趋势为：当 $Q \to 0$ 时，$P \to 1$；当 $Q \to \infty$ 时，$P \to 0$；当 Q 增加时，P 减少，且通过 $(0,1)$ 点，但具体函数的类型及参数有待进一步研究。

（4）决策参考界限。假定我们已确定了具体的弹药失供概率的函数。那么它对我们的决策有何意义呢？例如，给定一个储备值 Q_i，当然我们可以计算出一个确定的 P_i，P_i 对我们有什么参考价值呢？孤立地看，它毫无意义。但如果经过许多过去的战例统计及专家经验的分析，我们可将失供概率的值域作如下划分：$1 > P_a > P_b > P_c > P_d > 0$，其中 P_a 称为失供线，即如果失供概率 $P_i > P_a$ 则弹药绝对不足；P_b 为危险线，即当 $P_i > P_b$ 时，弹药相对不足，需要采取相应的控制手段，严格按计划和限额执行；P_c 为最优线，即失供概率在此处表示弹药储备的数量较为合理；P_d 为冗余线，即若失供概率 $P_i < P_d$ 则表明弹药储备过剩，容易造成浪费和损失。

这样战斗弹药供应问题，就可转化为失供概率指标的控制问题。图 10-1 为一次战斗的战前储备确定和战中补充的问题。

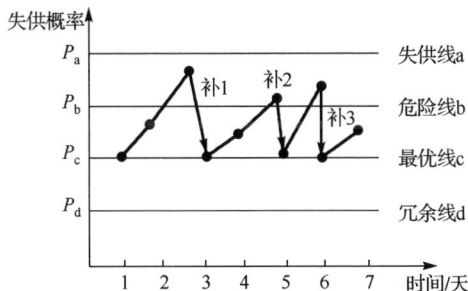

图 10-1　一次战斗的控制过程

图 10-1 是一次较为理想的控制过程。第一天储备是合理的，$P_1=P_c$，由于第一天的消耗使得第二天 P_2 值有所增加，当 $P_2<P_b$ 可不补充，至第三日 $P_3>P_b$ 实施补充，使得 P_3 下降至 P_c 附近……

在较严密的定量条件下，容易使各局部风险趋于一致，从而使总体风险值较低，而经验型方法使各局部风险值参差不齐，致使总体风险较高。根据"木桶原理"[①]，局部风险最大的一项在总体风险中起决定性作用，因为作战的各部分是一个协调的整体，如果有一个部分失去战斗力就可能导致军事整体上的失败。

这种方法能够给弹药供应提供严密的数量化的效率指标，避免由于主观随意性造成的失误，利于总体优化，给弹药补给决策人员以定量的依据。这种方法在思维方式上是科学的，但目前还需要完善，特别是参考界限的定量问题还须深入地研究探讨。

在坚固阵地防御战斗弹药供应训练中，专家给出的参考界限值为：失供段 $P>30\%$，风险段 $P=30\%\sim10\%$，最优段 $P=10\%\sim1\%$，而冗余段为 $P<1\%$。对应的 $P_a=30\%$，$P_b=10\%$，$P_c=(10\%+1\%)/2=5.5\%$，$P_d=1\%$。

10.2　失供概率的仿真算法

这里仅以介绍失供概率的仿真算法为主，具体参数的选取方法，以满足训练为主，兼顾实战应用。

（1）消耗模式的获取（详见 9.2 节）。

（2）边界参数的获取。所谓边界参数即各基模式的分界点。消耗值是随机的，也是连续的，消耗的最大值 max 是可以通过统计得到的，显然最小值 min = 0，前面假定的消耗状态只有三种，那么至少在[min, max]中间还有两个分界点 $S_{1\text{-}2}$ 和 $S_{2\text{-}3}$。仿真算法由两步组成：确定消耗状态；确定具体消耗值。两个步骤都要用随机数来确定，前一步可由 0-1 均匀分布随机数来确定，而后一步还用均匀分布则难以反映专家意志，而这些边界值的确定对专家的依赖性很强，因此，改用三角分布能很好地协调这个问题。这样，还需要在三个区间中找出典型或代表值 pos1、pos2、pos3。为了统一，7 个特殊点统称为边界参数，并用 $j=1, 2, \cdots, 7$ 表示，S_j 的取值以表 9-1 为基本参数。

表 9-1 说明了目前我军统计数据的状态和结构，以及几个典型的战例。边界参数的确定，一方面要来自大量的统计，但另一方面又要偏向于难点，因为资源丰富，任务简单的战斗可以忽略不计，这样就需要专家的智慧，挑选那些具有代表意义的

---

① 木桶原理(cannikin law)又称短板理论，其核心内容是：一只木桶盛水的多少，并不取决于桶壁上最高的那块木板，而恰恰取决于桶壁上最低的那块木板。

典型战例供模型使用，在实际的模拟训练中我们确定的边界参数系列为 1.16、0.98、0.76、0.5、0.1、0.05、0。

(3) 仿真算法。在 9.3 节算法的基础上，累计每次战斗各天消耗，再与战前储备比较，当储备小于累计消耗则该次战斗为失供，并计失败次数，仿真至能达到精度要求的次数为止，再将失败次数与仿真次数相比即得失供概率值。

10.3　仿真结果及失供概率函数

1. 仿真次数的选取

某次具体战斗的仿真，只能得到该次供应成功与失败的结论，但大量战斗的仿真具有一定的统计规律性，而失供概率正是这种统计规律的量化。所谓大量，只是相对而言，对于失供概率算法，需要至少两位有效数字，所以按表 10-1 进行实验，得出了如下结论，大量即仿真次数 ≥10000。

表 10-1　仿真次数的选取

次数/组号	一	二	三	四	五	稳定值
10	0.5	0.4	0.6	0.4	0.5	无
100	0.54	0.55	0.51	0.51	0.54	0.5
1000	0.537	0.550	0.550	0.508	0.522	0.5
5000	0.5286	0.5280	0.5232	0.5348	0.5230	0.5
10000	0.5233	0.5271	0.5263	0.5298	0.5253	0.52

注：战前储备量 $Q=3.5$(基数)

2. 失供概率函数

在确定了仿真数为 10000 才能获得两位有效数字以后，根据坚固阵地防御战斗通常储备 5～7 个基数，我们可选包含这一段且范围更大的区间，从另一方面看，由于假设表 9-3 的消耗模式客观地反映消耗规律，并以此为基础，根据专家给出的各状态的数量限制可确定出最大值、最小值，显然激烈状态取 3，其余状态取 2，并取各状态上限值可得式(10-1)，同理可得式(10-2)。以此为基础暂选若干个储备数来进行模拟，其结果见表 10-2。

$$\text{max} = 2S_3 + 2S_5 + 3S_7 = 5.02 \tag{10-1}$$

$$\text{min} = 3S_1 + 2S_3 + 2S_5 = 1.52 \tag{10-2}$$

表 10-2　储备量与失供概率的关系

储备量	1.72	2.00	2.5	2.6	2.7
失供概率	0.0000	0.0000	0.9937	0.9845	0.9685
储备量	2.8	2.9	3.0	3.1	3.2
失供概率	0.9318	0.8927	0.8374	0.7691	0.7005
储备量	3.3	3.4	3.5	3.6	3.7
失供概率	0.6433	0.5832	0.5200	0.4667	0.3971
储备量	3.8	3.9	4.0	4.5	5.02
失供概率	0.3257	0.2492	0.1687	0.0074	0.0000

注：仿真次数 $X = 10000$

3. 结果分析

从仿真的结果来看，实际的失供概率函数与前面的理论分析是一致的。失供概率急剧变化区为 3～4 个基数，这一段从图形上看几乎是直线变化。3、4 两点为转折点。由于划分边界参数 S_1 的数据主要是以进攻战斗为基础的，可能会有所差距，误差的方向应该偏大，因为有定性原则"日平均消耗弹药进攻多于防御"，故 S_1 的取值偏大，故产生的结果也是偏大的，但偏离多少无法知道。如果按训练中确定的 $P_c = 5.5\%$ 来确定储备量，那么，在既定条件下，应多于 5 个基数(含机动量)，这与"820 会议"中确定的 5～7 个基数相当吻合，至战斗结束剩余弹药量应少于携运行量。另外，确定失供概率函数的因素，本模型中已很明确，即消耗模式组和边界参数 S_i，进而被原始数据(统计数据或经验数据)所左右。

要 点 评 注

建立新的概念是解决许多问题的基本方法之一。在原有的概念不能满足需求的情况下，新的概念就会应运而生。但新概念的诞生也有其自身的需要，如果没有弹药消耗模式模型，失供概率就成了"空中楼阁"，可望而不可即！正是有了弹药消耗模式模型，才使得失供概率得以生成和应用。

不管你是什么答案，在大家公认的弹药消耗模式条件下，模拟 5000 次战斗产生的平均结果作为判定各种答案优劣的基础标准，1 个 σ(标准差)以内为优秀，2 个 σ 以内为良好，3 个 σ 以内为及格，其余为不及格。因此"胡子定律"的负面效应基本消除。

至于模拟次数为什么会定为 5000？这是在计算机仿真中需要确定的一个重要参数。到目前许多仿真量值的确定还采用"拍脑瓜"的办法，但在 30 年前的失供概率模型中已经有了较好的确定方法。首先从业务需要出发，弹药基数通常要求精确到百分位，按一般规则其计算过程应当到达千分位。从表 10-1 中可以看出，模拟 5000 次时，其值已经稳定在千分位的两个值，按十进制误差小于 20%，而到达 10000 次后千分位仍然没有出现稳定值，考虑到误差的可接受程度，以及当时计算条件与成本两个方面的情况，最后确定为 5000 次。

第 11 章　弹药补充决策模型

研 究 背 景

"军械一号"作战模拟训练系统于1986年立项，1988年完成，是我军最早的装备保障计算机系统。开发组分为想定组、模型组和环境建设(多媒体展示，当时还没有"多媒体"一词)组，作者主要负责模型的开发。系统除了描述作战过程及装备保障，在当时的条件下，充分展示计算机的"智能"是其重要目标之一。对于弹药保障而言，其决策主要有何时补充、补充多少和从哪里补充三个基本问题。其中补充时机问题在计算机的系统中表现为数值监控，即当数值低于多少时触发补充行动，这主要是编程实现问题，本书中就不再讨论；而补充数量和从哪里补充(本书中的补充方式)，又分为计算机决策和人工决策评判两部分，这是当年展示计算机智能的重要方面。

11.1　进攻战斗的弹药储备补充数决策方法

进攻战斗的主要特点就是部队处于动态之中，因此弹药不能储备过多，过多影响机动，过少将削弱战斗力。所以对处在经常移动状态的部队的保障，就必须强调其携运行能力和战斗火力计划，弹药供应就以此为中心。

战前准备 Q 应包括携运行量 Move 和加大量 Add(即移动量+计划消耗)，如果确知其消耗则可预先补充。战中，一般将储备量 Q 控制在携运行量附近，以携运行量为基准将储备量的绝对值划分为四个区域：急补区、应补区、视补区和不补区。假设战前补充量是均匀的，故战前储备量为斜线上升，而战中消耗和补充均为阶跃型函数，见图 10-1。

在 Q 到达视补区，应考虑被供单位的后续任务情况，以及后续供应的难度，例如，仓库至被供单位之间的道路中有关道路通断的桥梁、隘口、危险路段等，一旦战事激烈，供应道路容易中断；当 Q 到达应补区时，通常应予以补充，补充数量的确定应以补充后储备量稍高于 M(携运行量)为限，主要考虑在实施补充的过程中，还会有一定的消耗；当 Q 进入急补区，即部队已经动用了应急弹药，由于多点储备与消耗的不均衡、不一致性，在某些局部，某些弹药已出现短缺，此时应刻不容缓，立即补充，在必要时应组织战斗力量护送实施强行补给，通常 Q 不应到达急补区。

作为一个说明问题的案例，我们将一个较为理想的供应过程用图 11-1 表示，其中参数 U_1、U_2 的取值参考"1/4 规则"，可设定为：$U_1=0.25\sim0.5$；$U_2=0.5\sim0.75$。补充方式的决策见图 11-2。

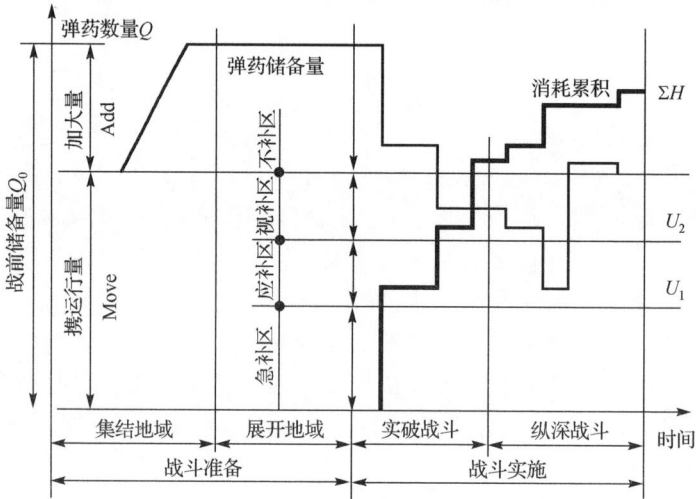

图 11-1　理想的供应过程

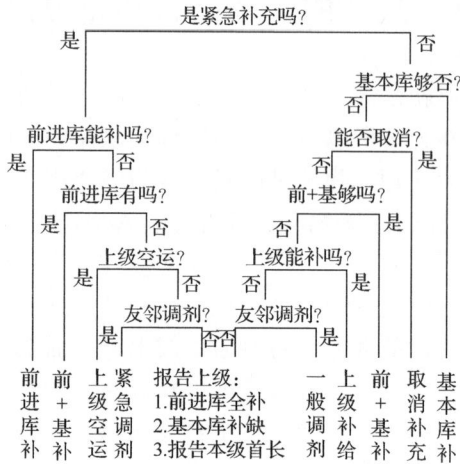

图 11-2　补充方式决策树

11.2　防御战斗补充决策模型

防御战斗的主要特点是阵地相对固定，因此，可以将整个战斗的大部分甚至全部都事先补给被供单位，仓库留一定数量的弹药作为机动和消耗预测误差的补充。本节所给出的规则(表 11-1)及评判表 11-2、表 11-3 均由专家提出，经修改后由专家认可。补充决策分为补充数量决策和从哪里补充(补充方式)决策两个步骤。

表 11-1　补充目标的确定规则

部队	仓库			
	充足	较充足	不充足	空虚
极低储备	至保	至风	至预	至预或不补
预测储备	至保	至保或风	至风或不	不补
风险储备	至保	至保或不	不补	不补
保险储备	不补	不补	不补	不补*
超保储备	不补	不补	不补*	不补*
极高储备	不补	不补*	不补*	不补*

注：或表示主要用其他条件确定，如主次方向。*表示适当考虑弹药倒流

表 11-2　补充数量决策评判表

库存	补前	补后					
		极低储备	预测储备	风险储备	保险储备	超保储备	极高储备
充足	极低储备	差	及	中	优	及	差
	预测储备		差	及	优	及	差
	风险储备			差或中	优	及	差
	保险储备				优或及	及	差
	超保储备					优或差	差
	极高储备						优或差
较充足	极低储备	差	及	良	优	及	差
	预测储备		差或及	良	优	及	差
	风险储备			及或中	优	及	差
	保险储备				优或中	差	差
	超保储备					优或差	差
	极高储备						优或差
不充足	极低储备	及	良	优	良	差	差
	预测储备		及或良	优	良	差	差
	风险储备			优	良	差	差
	保险储备				优或差	差	差
	超保储备					优或差	差
	极高储备						优或差
空虚	极低储备	差或良	优	良	差	差	差
	预测储备		优	良	差	差	差
	风险储备			优或差	差	差	差
	保险储备				优或差	差	差
	超保储备					优或差	差
	极高储备						优或差

注：或表示不补或补充数量不足以改变储备状态的区别

表 11-3　补充方式决策评判表

教员	学员									
	1	2	3	4	5	6	7	8	9	10
1.前进库补	优	良	中	及	差	差	差	差	差	差
2.前+基补	差	优	良	及	差	差	差	—	差	差
3.上级空运	差	差	优	良	差	差	差	差	差	差
4.紧急调剂	差	差	差	优	及	差	差	差	差	差
5.报告上级	差	差	差	差	优	差	差	差	差	差
6.一般调剂	差	差	及	中	及	优	差	差	差	差
7.上级补给	差	差	及	及	差	中	优	差	差	差
8.前+基补	差	—	差	差	差	及	中	优	差	差
9.取消补充	及	中	差	差	差	差	差	差	优	差
10.基本库补	中	及	差	差	差	及	及	中	差	优

注：1. 竖表头表示计算机(教员)决策方案，横表头表示人工(学员)决策方案，表内为评价

　　 2. 与计算机一致为优，不可行方案为差

　　 3. 其他情况依次为良好、中等、及格、差

补充数量的确定主要考虑两个方面的因素：一是库存情况，二是被供单位的储备情况。设战前库存 $Q_0 = 100\%$，并且 Q_0 是适当的，那么，用三个分界点：a_1、a_2 和 a_3 将库存情况分为四个区间，即空虚区、不充足区、较充足区和充足区，库存水平在这几个区域时，即便是相同的部队状况，也可能采用不同的补充方案，在训练的实际运行中 a_i 分别取 2/3、1/3、1/8。

被供单位的储备情况与消耗情况密切相关，而事先很难确切地了解到消耗情况，这里假定弹药消耗规律符合表 9-3 中的消耗模式，这样就可以通过消耗模式求得每天及后续战斗的消耗总和的最可能值。这个算法可以图 9-3 中的三叉树为基础，用一个简明的递归算法即可求得。

IF　下级节点全部为叶节点

$$H = \sum_{M=1}^{3} S_{2M} \cdot Q.\text{LINK}_M \uparrow .N \; / \; Q.N$$

ELSE

$$H = \sum_{M=1}^{3} H \cdot Q.\text{LINK}_M \uparrow .N \; / \; Q.N$$

ENDIF

注：以上算法不含模式包含情况，Q 为当前节点。

在求得了以后的可能消耗 H 后，就可以定义储备水平，即相对于可能消耗的倍数：Q/H，由于 Q/H 显然是连续的，所以我们采用同样的方法，将其分为若干区(状

态）。用 β_j 表示分割点，在模拟训练中 β_j = 0.9，1.4，1.8，2.2，4。储备水平被分为 6 个区间，分别称为极低储备、预测储备、风险储备、保险储备、超保险储备、极高储备。

在定义了库存水平和储备水平以后，我们开始考虑补充数量问题。

部队储备在极高储备区无论如何也不应予以补充，并且战后还将出现弹药倒流或者丢弃，这在弹药供应中通常是不允许的，此外，过多的储备将导致大量浪费和损失。

超保险储备区，情况同上，只是程度低一些，但在特殊情况下，例如，供应道路易中断，部队离开保障区域独立作战等，也可到达该储备水平。

保险储备区，这是弹药供应追求的目标，也是弹药补充数量计算的参考基准，当 $Q/H<\beta_3$ 时通常应补充到使 $\beta_3 < Q/H < \beta_4$ 区域，处于保险储备的单位，在战斗后通常剩余弹药应小于或等于携运行量。

在风险储备区表明储备与消耗基本相当，并有部分周转储备，但可能造成局部失供，因此，处于这种状态应密切注意消耗情况，合理布局，减少周转储备，如果后续任务较重应及时向上请领弹药。

预测储备区，实质上是一种不充分的储备，在数量上似乎还够，但在实践中必然造成战斗力的削弱，即使在战术单位，其实际消耗也是点多面广，周转储备不可能为零，另外，战斗结束后，部队尚需携运行量来保证其自身防卫和完成一定作战需要。所以预测储备水平，通常是不允许出现的。

在极低储备区，这种状态在目前掌握供应主动权的局部战争条件下，几乎为不可能事件，这种状态只有在供应困难、部队撤离战场时，或战争中的特殊时段才有可能产生，例如，二战期间，莫斯科保卫战中苏军轻武器弹储备只有 0.01 个基数，其他弹药也大体如此。

以上的讨论脱离了库存水平，下面我们将库存与储备水平综合起来考虑补充数量问题，决策过程如下。

（1）确定补充目标，即补充后的储备状态，其规则见表 11-1。

（2）确定具体的补充值，在确定了补充目标 β_j（$j \geqslant 1$）后，具体的补充数量仍在一定范围内波动，我们用 γ（$\gamma =0 \sim 1$，通常取 0.5 左右）来确定该范围内的具体值，这样补充值 B 成为 γ 的函数：

$$B = [\beta_{j-1} + (\beta_j - \beta_{j-1}) \cdot \gamma] \cdot H - Q \qquad (11\text{-}1)$$

11.3　补充方案决策评价模型

在确定了具体的补充数量以后，接着回答的问题就是从哪里补，本章中把这个问题定义为补充方式，假定仓库系统含基本库、前进库、上级库和友邻部队，那么决策过程可用图 11-2 表示。

补充数量确定在 11.2 节中给出了程序化的决策方法，按这种方法所得的结论，至少在训练中认为是最优的，但事实上通常会偏离这个最优值范围，当然这要经历一个量变到质变的过程。偏离多少算是到达质变呢？在本章中很显然，当储备水平从一个区段进入另一区段时就认为发生质变。在训练中，我们以一定库存水平假设为前提，来比较补充前后储备水平的区段，并按表 11-2 给予评价。

同样，表 11-2 给出了最优的决策过程，但战场实际的决策和理想决策有一定差距，我们按表 11-3 来对补充方式的决策进行评价。

11.4　基于消耗模式的其他决策应用

1. 预测战斗消耗总量及其分布

预测战斗的消耗总量是战前必不可少的工作，是组织战斗弹药保障的重要开端，预测的结果应该包含最多消耗 max，最可能消耗 pos 和最小消耗 min。在 9.2.2 节中专家提供的经验③各状态数量的限定，各状态均为 2～3 个，并应用 9.1 节提供的边界参数 $S_i(i=1～7)$，用加权累计概算方法，可推出：最大消耗应含 3 个激烈消耗状态，2 个一般消耗状态和 2 个零星消耗状态，因此可得式（11-2）；最可能消耗采用 3 个一般消耗状态，可得式（11-3）；而最低消耗显然是 3 个零星消耗状态，其他消耗状态各 2 个，因此可得式（11-4）。

$$max=2S_3+2S_5+3S_7 \tag{11-2}$$

$$pos=2S_2+3S_4+2S_6 \tag{11-3}$$

$$min=3S_1+2S_3+2S_5 \tag{11-4}$$

当然加权累计概算方法几乎脱离了有效消耗模式组，但这个结论对应几乎任何符合等长的有效消耗模式情况，如果出现不等长模式组，或对上面几个公式出现怀疑，可按下面的方法计算。

（1）首先统计各次战斗（模式）的各状态的频数 f_{jM}，下标 j 消耗模式顺序 $j=1～J$，M 表示状态值 $M=1,2,3$。

（2）算法的基本思路。找出 $M=3$ 时最多的模式，并在其中再找出 $M=2$ 时最多的模式，计算出 $M=3$ 和 $M=2$ 的数量，计算出 $M=1$ 的数量，并与其边界最大值相乘，即战斗消耗总量的最大值。相反，找出 $M=1$ 时最多的模式，并在其中找出 $M=2$ 时最多的模式，计算出 $M=1$ 和 $M=2$ 的数量，计算出 $M=3$ 的数量，并与其边界最小值相乘，即战斗消耗总量的最小值。各模式消耗量的加权（频数）平均为最可能消耗。

（3）求一次战斗最大消耗总量开始。计算各模式状态和值，$f_j = f_{j1} + f_{j2} + f_{j3}$。

（4）寻找"最大模式状态和"值：$f = \max.f_j$。

（5）计算"最大模式状态和"值中 $M = 3$ 的状态个数：$X_3 = \text{Max}[f_{j3} \mid f_j = \max.f_j]$

（6）计算在"最大模式状态和"值中 $M = 3$ 的状态个数达到最大值时，$M = 2$ 的状态个数：$X_2 = \text{Max}[f_{j2} \mid f_j = \max.f_j.\text{and}.f_{j3} = X_3]$。

（7）设不等长模式的最大长度为 T，则最大消耗模式中的 $M = 1$ 的状态个数为 $X_1 = T - X_3 - X_2$。

（8）这样，式（11-2）就转换为式（11-5）：

$$\max = X_1 S_3 + X_2 S_5 + X_3 S_7 \tag{11-5}$$

（9）取各模式的加权平均，式（11-3）就转换为式（11-6）：

$$\text{pos} = \sum_{j=1}^{J}(f_{j1} \cdot S_2 + f_{j2} \cdot S_4 + f_{j3} \cdot S_6) / J \tag{11-6}$$

（10）同理，寻找"最大模式状态和"值：$f = \min.f_j$。

（11）计算"最小模式状态和"值中 $M = 1$ 的状态个数：$X_1 = \text{Max}[f_{j1} \mid f_j = \min.f_j]$。

（12）计算在"最小模式状态和"值中 $M = 2$ 的状态个数达到最大值时，$M = 2$ 的状态个数：$X_2 = \text{Max}[f_{j2} \mid f_j = \text{mix}.f_j.\text{and}.f_{j1} = X_1]$。

（13）$X_3 = T - X_1 - X_2$。

（14）这样，式（11-4）就转换为式（11-7）：

$$\min = X_1 S_1 + X_2 S_3 + X_3 S_5 \tag{11-7}$$

如果真正地按两个方法计算后再比较，一定会发现，二者几乎统一，其主要原因是两者几乎采用的都是大中取大、小中取小而中间取中的方法，若出现不一致，则是由于实际模式中的最大、最小、平均与模式空间中的相应参数不一致造成的，既便产生了这样的误差，相对于决策所需的精度也可忽略不计，故式（11-2）～式（11-4）是一个实用高效的概算模型。

２．下一个时间段消耗的动态预测

假定已建立起模式组三叉树，并且战斗已发展到 Q 点，则下一个时间段取得各状态的概率 P_M 计算见式（9-3），平均消耗 H_{ave} 计算见式（11-8）。

$$H_{ave} = \sum_{M=1}^{3} P_M \cdot S_{2M} \tag{11-8}$$

３．战斗持续时间的估计

战前至战斗结束，我们始终关心的问题是：战斗还将持续多久？当然这里的估计将取决于所采用的消耗模式组。如果消耗模式为等长的，那么 D_{max} 与前 d 之差即战斗将持续的时间。如果模式是不等的，那么问题就要分为两个部分，一是 T 的概率分布 $P(T)$ $(T = 0, 1, \cdots, D_{max})$ 和均值 T_{ave}。$P(T)$ 的求法实际上是遍历一个以当前节点为根的子树，当达到每个叶节点和被包含终点时，相应的 $P(T)$ 值加 1，最后再用当前节点的 N 值去除，即可得到分布 $P(T)$，然后再用式 (11-9) 可计算出 T_{ave}。

$$T_{ave} = \sum_{T=0}^{D_{max}-d} T \times P(T) \tag{11-9}$$

11.5　需要深入研究的问题

以上的研究在一定程度上解决了战斗弹药供应的一些半结构化问题，将这些研究的成果与战术弹药的结构化问题，如弹药保障计划、运力申请计划等一并输入计算机，可构成一个概念比较完善的战术弹药供应辅助工作与决策支持系统。从可以处理的问题看，也是比较全面的。这些成果应用于教学实践，被证明是比较成功的，但要想投入实际运用(除明确的成为结构化问题的业务)尚需进一步的工作，其主要困难：一是基础数据问题，二是模型的实用性问题。

(1)基础数据问题。经验数据固然取之容易，但长期的和平环境使得真正拥有经验数据的专家越来越少，现有的经验数据将会丧失殆尽。这样人们又不得不把目光投向真实数据，然而面对一大堆已被加工过的，甚至是被篡改过的数据，实在无处下手，远的战争不说，就拿中越边境自卫还击作战来讲，数据十分混乱，由于参战单位多，经历时间长，总部又无统一规定，各单位在上报弹药保障情况时，所报表格很多，没有固定格式，有时一个单位根据不同需要上报六七种表格，自然也无法避免数据发生矛盾的情况，表头结构近百种，经归类整理，形成了 38 种典型的、具有代表意义的结构，最后根据计算机及数据库的要求归并为 11 种数据库结构，这付出了巨大的代价(存储空间利用率降低了 50% 左右)，除此以外，还有弹药名称不一致，有的是按具体弹药统计的，有的是按类别统计的，且类别划分也不一致，意义不明。这样，很难找到能反映全面的弹药供应规律的、便于统计分析的真实数据集合，这是目前问题研究的主要困难。

(2)模型实用性问题。一个模型的实用性，只有通过实践来证明，并在实践中逐步完善。然而，弹药供应的模型却难以得到实践的检验。人们总是习惯于应用过去的经验来处理问题，这是人们思维方式和工作方法惯性所致，是难以改变的。这样只有在平时假想的环境中得到"验证"，这种验证又是难以使人信服的，但另一方面，对于一些结构化的计算问题，如弹药保障计算、分发计划、运力申请计划等，计算机确实大大提高了工作效率，但在实际的战场环境中计算机是否能像平时那样发挥作用呢？美军在海湾战争中的实践表明这是可行的，然而由于我军的计算机应用现状，再假设战争发生在近期，结论显然是否定的。更何况是有待验证的、现在还被认为是半结构化问题的处理模型呢？

要 点 评 注

本章的核心模型——弹药补充决策模型是对客观弹药消耗的描述，它正确与否决定了本章的其他部分：战场消耗数据的产生(仿真)，失供概率的计算的可信度和"储备—库存"水平决策模型等。这与线性规划等模型相比：①方法透明，易学易懂；②人工参与强，可灵活确定反映主观意识的参数，与常人思路接近；③能提供多种方案供选择；④能描述敌情因素等(尽管这种描述不尽如人意，但去掉敌情等因素，结果将与线性规划等模型一致)。今后应侧重于弹药消耗规律的研究，因为这是仿真实验的基础，也为"验证"其他模型提供了一种方法，并且很多模型都将以消耗规律研究为基础。

在本章内容的写作与研究中作者得到了硕士导师甘仞初教授的精心指导，他对全书及相关模型提出了许多宝贵的意见；老一辈专家张光玉副教授提供了大量的经验数据和1962年中印边境自卫还击作战的数据，在建模中给予耐心的指导，并为本模型确定了所有的参数的取值范围及具体训练用参数，池俊教授提供了对越自卫还击作战的数据和大量的帮助，在此一并表示衷心的感谢。

第 12 章 逻辑弹药基数

研究背景

弹药基数作为装备保障的基本概念，清晰明了，使用方便。但在多年的教学实践中，很多学员反映在实际工作中出现了超出其范围的概念应用，造成"秀才遇到兵，有理说不清"的尴尬局面。如果我们称从基数到发数的运算为原运算，则从发数到基数的计算可称为逆运算。由于存在多种武器使用一种弹药的情况，在原运算后使用同一种型号武器的弹药数量在请领时需要相加，相加并经过消耗之后无法还原哪些弹药是哪种武器的，而实践中不太专业的首长常常问到这一问题。主要原因在于现行弹药基数的概念是基于武器型号的，而答案则是基于弹药型号的，因此产生了概念危机。并且在实际应用中以及许多软件系统开发时，用户也提出了类似的要求。为了解决这一实际问题，开始了一个新的概念的研究。

12.1 引　　言

在制作弹药保障计划的过程中，理想的情况是一种武器使用一种弹药，在《中国军事百科全书·军械勤务卷》中对弹药基数的概念定义为："为每种武器分别规定一定数量的弹药作为一个计算单位。"这个定义按照简单化的原则，把弹药基数定义为一种武器的计算单位，清晰、准确、易于使用。但我们不可避免的遇到一对矛盾，即一种武器使用多种弹药和一种弹药被多种武器使用。前者在实践中采用弹种配比的概念，如 56 式枪弹有"56 式枪弹（普通）"和"56 式枪弹（曳光）"两种，如果无特别需要，弹药按一定比例（如 8∶2）领取或发放，这样得到圆满的解决。而后者（又可称为多种武器使用一种弹药问题），在实践中通过各种武器的由基数到发数的计算，再小计使用同一种弹药的各种武器所需要的弹药发数，即可得到该种弹药的需求发数，见表 12-1，表中 56 式枪弹的数量，是各种共用该弹种的各型号武器弹药发数的小计，这个问题本章中称为原命题。

表 12-1　从基数到发数的计算

武器名称	使用弹种	基数标准 B	武器数 W	现有基数 J	现有发数 F
半自动步枪	56 式枪弹	100	1400	1.20	168000
自动步枪	56 式枪弹	200	1200	1.50	360000

续表

武器名称	使用弹种	基数标准 B	武器数 W	现有基数 J	现有发数 F
冲锋枪	56 式枪弹	200	500	1.00	100000
轻机枪	56 式枪弹	1000	91	1.00	91000
小计	56 式枪弹				719000

注：现有发数 ＝ 武器数×基数数×基数标准，见式（12-1）

表 12-1 的计算非常顺畅，小计前知道小计数的构成，但到了仓库以后，谁也分不清哪些弹药是半自动步枪的，哪些是轻机枪的？而在实际应用中经常有一些"外行"问"轻机枪还有多少基数？"，"冲锋枪还有多少基数？"。按照现有概念体系非专业人士也可看出这个问题无解，但它却是实实在在的需求。即便解出来，也需要给出一个新的概念，以避免基数概念的二义性。

我们把这种反过来计算的问题称为上述命题的逆命题。如何解这个问题呢？即已知某种弹药的发数，如何求得共用该弹药的几种武器的弹药基数。逆命题的意义是显而易见的，在战斗发展过程中，指挥员始终关心的问题是现在部队还有多少弹药，当然，这个弹药数量可以有很多的度量单位，但弹药基数却是最合适的。这个"弹药基数"的概念是以弹药型号为目标的，与《中国军事百科全书·军械勤务卷》中以武器型号为目标的定义对弹药基数的概念定义不完全相同，为了加以区别，在本章中暂时命名为逻辑弹药基数的概念。

12.2　问　题　讨　论

从上面的讨论可以看出：《中国军事百科全书·军械勤务卷》中对弹药基数的概念在原命题的计算中是十分奏效的。在实际的应用中作为我军弹药供应的主要概念之一，其计算公式见式（12-1）。但实际应用中（如弹药的请领、分发、保管等）却需要把弹药数量的度量单位建立在弹药种类上。当然，这个弹药种类应以武器为划分弹药类别的基本标准。一种武器使用的多个弹种仍然应以弹种配比的方法来解决，本章不再讨论该问题。

$$F = W \cdot J \cdot B \tag{12-1}$$

其中，F 表示弹药发数；J 表示弹药基数；W 表示武器数；B 表示基数标准。

假设：有 n 种武器，用 i 来表示其顺序，其中 $i = 1, 2, \cdots, n$，其武器数为 W_i，弹药基数为 J_i，弹药基数标准为 B_i，弹药发数用 F_i 来表示。且这 n 种武器共用同一种弹药 A。该 n 种武器共有的弹药发数用 F_A 来表示。这样，原命题的计算可用式（12-2）表示。

$$F_A = \sum_{i=1}^{n} (W_i \cdot J_i \cdot B_i) \tag{12-2}$$

其逆命题为，已知 F_A，$W_i \sim W_n$，$B_i \sim B_n$，求 $J_i \sim J_n$。显然这是一个不确定的问题，为了得到确定的答案需要附加的条件，即弹药发数向各种武器分配的方案。由于在式(12-1)中出现了 4 个变量，按穷举和似然法则，可形成等基数、等发数、按武器比例折算、按弹药基数比例折算 4 种分配方案。此外，在实践中还形成了一种可称为乱一原则的分配方案。这些附加条件(分配方案)，我们可列举并分述如下。

1. 等基数原则

假设各种武器的弹药消耗以基数计量的速率是相等的，因而剩余/现有的弹药数量在基数这个度量单位上是相等的，即设 $J_i = J$，式(12-2)可化为

$$F_A = J \cdot \sum_{i=1}^{n} (W_i \cdot B_i)$$

再经过变换可得式(12-3)。

$$J_i = J = \frac{F_A}{\sum_{i=1}^{n} (W_i \cdot B_i)}, \qquad i = 1, 2, \cdots, n \qquad (12\text{-}3)$$

2. 等发数原则

假设各种武器的剩余/现有的弹药数量在发数这个度量单位上是相等的，即设 $F_i = F_A / n$，根据式(12-1)的逆运算可得式(12-4)。

$$J_i = \frac{F_i}{W_i \cdot B_i} = \frac{F_A}{n \cdot (W_i \cdot B_i)}, \qquad i = 1, 2, \cdots, n \qquad (12\text{-}4)$$

3. 按武器数量比例折算

假设各种武器的剩余/现有的弹药数量是按各种武器的数量比例分配的，即设

$$W_A = \sum_{i=1}^{n} W_i$$

则 $F_i = F_A \cdot W_i / W_A$，将其代入式(12-1)的逆运算可得式(12-5)。

$$J_i = \frac{F_i}{W_i \cdot B_i} = \frac{\dfrac{F_A \cdot W_i}{W_A}}{W_i \cdot B_i} = \frac{F_A}{B_i \cdot W_A}, \qquad i = 1, 2, \cdots, n \qquad (12\text{-}5)$$

4. 按基数标准比例折算

假设各种武器的剩余/现有的弹药数量，按基数标准之间的比例分配，即设

$$B_A = \sum_{j=0}^{n} B_j$$

则 $F_i = F_A \cdot B_i / B_A$，根据式（12-1）的逆运算可得式（12-6）。

$$J_i = \frac{F_i}{W_i \cdot B_i} = \frac{\dfrac{F_A \cdot B_i}{B_A}}{W_i \cdot B_i} = \frac{F_A}{W_i \cdot B_A}, \quad i = 1, 2, \cdots, n \tag{12-6}$$

5. 乱一原则

假设各种武器的剩余/现有的弹药数量，以一种武器为收容类武器，其他 $n-1$ 种武器按规定配齐。这样，将原来的缺少××弹药多少发，改为缺少××（收容）武器的弹药××发，合××基数，与其他武器保持概念上的一致。

12.3　计算案例及分析

设某部现有 56 式枪弹 100 000 发，共用该弹药的武器名称、武器数量、基数标准见表 12-1。按上述几种方法计算各种武器的弹药的现有基数。在乱一原则中另设两个规定储备标准：一是携运行量 1.0 基数，二是战备预案中战前储备 3.0 基数。当然，还可以视情况做更多的假设，由于半自动步枪弹药数量最多，可选择其作为收容类武器。计算结果见表 12-2。

表 12-2　几种分配方案的计算比较

已知			附加计算条件及计算结果					
武器名称	基标	武器数	等基数	等发数	武器比	标准比	乱一原则（携运行量 1.0）	乱一原则（战前储备 3.0）
半自动步枪	100	1400	0.175	0.178	0.313	0.048	−2.346	−8.521
自动步枪	200	1200	0.175	0.104	0.157	0.055	1.0	3.0
冲锋枪	200	500	0.175	0.250	0.157	0.133	1.0	3.0
轻机枪	1000	91	0.175	0.275	0.031	0.733	1.0	3.0

根据以上的推导可以看出：在逻辑层面上，同时考虑按武器数量比例和按基数标准比例的分配方案。即设

$$F_i = \frac{F_A \cdot (B_i \cdot W_i)}{\sum_{j=1}^{n} (B_j \cdot W_j)}, \quad i = 1, 2, \cdots, n$$

将 F_i 代入式（12-1）的逆运算式可得式（12-7）。

$$J_i = \frac{F_i}{W_i \cdot B_i} = \frac{\dfrac{F_A \cdot (B_i \cdot W_i)}{\sum\limits_{j=1}^{n}(B_j \cdot W_j)}}{W_i \cdot B_i} = \frac{F_A}{\sum\limits_{j=1}^{n}(B_j \cdot W_j)}, \quad i = 1, 2, \cdots, n \tag{12-7}$$

而式(12-7)等同于式(12-3)，即等基数原则的方案。也就是说：按武器数量比例折算和按基数标准比例折算只考虑了单一的因素，而等基数原则综合考虑了二者。等基数原则的合理性就不言而喻了。从表 12-1 的计算结果也可以看出，按武器数量比例折算和按基数标准比例折算后其各种武器的弹药基数数值不一、参差不齐，掌握和应用非常不便，把本来相通的数据割裂开来。因此，按武器数量比例折算和按基数标准比例折算两种方法，在等基数原则面前显然是一个绝对劣方案。

在实用层次上等发数原则思路清晰、计算简单，但它忽略了各种武器的数量和基数标准上的巨大差异，从而造成了各种武器弹药数量上的不合理分布。这种方法以应用(决策层次)上的复杂性来换取操作计算层次上的简单性，这与我们的愿望正好相反。随着计算工具的发展、计算机的普及应用，计算问题已变得非常轻松自如。故以计算的复杂性换取决策应用的简单性是当前发展的大趋势。

乱一原则是一个应用《中国军事百科全书·军械勤务卷》中对弹药基数的概念的定义来解决本章所提及的逆命题问题的一个权宜之计，其优点是不需要增加新的概念，实际操作比较简单，其被一些基层部队的计划和决策人员所采用。该方法在计划、请领、分发等工作中非常有效，但对于战中确定弹药现有情况，弹药补充的决策仍然不便，因为在实际的弹药仓库中无法也没有必要分清，哪些是这种武器的弹药，哪些是那种武器的弹药。这几种武器共用这种弹药，在弹药这个类别上，这几种武器达到了统一。显然，决策中要以弹药这个统一体，来全盘考虑。这样，在其他武器弹药整齐的数量上与收容类武器弹药数量上需要达到统一，由于武器数量和基数标准的巨大差异，达到这种统一是非常困难的。而这种统一或综合需要在决策时作出，因而大大增加了决策的复杂性。

相比而言，等基数原则，对于决策是最方便的，因为这种概念与《中国军事百科全书·军械勤务卷》中对弹药基数的概念在使用中一致，且共用一种弹药的各种武器在基数上是统一的，决策人员只需要记住一种弹药的基数数值，取代了原来的 n 种武器的基数数值，其符合指挥人员的决策模式，继承和发展了弹药基数的概念。

12.4　算　例

逻辑弹药基数是一种基于弹药型号的计算单位，而《中国军事百科全书·军械勤务卷》中对弹药基数的概念是基于武器型号的计算单位，在一种武器只使用一种弹药的条件下，它们是相通的。这种弹药基数是针对各种武器的弹药类别而言的，多个弹种仍然需要弹种配比的概念来解决，其基数标准见式(12-8)。

$$B_A = \sum_{i=1}^{n} \frac{B_j \cdot W_i}{\sum_{j=1}^{n} W_j} \tag{12-8}$$

从式(12-8)中可以看出：B_A 实际上是共用该弹药的各种武器基数标准的加权平均值，其权系数是由其武器数量来确定的。式(12-8)又可描述为 $B_A = F(B_j, W_j)$，$j = 1, 2, \cdots, n$，即逻辑弹药基数的基数标准是共用该弹药的各种武器的数量和基数标准的函数。一般而言，$B_j (j = 1, 2, \cdots, n)$ 是常数，而 $W_j (j = 1, 2, \cdots, n)$ 是变量，故弹药 A 的基数标准不是一个固定的常数。根据式(12-8)和表 12-1 中所给出的常数计算可得，56 式枪弹的弹药基数标准为 179 发。

要 点 评 注

逻辑弹药基数的概念，将基于武器型号的弹药基数概念扩展至基于弹药型号的弹药基数概念，克服了基于武器的弹药基数不可逆向计算的缺陷，并与其融为一体，不加区分地应用，为信息系统建设消除了概念障碍。

逻辑弹药基数的概念较好地解决了多种武器使用一种弹药带来的一系列问题。逻辑弹药基数的概念的引入，将和《中国军事百科全书·军械勤务卷》中对弹药基数概念及弹种配比概念一起，把弹药供应的计算在概念层面上达到尽善尽美。目前，此概念还处于理论探讨或称为实验室阶段，仅仅在教学研究和计算机系统中应用，作为推荐的计算模式或计算的中间环节是无可争议的，但若要成为弹药供应中的标准术语还需要做进一步的研究。

在人工计算走向计算机信息系统的过程中，会遇到各种各样的障碍。如果在系统分析过程中不能解决，将造成后续开发工作的巨大被动。

第 13 章 目标比较函数与帕累托解

研 究 背 景

1993 年作者在北京理工大学攻读硕士学位期间，以 1986~1988 年总部累计投入了 23 万元的"军械一号"作战模拟训练系统项目的部分研究成果为基础撰写出两篇论文，一篇是《弹药消耗模式研究》（第 9 章），另一篇是 *Depth-First Algrithm of Pareto Solution in Multi-Weighted Network*。前一篇为该项目的核心模型，历经了艰难历程，个人觉得是一篇很好的论文。而后一篇，则是弹药运输过程中的路径选择问题，没有费什么工夫，应当是凑数量的论文，未敢给导师看，而先给了年轻博士教员李白冰，一星期后，李博士将作者叫到办公室，对作者说，从纯学术的角度看，*Depth-first Algrithm of Pareto Solution in Multi-Weighted Network* 一文非常有水平，最好发到国外的杂志投稿，应该能发表；而《弹药消耗模式研究》一文水平一般，需要提炼改造。这与作者的意想整个一个"天地翻转"！作者很疑惑！作者认为 *Depth-first Algrithm of Pareto Solution in Multi-Weighted Network* 非常一般。而李博士说，这篇文章将一个发展了几十年的穷举算法，变成了一个非穷举的算法，这在学术意义上非常重大。而作者说，在运送弹药过程中，如果一条路线走了一部分时间明显不够时，谁也不可能固执地走到规定的时限，再等待下一次任务，他不可能错失良机，他会迅速选择另外一条路径。作者只不过是将这一判断抽象成一个"目标比较函数"在每完成一段路程时判断一下，这并没有多大的创新。"你的感觉不错，但这点变化相当于'在巨人的肩膀上又向前探出了一个小脑袋'是非常不容易的，其学术创新性是很强的。而弹药消耗模式一文尽管费了九牛二虎之力，但它是拔地而起的奠基性研究，学术水平并没有多高，这是一项研究必须经过的阶段。"果然一投就中，论文发表于 1995 年的 *Advances in System Science and Applications*。

多权网络帕累托解的深度优先算法依赖于数据的存储结构。本书中多权网络存储结构分为网络结构和边的权重两个部分。网络结构采用"节点+相邻节点组"形成的二元组结构，为了记录前进方向节点指针被添加到二元组中。边的权重是多维的，故采用权向量数组表示。在此基础上，定义了当前点、前驱点、后继点、当前路径、未来路径、目标函数、帕累托解等概念，以实现改进的深度优先算法。

此外，还引入了目标比较函数，将穷举算法改变为非穷举算法，从而提高了模型的效率。穷举方法适合任何网络，但在节点数量增加时，其效率就会降低。本书所提出的模型仅涉及无向边网络，有向边网络算法可以很容易推出。将目标函数向量转化为单目标函数，可以得到最优方案。

13.1　引　　言

多权网络帕累托的深度优先算法主要来源于以下的需求：①实时决策的需求。网络的大多数因素在很多情况下都是不变的，但有一些因素是可变的，这些可变因素对决策产生了很大的影响。为了提高决策的响应能力，可以将它们存储在计算机中，并在决策前再对它们进行实时或输入变量的修改，以确保使用最新的数据。②多目标决策的要求。很明显，现实世界中的许多问题都是多目标决策，它们的类型也很复杂。③可理解和便于操作的要求。也就是说，让大多数人很容易理解和操作这个模型。本书主要介绍了帕累托解的模型。

13.2　模　型　概　要

1. 假设

(1)网络由边和节点组成。节点对决策目标没有任何作用。每条边都可能有几个用权值表示的属性，这些属性可能是成本或效益，并施加于目标函数。边是无向的。

(2)目标函数是在模拟过程中，(多个)边属性的合成。合成，即(向前)积累以及(后退)减少。积累和减少的方法依赖于属性和目标函数之间的关系。可能有多个目标函数。

(3)随着路径节点数的增加，所有目标函数都是单调的。

(4)成本和效益权重不能在同一网络中共存,算法的有效性是与穷举算法相比较而言的。

(5)开始节点和最终节点只能存在于任何节点上,不能存在于任何边。如果需要,可以在边缘添加一个节点。

(6)网络(结构和参数)可以更改。否则,可以预先计算任何两个节点之间的帕累托解，以备将来参考。

2. 概念及其定义

(1)网络是一个现实世界问题的科学抽象，由节点和边组成。节点是边之间的边界点，是一个逻辑点。它对目标函数没有贡献。一个边，由几个(至少一个)属性组成。

(2)目标函数，是通过一条路径的所有边的属性合成的，是成本或收益的表述。

(3)成本和收益是路径或方案的表述。

(4)当前点、终点、前驱点、后续点和重复节点。当前节点是在模拟中停留的节点。终点是当前路径中的最后一个节点。前驱点是当前路径中当前点的上一个节点。后续点是将要到达的节点。重复节点是当前路径中包含的后续节点。

(5)路径和方案。路径是从开始节点行走到任意节点的轨迹，用节点组表示。方案是最后一个节点为任务终点的路径。

(6)帕累托解集。帕累托解是由方案和它们的目标函数组成的。帕累托解集是非劣方案集。

(7)节点指针。每个节点有几个后续点。为记录移动方向，设计节点指针，可以根据节点指针的值选择后续节点。

(8)相邻节点组。与某节点有边相连接的节点组，是网络结构的重要参数之一。

3. 基本模型

(1)输入: BEGIN node and FINAL node.

(2)存贮: network structure and every edge weights.

(3)处理: According to the depth-first idea, it may move forward/draw back on the network and compare the future PATH and the SET, and reserve the Pareto path/scheme.

(4)输出: the SET of Pareto schemes.

13.3 算　法

13.3.1　变量设定

(1)常数(表 13-1，表 13-2 和图 30-1)。

表 13-1　网络结构

节点	相邻节点组	标记	指针
1	020506000000	Y	
2	010305000000	Y	
3	020400000000	Y	
4	030507080900	Y	
5	010204070000	Y	
6	010708000000	Y	
7	040506000000	Y	
8	040600000000	Y	
9	040000000000	Y	
10	030409000000	Y	

表 13-2 边的权重

序号	边标识		时间/小时	边的权重	
	开始节点	终点		货物损失率/%	中断概率
1	1	2	2	3	0.1
2	1	5	4	7	0.2
3	1	6	7	9	0.4
4	2	3	3	5	0.2
5	2	5	15	10	0.1
6	3	4	7	9	0.3
7	4	5	3	6	0.1
8	4	7	5	3	0.2
9	4	8	3	6	0.2
10	4	9	4	8	0.3
11	5	7	5	8	0.5
12	6	7	8	9	0.1
13	6	8	2	4	0.1

```
The maximum number of nodes:  NODE_MAX=10
The maximum number of neighbor nodes:  NEIGHBOR_MAX=5
The maximum number of edges:  EDGE_MAX=13
The maximum number of objective functions:  AIM_MAX=3
The maximum number of node in any path:  PATH_MAX=9
```

(2) 网络结构(表 13-1)。

```
type structure=array[1..NODE_MAX] of node.record
    type node_record=record
        NODE:[1..NODE_MAX]
        NEIGHBORS:array[1..NEIGHBOR_MAX] of NODE
        POINTER:[1..NEIGHBOR_MAX]
    end
    var  STRU:structure
```

(3) 边的权重(表 13-2)。

```
type edge_weight=array[1..EDGE_MAX] of edge_record
type edge_record=record
    NODE1,NODE2:[1..NODE_MAX]
    WEIGHT:array[1..AIM_MAX] of real
end
var EDGE:edge_weight
```

(4)各类节点。

```
PRESENT node, LAST node, NEXT node, BEGIN node, FINAL node,
        var PRESENT,LAST,NEXT,BEGIN,FINAL:[1..NODE_MAX]
```

(5)当前路径。

```
type present_path=linear_list
var PATH:present_path
```

(6)路径的目标函数。

```
var NOW,FUTURE=array[1..AIM_MAX] of real
```

(7)方案的帕累托解。

```
type scheme_record=record
    route:array[1..PATH_MAX] of NODE
    objective:array[1..AIM_MAX] of real
end
var SCHEME:Scheme_record
type scheme_set=linear_list of scheme_record
var SET:scheme_set
```

13.3.2　函数

(1)目标累积函数。它描述了随着节点数的增加,在模拟过程中各边缘目标函数的合成过程。

```
CALL: ACCUMULATE(NEXT)
INPUT: NEXT node
STORAGE: type of each objective function
PROCESSING: there are several synthesis methods as following:
    **accumulation, such as time (参见表 13-2)
    **decrease, such as remanent goods
    **product, such as the rate of loss
    **probability type, such as the probability of accident (参见表 13-2)
OUTPUT: FUTURE
```

(2)目标累积函数的逆函数。它描述了在返回时对目标函数的处理。

```
CALL: RETREAT(PATH)
INPUT: present PATH
STORAGE: the weights of every edge
PROCESSING: taking off (remove) PRESENT node in the present
```

```
PATH,decreasing the objective function
```
OUTPUT: the objective function array of the path from BEGIN to LAST

(3) 目标比较函数。将未来与集合进行比较，结果将决定是否朝这个方向移动。

```
CALL: IS_INFERIOR(FUTURE)
INPUT: FUTURE
STORAGE: the SET
PROCESSING: comparing FUTURE with all objective functions in the
    SET, deleting them if there is the inferior scheme and stop
    comparing if the FUTURE is inferior
OUTPUT: whether it is inferior scheme
```

(4) 重复节点判断函数。在模拟前进过程中，它是一个避免死环的判断。

```
CALL:IS_REPEATED(PATH,NEXT)
INPUT: present PATH,NEXT node
PROCESSING: judgement if the present PATH contains NEXT node
OUTPUT: whether it is REPEATED node
```

13.3.3　算法

```
input STRU,EDGE,BEGIN,FINAL
PRESENT=BEGIN
for i=l to NODE_MAX;STRU(i).POINTER=1;NEXT i
set_null(PATH) \* empty the linear list *\
insert(PATH,1,BEGIN) \* insert a element to the linear list *\
    PP=1 \* pointer for the end of linear list *\
SCHEME=[null, , ,1];
set_null(SET);
insert(SET,1,SCHEME)
    PS=1 \* pointer to the end of linear list *\
have_last=.T. \* Is there any LAST node*\

DO while have_last
    have_next=STRU(PRESENT).POINTER==0 \*Is there any NEXT node*\
    Do while have_next
        NEXT=STRU(PRESENT).POINTER
        do case
            case NEXT==FINAL
                FUTRUE=ACCUMULATE(NEXT)
                if IS_INFERIOR(FUTRUE)
```

```
                          then STRU(PRESENT).POINTER++
                          else insert(PATH,++PP,NEXT)
                   endif
                   SCHEME.ROUTE PATH
\* means giving a total of dada structure to another*\
                   SCHEME.OBJECTIVES FUTRUE
                   insert(SET,++PP,SCHEME)
                   delete(PATH,PP--) \* delete an element in a linear*\
                   STRU(PRESENT).POINTER++
              case IS_REPEAT(NEXT)
                   STRU(PRESENT).POINTER++
              otherwise
                   FUTRUE=ACCUMULATE(NEXT)
                   if IS_INFERIOR(FUTRUE)
                        then STRU(PRESENT).POINTER++
                        else insert(PATH,++PP.PRESENT);NOW FUTRUE;PRESENT
                   endif
         endcase
      enddo
      if PRESENT=BEGIN then exit
      NOW RETREAT(PATH); STRU(PP).POINTER=1; delete(PATH,PP--)
      PRESENT=get(PATH,PP) \* get a element from a linear list*\
      STRU(PRESENT).POINTER++
  enddo
  output SET
  end
```

13.4　计算结果

我们使用表 13-1 所示的网络结构和表 13-2 中所示的边权值，进行模拟运算，得到的集合加起来为 70 步，如表 13-3 所示。

表 13-3　帕累托解集

序号	步骤	路径	目标函数		
			时间/小时	货物损失率/%	中断概率
1	21	12547	25	22	0.4168
2	44	1547	12	16	0.712
3	53	157	9	15	0.8
4	57	167	15	18	0.46

13.5　结果简要分析

该算法充分利用网络信息，但第一条路径对于算法效率有着重大的影响。在这种情况下，可以通过以下方法加以改进：①确定每个目标函数的极限值；②确定最坏的可接受方案；③人为地选择第一方案；④采用广度优先算法。

网络结构的存储既简单又方便，而且非常有效。由于引入了目标比较函数，将单一目标与多目标决策的区别局限于比较函数的内部，而与其他部分没有关系，所以算法的可理解性有了很大的提高。

要 点 评 注

"军械一号"作战模拟训练系统中弹药运输过程的仿真与决策，是其重要的模型之一。其仿真过程中，为了体现其"智能"性，每走过一段，就需要判断一下其完成任务的概率，如果不行，则重新规划并选择路径，这也是当前流行的汽车导航系统的算法的雏形。由于判定工作需要反复使用，自然就将其编写成一段子程序，而学术论文撰写时，将其抽象成目标比较函数，这是一个再自然不过的过程，满足了信息系统的需要。

许多研究项目中，发掘出许多的"金子"，但由于认识水平的局限，而使其淹没在厚厚的资料当中，这是智力的损失，更是学术的损失。解决这个问题的办法，其实很简单，一是要有提炼的意识，二是要有宽广的见识。

在信息化的过程中，许多具体问题的信息化是其阻力之一。减缓和消除这些阻力需要深入地研究，并给出可行的解决方案，既需要强智力性工作，又需要面对巨大的工作量。

第14章 基于失供概率的弹药储备构成分析

研究背景

弹药保障工作中，许多工作参数是在多年的实践中总结而来的经验参数。而经验参数在院校教学中，由于与高等数学中形成的理论推导习惯相冲突，一批又一批学员无休止的提问，类似于机动储备量为什么是总储备量的15%~20%，50%不行吗？我们只能说"老祖宗传下来的经验值！"但很难说服这些具有逆反心理、勤于思考的学员。但作者又不愿意摆教师的架子："记住这些就行了，哪里来的那么多问题！"但这又是一个操作者，或者称为技工的教学方法，与高层次的、会思考的人才培养目标不相一致。这种情况延续了若干年。

终于，在弹药消耗模式模型、战场弹药消耗仿真模型、失供概率模型等战场弹药消耗实验模型体系形成以后，作者发现用这些模型来验证与解释许多经验参数值，对于"高等数学"思维模式根深蒂固的学员来讲，具有较强的说服力。

本书以"坚固阵地防御战斗"为基本类型，进行仿真实践，取得了储备量与失供概率之间关系的曲线，并进行曲线拟合，得到其函数表达式，并根据二阶导数求出其拐点为上下23%之处，上拐点为失供概率由平缓下降至急剧下降区起点，而下拐点为剧增加区终点，并进入平缓下降区。考虑到其灵敏度，这一数据与经验机动参数15%~25%相吻合。这对于后来的教学产生了一个质的飞跃。

为了保持原汁原味，文字内容以当年风格为基础，并保持本书格式体例。该文2002年3月发表于《军械工程学院学报》。

14.1 问题的提出

战时弹药供应，是军械物资供应的主要部分，是军械部门战时最主要的任务之一。及时、准确、不间断地供应部队弹药，对保持和提高部队战斗力，保障战斗胜利，具有重要意义。弹药的储备是战时弹药供应的重要环节，而弹药消耗是弹药储备的依据所在。如何根据弹药的消耗情况，科学地确定弹药的储备量是弹药供应决策的核心问题之一。部队的弹药储备构成一般可区分为携运行量、运行量和加大储备量，弹药储备构成的确定通常是在以往大量战斗数据的基础上，通过类比推理，定性与定量相结合的方法综合而成。其中，定性决策的成分比较大，随着时间的推移，战场环境的变化，储备构成需要不断地修改，才能满足作战需要。修改工作需要花费大量的专家工时和大量资金。如何以定量的方法合理确定弹药储备构成，从而为弹药供应提供科学的辅助决策手段，是本章研究探索的问题。

14.2　研究的基础和思路

本书第 9 章提出了弹药消耗模式的概念及其可应用于战场仿真的模型。在此基础上，又提出了弹药失供概率的概念，见第 10 章。失供是因弹药不足而导致战斗力降低，一定储备条件下出现失供的可能性称为失供概率(P)。给出这样的经验估计：失供概率取决于储备量(R)和作战任务的情况(用作战时间 T 表示)，它们构成了函数关系，在有一定作战任务的条件下(模型中为师规模的坚固阵地防御战斗)，其基本趋势为：当 $R \to 0$ 时，$P \to 1$，且通过$(0, 1)$点；而当 $R \to \infty$ 时，$P \to 0$；当 R 增加时，P 减少。通过模拟得出了确定时间(以 7 天为例)下的弹药储备量和失供概率的仿真曲线，如图 14-1 所示。

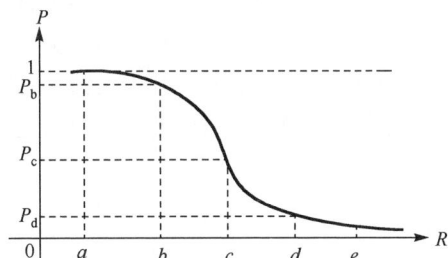

图 14-1　拟合的失供概率曲线图

本章拟在弹药消耗模式仿真模型与弹药失供概率研究的基础上，通过仿真得到反映弹药储备量与失供概率关系的函数，通过曲线拟合找出符合该曲线特性的解析函数,再在该函数中找出符合实际情况的弹药储备构成情况的几个有特殊含义的点，并将其与实际的储备构成做对比分析，为现实的弹药储备构成提供定量化的依据和评估，为将来合理确定弹药储备构成提供科学的辅助决策手段。

14.3　实　现　过　程

14.3.1　基础数据的获取

利用前面的模型与基本参数，给定一个弹药储备量(R)后，可以通过仿真得到一个相应的失供概率(P)，这样可以得到一系列的对应点(R, P)。通过仿真得到了若干个对应点$(R_i, P_i | i=1,2,\cdots,n)$，见表 14-1，可以绘出 P-R 曲线图，见图 14-1。

表 14-1　仿真计算数据表

n	R	P	n	R	P	n	R	P	n	R	P
1	2.10	0	8	2.80	0.8847	15	3.50	0.4948	22	4.20	0.0835
2	2.20	0.9983	9	2.90	0.8482	16	3.60	0.4193	23	4.30	0.0586
3	2.30	0.9945	10	3.00	0.7843	17	3.70	0.3476	24	4.40	0.0209
4	2.40	0.9877	11	3.10	0.7348	18	3.80	0.2772	25	4.50	0.0115
5	2.50	0.9759	12	3.20	0.6733	19	3.90	0.2148	26	4.60	0.0044
6	2.60	0.9570	13	3.30	0.6190	20	4.00	0.1653	27	4.70	0.0018
7	2.70	0.9257	14	3.40	0.5625	21	4.10	0.1127	28	4.80	0

在仿真过程中，发现仿真模型参数的取值不同，用仿真数据绘出的仿真曲线会出现振荡、阶梯等情况。经过多次试验，得到的结果证明：曲线的阶梯与储备量的间隔 ΔR（仿真模型的步长值）有关，随着步长值的减小，阶梯逐渐减小；而振荡则与仿真次数有关，即仿真次数达到某一数值后，失供概率趋向稳定，曲线的振荡基本消失。出于工程方面的需要，在不同的区间采用了不同的间隔 ΔR，以便更精确地反映这种关系。本章中取步长值为 0.01、0.005 两种；仿真次数取 10000 时其稳定值（精度）已达到 0.01，表 14-1 的数据是从仿真数据中抽取的一部分，它能较准确地反映本模型条件下的储备量与失供率的关系，在下面的拟合过程中，使用全部的仿真数据。

14.3.2　拟合仿真数据

从图 14-1 和表 14-1 的仿真数据可以发现，$P\text{-}R$ 曲线按 P 值由小到大划分可以分为五段：工程 1 段、加剧下降段、急剧（直线）下降段、减缓下降段、工程 0 段。从各段的特征看，处于不同 R 值的 ΔR 其对 P 值的贡献会有较大的差距，这也为找出特殊点与储备构成的关系提供了基础。从该曲线的形态看，与反"S"形曲线十分相似，当 $R \to 0$ 时，$P \to 1$，而当 $R \to \infty$ 时，$P \to 0$，认为可以采用函数式(14-1)的变化函数式(14-2)来拟合仿真数据。其形状与得到的弹药储备量与失供概率的仿真曲线相似。根据我们的研究问题($P \leqslant 1$)，可确定 $a = 1$，则式(14-2)可化为式(14-3)。

$$y = \frac{1}{a + b\mathrm{e}^{-x}}, \quad b>0 \tag{14-1}$$

$$y = 1 - \frac{1}{a + b\mathrm{e}^{-x}} \quad (b>0) \tag{14-2}$$

$$y = 1 - \frac{1}{1 + b\mathrm{e}^{-x}} \quad (b>0) \tag{14-3}$$

令 $Y = \dfrac{1}{1-y}$，$X = \mathrm{e}^{-x}$，则式(14-3)可变换为式(14-4)：

$$Y=bX+1 \tag{14-4}$$

以式(14-4)用最小二乘法拟合仿真数据，可得到参数 b=288.6，拟合的相关系数 r=0.863，曲线拟合的相关系数大于 0.7 时，即高度相关，并且在恒等变换中相关系数保持不变，可见，以式(14-2)拟合仿真数据是可行的，且它们高度相关，根据我们的问题最后可以得到式(14-5)。

$$P=\frac{be^{-R}}{1+be^{-R}}, \quad b=288.6 \tag{14-5}$$

14.3.3　失供概率曲线分析

经拟合后的理论曲线，只有当 $R \to \pm\infty$ 时，P=0，而在所研究的问题中实际上存在失供概率 P=0 和 P=1 的两个点，并且从仿真数据也可以得到这两个点，用 1‰的误差在拟合后的理论曲线上获得 $P=1$ 和 $P=0$ 两个点 a 和 e，即 P_a=1，P_e=0(图 14-1)。由此，可以得到：在 $R<R_a$ 时，$P(R)$=1；在 $R>R_e$ 时，$P(R)$=0。也就是说，当储备量小于 a 点对应的储备量时，失供率为 1；当储备量大于 e 点对应的储备量时，失供率为 0。工程 0 段与工程 1 段的区间分别为[$-\infty$, a]，[e, ∞]。因此失供概率曲线可表示为式(14-6)。 对函数式(14-5)求一阶导数和二阶导数，得到式(14-7)和式(14-8)。

$$P = \begin{cases} 1, & R \leqslant R_a \\ \dfrac{288.6e^{-R}}{1+288.6e^{-R}}, & R_a < R < R_e \\ 0, & R \geqslant R_e \end{cases} \tag{14-6}$$

$$P' = -\frac{be^R}{(b+e^R)^2}, \quad b = 288.6 \tag{14-7}$$

$$P'' = \frac{be^{2R} - b^2e^R}{(b+e^R)^3}, \quad b = 288.6 \tag{14-8}$$

可以得到失供概率曲线的一个拐点 c 和两个突变点 b、d。多次仿真的结果得到 $P_b \approx 0.78$，$P_c \approx 0.5$，$P_d \approx 0.21$，它们和仿真模型的参数取值无关，这与理论推导的结果是相符的。c 点是失供概率变化最快的点，从 b 点到 d 点，失供概率变化很快，曲线近似于直线，急剧(直线)下降段的区间为[b, d]，可以认为从 a 点到 b 点，从 d 点到 e 点，曲线比较平滑，即失供概率变化较慢，加剧下降段和减缓下降段的区间分别为[a, b]和[d, e]。通过求函数的二阶导数，可以得到在 c 点有 e^R=b，即 R=ln$b$。同时可以证明，曲线对于 c 点基本是中心对称的。证明过程如下：设弹药储备量的变化量为 ΔR，则 P^+、P、P^-，分别参见式(14-9)、式(14-10)、式(14-11)，则 $P^+-P=P-P^-$。

$$P^{+} = \frac{b}{b + e^{\ln b + \Delta R}} = 0.5 \tag{14-9}$$

$$P^{-} = \frac{b}{b + e^{\ln b - \Delta R}} = 0.5 \tag{14-10}$$

$$P_c = \frac{b}{b + e^{\ln b}} = 0.5 \tag{14-11}$$

我们认为，a 点可以对应平时周转的储备量，即这部分的弹药是基础，对失供概率的下降无贡献，也可作为应急储备，从 P_e 与 P_a 的比值可以看出，这部分储备量为总储备量的 15%～20%，这些点所对应的储备量与经验统计数据以及专家给出的经验数据基本相符。b 点对应于上级运行量，$c\sim b$ 作为本级运行量，$d\sim c$ 作为携运行量，d 点作为该曲线上的最佳效益点，理所当然的成为平时的战备储备量。$e\sim d$ 作为加大储备量，e 作为一次战斗的最大储备量或总储备量，因为 e 点是工程 0 段的下限，也就是说，当储备量到达该点后，再增加储备也是毫无意义的。

14.4　结　　论

从仿真数据的基础上拟合的曲线分析结果看，基层部队在平时最低应保持周转的储备量（a 点的储备量）以供平时训练和一定的战备需求之用，上级应储备使其下级达到 b 点的储备，开赴战场时应使储备量达到 d 点，即携运行量与加大储备量之和，并应划出 15%～20% 的机动储备或应急储备，战前应使总储备量达到 e 点，这样既可以达到最大的军事经济效益，同时又可以保证弹药储备满足战时弹药消耗的要求。

此外，b 点、c 点、d 点对应的失供概率只与拟合所得的参数 b 值有关，而 b 的取值与拟合时所取的数据区间和相关系数 r 有关，研究如何根据给定的边界参数 S_i，直接用 b 值得到 P_b、P_c、P_d 对应的储备量 R_b、R_c、R_d，是令人感兴趣的，也是极有应用价值的，这有待于进一步的研究。

要 点 评 注

通过仿真运行，可以得出以下结论：①随着弹药储备量的增加，失供概率为一单调递减函数；②在上拐点之前，是弹药严重不足区间，即杯水车薪；③在上下拐点之间，是弹药效益的增长快速区间，即弹药数量的增加是最为有效的；④在下拐点以后，弹药的增加对弹药失供概率基本是无贡献的，即冗余区间。注意：不同的战场环境，其上下拐点的具体参数值可能有较大的差异，但定性的规律却是相对固定的。

信息化手段对于我们认识更多的客观规律有很大的帮助！

第三篇　建设实例篇

　　信息化建设实例对于课堂教学和开发人员研究与提高具有重要的示范作用。一方面，一个成功的项目并非全部都好，通常某点或某些点是其成功的关键因素；另一方面，信息系统建设的实例通常内容复杂、文档冗长，无法将案例全部内容纳入本篇。因此，本篇选取了若干推广应用实际系统的成功部分，以供读者研究与参考。

　　弹药调拨和年度弹药统计软件侧重于逻辑的完备性；野战兵站软件侧重于逻辑模型的形成过程与特定的表达方法；"两成两力"综合评估软件侧重于辅助模型；试题库软件侧重于考核对象的多样性。出于保密方面的原因，未过保密期及有保密内容的诸多经典部分未能选入，留下了一大遗憾！

第 15 章　弹药调拨业务调查实例

研究背景

　　20 世纪 80 年代是计算机引入我国、计算机应用初步尝试的阶段。随着计算机的普及应用，大量的"跟风"之作应运而生。作者受某部队邀请，对"部队弹药管理系统"开发设想进行了深入研究，归纳出当时存在的八大主要问题：①错发错用；②超标消耗；③用新存旧；④用整存零；⑤统计不准；⑥数量不清；⑦计划缓慢；⑧丢失被盗。造成这些问题的主要原因：一是工作难度大；二是管理不规范；三是人员素质不能满足上述岗位要求，其中，管理不规范也是人员素质低的根源之一。上述问题通常可能造成五方面的影响：①影响平时训练；②影响战备工作的落实；③造成弹药事故，影响部队的全面建设；④如果丢失弹药，还会危及社会安全稳定，最终造成战时的保障不力；⑤影响作战，甚至能致使战争失败。基于对上述问题的原因、问题、后果之间关系的分析与研究，得出"计算机手段能够有效地解决这些问题"的结论，研究表明这一项目并非"一时之兴"，其有着深刻的现实需求。故决定与该部队合作，经研究将"部队弹药管理系统"分解为弹药调拨系统、年终统计系统、战时弹药保障系统、专家咨询系统，以及重要目标安全监控系统，以解决前述的八大问题。本章是其中的第一分系统。

　　如果仅仅从经济的角度开发一个系统，在当时的情况下，不需要提交什么文档，人们注重的是最终可使用的软件。但作者于 1989 年开设了"管理信息系统"课程，教学中空谈基本理论是容易的，学生也是极易"背书"的。从教学效果角度看，确实需要建立一套有完整文档的案例体系，供教学之用。如今该业务软件系统又经过近 30 年的发展，相对于其原始状态已经面目全非，但万变不离其宗。一方面当年形成的系统流程图基本变化不大，对于今天的业务仍然有指导作用；另一方面当年形成的系统流程图至今看来仍然"很规范"，可供初学系统分析与设计的人员参考使用，故将该部分"原汁原味"地选入本书，兼顾了历史、保密、工作和学习等方面的需要。

15.1　弹药调拨业务流程图

弹药调拨业务系统流程图见图 15-1。

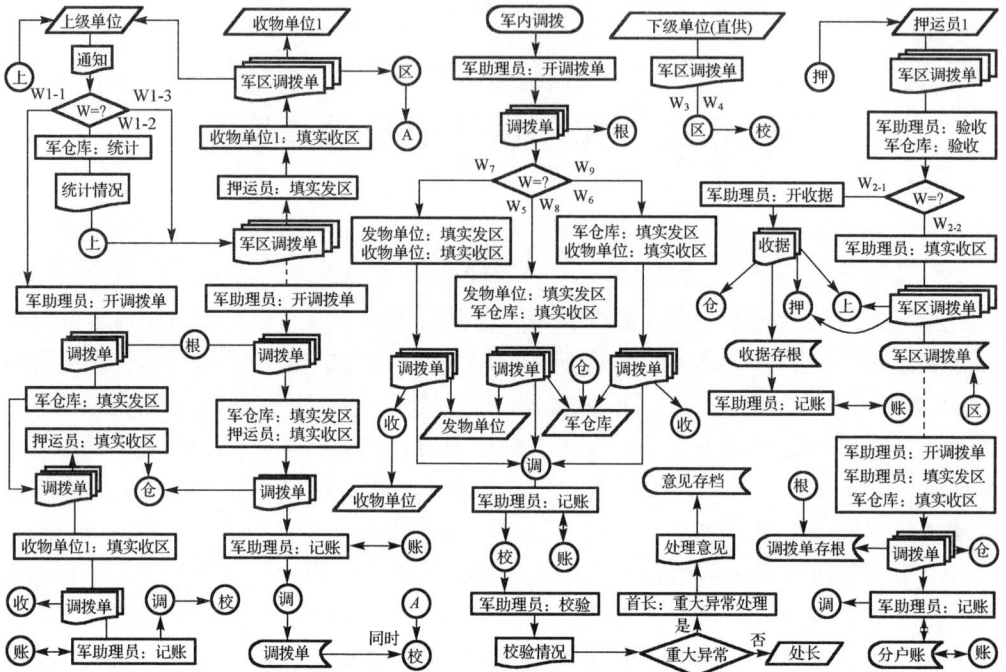

图 15-1　集团军弹药调拨业务流程图

15.2　数据源/终点说明

上级单位：指军区供应部门，通常以军械调拨通知单、电报、电话或文件等进行弹药调拨，并接收调拨执行情况的反馈。

收物单位 1：指集团军以外的单位，根据军区的通知，接收集团军发出的弹药，并在押运员携带的军区调拨单上填写实收区：含实收数、收物单位名称(盖章)及其经手人姓名、收物日期等内容。

收物单位：指集团军所属的单独建账的单位，并与军发生直接调拨关系，与发物单位或军仓库共同验收，并在调拨单上填写实收区情况，将弹药及一份调拨单带回本单位。

发物单位：指与集团军发生直接调拨关系的单位(不含军仓库)根据调拨单发出弹药。

下级单位：指集团军所属单独建账的与军发生直接调拨关系的单位，可以直接接受军区调拨来的弹药，也可以向军区上交弹药，并及时向集团军报告弹药收发情况。

押运员 1：指集团军以外单位选派的押运人员，根据军区通知向集团军仓库发送弹药，与集团军业务处办理弹药交接事宜。

押运员：指集团军选派的押运人员，根据要求，将军仓库发出的弹药押运到收物单位 1，负责验收军仓库发出的弹药，并与收物单位 1 进行交接，办理有关手续。返回时向集团军业务部门报告任务完成情况。

军仓库：指集团军直属仓库，根据有关通知负责接收上级单位、发物单位发来的弹药，并负责向收物单位 1、收物单位发出弹药。

军助理员：指集团军弹药管理的业务部门助理员，负责办理弹药收发手续，如开调拨单、验收弹药、记账等工作。

处长：指集团军弹药管理的业务处负责人。负责了解和掌握集团军弹药的接收、发出及消耗等有关情况。

15.3　文 档 说 明

通知：军区的军械调拨通知单、电报、电话或文件等。

统计情况：军仓库按上级要求对有关弹药情况的统计结果（多种表样，此处略）。

调拨单：指集团军的军械调拨通知单，由军助理员填写计划区内容，发物单位填写实发区内容，收物单位 1 或收物单位填写实收区内容。各区的详细内容见表 15-1。

表 15-1　军械调拨通知单（部队用）

军区调拨单：指军区供应部门根据有关文件开出的军械调拨通知单，由军区填写计划区内容，调出时由军助理员填写实发区内容，收物单位 1 填写实收区内容。调入时由押运员 1 代表的发物单位填写实发区内容，军助理员填写实收区内容。各区的详细内容见表 15-2。

表 15-2　军械调拨通知单（军区用）

调拨单号：　　　　　　字第号日期：　　　　　　年　月　日

调拨根据：　　　　　　调拨目的：

调拨文号：　　　　　　收物大单位：　　　　军区：

发物单位：　　　　　　收物下属：

发站：　　　　　　　　到站：

调拨方式：　　　　　　付费号：

军运号：

车种：　　　　　　　　车数组级：

有效期限：　　　　　　　　年　月　日　调拨标志：

共　　联，第　　联，此联用途：

序号	编码	弹药名称	单位	应(收)发等级数量			实(收)发情况		备注
				原	现	数量	等级	数量	

编造单位：部长：经办人：

发物单位：　　　　　　　　发物单位：

经办人：　　　　　　　　　经办人：

发物日期：＿＿年＿＿月＿＿日　　收物日期：＿＿年＿＿月＿＿日

军械收据/军械发单：指军助理员根据实际接收的实物情况开出的单据，由军助理员填写全部内容，由押运员签字，见表 15-3 和表 15-4。

表 15-3　军械收据

年　　月　　日　　字　　第　　号

收物单位：　　　　　　　　　　　　　　　押运负责人：

接收根据：

弹药名称	单位	应收数		实收数					备注
		等级	数量	等级	数量	装配诸元			
						批	年	厂	

编报单位：　　　　　　　　　　长：　　　　　　　　　承办人：

表 15-4　军械发单

年　　月　　日　　字　　第　　号

发出根据：

发往单位：

弹药名称	单位	应发		实发		实收		备注
		等级	数量	等级	数量	等级	数量	

编造单位：　　　　　　　　　　　　　收物单位：

仓库主任：　　　　　　　　　　长：

承办人：　　　　　　　　　　　　　经手人：

时间：＿＿＿年＿＿＿月＿＿＿日

处理意见：指有关首长对收发差错如何处理的批示，作为年终核报实力的依据。

15.4　数据存储说明

调拨单：见表 15-1，通常一式四份，存根、发物单位、收物单位各一份及返回一份。有三个区域——计划区、实发区和实收区，分三次填写。所有调拨单集中于此。

军区调拨单：见表 15-2，通常一式四份，存根、发物单位、收物单位各一份及返回一份。有三个区域——计划区、实发区和实收区，分三次填写。所有军区调拨单集中于此。

收据：见表 15-3，通常一式四份，存根、发物单位、收物单位各一份及返回一份。通常只有实收区，一次填写。所有收据集中于此。

发单：见表 15-4，通常一式四份，存根、发物单位、收物单位各一份及返回一份。通常只有实发区，一次填写。所有发单集中于此。

分户账：见表 15-5：通常是两本账，一是全军的，二是军直的，格式完全相同，可合并。分账的主要原因是两本账的发生率相差较大。

表 15-5　部队弹药分户账

单位：			文件根据	摘要	质量等级	收入数	支出数	现有数	弹药名称：分布			
日期									分布			
年	月	日										

意见存档：处理意见，注销实力后存档一份，无统一格式。所有处理意见文本集中于此。

15.5　处 理 说 明

开调拨单：根据军区或军有关的业务部门和首长的电话、电报、文件、批示、指示等填写调拨单的计划区内容，并及时通知收发双方单位。

发放弹药(填实发区)：根据实际的弹药发出情况，参考调拨单或军区调拨单上计划区内容，填写实发区内容。

接收弹药(填实收区)：根据实际的弹药验收情况，参考调拨单或军区调拨单上实发区内容，填写实收区内容。

开收据：根据实际验收情况，填写《军械收据》中的全部内容。

开发单：根据临时发出情况情况，填写《军械发单》中的全部内容。

记账：根据调拨单内容，填写《部队弹药分户账》，见表 15-5，记账过程如下。

```
DoCase W=?
    Case  W1-1、W1-2、W1-3
        根据调拨单上实发数修改军仓库的分户账
    Case  W5、W6、W7、W8、W9
        根据调拨单上实收数修改两单位的分户账
    Case  W3
        根据军区调拨单上实发数修改该单位的分户账
    Case  W4
```

　　　　根据军区调拨单上实收数修改该单位的分户账
　　Case　W2-1
　　　　根据调拨单上实收数修改军仓库的分户账
　　Case　W2-2
　　　　根据收据上实收数修改军仓库的分户账
　　EndCase

验收：检查收到的弹药实物是否与单据(调拨单、发单、收据等)一致。

校验：检查相关数据的一致性，算法如下。

　　DoCase　W
　　Case　W1-1、W5、W6、W7、W8、W9
　　　　校验调拨单上实发区内容与实收区内容合法性与一致性
　　Case　W3、W4
　　　　校验军区调拨单上实发区内容与实收区内容合法及一致性
　　Case　W1-2、W1-3
　　　　校验调拨单上实发区内容与实收区内容合法性与一致性
　　　　校验军区调拨单上实发区内容与实收区内容合法与一致性
　　　　校验调拨单与军区调拨单内容一致性
　　EndCase

统计：根据上级或集团军业务部门的通知，对有关弹药的情况进行统计并上报。

重大异常处理：首长对弹药调拨过程中的异常情况，给出处理意见，以便在弹药实力统计时核销。

15.6　其他相关说明

15.6.1　物流分类

物流分类情况见图 15-2，具体定义如下。

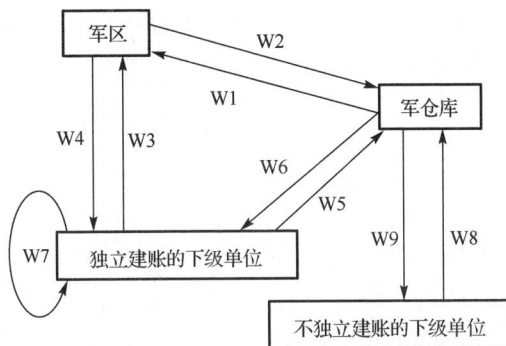

图 15-2　物流分类图

建账单位：和军有直接供应关系且独立建账的下级单位。

不建账单位：和军有直接供应关系，但不独立建账的下级单位。

W1：军区从军直调出弹药。W1-1：调剂，无军区调拨单；W1-2：调剂，有军区调拨单；W1-3：收缴旧弹药，通常需要军仓库事先统计。

W2：军区下发弹药至军仓库。W2-1：调拨出现异常，军区调拨单无法处理，需要开收据；W2-2：调拨无异常；或出现异常，但军区调拨单可处理。

W3：军区从建账下级单位调出弹药。

W4：军区直接下发弹药至建账下级单位。

W5：军从建账下级单位调出/收缴弹药。

W6：军下发弹药至建账下级单位。

W7：建账下级单位互相调剂。

W8：军从不建账下级单位收缴弹药(训练剩余、业务剩余、私藏弹药等)。

W9：军下发弹药至不建账下级单位。

15.6.2　开调拨单算法设计

与业务人员交流，用自然语言会更方便一点。以下是实际调研讨论的结果。实际上是原业务过程与业务人员对于新系统期望的混合，但它是系统分析与设计人员学习的好机会。

一、从菜单中进入新开调拨单，自动生成调拨单总顺序号

二、调拨单标识区处理(其他区为灰色，但计划区的第一项可输入)

1. 选择单据字系列，测试该系列的最大编号，并自动生成顺序单据号。

2. 采用系统日期为开单日期，可作修改，但不得早于上一张单据的时间，晚于下年度 1 月 30 日。加 30 天形成有效日期，并可修改，但不得早于开单日期，晚于开单日期 60 天后。

3. 调拨目的未输入时，发物单位与收物单位为灰色，调拨目的确定(可修改)后，只有发物单位与收物单位不是灰色，按三者的固定关系选择输入发物单位与收物单位，恢复调拨目的输入前的状态。注：调拨目的为上年结转时发物单位变灰，调拨目的为业务消耗时收物单位变灰。

```
Do Case
    Case 调拨目的="上年结转"
        发物单位变灰
        选择"B"或"库"两类单位中的一个具体单位为收物单位
    Case 调拨目的="补充"
        选择"外"单位之一为发物单位
        选择"A"、"库"和"属"三类单位中的一个具体单位为收物单位
```

      Case 调拨目的="上交"

         选择"A"、"库"和"属"三类单位中的一个具体单位为发物单位

         选择"外"单位之一为收物单位

      Case 调拨目的="作训消耗"

         将"库"定为发物单位

         选择"B"、"C"单位中的一个具体单位为收物单位

      Case 调拨目的="作训剩余"

         选择"B"、"C"单位中的一个具体单位为发物单位

         将"库"定为收物单位

      Case 调拨目的="业务消耗"

         收物单位变灰

         将"库"定为发物单位

      Case 调拨目的="业务剩余"

         发物单位变灰

         将"库"定为收物单位

      Case 调拨目的="错情特情"

         收物单位变灰

         选择"B"或"库"两类单位中的一个具体单位为发物单位

         收物单位=发物单位

      Case 调拨目的="内部互转"

         选择 A、B、属、库四类单位中的一个具体单位为发物单位

         选择 A、B、属、库四类单位中的一个具体单位为收物单位

         如果发物单位=收物单位，则提示"发物单位不应与收物单位相同重送！"

      Case 调拨目的="调入"

         选择"内"单位中的一个具体单位为发物单位

         选择"A"、"属"或"库"三类单位中的一个具体单位为收物单位

      Case 调拨目的="调出"

         选择"A"、"属"或"库"三类单位中的一个具体单位为发物单位

         选择"内"单位中的一个具体单位为收物单位

      Case 调拨目的="转级报废"

         收物单位变灰

         选择"B"或"库"两类单位中的一个具体单位为发物单位

         收物单位=发物单位

  EndDo

注：如果外、内、C 类单位在字典中找不到，可通过单位字典维护功能进行追加

4. 输入其他必须项：调拨根据、调拨用途。

5. 输入其他可选项：调拨方式、发站、到站、军运号、付费号、车型、车数量。

6. 待标识区输入完毕，单击计划区第一项，检测必须项是否齐全，若不齐全则

提示"标识区未送全，请重新输入！"，否则提示"是否需要修改标识区"，回答 No，进入计划区程序，调拨单状态置"标"，回答 Yes 重复 2。

三、计划区处理(其他区为灰色)

1. 如果有多种弹药发出，重复以下步骤。

2. 调拨目的为上年结转时，需要查重。即一个弹药编码(含不同质量等级和不同批次)只能结转一次。

　　Do Case （注：Case 需要转化为调拨目的序列）
　　　Case　发物单位类别为"库"，(在现有元件表中选择)
　　　SQL-B 制作"库"中所有独立的弹药名称和代码，选择一代码(分二级选择)
　SQL-B-C 制作"库"现有情况表(表 15-6)，填写计划发出数量，自动小计与合计发出数量

表 15-6　仓库中某型号弹药的现有数量

质量等级	全弹批次	现有数量	质量分类	计划发出数量
			禁、限等	
各质量等级小计				
合计				

3. 输入完毕后单击"确定"按钮并将此内容计入 ABC 三表之中，小计栏计入 B 表，如果有多个质量等级可在调拨单中顺延一格，此时可查询任意批次的详细情况。

　　CaseB→"库"，(在现有元件表中选择)
　　　列出 B 类发物单位现有弹药代码列表，并选择一种弹药
　　　操作同上一种情况

　　注：由于一般此种物流为战备弹药互换，故通常为整个批次全部发出

　　Case 非 B→"库"，(需要送元件表，以后拟以弹药配套库为输入限制)
　　　在弹药代码字典中，用二级选择方式选择一种弹药
　　　输入质量等级等
　　Otherwise
　　　不需要元件表，只是一个过程记录，打印调拨单
　　EndCase

输入编造单位：单位代码、领导姓名、领导职务、经办人等。

单击"确定"按钮此区域变灰，调拨单状态置"计"。

四、实发区处理(其他区为灰色)

1. 入口有两个：一是未完调拨单处理，二是从计划区直接进入(表 15-7)。

2. 若与计划区相符，则单击"确定"按钮，否则选择不一致的弹药。

表 15-7　某型号弹药的实发数量

质量等级	全弹批次	现有数量	质量分类	计划数量	实发数量
			禁、限等		
各质量等级小计					
合计					

此时可查询任意批次的具体情况,可修改实发数量,可增加批次(需要调用元件表界面),小计、合计同步。单击"确定"按钮返回调拨单界面,继续。

3. 输入实际发物单位:代码、经办人、发物日期等。

4. 单击"确定"按钮此区域变灰,调拨单状态置"发"。

五、实收区处理(其他区为灰色)

1. 入口有两个:一是未完调拨单处理,二是从实发区直接进入(表15-8)。

2. 若与实发区相符,则单击"确定"按钮,否则依次输入具体的实收数量。

表 15-8　某型号弹药的实收数量

质量等级	全弹批次	现有数量	质量分类	实发数量	实收数量
			禁、限等		
各质量等级小计					
合计					

此时可查询任意批次的具体情况,可修改实发数量,可增加批次(需要调用元件表界面),小计、合计同步。单击"确定"按钮返回调拨单界面,继续。

3. 输入实际收物单位:代码、经办人、发物日期等。

4. 单击"确定"按钮此区域变灰,调拨单状态置"收"。

15.6.3　字典

(1)包装形式:蜡纸、沥青纸、塑料、纸盒、铝塑、玻璃钢筒、铁盒、钙塑瓦楞箱、木箱、木箱塑料筒、木箱铁筒、木箱铁盒、木箱玻璃钢筒、木箱纸筒、铁箱、铁笼、铁笼铁筒、铁笼玻璃钢铜、铁笼铁箱、托盘集束包装、集装箱、整装、分装、合装、塑料密封筒、钢筒。

(2)调拨目的字典:(军区)补充、上交(军区)、调出(指集团军范围内的调整)、调入(指集团军范围内的调整)、训练使用、业务使用、训练剩余、业务剩余、点验收缴、更名(增加)、更名(减少)、查多(漏报)、查少、送修、送样化验。

(3)回收范围字典:木箱、卡板、钢筒、塑料筒盒、铁筒、铁盒、玻璃钢筒、钙塑瓦楞箱、铁箱、铁笼、托盘、集装箱、铜药筒、钢药筒、复铜钢药筒、防潮塞。

(4)药筒材料字典:铜壳、钢壳、复铜钢、可燃药筒。

(5)质量等级字典：新品、堪一、堪二、待一、待二、废品。

(6)人名字典：输入累积形成。

(7)调拨方式字典：集团军内互转。

15.6.4　术语

(1)调拨目的——补充：指从集团军以外单位发来的弹药。

(2)调拨目的——上交：指发到集团军以外单位的弹药。

(3)调拨目的——调出：指在集团军范围内的调整。

(4)调拨目的——调入：指在集团军范围内的调整。

(5)调拨目的——训练使用：指所属部(分)队用于训练消耗的弹药。

(6)调拨目的——业务使用：指所属业务系统用于业务消耗的弹药。

(7)调拨目的——训练剩余：指所属部(分)队训练使用剩余的弹药。

(8)调拨目的——业务剩余：指所属业务系统业务使用剩余的弹药。

(9)调拨目的——点验收缴：指所属部(分)队点验收缴的弹药。

(10)调拨目的——查多(漏报)：指上年度进行统计时漏报而本年中发现的弹药。

(11)调拨目的——查少：指上年度进行统计时多计而本年中发现的弹药。

(12)调拨目的——更名(增加)：指上年度进行统计时错计成其他弹药而本年中发现的弹药。

(13)调拨目的——更名(减少)：指上年度进行统计时由其他弹药错计而来，在本年中发现的弹药。

(14)调拨目的——送修：指送军区指定的工厂或仓库进行修理的弹药。

(15)调拨目的——送样化验：指送军区进行常规检测的弹药。

(16)弹种：与弹药编码相对应的弹药。

(17)弹药类别：在弹种基础上的分类，主要用于各类报表的累计。

(18)累计：分为总计、合计、分计、小计四层。

要 点 评 注

　　本章研究背景部分介绍了当时部队弹药管理存在的八大问题、三大原因、五大后果，以及五大系统的对策，这一过程充分表达了系统开发的必要性和建设目标。这对于系统成败和投资效果具有决定性的作用。直到现在，还有很多的系统在必要性和建设目标问题上存在疵瑕，或者完全以经济的眼光来看待系统开发，或者是"一时兴趣"的开发，那么技术与管理上的失败就几乎成为必然。

　　此实例中"开调拨单"的算法，是业务人员提供的，据说这是当时"最全面的描述"，你能看得懂吗？作者作为系统分析员，最后还是从数据逻辑关系着手制作初步数据流程图和数据字典，图上"走通"以后，再研究这个"最全面的描述"并与业务人员讨论，最终完善数据流程图和数据字典。其中，物流分类是最满意的创作，根据"物流对称"的设想，穷举了物流过程。然后根据物流分类，"地毯式"地反问业务人员，甚至把业务人员问得"哑口无言"，业务人员的口中出现了"这种情况从来没有见过"、"那个情况根本不会出现"、"这个功能根本不需要"等口头禅。后来作者将调查的范围扩大到整个陆军集团军系统，最终成为这项业务全军"最明白的人"。在后续的多年中，不断地有部队的业务人员前来咨询该项业务，均得到了满意的答复。

这个项目得到的经验：一是项目的必要性强烈和系统目标正确；二是系统分析人员需要成为该项业务"最明白的人"，系统分析不能局限于一个专家或一个单位，而是要针对这个业务的整个系统，否则系统质量一定存在问题；三是大功能和大数据冗余，"宁愿在开发阶段多出十项功能，决不在运行维护阶段缺少或修改一个功能！"软件是不能"凑合"的产品，一旦缺少某项功能，其结果是软件的报废。基于某部业务开发的软件，在全军的评审与推广中由于"大冗余"策略，没有出现功能短缺，取得了专家和用户的好评。

这个实例是一个从手工作业走向计算机作业的典型案例。其中完备的业务体系描述工具——系统流程图，是一个完备、好用的信息模型表达工具，至今作者还习惯使用它。目前已经有了许多的专用、专业的工具，功能越来越强大，但其离业务人员的距离好像越来越远。如果业务人员不能很好地理解计算机的业务模型，那么只能等到系统提交时才能发现问题，可那时木已成舟，想改已经很困难了。目前许多系统、许多所谓的"专业"团队，已经成为业务人员设计工作过程的设计师，其开发的系统又很难得到业务人员的青睐，从而导致系统大规模的早期失效。因此，一个业务人员可看懂、能理解的工具，对于信息系统的开发是至关重要的。

第 16 章 年度弹药统计调查实例

研 究 背 景

在部队弹药管理的八大问题中,第 15 章弹药调拨业务系统有效地解决了超标消耗、用新存旧、用整存零等问题;针对错发错用问题通过弹药调拨业务系统和专家咨询系统的共同作用给予解决;本章的年度弹药统计系统可有效地解决统计不准和数量不清问题;针对计划缓慢问题开发了战时弹药保障系统;针对丢失被盗等问题开发了重要目标安全监控系统。相对于战时弹药保障系统、专家咨询系统和重要目标安全监控系统对于领域知识的高要求,年度弹药统计系统的通用性比较强,故选为本章介绍的内容。

年度弹药统计工作问题在当时非常突出,集中表现在《年度弹药统计报表》不准确、不可信的问题上。经过调研、咨询和研讨、分析,掌握了其主要原因在于部队待遇不高、人员流失、精通业务的人员越来越少、培训又跟不上,再加统计业务自身的复杂性和欠规范等,手工计算时,算一篇一个数,再算一篇又一个数,领导都着急。于是建议开发计算机软件,但由于前面的调拨工作是手工的,没有实施计算机统计的基础,故其开发安排于弹药调拨业务系统之后,以实用的手段最大限度地降低对于人员素质的要求,于是便有了本系统的开发。同第 15 章一样,本章只介绍系统的调查部分。

16.1 弹药年终报表业务流程图

年度弹药统计系统流程图见图 16-1,图中符号见 GB1526-1989 流程图符号。

16.2 数据源/终点

各师旅:指集团军所属各师、旅,负责上报年度弹药实力统计报告表(D6)。

直属单位:指单独建账的军直属团、分队,负责向集团军业务处填报有关统计报告表(D2、D3、D4、D6)。

军直:指集团军直属的团、分队,由军仓库及各单独建账的军直属团、分队构成。

上级单位:指军区供应部门,负责接收集团军业务处填报的有关报表(D2、D3、D4、D6、D8、D9)。

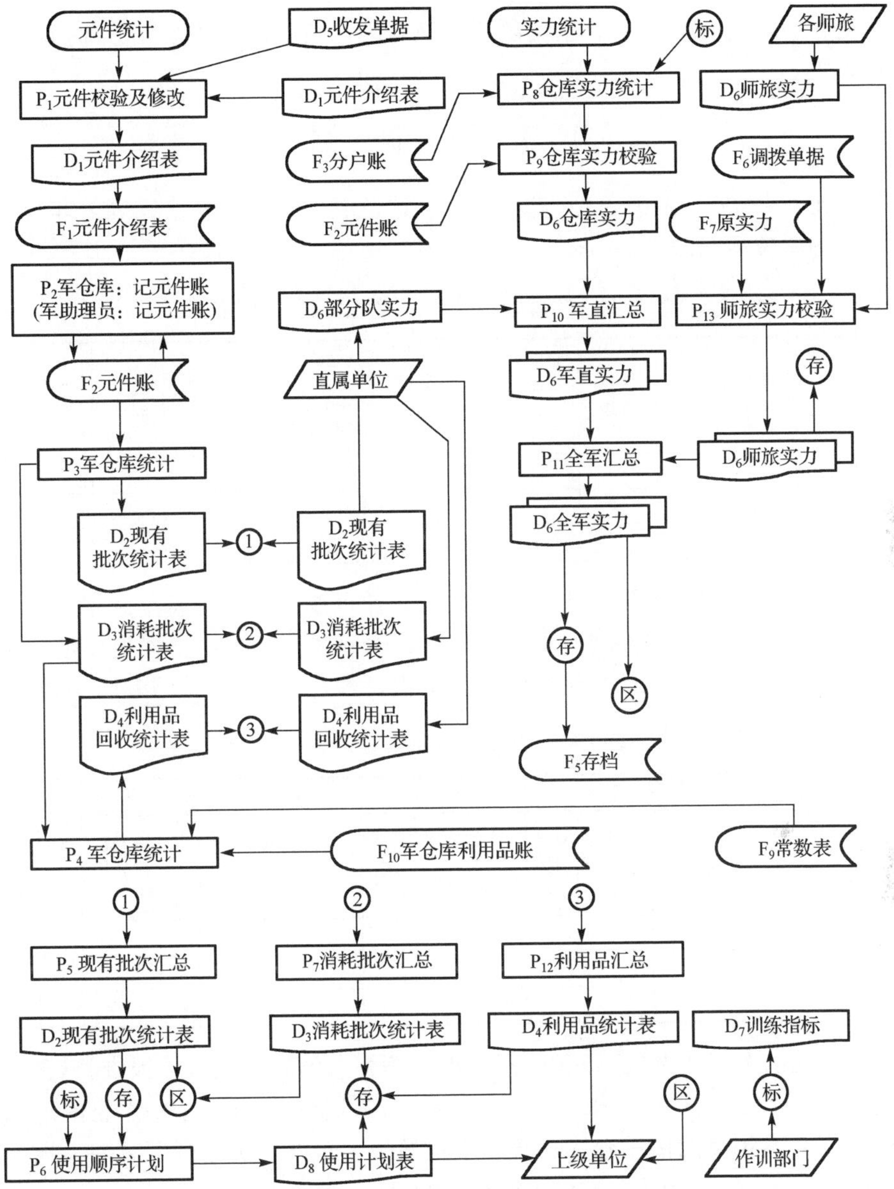

图 16-1　年度弹药统计系统流程图

作训部门：指集团军作训部门，负责向集团军业务处提供弹药训练指标（D_7）。

此外，图 16-1 中还使用了以下信息处理主体的概念。

全军：指集团军整体，由各师、旅、军仓库及单独建账的军直属团、分队构成。

军助理员（系统内部要素）：指集团军业务处助理员，负责收集、汇总、上报有关业务报表。

军仓库(系统内部要素):指集团军直属仓库,负责向集团军业务部门填报有关统计报告表。

16.3　数　据　流

D₁:元件介绍表(表 16-1),指由弹药名称及五大元件生产诸元等内容组成的表格,由发物单位填写。

表 16-1　枪弹、手榴弹、信号弹元件介绍表

弹药名称	全弹装配批次、年份、工厂	质量等级	数量(发)	发射药			药筒材料	包装形式	质量分类
				牌号	制造批次、年份、工厂	复试期(年)			

D₂:现有批次统计表(表 16-2),指弹药元件批次统计报告表,又分军仓库的现有批次报告表、直属单位的现有批次报告表、军直的现有批次报告表 3 张。由军仓库、直属单位填报,军助理员进行汇总并上报。

表 16-2　弹药元件批次统计报告表

弹药名称	装药号	全弹装配批次、年份、工厂	质量等级	数量(发)	引信			底火			发射药			弹药装药			药筒材料	包装形式	质量分类
					式样	制造批次、年份、工厂	复试期(年)	式样	制造批次、年份、工厂	复试期(年)	牌号	制造批次、年份、工厂	复试期(年)	装药名称	装药批次、年份、工厂				

D₃:消耗批次统计表(表16-3),指年度训练弹药消耗批次统计报告表(含业务消耗),又分军仓库的消耗批次报告表、直属单位的消耗批次报告表、军直的消耗批次报告表 3 张,本年度的由军仓库、直属单位填报,军助理员进行汇总并上报。

表 16-3　年度训练弹药消耗批次统计报告表

弹药名称	装配诸元批一年一厂	引信诸元式样批一年一厂	底火诸元式样批一年一厂	发射药诸元牌号批一年一厂	年　月　日 消耗情况/发	
					数量	合计

D₄：利用品回收统计表(表 16-4)，指年度弹药利用品回收情况统计表，又分军仓库的利用品回收统计表、直属单位的利用品回收统计表、军直的利用品回收统计表 3 张。由军仓库、直属单位填报，军助理员进行汇总并上报。

表 16-4　年度弹药利用品回收情况统计表

填报单位：　　　　　　　　　　　　　　　　　　　　　　　年　　月　　日

类别	物资名称	计算单位	原有数	回收数			上交数	现有数	备注
				应回收数	实回收数	回收比例/%			

D₅：指军仓库收发弹药的单据。含军区调拨单(表 15-2)、调拨单(表 15-1)、军械收据(表 15-3)和军械发单(表 15-4)四种。

D₆：弹药实力统计表(表 16-5)，又分军仓库的弹药实力统计表、直属单位的弹药实力统计表、军直的弹药实力统计表、师旅的弹药实力统计表、全军的弹药实力统计表 4 张。由军仓库、直属单位、各师旅填报，军助理员进行汇总并上报。

表 16-5　年度弹药实力统计表

单位：　　　　　　　　　　　　　　　　　　　　　　　　年　　月　　日

名称	原有数	增加				减少					现有数	训练弹执行情况		
		小计	补充	调入	漏报	小计	训练消耗	业务消耗	调出	移交		本年度指标	节余	超耗

D₇：指作训部门的年度训练弹药指标分配计划表(表 16-6)。

表 16-6　年度训练弹药指标分配计划表

弹药名称	发数			
	全军	军直	单位 1	单位 2

注：弹药名称按类别填写，如 56 式 7.62 枪弹。发数为训练指标数。单位指集团军所属师、旅、直属单位

D₈：使用计划表，指下年度训练弹药预计消耗批次统计报告表(表 16-7)，由军助理员填报。

表 16-7　年度训练弹药预计消耗批次统计报告表

年　月　日

弹药名称	装配诸元批－年－厂	引信诸元式样批－年－厂	底火诸元式样批－年－厂	发射药诸元牌号批－年－厂	消耗情况/发	
					数量	合计

16.4　处　　理

P_0: 弹药元件排序规则与累计要求。

弹药类别——弹药编码前三位: 按此项总计。

弹药编码: 按此项合计。

质量等级: 按此项分计。

全弹批次(年份+工厂+批次): 按此项小计。

引信: 按式样编码, 批次(年份+工厂+批次), 复试期。

底火: 按底火编码, 批次(年份+工厂+批次), 复试期。

发射药: 按发射药牌号 1, 按发射药牌号 2, 按发射药牌号 3(此三大项需要按发射药牌号编码升序填写, 否则其结果不是所要求的)。其内需要按发射药牌号编码, 批次(年份+工厂+批次), 复试期。

弹丸装药: 按弹丸装药编码, 批次(年份+工厂+批次)。

批次排序与平时记录方式的顺序不同; 有关元件批次的各报表均按此序。

P_1: 元件校验。军仓库根据军仓库收发单据(D_5)及其所附(一一对应)的元件介绍表(D_1)与实物进行校验, 判断是否一致。元件介绍表与实物应一致, 元件介绍表中各弹药(按弹药编码区分)的数量之和应与收发单据上的数量一致。如果出现异常情况, 应查明原因, 修改有关数据, 使三者无矛盾。

P_1、P_2 和 P_3 在手工作业时, 通常集团军业务部门只管数量, 不管弹药批次, 故由军仓库管理弹药批次, 在新的计算机系统中拟由军助理员与军仓库同时管理, 故此处作为系统内部的处理来讨论。

P_2: 记元件账。军仓库根据元件介绍表(D_1)记元件账(表 16-8)。元件介绍表与元件账标识区内容全部相同时, 才能在流水区填写有关内容, 并对现有数相加(减), 标识区有一项不同时, 均要增加账页进行登记。如果是对账, 则在核对记载栏中填写核对人姓名或加盖章印, 如果是年终核对, 需要另起记录, 在摘要栏中填写"年终结存"字样, 在核对记载栏中填写核对人姓名。

表 16-8　库存弹药分账

库房号_____　计算单位_____　弹药名称_____

每箱数量_____　每箱重量_____　千克　每箱体积_____×_____×_____×_____=_____米^3

全弹装配批次_____年份_____工厂_____数量_____

引信式样_____批次_____年份_____工厂_____　底火式样_____批次_____年份_____工厂_____

发射药牌号_____批次_____年份_____工厂_____　发射药牌号_____批次_____年份_____工厂_____

发射药牌号_____批次_____年份_____工厂_____　弹丸装药号_____批次_____年份_____工厂_____

药筒材料_____　包装形式_____　质量分类_____

文件根据				摘要	质量等级	收入	支出	现有	核对记载
年	月	日	字号						

P_3：军仓库统计。①现有批次统计表（D_2），根据账页的顺序依次处理，将现有数不为零的每一账页按现有批次表的填写要求转换为其一行（记录），最后再根据弹药编码进行小计，形成一个完整的现有批次统计表。②消耗批次统计表（D_3），根据账页的顺序依次处理，将账页中摘要为训练消耗、业务消耗、训练剩余、业务剩余四种流水项目进行统计，消耗数量=训练消耗+业务消耗−训练剩余−业务剩余，按现有批次表的填写要求转换为其一行（记录），最后再根据弹药编码进行小计，形成一个完整的消耗批次统计表。

P_4：利用品统计。①军仓库根据消耗批次统计表（D_3）中各弹种的小计数量，或根据军仓库弹药实力报表（D_6）中训练消耗与业务消耗两项和的数量形成（按编码分列的）弹药消耗数量；②按消耗批次统计表顺序逐条进行处理：在《常数表——弹药编码及分类》中查出每一发弹药对应的各种（最多 5 种，统计中有几种填写几种）利用品的（单发消耗时）回收标准，每一种弹药的每一种回收品形成利用品统计表（D_4）的一条记录；③按记录计算：应回收数=弹药消耗数量×回收标准；④将军仓库利用品账（F_{10}）中上年结存的数量或上年度军仓库的此报表存档中的现有数对应转抄为该表中的原有数，若无对应的记录则增加一条记录；⑤将军仓库利用品账（F_{10}）中收入的数量累计为实回收数，若本年度报表无对应的记录则增加一条记录；⑥将军仓库利用品账（F_{10}）中历次上缴的数量累计为上缴数填写于此表，若本年度报表无对应的记录则增加一条记录；⑦按记录计算：回收比例=实回收数÷应回收数；⑧按记录计算：现有数=原有数+实回收数−上交数；⑨若回收比例低于规定标准，应在备注栏内注明情况，如海上射击等；⑩按"利用品类别序+弹药编码"的顺序输出。

P_5：现有批次汇总。军助理员根据军仓库和直属单位上报的现有批次统计报告表（D_{2-1}，D_{2-2}）进行汇总。汇总方法：除数量外的其余项目均一致时，数量相加（不含累计项），作为一条记录，只要有一项不同，均要作单独记录填写。同弹药类别、同弹药类别+同弹种、同弹药类别+同弹种+同批次(指全弹装配)、同弹药类别+同弹种+同批次(指全弹装配)+同质量，要分别进行数量总计、合计、分计、小计。

P_5、P_6、P_7、P_{12} 只适用于军直部分，不适用于全军的汇总，全军汇总只是将各师旅和军直的相应报表统一装订，故此处不再另设处理进行讨论。

P_6：使用顺序计划。军助理员根据作训部门给出的训练指标(D_7)，在军直的现有批次统计报告表(D_2)中查找出对应弹药的若干批次，按用旧存新、用零存整的原则及有关使用规定选取弹药(按弹药编码分类)，使选出的同类别的弹药数量合计数小于或等于训练指标数。

P_7：消耗批次汇总，汇总方法同 P_5。

P_8：在现有/手工的数据系统中有三种方法可得到仓库实力统计表(D_6)。

(1)利用分户账：①按分户账页上的顺序依次处理；②将分户账页上的上年结转作为实力表的原有数；③将分户账页流水区中的摘要(调拨目的)与实力表中要求相对应(且与军仓库相关的记录)增加及减少栏累加后填入实力表；④按记录计算，增加小计、减少小计和现有数；⑤按弹种分类(弹药编码前三位)进行小计；⑥从训练指标(D_7)中找出对应小计项的指标填入实力表；⑦按小计项逐条计算年度节余和超耗情况；⑧输出实力表。

(2)利用原(上年度)实力和调拨单据：①用原实力表的现有数作为实力表的原有数；②将调拨单中调拨目的相同的单据中相同的弹药累加，得到各增加与减少数量；第③~⑦步同"利用分户账"中的④~⑧。

(3)利用元件账(表 16-8)：①由元件账中上年结转数量按弹种(弹药编码)小计，可得各种弹药实力表中的原有数，第②~⑥步同"利用分户账"中的④~⑧。

注：三种不同的数据来源(相对实力表而言)，可得到相同的结果，这样产生了较多的冗余数据，在实际的手工操作中易产生数据的不一致性，但充分利用这些数据，对数据进行校验可提高数据的可靠性。在实际的操作中，不同的人有不同的做法，一般是以一种方法做实力报表，而用其余的一种或两种来对实力报表进行校验。系统流程图中的 P_8 是按第一种方法做实力报表，P_9 是按第三种方法进行校验的。

P_9：参考 P_8 注。

P_{10}：军直实力汇总。根据直属单位实力和军仓库实力汇总。汇总方法：弹药名称(按弹药编码比较)一致时，对应的数量相加(不含本年度指标、节余和超耗三个字段及累计类的记录)，作为一条记录；无对应的弹药名称时，应独立作为一条记录填入实力报表。本年度指标字段应按作训部门提供的训练指标(D_7)直接填写，计算节余和超耗字段，最后，按同类别(弹药编码标准前三位)小计。注：调入与调出两字段中应去除调拨标志为"军直互转"的调拨单据上的数量，即单位内部的流动对上级是不可见的。

P_{11}：全军实力汇总。根据军直实力和各师旅实力汇总。汇总方法同 P_{10}。

P_{12}：利用品汇总。汇总方法同 P_5。

P_{13}：师旅实力校验。军助理员根据各师旅的原实力、调拨单据及有关情况，对各师旅的实力报表进行校验，如果有异常情况，应查明原因，更改有关数据，保证其无误，后方可进行全军汇总。

16.5　数据存储

F_1：与收发单据(D_5)一一对应的弹药元件介绍表(D_1)的集合。

F_2：元件账页(表 16-8)的集合，又称库存弹药元件的统计总账。

F_3：分户账页(表 16-8 和表 15-5)的集合，又称仓库或部队弹药总账。

F_6：各种调拨单据的集合，见表 15-1～表 15-4 等。

F_7：各师旅上年度实力报表(同 D_6)。

F_8：军仓库的利用品账本，见表 16-4。

F_9：弹药编码及分类(常数)。

16.6　表格清样

由于现行系统已经形成，或基本形成相对固定的报表样式，特别是手工系统，有可能形成超大报表和不规则报表，为了保持现行系统报表的内容和风格，通常将现行系统的表样集中装订，形成报表清样。

注：为了保持原有风格和保密，报表均采用当年样式。现在的样式有了较大的变化。本书只是为了说明问题和示范目的而作，如果开发类似系统时，不可直接采用，需要对现行系统进行调查后重新确定。

有关弹药报表清样(集合)见表 16-9。

表 16-9　弹药报表类别

报表名称	编号	全军	各师旅	军直	军仓库	部分队
实力报表	D_6/F_7	√	√	√	√	√
现有批次统计表	D_2	N	√	√	√	√
消耗批次统计表	D_3	N	√	√	√	√
使用顺序计划表	D_8	N	√	√		
利用品回收统计表	D_4	N	√	√	账	账
弹药保障计划表		战时	年度	年度		
…						

要 点 评 注

新系统建设时找准原系统的问题，并作为解决的目标，是系统建设效果的源泉之一。反过来讲系统定位的偏差，甚至错误，将大大削弱系统的效能，直至导致失败。由于原系统调查是发现问题、新系统目标定位、范围界定等工作的基础，在系统开发中具有重要的地位，本书用两章的篇幅论述。

在找准问题的基础上，对策的有效性就成为重中之重。因此前述的五大措施系统各自的目标、需要解决的问题，以及能否解决这些问题是全面开发之前必须回答清楚的问题。在商业开发模式中，开发公司注重的是经济指标，而用户单位注重的是效益和效果，使用中不免产生矛盾，但用户单位是矛盾的主要方面，一定要用好这一优势。

本章调查形成的文档已经十分完备，这是很多人的评价。但在系统开发完成后的测试中，运用前几年的数据却对应不上。分析后发现了调查中的严重缺失，调拨系统基于军区和部队两种调拨单，以及军械发单和军械收据，这一点非常明确，过去的实际统计数据中还包含了弹药耗损表、专项弹药申请与批复甚至白条等11种可以更改的单据，尽管数量极少，但对统计结果有一定的影响，在"算一次一个答案"的情况中，除了算错的，主要原因在于单据的类型不一、计算方法不一。20世纪80年代美军在进入计算机化前，将全军9000余张报表合并简化为不足3000张，大量避免了此类情况的发生。而我军到现在也还存在不少重复、冗余、无效等类型的报表，成为信息化过程中的严重障碍。

系统开发的第一阶段是系统调查，其结果是原（现行）系统描述，这是系统优化的基础。目前后续的开发手段已经十分成熟，但这一过程仍然是短板，许多软件早期失效，其主要原因在于开发者并不关心现行系统，不在现行系统问题分析上对症下药，进行重点的改造，而是直接进行新系统的开发，这造成许多必要的功能没有实现，但却强加给业务人员许多不必要的功能，最终造成软件无法使用而失效。因此，现行系统的描述至今仍然是一个重要的技能，系统调查仍然是信息化建设的重要工作，本案例仍然是一个有效的案例。

第 17 章　野战兵站软件系统分析过程

研 究 背 景

20 世纪 90 年代，随着计算机在平时装备管理工作中解决了部分烦琐的业务，见到了实在的成效，一些人开始将计算机应用于战时装备保障，提高战时保障速度和效率的思考。作者受某分部的委托，主持开发一套用于野战兵站弹药保障的业务软件系统。一方面，该项业务的规范化水平并不高，经验性成分占主导地位，并且由于多年的和平环境使得经过实战、精通该项业务的人员奇缺，显得十分金贵；另一方面，由于当时的软件开发，特别是其中的需求分析与表达工具自身并不完备，且不为当事者熟悉和掌握，所以，这是一项具有挑战性质的任务。

作者开设了"军械管理信息系统"课程，并在解放军出版社出版了《军械管理信息系统管理基础》教材，但在教学实践中缺少一个完整的实例，特别是需求分析部分的实例，使得教学工作有明显的短板。为了逐步改变这一现状，作者决定加大力度，严格按照软件工程的方法，进行一项完整的开发过程，其目的在于：一是自身开发水平的提高；二是教学条件的完备；三是建立一个示范，以获得较好的广告效应。

由于年代久远，硬件、软件更新造成原系统早已不能使用，对于目前还有参考意义的内容只有两个方面：一是已经形成的业务流程及其描述规范，对于未来系统的建设具有一定的借鉴作用；二是形成的特有的表达方式与开发过程，对于初学者具有一定的指导意义。因此，本章重点是该系统中的数据流程的形成过程，供读者参考，数据字典部分由于篇幅较大故省略。

17.1　数据流标识规范

表达公式说明如下。

(1) 数据流编号：(驱动数据流集合) 数据流名称 (后继数据流集合)。

(2) @：表示自驱动，即不需要其他数据流驱动，事件发起源。

(3) 驱动数据流集合：用逗号分割，表示"或"关系；用分号表示"与"关系。

(4) 后继数据流集合：用逗号分割，表示"或"关系；用分号表示"与"关系；用"*"表示"偶然"关系，默认为"必然"关系。

(5) 图中符号以 GB1526-1989 流程图符号为基础，专用符号如下。

六边形◆表示人工处理，且当前尚无确切的决策程序。表示一个图中已有的数据源或终点，并且其输入、输出一定是有因果关系的。

三角形▼表示自动触发事件，如定时产生的事件等。

备注：一次性发生和可重复发生的要用图形加以区别。

(6)跳线符号的含义如下。

汉字：数据到达数据源终点结束，如⊠表示军区。

数字：普通跳线(GB1526-1989)，数据多进一出。

字和双向箭头：等同于数据存储，数据可以是多进多出。

字母：数据从数据源起点出发，数据多进一出。

17.2 顶层系统流程分析

(1)建立顶层数据流程图，见图 17-1。其主要目的在于系统边界分析，当然在每一具体业务细节分析过程中，还有可能不断地增加内容，但初始的完备性对于工作效率和质量具有重要影响。

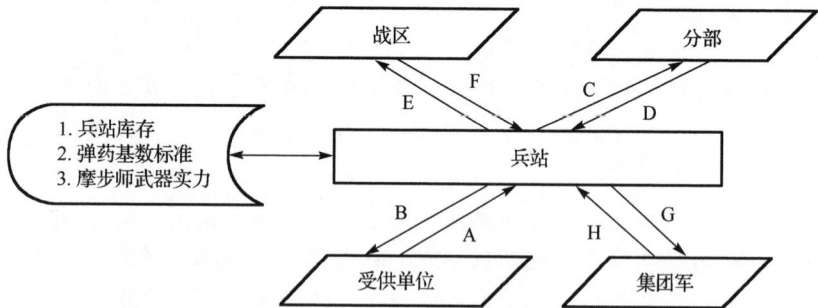

图 17-1 顶层数据流程图

(2)断面分析。顶层数据流程图决定后，进行各部分之间的"断面"分析，也就是具体的输入、输出逻辑设计。从图 17-1 可以看出，该系统只与四个实体发生关系，加上输入、输出两个方面，共计 8 个断面，分别定义为 A～H，其数据关系如下。

A1：@弹药申请计划(B1，B2，C2*，E2*，G1*，A5*)。

A2：@上交三类物资计划(B3，B4)。

A3：(B1)返回签收调拨单。

A4：@受供单位日报(C4*，G2*)。

A5：(@，A1*)武器实力变化情况表。

A6：(D11，F9，B4，H6)调拨单 A(B5)。

B1：(A1，D3，F3，H1，D12)调拨单(A3)。

B2：(A1)不补充通知。

B3：(A2)不回收、不同意通知。

B4：(A2)同意的上交物资计划(A6)。

B5：(A6)返回签收调拨单 A。

B6：(D4，F4，H2)返回其他处理意见。

C1：@向分部申请补充计划(D1，D2，D7*)。

C2：(A1)情况上报(D3，D4)。

C3：(D1)返回调拨单 B。

C4：(A4)受供单位日报。

C5：@日报。

C6：(D5)调拨单(D6)。

C7：(D5*，@)上交计划(D12，D2)。

D1：(C1，@)调拨单 B(C3)。

D2：(C1，C7)处置方案。

D3：(C2，@)向受供单位补充弹药指令(B1)。

D4：(C2)其他处理意见(B6)。

D5：@上交弹药指令(C6*，C7*)。

D6：(C6)返回签收调拨单。

D7：(C1*,@*)分部现有数。

D8：@*受供单位消耗限额。

D9：@兵站携带标准。

D10：@受供单位的武器实力。

D11：@接收受供单位的三类物质指令(A6)。

D12：(C7)调拨弹药通知(C6)。

E1：@向战区申请补充计划(F1，F2)。

E2：(A1)情况上报(F3，F4)。

E3：(F1)返回签收调拨单 C。

E4：@日报。

E5：(F5)调拨单(F6)。

E6：(F5*，@)上交计划(F9，F2)。

F1：（E1，@）调拨单 C（E3）。

F2：（E1，E6）处置方案。

F3：（E2，@）向受供单位补充弹药指令（B1）。

F4：（E2）:其他处理意见（B6）。

F5：@上交弹药指令（E6*，E5*）。

F6：（E5）返回签收调拨单。

F7：@受供单位消耗限额。

F8：@接收受供单位的三类物质指令（A6）。

F9：（E6）调拨弹药通知（E5）。

G1：（A1）情况上报（H1，H2）。

G3：@日报。

G4：（H3*）调拨单（H4）。

G5：（H3*，@）上交计划（H8，H9）。

H1：（G1,@）向受供单位补充弹药指令（B1）。

H2：（G1）其他处理意见（B6）。

H3：@上交计划指令（G4*，G5*）。

H4：（G4）返回签收调拨单。

H5：@受供单位消耗限额。

H6：@接收受供单位的三类物质指令（A6）。

H7：@受供单位的武器实力。

H8：（G5）调拨弹药通知（G4）。

H9：（G5）处置方案。

17.3　分项业务系统流程分析

分项业务描述是系统分析的主体，工作量大，具有决定性的作用。前面的错误原则上可以通过本步骤纠正，而本步骤内出现的错误除在本步骤内审核时发现，只能等待用户反馈，因此更正错误的代价是极高的。

1）受供单位申请补充业务

与兵站具有保障关系的部队，本章中称为受供单位。兵站的主要业务是接受作战部队的申请，并为其发放弹药，其主要流程见图 17-2。

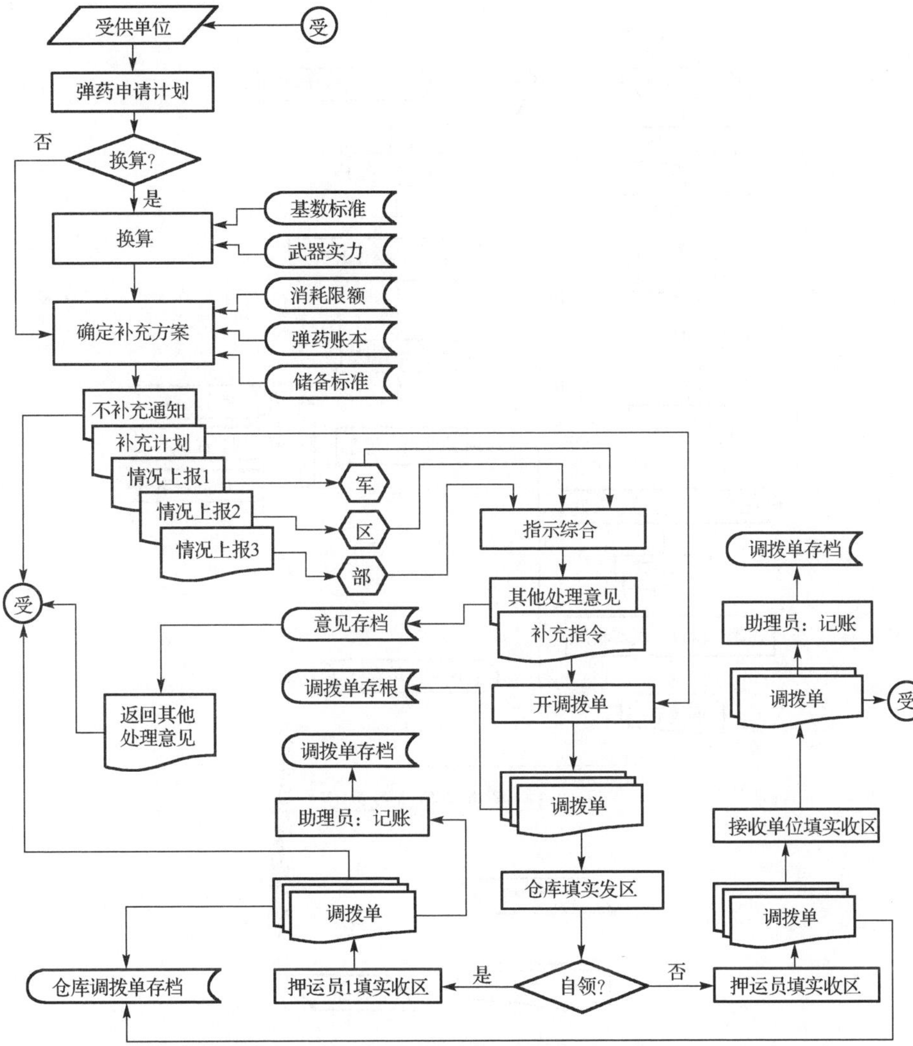

图 17-2　受供单位申请补充

2) 受供单位上交物资

对于受供单位的缴获物资、规定的回收利用品，以及与弹药相关的，或者另行规定的物资应当通过兵站上交，其主要流程见图 17-3。

3) 受供单位抄报日报

受供单位按规定上报相应的日志，其主要流程见图 17-4。

4) 战区/分部/集团军的发出弹药指令

战区、分部和集团军是兵站和作战部队的上级，因此，可以根据需要主动要求兵向受供单位补充弹药，其主要流程见图 17-5。

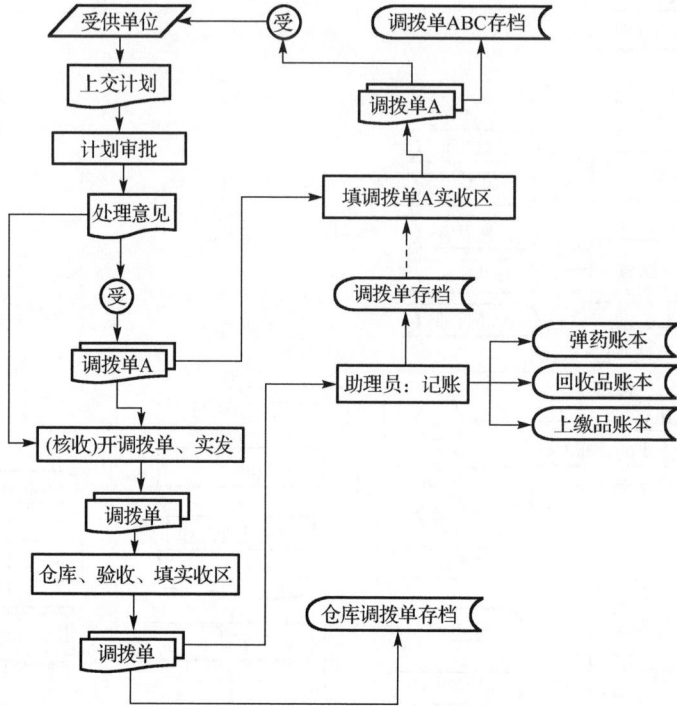

图 17-3　受供单位上交物资

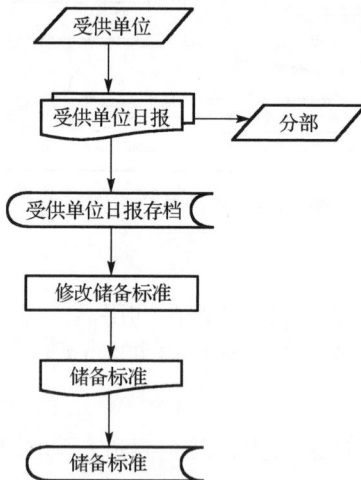

图 17-4　受供单位抄报日报

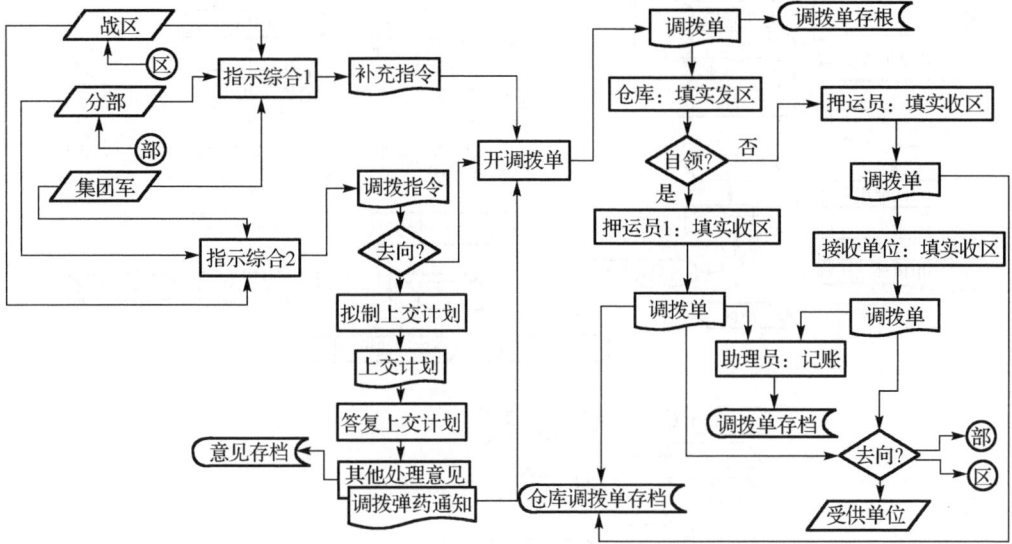

图 17-5　战区/分部/集团军的发出弹药指令

5）战区/分部/集团军的接收弹药指令

战区、分部和集团军还可能给兵站下达弹药的指令，其执行过程见图 17-6。

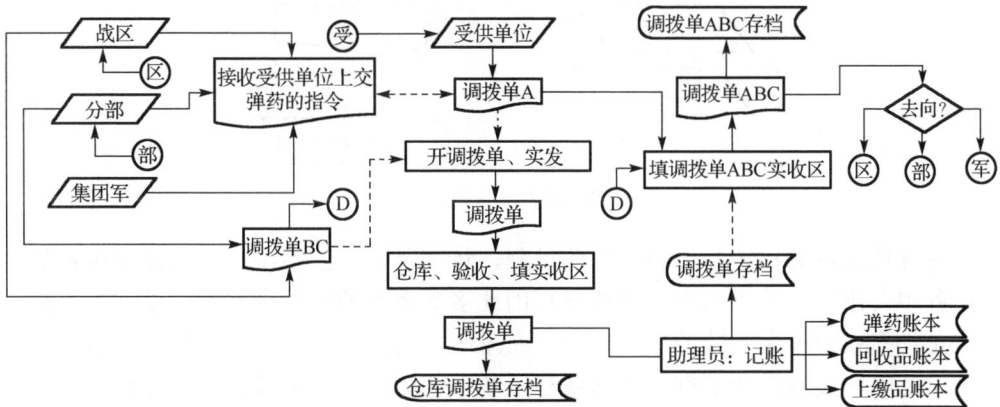

图 17-6　战区/分部/集团军的接收弹药指令

6）申请弹药

作为兵站，其可根据保障任务和保障对象的情况，以及自身库存的情况，主动向上级申请弹药，以备保障需要，其执行过程见图 17-7。

7）日报

兵站按规定上报相应的日报，其主要流程见图 17-8。

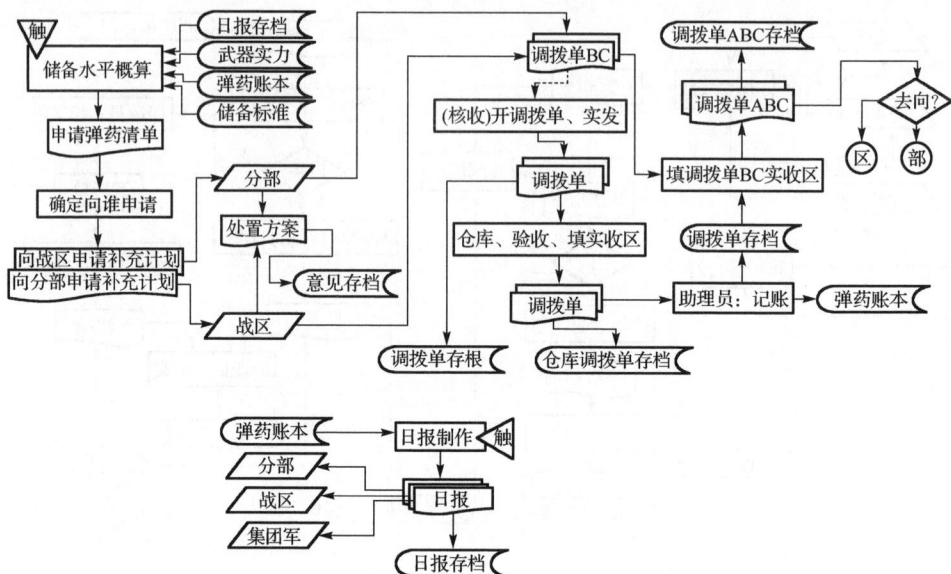

图 17-7　申请弹药

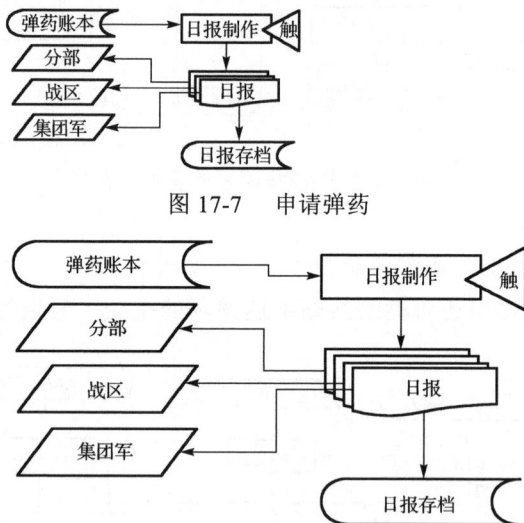

图 17-8　日报过程

　　各分项业务的描述是一个反复的过程，特别是从人工系统首次向计算机系统转变过程中会出现一些难以表述的情况，因此多数系统的开发者常常绕过这一步骤，这也是许多系统开发失败的原因之一。在系统开发过程中，对于现行系统的理解是至关重要的，没有这个基础，那么现行系统存在的问题就无从谈起，分析便没有对象，新系统的开发就失去了目标，因此，新系统的效果也只能停留在形式上，很难产生实际的效果。

17.4　流程图生成

　　流程图的生成主要经过：①各分项流程图确认；②分项流程改进意见；③现行系统流程图生成；④整体流程改进意见与改进目标确认；⑤新系统流程改进与确认；⑥人机分工；⑦数据流程图与数据字典生成等阶段。

1)分项流程图审核与改进

分项流程图问题清单(节选)如下。

(1)兵站有没有级别?

(2)受供单位发出的只有"弹药申请计划"、"上交弹药清单"、"非正常弹药处理请示"、"日报"这四种情况吗?

(3)受供单位发出上交弹药清单时,是否先请示?

(4)受供单位发来上交弹药清单时,是否一定已经带来了要上交的弹药?

(5)受供单位发来上交弹药清单时,一定接收上交的弹药吗?不接收如何处理?

……

分项流程图确认与改进意见(略)。

2)各要素定义

该部分的目的在于统一概念和术语,并为数据字典提供基础。由于该部分的数据(结构)定义部分篇幅较大,故省略。

受供单位:兵站弹药保障单位。一般有相应的文书明确规定保障关系。

弹药申请计划:受供单位向兵站申请弹药补充的计划。

换算:弹药基数与发数之间的转换。

补充方案:兵站根据弹药申请计划而确定的供应补充计划。

不补充通知:根据消耗限额、储备标准和兵站弹药账本而确定的不给予补充的通知。

补充计划:根据消耗限额、储备标准和兵站弹药账本而确定的给予补充的计划。

情况上报:出现申请与补充供应矛盾的情况时向上级所做的报告。

开调拨单:填写调拨单的标识区与计划区。

弹药账本:兵站的弹药账本。

库房:兵站弹药库房。

调拨单:兵站调拨单。

押运员:兵站派出的负责押运工作的人员。

弹药账本:兵站的弹药账本。

仓库:兵站弹药仓库。

记账:兵站对弹药收发情况的记录。

3)系统流程图生成

分项业务分析完成后,需要将其合并为一个完整的系统流程图。该图一般是现行系统的全面描述,需要现行系统的业务人员确认,以及他们提供的现行系统当前存在的问题,以作为优化系统结构、系统业务和目标系统的基础。该步骤需要忠实于现行系统,为新系统的评估提供基础。切忌将该步骤与系统优化混在一起，最后就难以说清新系统的优越之处，优化与改进就失去了方向。由于年代久远、篇幅限制，及本书的图形示范目标，就不再区分现行系统流程图和目标系统流程图。

系统流程图见图 17-9。

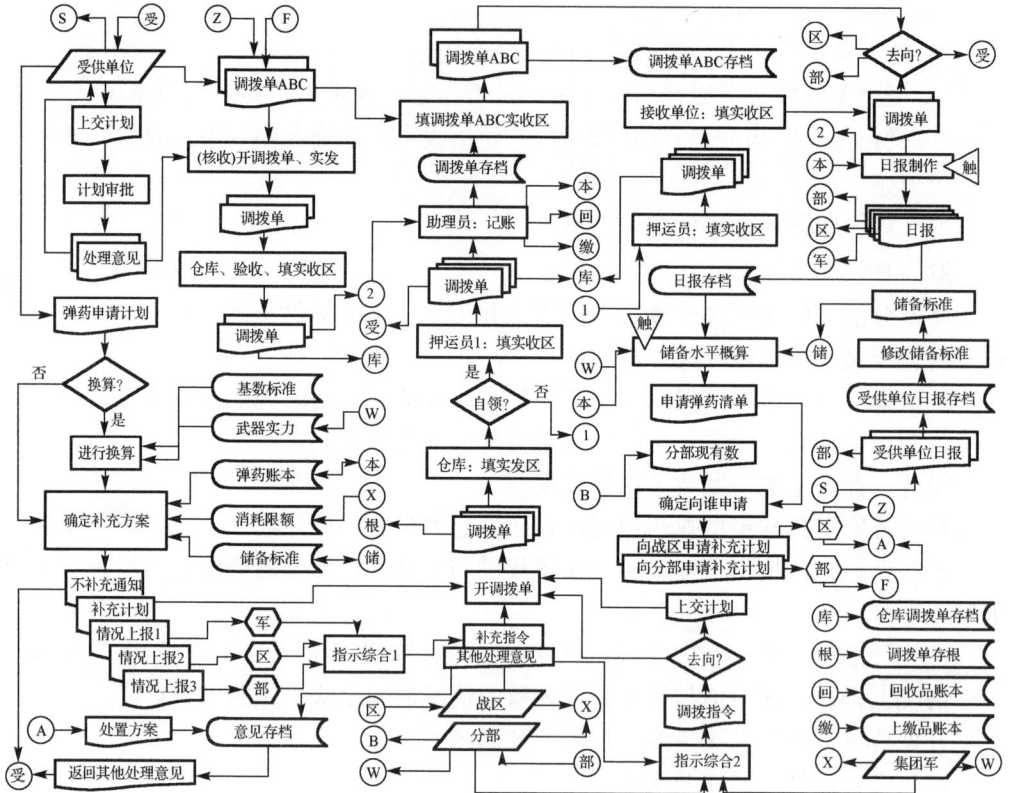

图 17-9　系统流程图

4）人机分工

系统流程图生成后，除自身的优化后，需要进行人机分工。见图 17-10，图中无底纹的图表部分为人工处理，浅底纹的是需要与其他部分合并处理的，深底纹的是需要计算机处理的部分。

5）数据流程图

数据流程图的建立是信息系统分析形成结果部分，形成产品提交给下一个开发阶段。因为这一步骤以后直到信息系统开发完成之前，用户是不可见的，所以，此阶段产生的错误只能到最后才能被发现，其更正的代价是巨大的，因此，提交数据流程图要慎之又慎。

在进行人机分工后，即可将计算机处理的部分，提取出来，形成数据流程图。

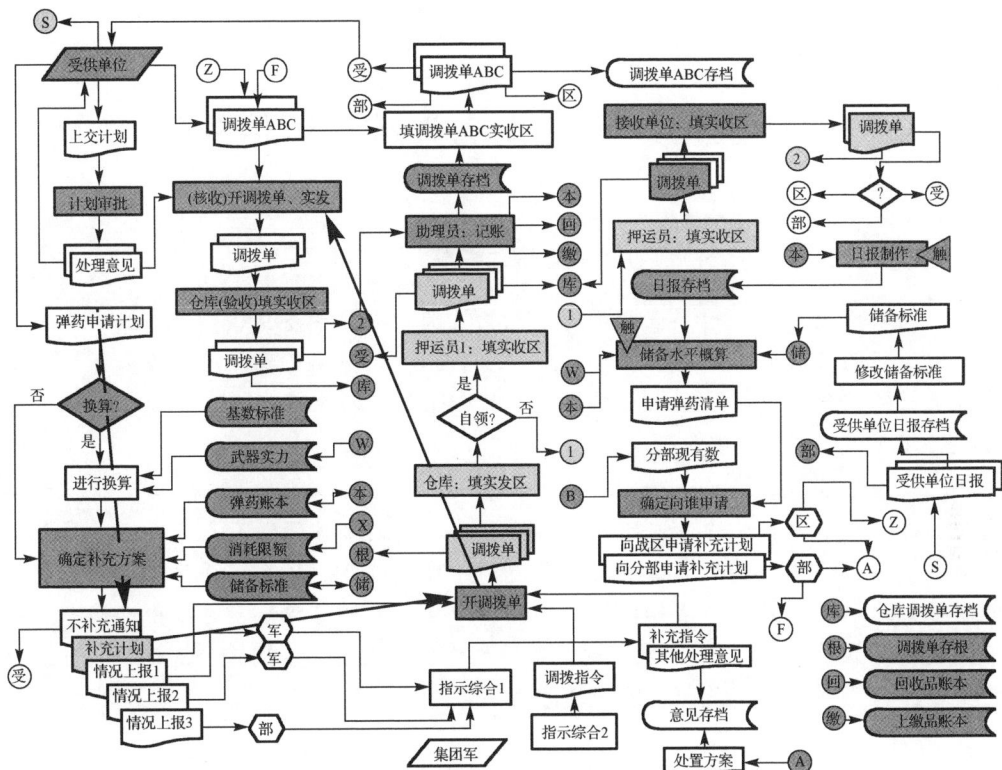

图 17-10　数据流程图(过程)

要 点 评 注

　　本实例提供了一个从系统调查(分项业务流程图)，至系统流程图生成，再经过人机分工、业务功能组合等过程直至数据流程图形成的一个完整的需求分析过程，具有完整规范的示范作用，既高质量地完成了需求分析工作，也弥补了管理信息系统教学中难得的完整教学案例。

　　顶层数据流的描述方法体系是一个软件系统分析人员与业务人员交流的良好工具，在后来多个系统开发中充分证明了其良好的效用。

　　系统流程图是一个描述完备业务过程的工具，而数据流程图则仅是描述计算机处理过程的工具。系统调查是建立系统流程图的过程，系统分析是从系统流程图过渡到数据流程图的过程，其区别是教学和实践中的难点所在，而这一实例能比较圆满地攻克这一难点"断面"的概念实际上是系统(或子系统)边界上的数据流程，其独特的表达方法具有示范和推广价值。

第18章 "两成两力"综合评估软件

研究背景

2000 年前后，我军开展了以"两成两力"为中心的装备建设高潮。这时，与第 7 章中所述的"三化"考评不一样，计算机和打印机应用已经相当普及，原来的不要求上报的"原始分值"输入后要求一起打印上报，技术进步自然解决了第 7 章中出现的问题。

随之产生了新的问题，"三化"考评是分专业的，评估计算相当简单，而"两成两力"评估是不分专业的。因此，计算模型要考虑到方方面面有点复杂，如果让各评估单位自己计算，出于本位主义的考虑，有可能偏高。从系统总体设计的角度，差别很大的参数与算法，让各单位自己进行，其结果的可靠性有可能出现问题。出于公平和可靠性要求，"为各专业制定不同的参数，采用统一固定的算法，编制统一的程序，并强制执行"是一个很好的方案。

18.1 评估工作的基本过程

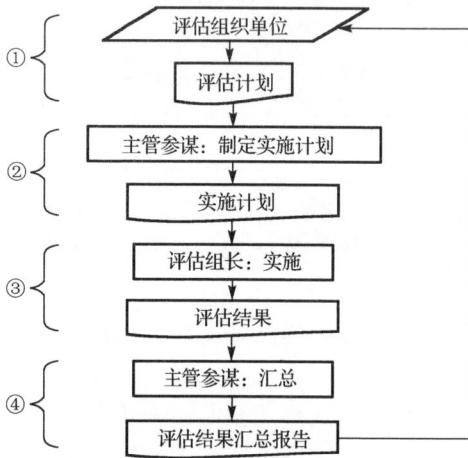

图 18-1 评估工作基本过程

评估工作由四个步骤组成，见图 18-1。①由评估组织单位提出对其管辖范围内各部(分)队进行评估的计划；②由主管人员分别制定各单位的评估工作实施计划；③评估组长按计划实施评估工作，并提交《"两成两力"综合评估结果》；④主管人员汇总各单位情况，形成《××年度"两成两力"建设综合评估情况汇总报告》交主管单位首长审批。其中①④通常是一个年度进行一次，而②③则是评估一次进行一次。本系统的主要作用范围是③④两个步骤，也设计了一些功能辅助步骤①。

18.2　软件系统结构

"评估系统"由单位管理、人员考核、数据录入、成绩评定、总结分析 5 个分系统组成，见图 18-2。为了提高录入速度，还增加了可供多台计算机同时输入的、独立的评估数据录入系统。

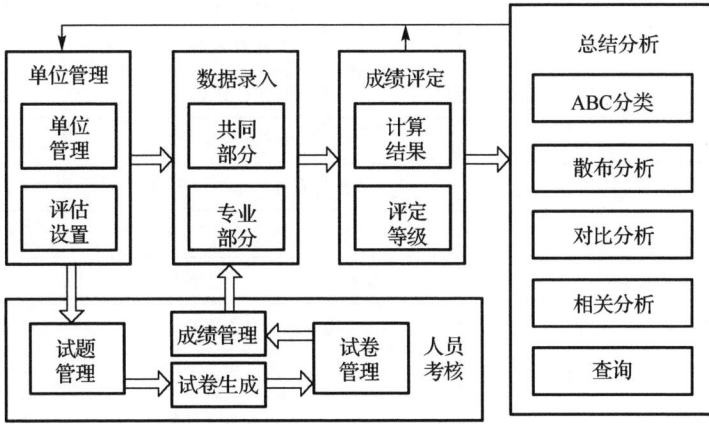

图 18-2　系统结构与流程

18.3　软件系统流程

评估工作是从评估设置开始的，由一个主流程和三个辅流程组成。辅流程一是由系统操作人员设置、修改、选定评估组织单位和被评估单位参数，并存档。辅流程二是命题、考核并返回成绩，见第 20 章。辅流程三是由主系统给评估数据录入系统提供评估的结构性数据，再在评估数据录入系统中录入此次评估的原始数据集，经初步规范后再传回主系统。

主流程是首先选定评估组织单位与被评估单位，再分两路同时进行。一路是给人员考核分系统提供考核要求、打印试卷、组织考核、成绩汇总，由各分组长签字生效后将有关数据转入数据录入分系统；另一路是分 8 个小组分别按《"两成两力"评估细则》对共同部分与 7 个专业部分分别实施检查，填写记录表(表 18-1)，并分别录入计算机，再由数据录入分系统汇总共同部分与 7 个专业部分的数据并打印，由各分组长签字生效，见表 18-2。将人员考核部分数据与实际检查数据转入成绩评定分系统，按《"两成两力"评估实施办法》规定，计算和评定被评估单位的"两成两力"建设达标情况。

表 18-1 "两成两力"建设评估记录表(共同部分节选)

项目	内容	序号	检查内容	检查结果
一、组织领导	党委(支部)工作	1	建设工作未达到规定要求数量	次(项)
		2	是否成立领导小组	成立□ 未成立□
			分工是否明确	明确□ 不明确□
			开展活动是否经常	经常□ 不经常□
		3	是否有建设规则	有□ 没有□
			是否有工作计划	有□ 没有□
			检查考评是否及时	及时□ 不及时□
	机关工作	1	各部门职责分工是否明确	明确□ 不明确□
			各部门是否形成合力	形成□ 未形成□
		2	装备部门统筹协调是否得力	是□ 否□
			组织计划是否严密	严密□ 不严密□
			检查监督是否及时	及时□ 不及时□
	思想教育	1	是否纳入年度教育计划	纳入□ 未纳入□
			教育计划是否具体	具体□ 不具体□
		2	人员、内容、时间、效果未落实项数	项
		3	对"两成两力"建设相关知识不熟悉人数	人
	奖励处罚	1	是否按规定和标准实施奖励	是□ 否□
		2	是否按规定和标准实施处罚	是□ 否□
二、人员素质	人员配备	1	各级装备机关军官和装备分队指挥军官统编人数	人
		2	人员结构是否合理	合理□ 不合理□
		3	未经过相应专业培训人数	人
	装备训练	1	是否按大纲、计划施训	是□ 否□
		2	训练计划缺少数量	份
			训练计划制定是否及时	及时□ 不及时□
		3	机关人员参训率	%
		4	训练计划、教材、教具及教案缺少数量	份

检查人:_____ 评估专业分组长:_____(签字)_____ ____年___月___日

表 18-2 "两成两力"建设评估数据核对表(共同部分节选)

项目	内容	序号	检查结果	项目	内容	序号	检查结果
一、组织领导	党委(支部)工作	1	_____次(项)	三、装备管理	日常管理	1	有□没有□
		2	成立□未成立□				有□没有□
			明确□不明确□				有□没有□
			经常□不经常□			2	发生□未发生□
		3	有□没有□				发生□未发生□
			有□没有□				有□没有□
			及时□不及时□		经费管理	1	好□不好□
	机关工作	1	明确□不明确□			2	编报□未编报□
			形成□未形成□				落实□未落实□
		2	是□否□				编报□未编报□
			严密□不严密□				落实□未落实□
			及时□不及时□			3	_____起
	思想教育	1	纳入□未纳入□				_____起
			具体□不具体□			4	及时□不及时□
		2	_____项				_____次
		3	_____人		技术革新	1	成立□未成立□
	奖励处罚	1	是□否□			2	制定□未制定□
		2	是□否□			3	_____项
二、人员素质	人员配备	1	_____人			4	有□没有□
		2	合理□不合理□				有□没有□
		3	_____人	四、装备战备	检查评比	1	是□否□
	装备训练	1	是□否□			2	_____次
		2	_____份		战备方案	1	_____种
			及时□不及时□			2	_____种
		3	_____%			3	_____项
		4	_____份			4	及时□不及时□
		5	规范□不规范□				符合□不符合□
			配备□不配备□		战备制度	1	_____项
			齐全□不齐全□				_____项
		6	正规□不正规□			2	好□不好□
			及时□不及时□			3	建立□未建立□
		7	_____%				是□否□
	称职能力	1	_____%				
		2	_____人				

检查人:_____ 评估专业分组长:_____(签字)_____ ____年___月___日

"两成两力"建设评估结果表见表18-3，并将此结果反馈给评估组织单位。在此基础上，运用本系统提供的数据分析模型对被评估单位的达标情况进行深层次的分析，既包括当前状态，也包括历史发展和未来趋势，形成《"两成两力"建设综合评估总结分析报告》，反馈给被评估单位。

表 18-3 "两成两力"建设评估结果表

被评估单位	单位名称				
	评估年度			单位级别	
	部队性质			计分方式	
评估组织单位	单位名称				
	单位级别				
评估结果	专业名称	得分	评估结论		
	共同部分				
	武器雷达部分				
	弹药导弹部分				
	装甲装备部分				
	工程装备部分				
	防化武器部分		不达标原因：		
	车辆装备部分				
	陆军船艇部分				
	总评成绩				
有关说明					
负责人	被评估单位负责人(签名)： 评估组长(签名)： 评估时间： 年 月 日				

18.4 主要模型介绍

评估软件主要由若干个评估模型组成，为被评估单位提供《"两成两力"评估总结分析报告》。目前已完成模型有：成绩评定模型、ABC 分类模型、散布分析模型、对比分析模型、相关分析模型(即调整模型，见第 8 章)及数据的查询模型等。

18.4.1 成绩评定模型

成绩评定分系统主要根据《"两成两力"评估细则》和《"两成两力"评估实施办法》中提供的方法，计算各分项目扣分及小计、总项实际扣分、总项计算扣分、总项得分、专业实际扣分、专业计算扣分、单项成绩、单位总评成绩、单位实际扣分、单位计算扣分、单位达标等级(分优秀达标、达标和不达标三种)。输入有关说明,打印输出评估结果(表18-3),由评估组长签字生效。将《"两成两力"评估结果》存档,为历史分析、趋势预测等模型提供基本依据。多指标综合成绩见图18-3。

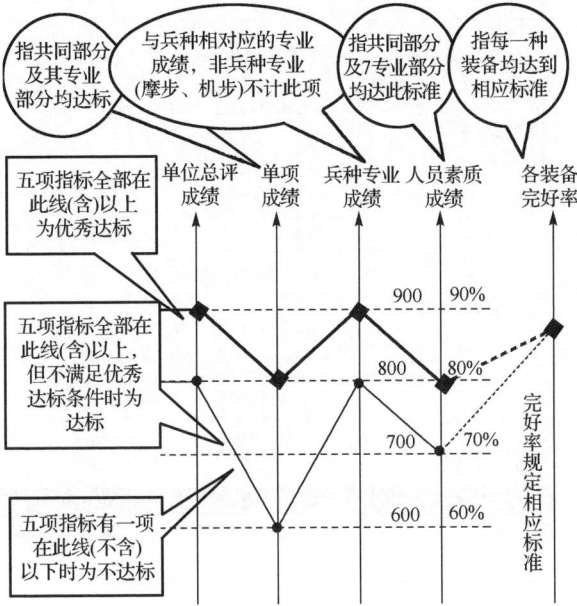

图 18-3　多指标综合成绩

18.4.2　ABC 分类模型

在资源有限、不能处理好所有事情的情况下,如何区别对待众多的被扣去分值的分项、总项及专业,成为被评估单位的一个重要问题。可以通过绝对扣分值和相对扣分值两种排序进行分类,以确定改进策略和处理方案。本系统采用了 ABC(改进项)分类管理的思想和方法,确定分类边界量值,为被评估单位确定下一步工作重点提供了科学依据。该模型的输出样式,见图18-4。

本模块提供了 6 种分类方法,它们是绝对扣分值项数分类、绝对扣分值分值分类、绝对扣分值阈值分类、相对扣分值项数分类、相对扣分值阈值分类,以及 5 种分类方法的综合分值项数分类。这些方法可以帮助被评估单位及其上级机关了解掌握扣分的分布情况,以便为确定下一步工作的重点提供决策依据。其中,每种独立方法对应一组参数,而综合分类方法除 ABC 分类参数,还增加了用于各方法综合的参数,故共有 6+1 组参数。每组包括 3 个参数,即 A 类项目边界值、B 类项目边界值和 C 类项目边界值,而用于各方法综合的参数是 ABC 三类在综合分值中所占的权重。每种分类方法又可在专业、总项和分项三个层次上实施。这样共有 (6+1)×3×3=63 个参数,见表 18-4。

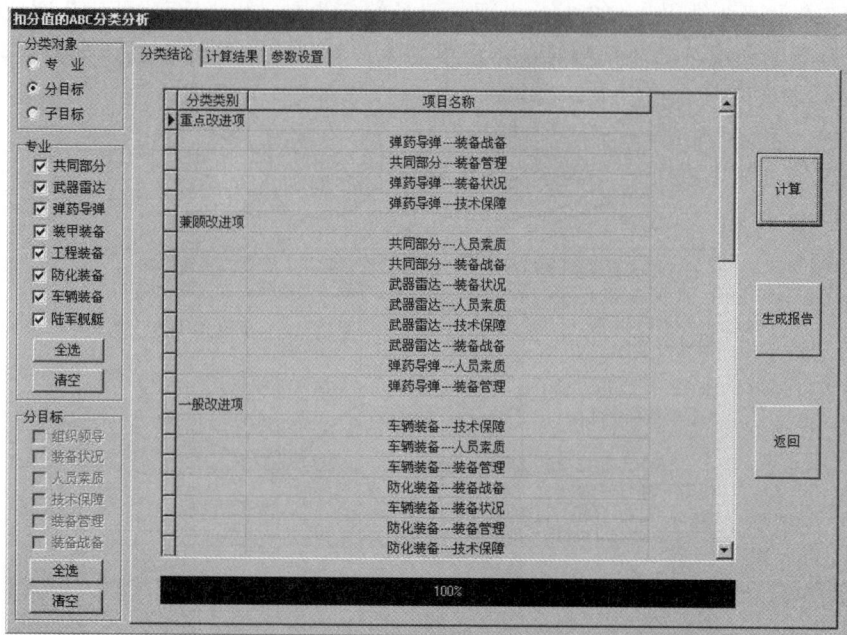

图 18-4 扣分值的 ABC 分类分析

表 18-4 ABC 分类方法及参数说明

分类方法					分类层次		
类别	标识	名称	参数说明	推荐参数	专业	总项	分项
绝对扣分值	1	项数分类	项目的数量	10%-20%-70%	★	★	★
	2	分值分类	每项扣分占总扣分的百分比	70%-20%-10%	★	★	★
	3	阈值分类	上-下-零界	160-50-5	★	★	★
相对扣分值(扣分率)	4	项数分类	同1	10%-20%-70%	★	★	★
		分值分类	同4				
	5	阈值分类	同3	30-10-1	★	★	★
综合分值	6	项数分类	同1	10%-20%-70%	★	★	★
			权系数	5-3-1			

方法 1:绝对扣分值项数分类是对所选对象按扣分的绝对扣分值从大到小排序,将扣分值较高的若干项(推荐 10%的项数)作为 A 类项,将扣分值在中间的若干项(推荐 20%的项数)作为 B 类项,其余为 C 类项,由于 A 类和 B 类项目是我们关注的重点,所以,若项目总数与参数相乘后得到的是非整数,则 A 类和 B 类根据四舍五入

原则取整，误差并入 C 类项。假设对"专业"进行绝对扣分值项数分类，已知条件是：专业数量=8，从参数表可以查到专业绝对扣分值项数分类参数为 A=10%，B=20%，C=70%，这样可以计算得到 A 类项目数应为 8×10%=0.8≈1 个，B 类项目数应为 8×20%=1.6≈2 个，C 类项目数应为 8-1-2=5 个。现已得到各专业的扣分情况及分类计算结果案例列于表 18-5，供参考。

表 18-5　各类 ABC 分类方法举例

序	专业	满分	扣分值	扣分率/%	综合分值	方法标识					
						1	2	3	4	5	6
1	共同部分	1000	60	6	11	C	B	B	C	B	C
2	武器雷达	1000	100	10	13	C	B	B	C	A	C
3	弹药导弹	1000	120	12	15	C	A	B	C	A	C
4	装甲装备	1000	180	18	25	A	A	A	A	A	A
5	工程装备	1000	150	15	19	B	A	B	B	A	B
6	防化装备	1000	130	13	19	B	A	B	B	A	B
7	车辆装备	1000	40	4	5	C	C	C	C	C	C
8	陆军舰艇	1000	55	5.5	6	C	C	B	C	C	C
合计扣分值					835						

本分类方法的结论见表 18-5 中"方法标识"的第 1 列。根据计算得到的分类结果可以看出，该单位的装甲专业需要重点花力气改进，工程装备专业和防化装备专业也需要给予足够的关注，而其他 5 个专业的评估结果相对较好，花较少的精力改进即可。

方法 2：绝对扣分值分值分类是对所选对象按绝对扣分值从大到小排序，将占总扣分值一定比例(推荐 70%)的前若干项作为 A 类项，将占总扣分值一定比例(推荐 20%)的在中间的若干项作为 B 类项，其余为 C 类项。本分类方法的参数见表 18-4 第 2 标识行，分类结论见表 18-5 中"方法标识"的第 2 列。

方法 3：绝对扣分值阈值分类是对每个所选对象的扣分按绝对扣分值与所设定的 A 类(假设为 160 分)、B 类(假设为 50 分)和 C 类(假设为 5 分)参数进行比较，然后决定每个所选对象的类别。参数为整数，A 类参数＞B 类参数＞C 类参数。本分类方法的参数见表 18-4 第 3 标识行，分类结论见表 18-5 中"方法标识"的第 3 列。

方法 4：相对扣分值项数分类是对所选对象按扣分率从大到小排序，将扣分率较高的若干项(推荐 10%的项数)作为 A 类项，将扣分率在中间的若干项(推荐 20%的项数)作为 B 类项，其余为 C 类项。本分类方法的参数见表 18-4 第 4 标识行，分类结论见表 18-5 中"方法标识"的第 4 列。

方法 5：相对扣分值阈值分类及参数，对每个所选对象的扣分率与所设定的 A 类(推荐 30%以上)、B 类(推荐 10%以上 30%以下)和 C 类参数(推荐 10%以下、1%

以上，1%以下不参加分类)进行比较，然后决定每个所选对象的类别。参数为整数，A 类参数＞B 类参数＞C 类参数。本分类方法的参数见表 18-4 第 5 标识行，分类结论见表 18-5 中"方法标识"的第 5 列。

方法 6：综合分值项数分类是将 5 种方法的分类结果，按 A 类 5 分(推荐值)、B 类 3 分(推荐值)、C 类 1 分(推荐值)进行加权可得各分类项的综合分值，再将综合分值按项数分类方式进行分类，可得综合 5 种方法后的新的分类。本分类方法的参数见表 18-4 第 6 标识行，综合分值见表 18-5 第 6 列，分类结论见表 18-5 中"方法标识"的第 6 列。

18.4.3 散布分析模型

一个单位在多项工作上的不均衡性等原因，造成各项目得分的散布性。从整体效益出发，由木桶原理中的短板效应可以推出，这种散布越小越好，也就是说，散布小的单位既有的作战保障能力是均衡的，整体效益会被充分发挥。为客观反映被评估单位得分散布情况，为其确定下一步工作规划提供科学依据，本系统提供了对多个层次的得分率进行散布分析的工具。

进入本模块后，将出现得分率的散布分析界面(图 18-5)，选择计算对象，以及相应的专业、总项后，单击"计算"按钮，系统将在编辑框内给出散布计算的数值，并在相应的结论编辑框内给出相应的说明。

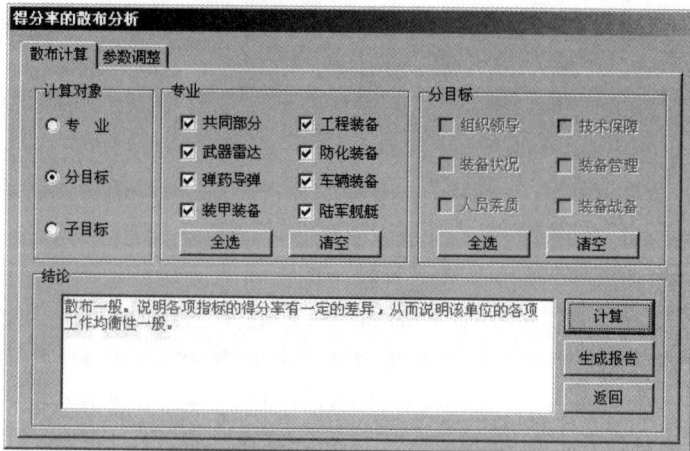

图 18-5　得分率的散布分析界面

散布分析中的基本参数有两个：散布好与散布一般的临界点(散布下界)、散布一般与散布差的临界点(散布上界)。这两个参数可根据需要进行调整。当计算结果小于散布下界时，为散布好；当计算结果大于散布下界同时小于散布上界时，为散布一般；当计算结果大于散布上界时，为散布差，见图 18-6。

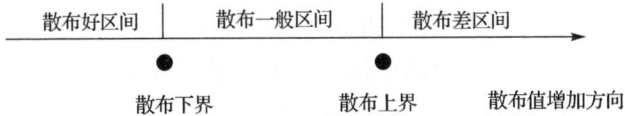

图 18-6　散布参数说明

18.4.4　对比分析模型

用于任意评估数据集之间的两两对比和多项排序。对比分析模型通常用于：同一年份不同单位之间，同一单位不同年份之间，以及同一单位同一年份但不同评估组织单位之间（主要用于检验下级评估数据的可靠性），以及任意两次评估数据之间的对比，其结论形式见表 18-6。

表 18-6　对比模型的结论形式

类别	结论				
	A	B	C	D	E
单位比较	显著优于	优于	基本相同	劣于	显著劣于
年份比较	有显著进步	有进步	持平	有退步	显著退步
级别比较	非常可靠	可靠	合格	不可靠	很不可靠
任意比较	显著优于	优于	基本相同	劣于	显著劣于

18.5　系统主要特点

（1）成绩评定方法的严格性。系统严格按《"两成两力"评估实施办法》进行成绩评定，并以此作为奖惩的基本依据。对数据进行深加工的总结分析分系统中的各模型及《"两成两力"评估总结分析报告》作为决策参考。

（2）操作控制的灵活性。系统提供了三种操作控制方式：一是面对初学者的向导形式，操作员只需要根据提示实施操作，完成后单击"下一步"；二是面向熟练者的流程图式按钮组，见图 18-7，形式直观，操作方便；三是全功能的传统下拉菜单形式。

（3）系统的开放性。系统建立了统一的评估数据格式标准，并提供了不同级别与不同单位所安装的系统之间的数据传递与数据汇总功能，以保证系统使用所需要的相关数据。

（4）系统与信息的安全性。本系统采用了稳定、流行的开发工具，设置了签字确认后的不可更改功能（如确实需要更改，需要向上级索要修改密码），采用了分布式的信息存储方式等安全性设计方案。

（5）总结分析的科学性。模型体系是"评估系统"的灵魂之所在，系统不仅提供了评估结果的计算模型，还对评估所得信息进行深度加工，在单纯的评估结论后提供了丰富的分析性与指导性的信息,为被评估单位确定今后的工作重点与改进方向,为上级部门了解、分析各部(分)队的深层情况提供了适用的方式与方法。

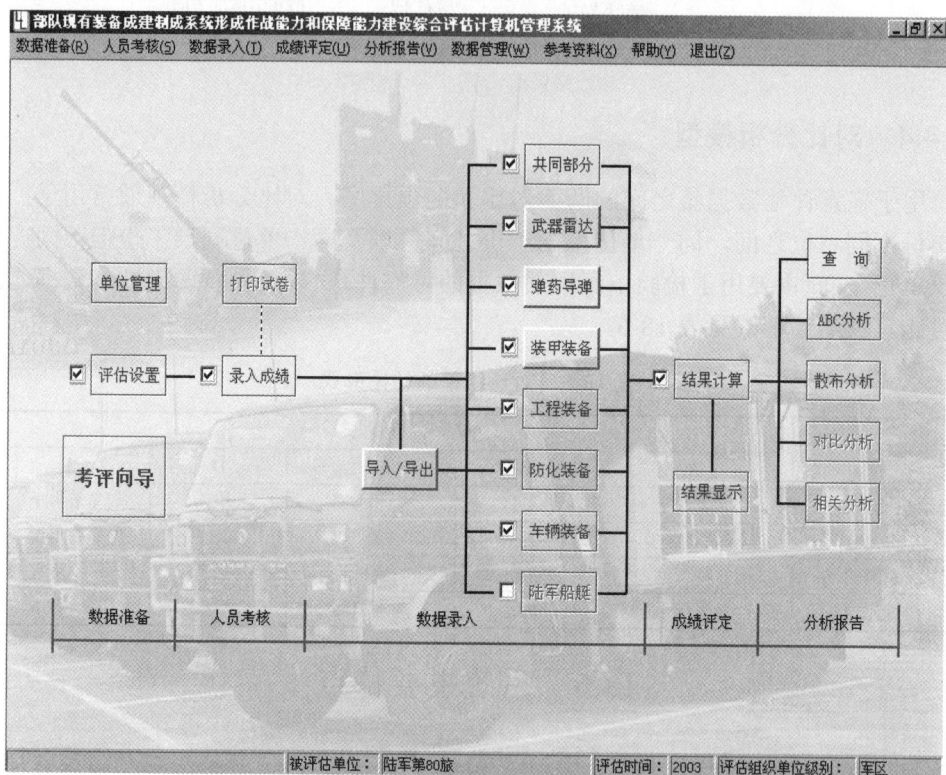

图 18-7　软件主界面

(6)人员考核的适用性。试题与试卷可满足装备系统 130 多种个体与团体岗位、不同层次的任意配卷要求,基本覆盖了装备系统各类人员素质考核需求,并且可以根据要求增加新岗位的试题与试卷。

(7)技术的先进性。该系统研制和采用了多项新技术。例如,试卷管理分系统中采用了同一试卷的题目变换技术(包括题目顺序变换、选择题的答案顺序变换、判断题的命题变换三种,1.0 版本无此功能)、关联试题的控制技术、编码技术等,在系统界面中采用的向导技术等。

要 点 评 注

与第 7 章中出现的问题相同,在评估标准中计算方法已经确定,软件系统也只是统一模型上有一点难度,总体技术含量不高。开发经费受之有愧,于是我们在基本算法以外,还设计了对比 ABC 分类模型、得分率散布分析模型、对比分析模型、排序分析模型、相关分析模型等，目的是为部队提供一些自己查找问题、分析问题的实用工具。

按总部要求，软件配发全军 1400 套，分发工作由军械工程学院执行。这个发行量对于专业软件已经是不少了，但对于"压模技术"最小 6000 片的量，最后谈到 4000片，尽管其可靠性达到了要求，但经费条件仍然不允许。不得已，只能采用单件生产的刻录方式，时间是一星期。问题来了，单件刻录的质量如何保证？发行数量这么多，如果在哪个偏远地区的盘不能用，重新邮寄是来不及的，可能影响全军评估的进度。当然，每张盘找一个机器进行"安装"检验可确保质量，但时间不等人。最后作者制定的每张盘的检验标准是将其复制到硬盘，与母盘内容进行对比，若不出错，则合格。用坏了好几个刻录光驱，产生了许多废品，但从实践的情况看，发出的盘没有出现质量问题。

对于这些模型，作者认为是附带提供给使用单位的、参考性的工具，不带有任何法规效能。而总部认为：根据"评估指标的独立性要求，与指标的相关性现实"设计了指标的相关性调整模型(第 8 章)应当直接加入评估模型，并指示按此执行。

其他的模型也得到了使用单位的好评。总评成绩，问题出在哪里，与友邻、与上年的差别在哪，下一步重点在哪改进等，在这些模型中都能找到答案。

第 19 章　试题库软件

研究背景

在"两成两力"建设综合评估工作中，人员素质是一个重要的评估分项，而其重要的考评方法就是命题考核。面对全军几百个专业，成千上万的岗位，需要有不同的考核试卷的需求，有三种办法。①由考评组临时出题。这种办法一是工作量大，二是难度要求难以把握，况且试卷的保密又成为一个大问题，容易造成不公平。②为每种对象建立试题库，考核前由计算机抽题组卷。这种办法解决了前一方法的两个缺陷，但其巨大的工作量无法承担。③根据考核试题的范围，可将其分为公共部分、专业部分和岗位部分三个类别的情况，将可共享的公共和专业部分统一命题，而针对不同岗位分别命题，这样既满足了千差万别的岗位要求，又最大限度地减少了重复工作量。因此，该软件是在这样的需求下立项的。

19.1　功能与结构

"'两成两力'综合评估试题库管理系统"有四大主要功能，以及一系列辅助功能。主要功能有试题管理、试卷生成、试卷管理、成绩管理。辅助功能有系统初始化、数据库备份与恢复和配题方案维护等功能。

(1)试题管理是系统的基础功能，主要完成试题的录入(单题录入、批量录入)、维护、输出和统计查询工作，也为试题质量控制提供一定的技术手段。

(2)试卷生成，主要完成按给定的配卷方案，自动生成试卷，并能手工调换试题工作。

(3)试卷管理，主要完成试卷的审核、显示打印、批量输出和统计，以及考核试卷的批量自动选择工作。

(4)成绩管理，主要完成试卷成绩录入、成绩输出和答题情况统计工作。

该软件主要包括试题录入、试卷生成、试卷管理、成绩管理、系统维护五大模块，见图 19-1。

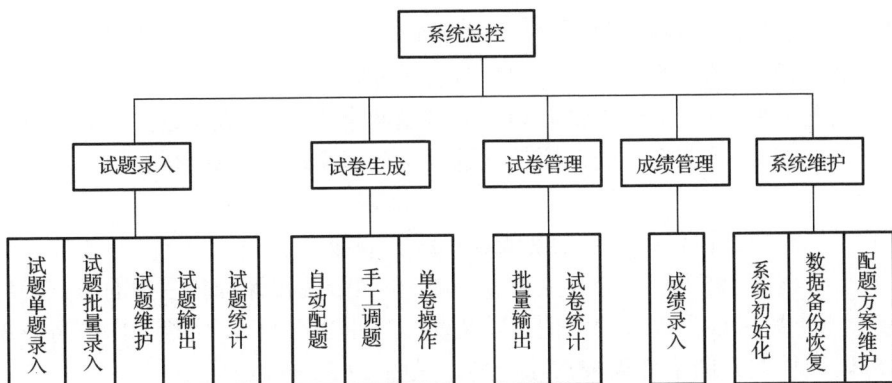

图 19-1 试题库管理系统功能模块结构

19.2 试 题 管 理

19.2.1 试题主要属性设计

试题除了题卡编号、专业负责人、出题人、审核人和审核日期等常规属性，主要有以下几种属性，见图 19-2，这是该软件的重要特色之所在。

图 19-2 单题录入界面

(1)试题题型。试题题型与一般的试题库软件基本相同，只是多了一种实作题，在"两成两力"考核体系中，该类题型具有重要作用。

(2)试题类别。首先分个人试题和团体试题两个大类。个人试题主要有共同基础、专业基础、专业试题三个小类。团体试题又可分多个层次，如班组、单装、多装和整建制等。

(3)岗位级别。岗位级别包括初级、中级、高级。

(4)重要程度。重要程度分为重点和一般，相当于院校课程体系中的考试和考查。在组卷中重点题目要占较大的比例，可以设置，如初级 80%、中级 50%、高级 30%。

(5)岗位种类。岗位种类按实际开列，见图 19-3。

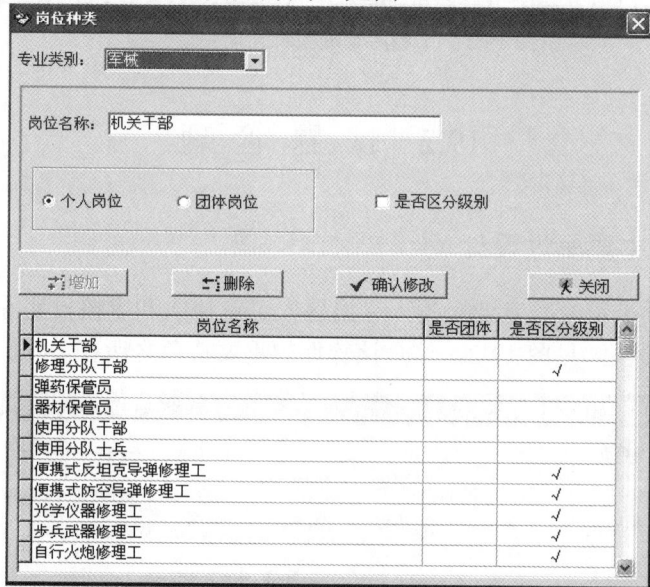

图 19-3　岗位种类窗口

(6)难度级别。难度级别在组卷时使用，主要考虑各套试卷难度均衡，以保证公平。

(7)试题相关性。与一般试题库相同，主要考虑一套试卷中的各题不能有相互提示的作用。

19.2.2　试题质量控制

在试题库系统实际应用中，需要经常对试题不断地更新和维护，造成试题库内容越来越多，规模越来越大，易出现重题、错题、空题、不完整题，对试题质量的保证形成了严峻的挑战。同时，试题的质量是衡量某次考试是否合理的关键，甚至影响整个考核工作。

　　对试题质量进行控制，可从管理和技术两个方面分析。管理方面侧重于人的主观因素，这里不作讨论。本软件主要从技术方面进行分析。在分析试题质量控制机制时，就要求从根源着手，找出影响试题质量的关键点，从而保证整个考试工作的顺利进行。具体地说，首先要从数据库设计上保证试题的质量，包括试题相关性、试题难易程度等；其次要从其输入机制上进行控制，包括重复试题控制、试题内容不完整、前后不一致的控制等。

1. 试题变换

　　对于一个知识点，可以从多个方面、多个角度、多种题型对其进行说明阐述。另外，也可以判断学生是否真正掌握了该知识点，考核学生对其掌握的准确、灵活程度，从而达到考试的最终目的。因此，可以针对各章节的知识点，对试题进行变换。当然这种变换，主要是从形式上进行变换，也就是换一种说法，变一种形式。试题变换，一般而言，存在以下几种变换，①位置变换，就是对试题的内容进行适当的前后调整，这种变换多用于选择题。例如，对于选择题，可以把选项 A 换成选项 B 等。②逆否变换，对一道题，可以正着说，也可以反着说，即存在原命题、逆命题、否命题、逆否等命题变换，这种变换多应用于判断题。例如，可以说部队应该达到携运行标准，当然也可以说部队达不到携运行标准是不允许的，这两种说法表达的都是一个意思。③范围大小变换，也就是全称、个称及特称的变换。例如，只对于一种情况正确时，改为适应于所有情况时就应该是错误的。④难度变换，这种变换多用于实作题，对于部队多级考核对象来说，不可能建立多个试题库分别满足高中初三级人员，因此对于同一个知识点，这就要求在限制上、难度上作出区分，也就是说进行难度变换。⑤题型变换，就是对同一个知识点，用不同的题型分别表示。例如，对于同一个知识点，一个填空题，可改为一个判断题来进行考试。当然，可以对一个知识点进行一种变换，也可以同时进行多种变换。

　　针对上面的分析，建立数据库时，可以对每道题都设一个记录型的相关性字段，同一个知识点，其相关性共同属性相同，只是根据其变换类型，相应地分别作出记录。下面语句定义一个记录型字段：

```
Type
    Pertinence=record
        Common: Integer;  //表示共同属性;
        Wz: Boolean; //Wz=true 表示有位置变换;
        Nf: Boolean; //逆否变换;
        Fw: Boolean; //范围变换;
        Nd: Boolean; //难度变换;
        Tx: Boolean; //题型变换;
    End
```

对试题进行变换分析，客观上说增加了试卷配题的难度，但更主要的是保证了试题的质量，为试卷的质量，甚至整个考核工作的质量打下了良好基础。

2. 试题难度系数

在一般的试题库中，都是人为给定试题的难度系数，当然，这个系数一般不是随便臆造的，而是基于一定的历史经验的，可以称为主观难度系数。但是每个人的经验是不一样的，这个人认为是一道难题，另外一个人可能认为很容易，具有很大的随意性和主观性，容易出现大的偏差，从而影响试题及试卷的质量。

本软件中，难度系数可经过多次考核由测试人员实际成绩统计而得，可以称为统计难度系数，计量型难度系数见式(19-1)，计数型难度系数见式(19-2)。

$$计量型难度系数 = \frac{该题得分的平均数}{该试题分数} \tag{19-1}$$

$$计数型难度系数 = \frac{该题答对的人数}{测试总人数} \tag{19-2}$$

其中，式(19-1)适合主观性试题(如填空、简述等)，式(19-2)适合客观性试题(如选择、判断等)。因此，可以根据经验，给定一个难度系数，也可以赋一个固定的初值。然后在实际考核中，对每道题的得分情况进行统计，得出一个相对准确的值，利用此值修正难度系数。随着试题使用次数的增多，对更多的统计数据进行分析，就会得出更合理的值，反过来进一步修正、调整难度系数，即建立一个动态的难度系数。

在数据库设计时，建立难度系数的字段组，记录先验难度系数和统计难度系数。考试完毕后，可进行成绩统计，利用式(19-1)(或式(19-2))算出该题的难度系数，进行反馈调整。

经过反复考核、统计、修正，形成一个良性循环，最终得到的难度系数就比较接近其真实值，从而在很大程度上避免人为的主观性，更加准确地控制试题及试卷质量。

例如，对于一道判断题，可假定其难度系数为 0.6，在一次考核后，对该题的得分情况进行统计，如果参加人数为 120，答对人数为 84，则可得出难度系数为 0.7，相应地就可根据此值对该题的难度系数进行修正。

3. 重复与矛盾控制

由于本试题库面向的专业与岗位过多，命题人员自然就多，所以出现重复和矛盾的情况就多，故重复与矛盾试题控制成为一个突出的管理问题。

在试题实际录入和维护过程中，可能会录入或修改为与试题库中另一道题完全相同或相似的一道试题，这样在随机配卷时，就可能出现一个知识点的多道试题出现在一套卷子里，甚至出现两道完全相同的题。特别是在下级逐级向上汇总试题时，更容易出现这种问题。这种情况下，就需要对试题输入时的重复与矛盾情况进行严格的控制。

　　什么样的相同才算试题重复呢？首先这就要求我们对试题重复的标准进行判断。试题一般包括题目部分、答案部分、要求部分及备注，题目与答案是试题的两个关键属性。因此，只需要判断这两部分是否重复即可，当然，判断时可采用模糊判断，也可采用提取关键词进行智能判断，从而保证判断的准确性。判断完成后，对重复的试题要采取处理措施，是丢弃、覆盖或是修改保存，这就要根据试题的录入时间、修改时间、主要内容、备注等提示进行单步操作。最简单的自动处理过程为

```
if SimilarityDecision(试题 1 题目,试题 2 题目)  then
  if SimilarityDecision(试题 1 答案,试题 2 答案)  then
     弹出提示框，并显示重复试题的主要内容及录入时间、修改时间等，进行选择操作;
     人工进行覆盖或丢弃或修改操作;
  else continue;
  endif
else continue;
endif

Function SimilarityDecision
   if  两项的词频＞80% Then output True else output False
EndFunction
```

　　当然也可以设计更复杂的自动规则，如相同字数、相同字组合等，无论如何，最终还需要人工确定。本软件为每一岗位设计了负责人，来保证重题拒收、相关性标识等。

　　4. 试题参数完备性控制

　　试题输入时，可能由于主观原因或其他原因，造成试题属性录入不全，影响试题质量。因此，在实际操作中，可以采取控制措施进行限制。一种方法是，对于试题的关键属性，如试题类型、试题性质、试题题目、试题答案等进行必选处理，即录入人员必须填写这些项，否则不能写入数据库，从而达到保证试题质量的目的。另一种办法是，设定试题编号唯一，并自动生成，其他试题属性都可以空，但录入数据库后，要进行提示并与其他试题区分开，对其进行标记，标记为不完整试题，表示不能参与试卷配题等操作，从而能够保证试题的完整性、准确性。

　　试题内容应该前后一致。具体地说，对于填空题，前面有三个空，对应就有三个答案;对于选择题，后面就应该对应于至少两个选项，如后面没有选项，就可能产生了错误。

因此，在设计时，试题的前后部分就应该进行相互关联控制，即前面与后面不一致时，要进行提示，人工干预。具体地说，可以对每种题型都设计一种标准的输入界面，并且后面的输入格式会根据前面的输入格式、内容进行自动调整。例如，对于一个有两个空的填空题，当输入完题目后，系统会判断空的个数，自动给出答案的个数，并在格式上对输入进行限制，从而保证试题参数的完备性。

本书从数据设计及输入控制两个主要方面对试题质量的控制机制进行了分析与设计，从而从根本上保证考核工作的准确性、客观性及合理性，也为整个试题库系统的正常运行打下了良好基础。同时，也为其他试题库系统的开发提供了一种有益的参考。

19.2.3　试题生成过程

在部队人员素质考核中，专业类别多，岗位种类繁(特点)，相应地，试题的生成也是一个比较复杂的过程。首先根据命题计划和考核大纲，指定专人进行出题(写试题卡)，然后分别指定人员对试题进行审核，确定其完整性、正确性、合理性、相关性等问题。最后交给录入人员，输入试题库中。在实际使用中，可能对题库进行批量的增加、转换等操作，另外还要根据装备及岗位种类等的变化，对试题内容进行适当维护。在整个过程中，如果任何一个环节出错，都可能会影响试题的质量。

(1)命题阶段：试题质量存在的问题主要包括，命题人所出的试题是否在大纲规定的范围之内，题卡所包含的要素是否全面、合理，试题题目是否正确完整，是否有答案(形式审查)，答案是否正确(内容审查)完整等。

(2)审核阶段：试题内容是否正确，难度是否合适，是否适合于所考核的岗位及专业，试题覆盖是否全面，难题与一般题比例(结构审查)是否合适，是否有重题，试题间的相关性如何，题库题量是否适当等。

(3)输入阶段：是否只输入了题号，而没有内容、答案(自动审查)，或者没有输入完全；是否重复输入；题型是否选择正确，如可能把名词解释题输入到简述题中等。

(4)使用维护阶段：由于人为或其他原因，可能导致试题不完整、错误、重复等问题。

可以说，从试题的产生、使用到维护过程中，每个环节都可能出现质量问题，影响试题的正常使用。

19.2.4　四级审核控制

对于单个试题，要保证试题的正确性、完整性、符合大纲要求及难度定位准确。对于整个题库要保证覆盖全面、题量适当、各种题型及难易题比例合理、没有重题及错题等。要达到这些要求，可以从下面几个方面进行分析设计。

对试题进行审核时，可采取四级审核控制，即单题审核、岗位审核、专业审核、题库审核，每级审核的重点要有所侧重。其中单题审核主要解决试题内容是否正确，难度是否合适等问题；岗位审核主要解决该岗位的题量是否合理，是否适合于该考核岗位等问题；专业审核主要解决试题覆盖是否全面，难题与一般题比例是否合适，是否出现重题，试题是否适合于本专业等问题；题库审核主要解决题库题量是否适当，重点试题的比例是否合理(难度分布)，是否在大纲规定的范围之内等问题。

采取四级审核时，每一级都应严格把关，对通过本级审核的试题转入下一级，对存在问题的试题及修改意见反馈回维护人员，维护人员进行修改后，再进行逐级审核，从而确保试题质量。

19.2.5　试题统计

用户可以选择预定的专业作为统计类型，系统便会自动统计出该专业所属所有岗位种类各种题型一般及重点题的数量，并在最后给出统计数据，见图 19-4。

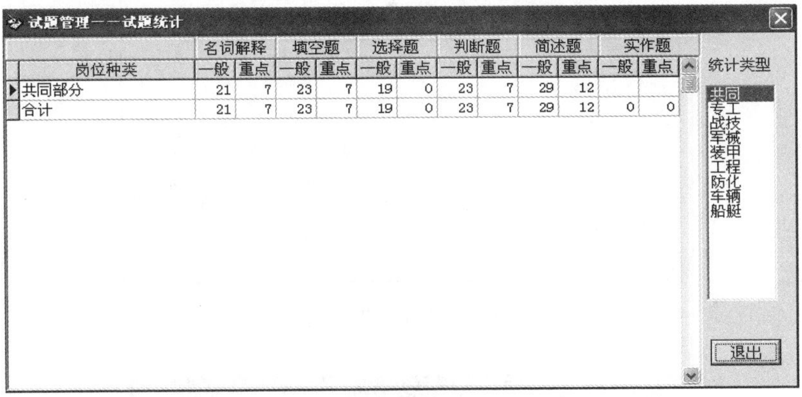

图 19-4　试题统计界面

19.2.6　质量控制小结

试题质量控制体系及相互关系，见表 19-1。

表 19-1　试题质量目标与控制机制的对应关系

控制阶段	控制机制	目标
命题	命题变换	相关性
	难度	难度系数准确性、合理性
审核	四级审核	正确性、完整性、覆盖全面、题量合理、比例适当
输入	前后关联	前后一致性、完整性
输入、使用	完整性	完整性
	重复	无重复试题

19.3　试卷生成与管理

1. 配题方案

如图 19-5 所示的装备专业方案内容窗口，在其中完成对相应方案的具体修改。如图 19-6 所示的配题方案维护界面，用户在这里可以对配题方案进行增加、删除和修改操作。

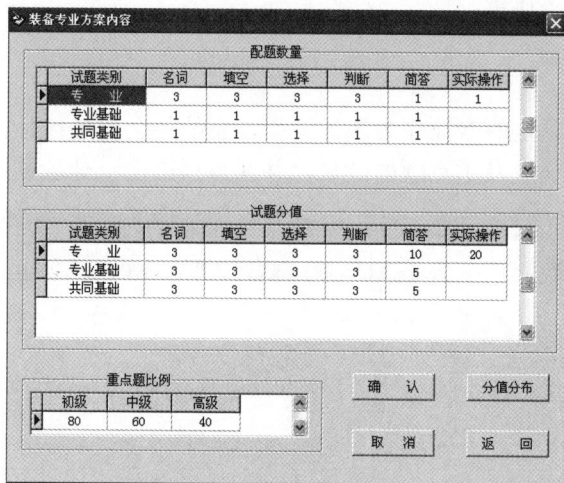

图 19-5　装备专业方案内容

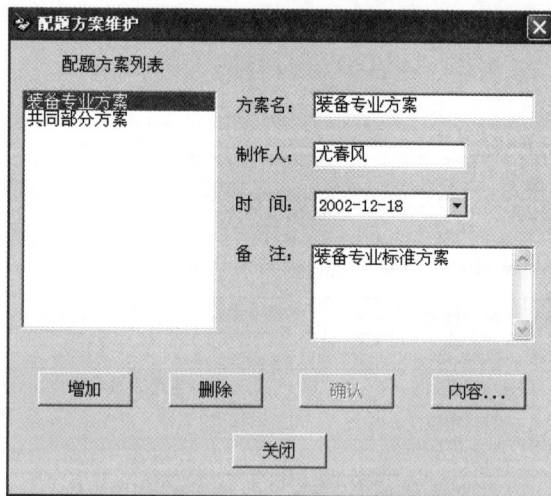

图 19-6　配题方案维护

2. 试卷生成

根据考核对象、配题方案、配题套数、配题人和配题时间，软件可以自动生成需要的试卷组。如果试题库中缺少某种试题，系统会给出提示，此种试卷也将无法生成，用户应在试题管理中增加相应种类的试题。如果对于试卷不满意，还可以在软件的辅助下（题型、分值、相关性、内容分布等）进行手工换题。由于对团体的考核是单题制，故自动配题只针对个人考核，而团体考核是临时抽题。

生成的试卷包括三种：考试卷、答案卷和审核卷。分别见图 19-7～图 19-9。

试卷编码：A01B001

部队两成两力建设专工专业知识考试

车工（中级）

单位_____ 姓名_____ 考号_____

本试卷分理论题和操作题两部分，第一大题到第五大题为理论题部分，第六大题为操作题部分，理论题的考试时间为50分钟，操作题的答题时间另计。

题　号	一	二	三	四	五	六	总　分
分　数							
评阅人							

一、　名词解释（每小题3分，共15分。）

　1. 细长轴

　2. 生产过程

　3. 钳工

图 19-7　考试卷样本

试卷编码：A01B001

"专工专业知识考试"参考答案
车工（中级）

一、名词解释

1. 轴的长度与直径之比大于 10 的轴。

2. 产品由原材料到成品之间的各个相互联系的劳动过程的总和。

3. 钳工是利用手工工具及虎钳、钻床、砂轮机等设备，对金属材料进行冷加工的工种，叫钳工。

图 19-8　答案卷样本

				题目数量			各题分值			
题型	题目顺序	试题编码	是否重点	共同	专基	专业	共同	专基	专业	审核意见
名词	1	A00025	√			√			3	
	2	A00031	√			√			3	
	3	A00046	√			√			3	
	4	A00244			√			3		
	5	A00251	√	√			3			
	小计	5	4	1	1	3	3	3	9	
	计划	5	----	1	1	3	3	3	9	
填空	1	B00031	√			√			3	
	2	B00046				√			3	
	3	B00048	√			√			3	
	4	B00263	√		√			3		
	5	B00313	√	√			3			
	小计	5	4	1	1	3	3	3	9	
	计划	5	----	1	1	3	3	3	9	
选择	1	C00034	√			√			3	
	2	C00047				√			3	
	3	C00049	√			√			3	
	4	C00215	√		√			3		

"专工专业知识考试"试卷审核表　试卷编码：A01B001

车工（中级）

图 19-9　审核卷样本

3. 试卷质量控制

试卷过程的设计是试卷质量控制的重要举措，主要有 9 个状态，见图 19-10。

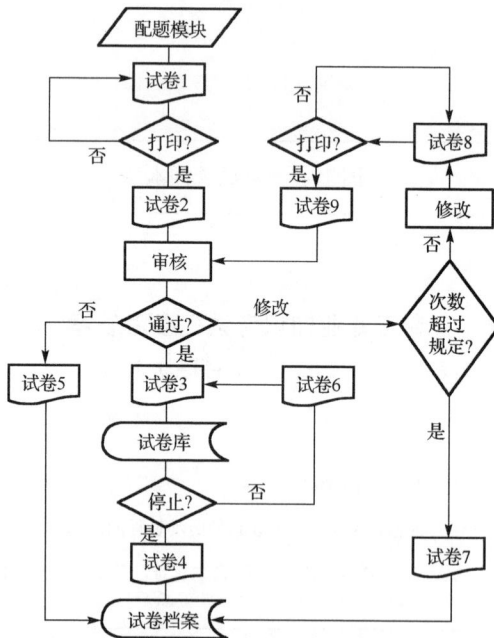

图 19-10　试卷状态变换图

4. 试卷统计

在每个年度的检查考核中，需要软件中储存足够多的试卷，以满足大部分需求。但软件中究竟有多少试卷，需要通过试卷统计功能来查询，见图 19-11。

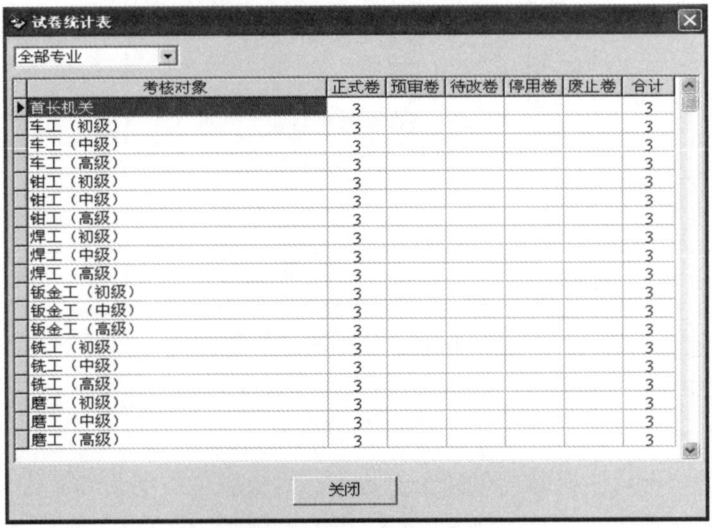

考核对象	正式卷	预审卷	待改卷	停用卷	废止卷	合计
首长机关	3					3
车工（初级）	3					3
车工（中级）	3					3
车工（高级）	3					3
钳工（初级）	3					3
钳工（中级）	3					3
钳工（高级）	3					3
焊工（初级）	3					3
焊工（中级）	3					3
焊工（高级）	3					3
钣金工（初级）	3					3
钣金工（中级）	3					3
钣金工（高级）	3					3
铣工（初级）	3					3
铣工（中级）	3					3
铣工（高级）	3					3
磨工（初级）	3					3
磨工（中级）	3					3
磨工（高级）	3					3

图 19-11　试卷统计表界面

5. 成绩管理

成绩管理模块的主要功能有成绩录入、统计计算和查询。成绩录入界面见图 19-12。考核成绩显示窗口见图 19-13，并提供给“两成两力”综合评估系统。

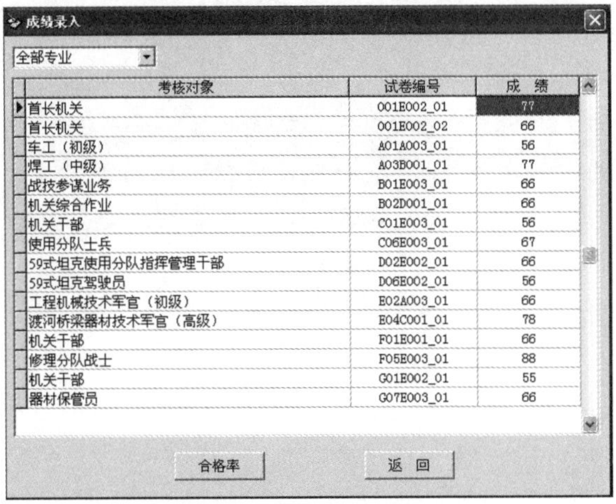

考核对象	试卷编号	成　绩
首长机关	001E002_01	77
首长机关	001E002_02	66
车工（初级）	A01A003_01	56
焊工（中级）	A03B001_01	77
战技参谋业务	B01E003_01	66
机关综合作业	B02D001_01	66
机关干部	C01E003_01	56
使用分队士兵	C06E003_01	67
59式坦克使用分队指挥管理干部	D02E002_01	66
59式坦克驾驶员	D06E002_01	56
工程机械技术军官（初级）	E02A003_01	66
渡河桥梁器材技术军官（高级）	E04C001_01	78
机关干部	F01E001_01	66
修理分队战士	F05E003_01	88
机关干部	G01E002_01	55
器材保管员	G07E003_01	66

图 19-12　成绩录入界面

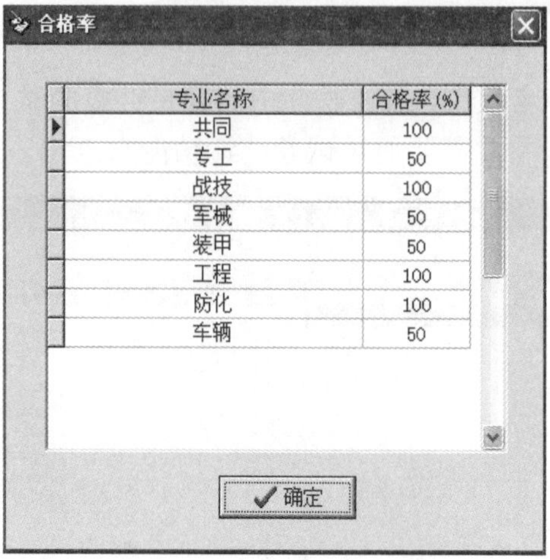

专业名称	合格率(%)
共同	100
专工	50
战技	100
军械	50
装甲	50
工程	100
防化	100
车辆	50

图 19-13　考核成绩显示窗口

要 点 评 注

该软件特殊的需求是其能够立项的基础。立项当初，很多专家是反对的，因为当时已经有很多商业化的试题库系统，并且这些软件背后有强大的开发和维护力量，自行开发同功能的软件是不明智的。在对引用和研发策略对比分析后，该软件的特定需求以及其保密性的要求促使总部决定自行开发。其公共基础、专业基础和具体岗位的三层次知识点划分，充分、有效地满足特殊需要。

系统的必要性论证是系统成败的关键因素之一。

一般试题库系统可以组织少量领域专家和精英集中命题。而该软件配发全军1400套，管理单位众多，并且要求存在差别，需要自行补充考核试题；考核对象众多，试卷种类和份数要求多，而且每年都有新的试题要求加入，因此，质量管理的问题就表现出来。本软件根据这一特点，在试题质量和试卷控制两个方面进行质量控制，制定了相应的“制度体系”，从而保证了软件运行的效果。这也为“四个有序要素构成说”（第 1 章）提供了一个实际案例，制度系统是信息系统的第一要素。

第四篇 统一方法篇

在信息化建设实践中，对于经济的追求基本上都很满意，但对于完美和目标的追求则有许多不尽如人意的地方。在一个项目中不足，可能延续至后面的若干项目，并且后面项目的进步又促成对于前面项目的不满。除了主观因素和失误，实践不充分、认识不彻底是决定性因素。如何克服或减少其影响，本篇给出了一些参考方法。

在经历了多个管理评估项目后，需要共享优点和克服缺陷；在各业务系统重新组成大规模系统时，需要一种方法协调各业务的字典；大规模系统的接口约定变更几乎"随时发生"，需要有一个尽量稳定的方法；在大规模系统有完整性要求时，个别业务发展不充分的子项业务将出现"大跃进"，需要一个获得需求的方法；同类业务算法五花八门，需要一种聚类方法等，这些需求的一个共同特点在于需要对某个业务进一步地抽象，挖掘出更深层的本质特征，本篇用"统一"一词来表达，并给出了若干案例。

第 20 章　统一管理评估模型

研　究　背　景

　　在承担了多个管理评估标准及其软件开发以后，针对自身出现的问题，同时也考察数十个管理方面的评估标准，发现存在重复较多、相互间兼容性较差、评估计算的方法相对单一，标准内部还存在概念模糊、无法区分、指代不明、扣分重复、二义性、扣分不清等典型问题，以及重复或称为低水平重复软件开发的情况。针对这一系列的问题，作者构建了统一管理评估模型，为通用的管理评估软件开发奠定基础。为该类系统提供统一的软件工具，既可大大提高该类软件的质量和可靠性，又可对于评分标准产生规范化的效果。

20.1　基　本　概　念

　　目标项是评估目标的具体体现，是对评估对象所做的结论。评估目标实际上就是指为何评估，达到什么样的目的，是合格评估、选优评估还是水平评估。不同的评估目标决定了不同的评估内涵、不同的评估方法和评估结论，它是评估的灵魂所在。

　　指标项是目标项的计算基础，多个指标项组成一个树结构，这个树结构通常又称为评估指标体系。

　　计分项是录入项与评估指标体系的中间环节，是叶节点指标项计算的基础，是评分标准的目标所在。例如，"不经常开展活动扣 5 分"这一评分标准其最后得分为 –5 分，这里的–5 分就是计分项。

　　录入项是评估检查所得到并记录下来的，且需要录入计算机的实际数据，例如，有项目"自行火炮每辆不完好扣 5 分"，如果检查结果为 1 辆，则录入项就为 1；若没有，则录入项为 0。而把存在相互关系的录入项合称为录入项组，这些关系是指一个计分项的值需要多个录入项计算得出，且这些录入项之间会因某个或几个录入项检查结果的不同影响整个计分项的值。

　　评分标准是指录入项与计分项的关系，它给出了由录入项到计分项的具体计分方法。

　　评估本质上是根据特定的尺度进行的一种价值判断，这个尺度就是评估标准。评估标准是评估者在评估过程中据以对评估对象进行判断的准则。其包括评估目标、评估指标体系和评分标准。各概念之间的相互关系见图 20-1。

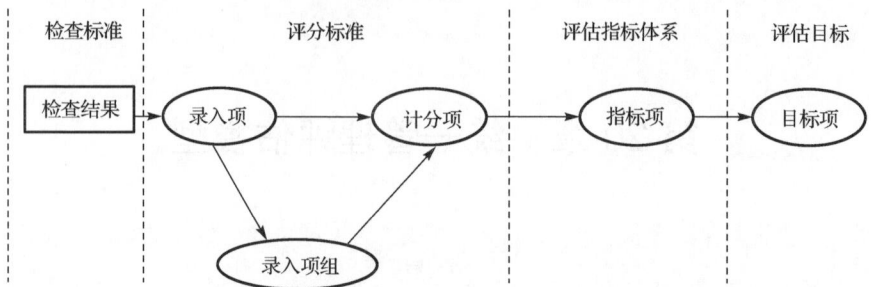

图 20-1　各概念之间的相互关系

20.2　模　型　结　构

　　统一评估模型是由数据录入模型、计分项计算模型、指标项计算模型和评估结论生成模型四个部分组成的，这四个模型是具有时序关系的，即首先根据数据录入模型中规定的数据类型录入检查数据，其次按计分项计算模型中的计算规则计算各计分项的分值，再次综合运用指标项计算模型中各种逐层计算方法计算各指标项的分值，同时对在指标项计算过程中出现的不合理指标值进行及时调整，最后根据评估结论生成模型生成评估结论，其结构如图 20-2 所示。

图 20-2　统一评估模型的结构

　　数据录入模型的主要功能就是将检查得到的数据录入计算机，进而形成录入项。其数据类型可分为逻辑型、序列型、指标型和状态型。检查时，根据具体的指标和评分标准，按照数据录入模型中规定的数据类型将检查数据输入到计算机，从而得到录入项。例如，有项目"训练计划每缺少一份扣 5 分"，检查时就需要知道训练计划究竟缺几份，如果结果为 3，则录入项就为 3；若没有，则录入项为 0。

　　计分项计算模型的主要功能是将录入项转化为计分项。例如，上例中如果录入项为 1，则可以算出该计分项的分值为–5。计分项计算可分为简单计算、联合计算和跳层计算三种基本模式。简单计算是指由一个录入项即可得到一个计分项的计算；联合计算是指多个录入项得到一个计分项的计算；跳层计算是指不经过计分项，而由录入项直接计算出对指标项产生作用的中间变量的一种计算。这三种计算模式之间可以互相嵌套、组合，进而形成更为丰富的组合计算模式，为了简化问题重点讨论这三种基本模式。

指标项计算模型——逐层计算模型的主要功能是将计分项和指标项的中间变量转化为指标项。指标项计算有逐层计算和调整计算两种模式。逐层计算模式主要有加和公式、等权公式、加权公式、几何平均公式、乘法公式 1 和乘法公式 2，灵活运用这些公式算出所有的指标项。

指标项计算模型——调整计算模型。在计算的过程中，由于对相关关系认识的不充分及评估实施过程中产生的指标项与评估对象之间的差异，某些指标项之间的分值关系存在"显然的不合理"。例如，在"两成两力"建设评估中出现了"人员素质过硬"得分很低，而"技术保障高效"得分很高的情况，这样就显然不合理了，因为"人员素质过硬"，不一定能达到"技术保障高效"，但"技术保障高效"是以"人员素质过硬"为基础的，它们之间具有一定的制约关系。因此还需要在此基础上，按照一定的计算规则对这些指标项进行调整计算，调整计算主要有单向制约和双向制约两种。

评估结论生成模型的主要功能就是将指标项转化为目标项。目标项即"评估结论"。评估结论是整个评估指标体系各指标项的函数，在评估指标体系计算完成后，就可据此进行等级评定，形成"评估结论"。

综上所述，总结出统一评估模型的运行结构，如图 20-3 所示。

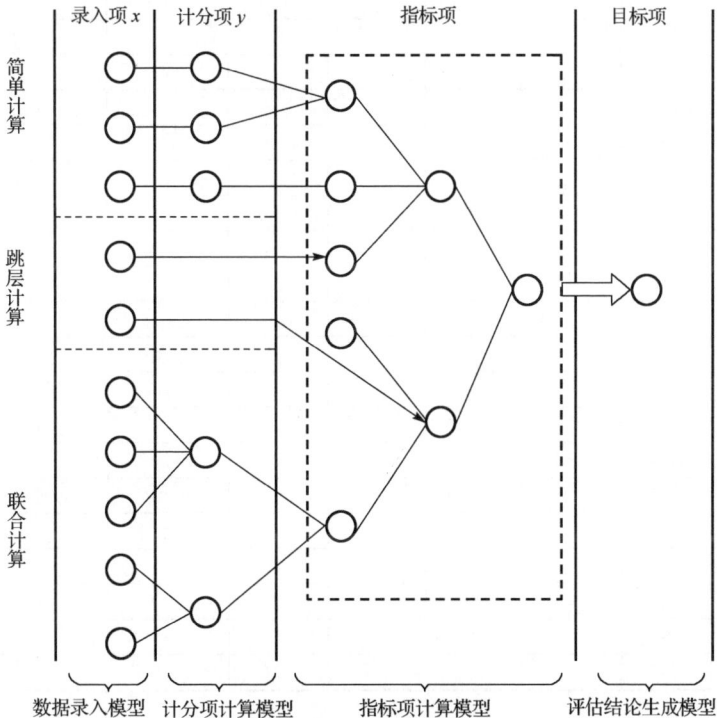

图 20-3 统一评估模型的运行

20.3 简 单 计 算

简单计算可分为四大类，即序列型、指标型、逻辑型及状态型。目前共设计出 37 种子模式，各种模式的参数见表 20-1。

表 20-1 简单计算参数命名的规范

名称	代码	所属简单计算的类型				参数属性		
		序列型	指标型	逻辑型	状态型	参数录入	评估输入	计分输出
分值基数	JS	√	√	√	√	√		
录入数据	*x*	√	√	√	√		√	
录入项分值	*y*	√	√	√	√			√
录入上限	SX	√	√			√		
极值台阶	JZ	√	√			√		
定值数量	DZ	√	√			√		
最大分值	ZD	√	√			√		
步长指数	BC	√	√			√		
允许台阶	YX	√				√		
变速台阶	BS	√				√		
变速系数	XS	√				√		
公差	GC	√				√		
公比	GB	√				√		
规定指标	GD		√			√		
作用方向	FX		√			√		
一次分值	YC		√			√		
肯定提示	KD			√		√		
否定提示	FD			√		√		
作用项	LJ			√		√		
状态 1	ZT1				√	√		
状态 2	ZT2				√	√		
状态 3	ZT3				√	√		
状态 4	ZT4				√	√		
状态 5	ZT5				√	√		
状态 1 得分	FS1				√	√		
状态 2 得分	FS2				√	√		
状态 3 得分	FS3				√	√		
状态 4 得分	FS4				√	√		
状态 5 得分	FS5				√	√		

参数可分为录入属性值、输入参数值和输出分值。录入属性值是指评分标准中

的原始参数数值，例如，"某单位共有某型坦克 10 台，每台不完好扣 2 分"，其录入属性值就有录入上限 SX=10，分值基数 JS=2，步长指数 BC=1；输入参数值就是评估人员检查时需填写或输入计算机的值，在本书中即录入项 x；输出分值是经简单计算得出的分值，在本书中即计分项 y。通常录入属性值是需要预先输入的，输入参数值是现场填写的，而输出分值则是计算机得出的。

20.4　联　合　计　算

联合计算是指多个有联合关系的录入项组计算得出一个计分项的计算。通过对评估标准的深入分析，我们总结并疏理出开关型、选择型、台阶型和函数型四类联合计算方式。

20.4.1　基本型开关联合计算方式

设有两个录入项，分为首项和尾项，其中首项为一个逻辑型变量，称为开关录入项，其取值决定了与本录入项组相对应的计分项是取默认值 0，还是取尾项简单计算的结果。这种联合计算方式称为基本型开关联合计算方式。

如果一个开关录入项对多个录入项有制约作用，称为一般型开关联合计算方式。在逻辑上一般型开关联合计算方式可以分解为若干个基本型开关联合计算方式，为简化问题，本书只讨论基本型开关联合计算方式，同理，以下各种联合计算方式均讨论基本型。

开关型联合计算方式的输入界面示例如图 20-4 所示。

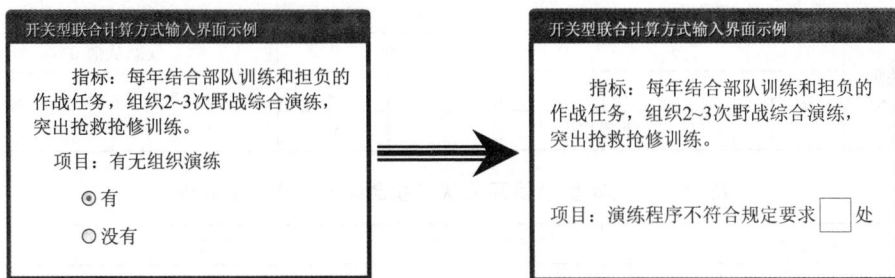

图 20-4　开关型联合计算方式输入界面

根据尾项简单计算方式的不同，可以把基本型开关联合计算方式分为基本开关序列型、基本开关逻辑型、基本开关指标型和基本开关状态型四类，下面以基本开关指标型为例进行介绍。

评分标准：业务干部考试成绩合格(及格率大于等于 80%)，若不合格，及格率低于 80%，每低 1%扣 5 分。

上例中首项为"考试成绩是否合格"的值，尾项为"考试成绩合格率"的值，当考试成绩为合格时，开关为关闭状态，尾项值就不需要录入，此时计分项取默认值 0；若考试成绩为不合格，则开关打开，计分项取尾项简单计算的结果。

由于指标型简单计算可分为若干个模式，所以也可以把基本开关指标型联合计算方式分为若干模式，限于篇幅问题，这里以尾项为最简扣分指标模式为例，总结得出基本型最简开关指标联合计算方式的计算规则如表 20-2 所示。

表 20-2　基本型最简开关指标联合计算方式计算规则

录入项 x			计分项 y		参数说明
开关录入项 KG	关			0	取默认值 0
	开	x_1	达标	y_1	0	取该项简单计算结果，JS、BC、GD 分别为扣分基数、步长指数、规定指标参数，Int 为取整函数
			不达标		$\mathrm{Int}[(GD_1-x_1)/BC_1]\cdot JS_1$	

根据上例可知，基本开关序列型、基本开关逻辑型和基本开关状态型联合计算方式同样也可以分为若干模式，这里以尾项简单计算是最简扣分序列型、最简扣分逻辑型和最简扣分状态型为例，总结得出它们的计算规则如表 20-3～表 20-5 所示。

表 20-3　基本型最简开关序列联合计算方式计算规则

录入项 x			计分项 y	参数说明
开关录入项 KG	关		0	取默认值 0
	开	x_1	y_1　$JS_1\cdot x_1$	取该项简单计算结果，JS 为扣分基数参数

表 20-4　基本型最简开关逻辑联合计算方式计算规则

录入项 x			计分项 y		参数说明
开关录入项 KG	关			0	取默认值 0
	开	x_1	起作用	y_1	JS_1	取该项简单计算结果，JS 为扣分基数参数
			不起作用		0	

表 20-5　基本型最简开关状态联合计算方式计算规则

录入项 x			计分项 y		参数说明
开关录入项 KG	关			0	取默认值 0
	开	x_1	ZT_1	y_1	FS_1	取该项简单计算结果，ZT、FS 分别为状态提示、状态分值参数
			ZT_2		FS_2	
			...		...	

20.4.2　基本型选择联合计算方式

设有两个录入项，分为首项和尾项，其中首项为一个逻辑型变量，当其取 T(或

F)时，该录入项组的计分项取固定值，当其取 F(或 T)时，取尾项简单计算的结果。这种联合计算方式称为基本型选择联合计算方式。

基本型选择联合计算方式的输入界面图与基本型开关联合计算方式相同(图 20-4)。根据尾项简单计算方式的不同，基本型选择联合计算方式可分为基本选择序列型、基本选择逻辑型、基本选择指标型和基本选择状态型。

下面以基本选择序列型联合计算方式为例进行讨论。

评分标准(实例)：未将"两成两力"教育纳入年度教育计划扣 10 分；计划不具体一项扣 1 分。

此例中"'两成两力'教育是否纳入年度教育计划"的值为首项，"计划不具体项数"的值为尾项。如果检查结果为未纳入年度教育计划，则计分项为–10分，若纳入了年度教育计划，则计分项按"计划不具体一项扣 1 分"的简单计算得出。

由于序列型简单计算可分为若干个模式，所以也可以把基本选择序列型联合计算方式分为若干模式，限于篇幅问题，这里以尾项为最简扣分序列模式为例，总结得出基本型最简选择序列联合计算方式的计算规则如表 20-6 所示。

表 20-6　基本型最简选择序列联合计算方式计算规则

录入项 x			计分项 y		参数说明
选择录入项 x_1	选中			JS$_1$	取固定值
	未选中	x_2	y_2	JS$_2 \cdot x_2$	取该项简单计算结果，JS 为扣分基数参数

根据上例可知，基本选择逻辑型、基本选择指标型和基本选择状态型同样也可以分为若干模式，这里以尾项的简单计算方式为最简扣分逻辑型、最简扣分指标型和最简扣分状态型为例，总结得出它们的计算规则如表 20-7～表 20-9 所示。

表 20-7　基本型最简选择逻辑联合计算方式计算规则

录入项 x				计分项 y		参数说明
选择录入项 x_1	选中				JS$_1$	取固定值
	未选中	x_2	起作用	y_2	JS$_2$	取该项简单计算结果，JS 为扣分基数参数
			不起作用		0	

表 20-8　基本型最简选择指标联合计算方式计算规则

录入项 x				计分项 y		参数说明
选择录入项 x_1	选中				JS$_1$	取固定值
	未选中	x_2	达标	y_2	0	取该项简单计算结果，JS、BC、GD 分别为扣分基数、步长指数、规定指标参数，Int 为取整函数
			不达标		$\mathrm{Int}[(\mathrm{GD}_2{-}x_2)/\mathrm{BC}_2] \cdot \mathrm{JS}_2$	

表 20-9　基本型最简选择状态联合计算方式计算规则

录入项 x			计分项 y		参数说明
选择录入项 x_1	选中		JS_1		取固定值
	未选中	x_2	ZT_1	FS_1	取该项简单计算结果，ZT、FS 分别为状态提示、状态分值参数
			ZT_2	FS_2	
			...	...	

20.4.3　台阶型联合计算方式

有若干个某类型的录入项，将其起增加扣分作用时的数量，作为一个含有台阶参数的序列型简单计算的"录入参数"进行计算，称这种联合计算方式为台阶型联合计算方式。

在简单计算的过程中，有时会造成信息的丢失。例如，对某装备的检测应做到 5 个要求，若违反一项扣 5 分，三项以上扣 20 分。在简单计算中，只需录入不合格的项数，这样在评估结束后，单位在整改时就不知道自己究竟哪几项不合规定，给其按错改进带来难度，也使评估指导单位建设的原则有所折扣，为此引入台阶型联合计算方式来解决此问题。这里说的台阶型联合计算方式不包括起否决作用的台阶，如将上例中的"三项以上扣 20 分"改为"三项以上该项为零分"，这时的计算属于极值运算。

评分标准（实例）：落实教学会议制度、备课制度、授课制度、课堂管理制度、听课与查课制度、评教评学制度、考试制度、请示报告制度、教学登记制度、教学奖惩制度、值班制度，1 项未落实扣 2 分，3 项以上扣 10 分。

此例如果按简单计算处理，则只需要输入多少项制度未落实。但把它设计成台阶型联合计算方式，则首先应依次判断"是否落实某制度"，最后再进行综合汇总，看其未落实的制度的个数是否超过 3 项，如等于或超过 3 项，则计分项为–10 分；若小于 3 项，则计分项为各录入项简单计算得出的分值之和。其新旧录入界面的比较如图 20-5 所示。

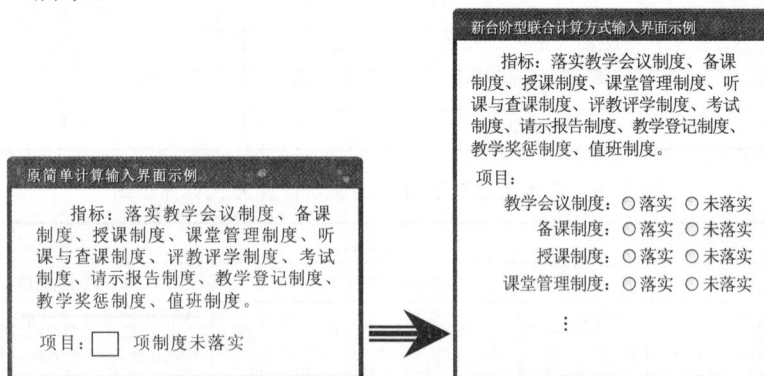

图 20-5　新旧输入界面比较

根据录入项类型的不同，台阶型联合计算方式也可以分为台阶序列型、台阶逻辑型、台阶指标型和台阶状态型四类。由于上例中录入项都为逻辑型，所以其属于台阶逻辑型联合计算方式，而逻辑型本身又可分为若干模式，所以台阶逻辑型联合计算方式也可分为若干模式，限于篇幅问题，这里就不一一说明，以录入项简单计算为最简扣分逻辑模式为例，总结最简台阶逻辑型联合计算方式的一般计算规则如表 20-10 所示。

表 20-10　最简台阶逻辑型联合计算方式计算规则

录入项 x					计分项 y			参数说明
极值 JZ	不制约	x_1	起作用	$i=i+1$	y_1	JS_1	$y_1+y_2+\cdots$	取各项简单计算值之和，JS、JZ 分别为扣分基数和极值台阶参数
			不起作用			0		
		x_2	起作用	$i=i+1$	y_2	JS_2		
			不起作用			0		
		...			...			
	制约			$i \geqslant JZ$	JS			取固定值

根据上例可知，台阶序列型、台阶指标型和台阶状态型同样也可以分为若干模式，这里以录入项均为最简扣分序列型、最简扣分指标型和最简扣分状态型简单计算方式为例，总结得出它们的计算规则如表 20-11～表 20-13 所示。

表 20-11　最简台阶序列型联合计算方式计算规则

录入项 x				计分项 y			参数说明
极值 JZ	不制约	x_1	$x_1>0$，则 $i=i+1$	y_1	$JS_1 \cdot x_1$	$y_1+y_2+\cdots$	取各项简单计算值之和，JS、JZ 分别为扣分基数和极值台阶参数
		x_2	$x_2>0$，则 $i=i+1$	y_2	$JS_2 \cdot x_2$		
		...		...			
	制约		$i \geqslant JZ$	JS			取固定值

表 20-12　最简台阶指标型联合计算方式计算规则

录入项 x				计分项 y		参数说明
极值 JZ	不制约	x_1	达标	y_1	0	取各项简单计算值之和，JS、JZ、GD、BC 分别为扣分基数、极值台阶、规定指标和步长指数参数
			不达标　$i=i+1$		$Int[(GD_1-x_1)/BC_1] \cdot JS_1$	
		x_2	达标	y_2	0	$y_1+y_2+\cdots$
			不达标　$i=i+1$		$Int[(GD_2-x_2)/BC_2] \cdot JS_2$	
		...				
	制约		$i \geqslant JZ$	JS		取固定值

表 20-13　最简台阶状态型联合计算方式计算规则

录入项 x				计分项 y		参数说明
极值 JZ	不制约	x_1	ZT_1　　$i=i+1$	y_1	FS_1	取各项简单计算值之和，JZ、ZT、FS 分别为极值台阶、状态提示和状态得分参数
			ZT_2		FS_2	
			...		...	
		x_2	ZT_1　　$i=i+1$	y_2	FS_1	$y_1+y_2+\cdots$
			ZT_2		FS_2	
			...		...	
	...			...		
	制约		$i \geqslant JZ$	JS		取固定值

注：均以第一个状态为各录入项产生极值累加的条件

20.4.4　函数型联合计算方式

设有若干个录入项，将其作为一个函数的自变量，再将该函数作为一个简单计算的录入参数，并按此简单计算方式计算出该录入项组的计分项值。这种联合计算方式称为函数型联合计算方式。管理评估中常见的三种：平均型、选一型和中位数型，也可以扩展。

20.5　跳　层　计　算

跳层计算是指不经过计分项，而由录入项直接计算出对指标项产生作用的中间变量的一种计算。本书所讲的跳层计算是指一个录入项对应于一个指标项的计算，对于一个录入项对应于多个指标项的跳层计算不作讨论。根据跳层计算时的计算方式的不同，可以将跳层计算分为加扣分跳层计算和极值跳层计算两种，下面对它们进行一一分析和设计，本节所用到的变量说明如表 20-14 所示。

表 20-14　跳层计算有关变量说明

分类	参数名称	类别	标识	说明
叶节点	作用方式	状态	FS	加扣分模式：置分值(±分值)→TB 极值模式：置满分、置零分→TA
	加扣分值	数值	JK	叶节点的实际分值
	加扣分极限控制参数	数值	MF	0 不控制，+小于控制，−大于控制
	受作用枝节点编号	字符	ZY	非叶节点
受作用枝节点	极值模式	状态	TA	置满分、置零分、置分值(默认)
	分值模式	数值	TB	默认为零

本节主要对计分项计算模型中的跳层计算进行分析和设计，对两种计算方式——加扣分跳层计算和极值跳层计算的计算规则进行了总结，给出了其各自的计算机算

法。同时分析了它们之间可能产生的冲突，并给出了协调方法和原则，如表 20-15 所示，最后完成了完整的跳层计算的综合算法设计。

表 20-15　冲突协调原则

原方式	新方式	
	置满分	置零分
置分值	置满分	置零分
置满分	置满分	报错
置零分	报错	置零分

20.6　指　标　计　算

从 20.5 节可知，跳层计算是指不经过计分项，而由录入项直接计算出对指标项产生作用的中间变量的一种计算。因此在进行指标项计算的过程中，应首先对这些中间变量进行处理，使得进入指标项计算的所有指标分值均为最终得分值。由此根据对跳层计算算法的分析，给出了带有跳层计算的单个指标项得分值计算函数，其变量参数说明如表 20-16 所示。

表 20-16　指标项计算有关变量说明

分类	参数名称	类别	标识	说明
枝节点	满分值	数值	MF	≥ 0
	得分值	数值	DF	
	满分控制开关	逻辑	MK	ON：DF≤MF
	零分控制开关	逻辑	LK	ON：DF≥0
	极值模式	状态	TA	置满分、置零分、置分值（默认）
	分值模式	数值	TB	默认为零

经过指标项计算的预处理后，整个指标项体系树中的所有节点的得分值均为最终参与指标项计算的分值，此时可以根据一定计算方法对各层指标项进行计算，通过系统总结和归纳，共得出加和公式、等权公式、加权公式、几何平均公式、乘法公式 1 和乘法公式 2 六种基本的逐层计算方法，总结各方法的优点（表 20-17），给出各方法自身以及综合计算的计算机算法，并用案例对其进行验证，为提高管理性评估结果的准度和信度奠定了基础。

表 20-17　逐层计算方法明细表

综合计算方法	用法	权重	作用指数	优点
加和公式	一般评估	无	无	方便快捷
等权公式	同类同型多套等权系数装备的评估	有	无	使各项目的影响趋于平均化

综合计算方法	用法	权重	作用指数	优点
加权公式	同类同型不同权系数的装备的评估	有	无	体现了不同项目对指标值的不同影响
几何平均公式	加速扣分的评估	有	无	加快了扣分的速度
乘法公式 1	大型复杂装备或系统的评估	有	无	优化了扣分速率并体现出不同权值项目的不同影响程度
乘法公式 2	多部分合成的综合评估	有	有	

根据乘法公式权重参数取值方式的不同，可分为乘法公式 1 和乘法公式 2。乘法公式 1 主要用于由某指标值的下级指标综合计算出该指标的评估，其权值由下级指标的满分值确定，如式 (20-1)。

$$A = \left\{ \frac{\prod_{i=1}^{n}\left[(1+x_i)^{nw_i}-1\right]}{\prod_{i=1}^{n}(2^{nw_i}-1)} \right\}^{\frac{1}{n}} \times P \tag{20-1}$$

$$x_i = 1 - \frac{z_i}{Q_i}$$

$$\sum_{i=1}^{n} w_i = 1, \quad 0 \leqslant w_i \leqslant 1, \quad w_i = \frac{Q_i}{P}$$

式中，x_i 为第 i 个组成项的相对得分值；z_i 为第 i 个组成项的扣分值；w_i 为第 i 个组成项的权重值；Q_i 为第 i 个组成项的满分值；n 为组成项数目；P 为主项的满分值。

乘法公式 2 也是应用乘法原理，但与乘法公式 1 不同的是其权值不是由下级项目的满分值来确定的，而是通过作用指数给定的，其原理相同，但输入的参数结构不同，如式 (20-2)，是侦察情报"两成两力"评估系统的专用模型，对其他系统有借鉴和参考之用。

$$A = \left\{ \frac{\left[(1+B')^{2w_1}-1\right]\left[(1+E')^{2w_2}-1\right]}{(2^{2w_1}-1)(2^{2w_2}-1)} \right\}^{0.5} \times 1000 \tag{20-2}$$

$$w_1 = \frac{150}{1000} = 0.15$$

$$w_2 = \frac{850}{1000} = 0.85$$

式中，A 为综合评估绝对得分值；B' 为共同部分相对得分值；E' 为专业部分相对得分值；w_1 为共同部分权重值；w_2 为专业部分权重值。

20.7　结论生成案例

评估结论生成模型的主要功能就是将指标项转化为目标项。目标项即评估结论，评估指标体系是目标项的计算基础，在评估指标体系计算完成后，就可据此形成评估结论。评估结论是整个评估指标体系各指标项的函数。按总装备部下发的《"两成两力"建设综合评估实施办法》，其达标等级可分为优秀达标单位、达标单位和不达标单位三种，其计算规则如下。

（1）同时具备下列条件的，为优秀达标单位：

①总评成绩达到 900 分（含）以上；

②专业成绩均在 800 分（含）以上；

③兵种专业成绩达 900 分（含）以上；

④人员素质考评成绩不低于该项满分值的 80%（含）；

⑤各类武器装备完好率达到总部规定的标准。

（2）同时具备下列条件的，为达标单位：

①总评成绩达到 800 分（含）以上；

②专业成绩均在 600 分（含）以上；

③兵种专业成绩达 800 分（含）以上；

④人员素质考评成绩不低于该项满分值的 70%（含）；

⑤各类武器装备完好率达到总部规定的标准。

（3）具备下列条件之一，为不达标单位：

①总评成绩低于 800 分（不含）；

②有一类专业考评成绩低于 600 分（不含）；

③兵种专业成绩低于 800 分（不含）；

④人员素质考评成绩低于该项满分值的 70%（不含）；

⑤有一类武器装备完好率未达到总部规定标准。

分析上述规则，并归纳为一个完整的规则体系，见图 18-3。

例如，某装甲师在"两成两力"建设评估中，其共同部分、武器雷达、弹药导弹、装甲装备、工程装备、防化武器、车辆装备、陆军船艇 8 个部分的得分值分别为 800 分、750 分、940 分、930 分、870 分、790 分、910 分、700 分，装备完好率为 90%，人员素质考核成绩为 80 分（总分 100 分）。根据"兵种师、旅、团总评成绩中，本兵种专业占 40%，共同和其他专业的平均值占 60%"的原则以及"装甲师装备完好率必须达到 90%"的标准，得出其总成绩为 865.71 分。由此对照图 18-3 可知，该单位的所有指标项的值都在不达标曲线之上，但是其总评成绩、武器雷达部分的成绩等在优秀达标曲线之下，因此可以得出该装甲师在"两成两力"建设综合评估中的评估结论为"达标单位"。

要 点 评 注

统一评估模型的研究，是当前装备管理评估工作中急需解决的课题，具有十分重要的意义。

第一，指导现有评估标准的修订工作。评估标准是否规范对评估目标的实现具有决定性意义，本研究能够解决我军"两成两力"建设评估标准中无法区分、指代不明、扣分重复、二义性等管理性评估标准中普遍存在的典型问题，为现有评估标准的修订提供解决方法，从而使评估标准更加规范、科学。

第二，规范新评估标准的制定工作。通过对"统一评估模型"的研究，提出了一套完整的评估标准概念体系，提供了多种指标项得分计算方法，从而使评估指标更加贴近实际，增强了制定评估标准的规范性。

第三，为下一步评估软件的开发扫清技术障碍。本书构建了评估模型的四部结构体系，提出了三种计分项计算的基本模式、四种计分项联合计算方式、两类跳层计算方法，归纳出六种指标项逐层计算方法，并给出了计算机算法，为通用软件的开发提供了逻辑模型。

第四，促进管理工作。评估的最终目的是达到"以评促改、以评促建、以评促管"，通过对现有评估标准的规范，改进了评估标准的质量，减少了人为失误的概率，提高了评估工作的效率，从而改进了评估工作的质量，使得被评估的相关单位、管理人员对自身存在的问题或差距有一个清晰的了解，明确了改进的方向，理清了建设思路，最终达到了促进军事装备管理工作的效果。

第五，丰富装备管理的理论。装备管理评估理论，是装备管理理论的重要组成部分。当前装备管理常用的理论与方法主要有责任制管理、目标管理、标准化管理、法规管理、规范化管理、定额与指标管理等。但对装备管理评估理论的研究还很少。通过本书的研究，提出了管理性评估的理论方法与工具，扩充了评估的知识体系，从而丰富了装备管理的理论。

第 21 章　字典融合设计

研究背景

2005 年开始的××平台的建设目标之一是在各专业软件的基础上进入一个统一的技术平台。在综合的过程中碰到了许多技术问题，其中之一就是各专业使用相同的术语，但内涵有较大的差异。如果仅仅是人为的实际执行还相对好处理，实施"一词各表"，但在一个计算机系统中无法实现"各表"。例如，计算机软件中，很多内涵是靠字典来解决的，同一概念下，不同专业有不同的字典项。例如，质量等级，不同装备质量等级的划分是不同的，即用不同的字典项来表达，这样使用不同装备难以进入同一张表之中，这一问题本书称为字典项的融合问题，并提出了该问题的集合标识、种字典、应用标识三种解决方案，对于实现信息系统的互联、互通和互操作起着非常重要的作用。

21.1　问题的提出

装备保障信息的分类中，在某些具体领域内，一些对象的某种属性通常有一个固定的类别集合，使其分类互斥且完整，可充分满足工作需要。例如，军械装备和工程装备的质量属性，有新、堪、待、废四种状态，见表 21-1。但当其进入更大的领域时，如陆军及通用装备，由于某车辆装备的质量属性划分为 10 个等级（表 21-2），与军械装备和工程装备的质量属性就产生了冲突。这类问题在其他保障信息中还有可能更为复杂。由于在同一数据集合中同时出现不同的状态集合，而在数据库管理系统中，通常又要求同一属性值应当是"同质的"。而上述情况，在逻辑上皆为"质量属性"，应是"同质的"，但就物理意义而言，由于其来自两个不同的字典表，出现了多种分类方法，所以，不能满足"同质"要求，需要对这些分类方法进行整合处理。本书称该问题为多状态集合的融合问题。

表 21-1　军械装备与工程装备质量等级字典

代码	名称	备注
10	新品	
20	堪用品	
30	待修品	
40	废品	

表 21-2　车辆装备质量等级字典

代码	名称	代码	名称
01	一级车辆	06	六级车辆
02	二级车辆	07	七级车辆
03	三级车辆	08	八级车辆
04	四级车辆	09	九级车辆
05	五级车辆	10	十级车辆

在装备保障信息系统的发展(特别是规模扩展)过程中，多个状态集合的融合是普遍存在且不可避免的问题，因此，研究和解决这一问题对于大规模信息系统建设既有重要的现实意义，又有理论意义。解决该问题的思路与方法是多样的，根据作者在这一问题上的多年研究，形成了以下三种解决方案：集合标识方案、种字典方案、应用标识方案。

21.2　集合标识方案

假如有陆军及通用装备质量情况表，见表 21-3。

表 21-3　陆军及通用装备质量情况表

装备代码	装备名称	装备号码	质量等级代码	等级名称
100001	54 式手枪	000201	10	新品
100110	122 榴弹炮	000001	20	堪用品
200010	推土机	300011	20	堪用品
300001	解放 30 运输车	000023	05	五级
300023	东风运输车	200897	10	十级
…	…	…	…	…

这一报表从人工看来似乎没有什么问题，对于表中的各种信息，即便出现单双字节字符差异、首空、中空、尾空、全称、简称等情况，人工也能正常识别，甚至将数字 0 误写为字母 O 时，根据经验与常识，人们也可以识别。但是在以计算机为基础的信息系统中，如果以此为识别内容，如"第 27 军"和"第 27 集团军"等，计算机将认为它们分别是不同的内容。因此，计算机中对象的识别是以代码为基础的，在主键标识、信息传输、统计分析等工作中均以代码为基础。

从表 21-3 中可以看出：质量等级代码列中出现了两个不同含义的"10"代码。如果按质量等级进行统计，将会出现"十级"的车辆数据与"新品"的军械装备相加的统计计算，而造成统计结果不准确和含义不明确等问题。

解决这一问题的方法是增加两个状态集合的识别信息，见表 21-4 中的标识列。

在统计工作中将"标识"和"质量等级代码"同时写入统计要求以后，即可避免上述问题的发生。这一方案称为"集合标识方案"。

表 21-4　陆军及通用装备质量情况表

装备代码	装备名称	装备号码	标识	质量等级代码	等级名称
100001	54 式手枪	000201	军械	10	新品
100110	122 榴弹炮	000001	军械	20	堪用品
200010	推土机	300011	工程	20	堪用品
300001	解放 30 直通车车	000023	×车辆	05	五级
300023	东风运输车	200897	×车辆	10	十级
...	...	...	...	...	...

21.3　种字典方案

解决多状态集合的融合问题的另一个方法，是在原有代码字典的基础上建立种字典。所谓种字典，就是对装备保障对象的不同种类进行区分的代码字典。在原有的各类代码中加上种字典的种类区分代码，即可以合并成为一个代码字典，解决了同一属性值的"同质"问题，如表 21-5、表 21-6 所示。

表 21-5　种字典样例

代码	名称
T	军械装备、工程装备
C	车辆装备
...	...

表 21-6　装备质量等级代码字典例

代码	名称	代码	名称
T10	新品	C05	五级车辆
T20	堪用品	C06	六级车辆
T30	待修品	C07	七级车辆
T40	废品	C08	八级车辆
C01	一级车辆	C09	九级车辆
C02	二级车辆	C10	十级车辆
C03	三级车辆	...	...
C04	四级车辆	...	...

21.4　两种方案比较

以上两种方案在具体应用过程中的比较如表 21-7 所示。

表 21-7　两种字典设计方案比较

应用过程	种字典方案	集合标识方案	备注
规划过程	较为复杂	相对简单	一次性过程
编程	较为简单	相对复杂	一次性过程
字典维护	难度大	相对简单	多次性过程
应对武器装备的发展变化	较为困难	相对容易	多次性过程
在实际应用中	较难实施	容易实施	多次性过程

通过表 21-7 的分析不难看出，两种方案都有优缺点。在规划过程上，由于种字典方案需要对全军范围内的装备质量等级分类进行统一规划，所以在具体的规划过程中会涉及多个方面，其规划过程较为复杂；集合标识方案，由于只是在现有的质量等级代码字典上增加区分标识，而对现有的质量等级体系并不进行规划，所以其规划过程要相对简单。在编程上，由于统一编码方案中质量等级代码的唯一性，所以不需要增加区分标识，从而在程序设置上较为简单；集合标识方案由于增加了集合标识，从而在程序设置上相对复杂。在字典维护上，由于种字典方案是建立在全军统一的质量等级体系之上的，所以一旦出现新的质量等级的变动就会波及全军，因此，在日后的字典维护上会较为困难；集合标识方案，由于新的质量等级的出现不涉及全军范围，所以其在日后维护上较种字典方案简单。在应对武器装备的发展变化上，由于种字典方案不会出现波及全军范围的现象，所以在应对上相对容易。在"实际应用中"，由于种字典方案的推行难度较大，所以在实际中较难实施，而集合标识方案只需要在总部建立的字典中进行，所以在实际应用中较容易实施。

通过以上论述可以发现，种字典方案在具体的应用中存在较多困难，而集合标识方案在具体应用上具有较强的可操作性。在课题实践中，×项目将全军各业务体系中的质量代码集中于一个字典，拟"各取所需"，但最终各项目大部分重新定义专用字典，因为它不能解决同术语不同内涵等诸多的情况，在××平台的质量等级字典设计中采用了各子字典并集的方法，不同的字典中存在相同的字典值，造成了概念的混乱，这是一个非常失败的设计方案；采用集合标识字段方案解决数据字典不融合问题，收到了较好的效果，其不利在于字典文件过多，管理困难。

21.5　应用标识方案

在各种信息集合中，还存在这样的问题。信息集合是一个稳定的状态集，但在不同场合下可能使用的不是其全集，而是其一个特定的子集。例如，由于新品和待一的条件之一就是没有经过携行，所以，部队不存在新品和待一装备，而修理计划中装备质量等级显然只有待一和待二两个等级。

在系统设计中有三种方法：一是信息集合的各类子集分别设计一个字典，专表专用,编程方便,其缺点是增加了基础表的数量及管理难度;二是提供给用户全集,任由其输入,但在确认后,作合法性检验,这一方法给用户提供了错误选择的机会,不符合软件设计原则;三是采用"应用标识"字段,将不同的信息能够使用的情况进行标记,在使用过程中根据信息使用的条件,选择可以使用的信息子集,见表21-8。

表 21-8　装备质量等级代码字典例

代码	名称	应用标识				
		后方仓库	部队	四类制	七类制	修理计划
10	新品	★		★	★	
20	堪用品		★	★		
21	堪一	★			★	
22	堪二	★			★	
23	堪三	★			★	
30	待修品		★	★		
31	待一	★			★	★
32	待二				★	★
40	废品	★	★	★	★	

要 点 评 注

　　在信息系统的建设与发展过程中,多状态集合的融合问题是普遍存在的。该问题的解决对于实现信息系统的互联、互通和互操作起着非常重要的作用。本章对多状态集合的融合问题提出了三个解决方案,在信息系统的研制开发过程中,还有可能出现更为复杂的情况,仍需要进一步研究,为信息系统的一体化、信息化建设提供思路。

第22章 统一接口

研究背景

　　某系统从 2005 年受领任务开始，至 2009 年结束，又经过改善提高阶段至 2013 年，开发过程不能说不长，经费 100 多万元，对于一个不大的软件而言，资金不能说不多，最终还是大额超支。其中取得了很多的经验教训，但接口的不稳定性是经费超支最重要的因素。在近 10 年的建设过程中，接口涉及十几个单位，部门就更多了，最少时有 32 张表，最多时有 224 张表，2011 年最终以 42 张接口表定案。这些接口的对接工作占用了大量的开发时间和资源，做大量无效工作，这让开发队伍"士气尽消"。作者认为，这应当是大规模信息系统存在的普遍问题，而且规模越大，问题就越严重，于是对这一问题开始了专门的研究。

22.1　思路与方法

22.1.1　基本问题

　　在某系统开发过程中，其数据接口的变化是迟滞开发时间和影响系统质量的重要因素之一，具体表现有很多，但归纳起来主要有以下两个方面。

　　一是数据传输表的数量不稳定。在项目开发的初期，使用单位依据"××3 演习"的有关资料及相关的条令、条例、规范等，提供了 120 张数据传输表；在项目开发中期，使用单位在进行"××6 演习"准备时，将数据传输表变更为 45 张；在项目开发中后期，使用单位根据"××6 演习"数据传输的实际情况，又重新组织相关单位和专家专门研究梳理了数据传输表，并确定为 69 张。

　　二是数据传输表的结构不稳定。表 22-1 是项目开发初期使用单位提供的装备维修保障力量现状表，在项目开发中期使用单位将其变更为表 22-2 所示的形式，在项目开发中后期使用单位又将其变更为表 22-3 所示的形式。

表 22-1　装备维修保障力量现状表（项目开发初期）

单位 代码	装备 代码	机构 层次	现驻 地	编制 人数	修理 专业	实有 人数	修理 能力	统计截 止时间
（主键）	（主键）							

表 22-2　装备维修保障力量现状表(项目开发中期)

单位代码 (主键)	装备代码 (主键)	机构层次	现驻地	编制人数	修理专业	实有人数	主要设备	所属单位	单位性质	修理能力	统计截止时间

表 22-3　装备维修保障力量现状表(项目开发中后期)

单位代码 (主键)	装备代码 (主键)	机构层次	机构类别	现驻地	机构级别	编制人数	修理专业	实有人数	主要设备	所属单位	单位性质	修理能力	统计截止时间

造成数据接口不稳定的主要原因有以下两个方面:一是未来作战组织指挥的关系不清晰、信息需求不明确;二是应急作战装备维修保障组织指挥的流程不固定、信息关系不稳定。数据接口不稳定直接导致了某系统在开发中出现了大量的重复和无效劳动,不仅浪费了大量的开发资源,而且系统数据传输不顺畅、不可靠。为消除数据接口不稳定对某系统产生的影响,课题组研究并设计装备维修保障信息系统的统一接口,力图减缓或消除系统数据接口不稳定问题。

22.1.2　方法遴选

目前,通过维护程序应对接口的变化是较为常规的方法,本书称为程序维护法。其具体实施过程如下:传输双方根据预先商定好的传输表设计接口,在编程实现后其接口固定不变,当传输表发生变化时,传输双方需要维护系统接口部分的程序实现接口的变化,满足系统传输数据的需求,并在系统的业务数据库中建立新表的结构,存储新表的数据。

该方法存在两个致命缺点:一是某系统不会只包含一两个子系统,而是一个相对庞大的子系统群,当传输表发生变化后,通过维护系统接口部分的程序应对接口的变化,其维护的工作量十分庞大,维护工作的管理十分复杂;二是频繁地改动程序会造成整个系统的不稳定,《软件和科学管理》一书指出"软件每变更一次,导致一个新错误的概率是 25%~50%,导致两个以上错误的概率是 25%",并且对于软件专业人员而言,如果是非软件专业人员修改这个数据可能会更严重。如果频繁地改动程序,最终会导致整个系统的全面退化。

考虑到程序维护法的致命缺点,本书作者想到了另一个方法,即把接口变更作为软件的一项功能,当传输表发生变化时,操作员只需要调整软件设置就能应对接口的变化,本书称这种方法为功能设置法。其具体实施过程如下:系统开发时把接口变更作为软件的一项功能,当传输表发生变化时,传输双方通过调整接口设置实现接口的变化,使其满足系统传输数据的需求,并在系统的业务数据库中建立新表的结构,存储新表的数据。

该方法有效地消除了"程序维护法"的致命缺点，但仍然存在两点不足：一是接口仍然不稳定，因为通过设置来改变接口并没有从根本上解决接口不稳定的问题，系统的接口仍旧变化，接口不稳定的危害仍然存在；二是系统在接口的管理上容易造成混乱，因为某系统是一个有若干个子系统构成的开放系统，功能设置法在技术上允许任何两方子系统通过协商设置接口，实施数据的传输，这种做法的结果势必会造成整个系统接口管理的混乱，而且大量用户在不同地点不同子系统的业务数据库中建立新表的结构，容易造成新表结构的不一致，使得接收到的数据不能正常存储。

基于以上考虑，本书作者提出了第三种方法，即系统开发一个统一、稳定的接口，无论传输表如何变化，变化后表中的数据都能够导入该接口，使其转化为统一的数据格式，再进行统一传输。该方法的思想来源于 James Martin 的数据稳定性原理，即只要组织的性质不变，其决策所需要的数据是稳定的，而处理是多变的。企业的目标及组织机构都在变化之中，因而数据的处理是多变的，但在这些变动的因素中，基本的数据类型却是比较稳定的。并且，为了方便整个系统传输表的管理，该接口可以传输表结构数据①，当传输表变化时，各级子系统从上一级子系统读取新表结构，存入业务数据库中，到达异地、异库建表，可保持数据结构的一致性，本书称这种方法为统一接口法。其具体实施过程如下：系统开发设计一个统一数据格式的接口，接口一旦固定就不再发生变化，发送方传输表中的数据通过格式转换，变成统一接口格式的数据后实施传输，接收方接收到统一接口格式的数据后，通过格式转换，将其还原为原有格式的数据，存入接收方的业务数据库中。并且，最高层子系统管理整个系统内部的传输表，当传输表发生变化时，通过由上至下的顺序逐级传输表结构数据，并在业务数据库中建立新表结构，以此方式管理传输表的变化。

以上提出了三种解决问题的方法，通过三者在信息系统开发、运行、维护三个阶段[1]中的对比，见表 22-4，发现统一接口法在开发阶段的难度很大，但在运行和维护阶段，该方法与其他两种方法相比明显具有优势。因此，本书采用统一接口法解决由传输表多变带来的接口不稳定问题。

表 22-4　三种方法对比表

阶段	比较指标	维护程序法	功能设置法	统一接口法
开发	设计难易度	容易	一般	难
	实施难易度	容易	容易	一般
运行	接口稳定度	不稳定	不稳定	稳定
	接口管理难易度	容易	难	容易
维护	程序维护频繁度	频繁	不频繁	不频繁
	接口协商频繁度	多次协商	多次协商	一次协商

---

① 数据库建立表需要的数据，本书称为表结构数据。

22.1.3 国内外研究动态

当前，国内外关于数据接口研究的文献非常多，归纳起来有五个方面：一是数据接口的研究内容涉及工业设计制造[2]、建筑设计[3]、通信设计[4]、计算机软件开发[5]、管理信息系统开发[6]、电力应用[7]、军事应用[8]、医学应用[9]、会计账务应用[10]等多个领域；二是数据接口一词从内涵上分为数据接口实体[11]和数据接口标准[12-14]；三是数据接口从接口类型上分为硬件数据接口[15]和软件数据接口[16]；四是"数据接口"依据需要传输数据的不同实体之间关系，分为内部数据接口[17]和外部数据接口[18]；五是数据接口在软件层面上从软件所使用的开发语言、所运行的计算机操作系统、所选用的数据库等方面进行区分，可以分为同构层次系统数据接口和异构层次系统数据接口[19]。本书所要研究的统一接口，在研究领域上属于管理信息系统开发领域，在内涵上属于具体的数据接口而非接口标准，在软硬件划分上属于软件数据接口，在传输数据的实体之间的关系上属于外部数据接口，在同构和异构层面上属于异构层次系统数据接口。由此，将本书所要研究统一接口的研究领域进行了具体化，在这一具体领域内，查找介绍有类似数据接口不稳定问题的文献。通过查阅发现，由于数据结构标准不统一而导致不同系统之间数据难以共享的问题较多，同时也有相关的解决方案，这些方案对于统一接口的设计思路具有启迪作用。

文献[20]指出"由于各财务软件采用不同的数据库平台和各自独立的数据库结构设计，形成了各自不同的体系结构，最终导致各财务软件之间不能互相交换数据，这便给其他软件获取财务数据造成了障碍"。在财务软件上出现的数据接口问题具有普遍性，在我国信息化发展的进程中这是一个普遍现象，也是一个不可避免的问题。对于这一问题的解决，文献中采用标准数据接口解决方案，如图 22-1 所示。

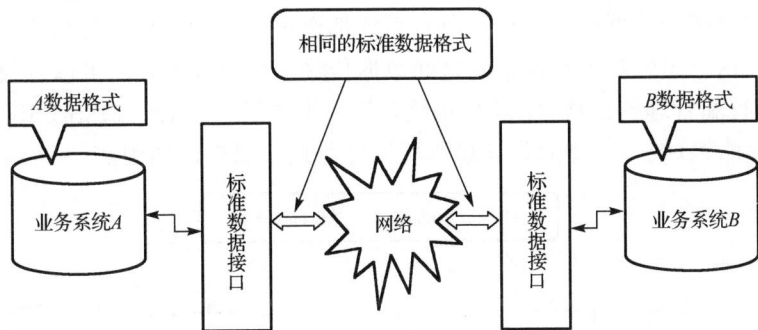

图 22-1 标准数据接口解决方案

由图 22-1 可知，两个系统之间有了一个采用相同标准的数据接口，从而使数据顺利地在两个业务系统之间进行传输。标准数据接口的使用，不仅使会计信息系统提高了管理层次，而且可以和企业管理信息系统的其他子系统进行有机结合，实现各系统之间数据的充分共享和交换。

文献[21]提出了一种解决异构数据源(数据库)集成的方案——中间件,中间件(middleware)是指一种独立的系统软件或服务程序,分布式应用软件借助这种软件在不同的技术之间共享资源。中间件解决方案如图 22-2 所示。

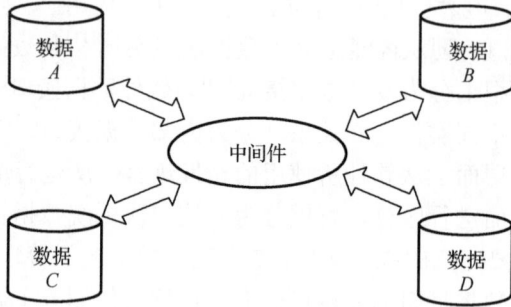

图 22-2　中间件解决方案

由图 22-2 可以看出,中间件的引入使得四个异构数据源之间可以有效地进行数据互访,从而实现了异构系统之间数据资源的共享和交换。

除了以上两种方法,还有以下几种解决数据难以共享问题的方法:软件工具转换法(software tool conversion method)[22, 23]、中间数据库转换法(middle DataBase conversion method)[24]、传送变量转换法(transmission variable conversion method)[25,26]、数据库组件转换法(DataBase groupware conversion method)[27,28]。这些方法也都可以有效解决由于数据结构标准不统一而导致不同系统之间数据难以共享的问题。

撇开标准数据接口解决方案和中间件解决方案的具体内容,分析其解决问题的思路,可以发现两种方案实际上都采用了同一个思想:在需要进行数据传输的不同系统之间建立统一数据标准平台,所有系统都通过这一数据平台与其他系统进行数据的交换。这一思想对于不同系统之间数据传输带来的好处有:可以有效减少系统的维护、运行和管理的工作量,减少系统总体费用的投入。由此,MSS-ESS-ISJOH(某个系统的缩略语)统一接口的设计思路可以借鉴这一思想,如图 22-3 所示。

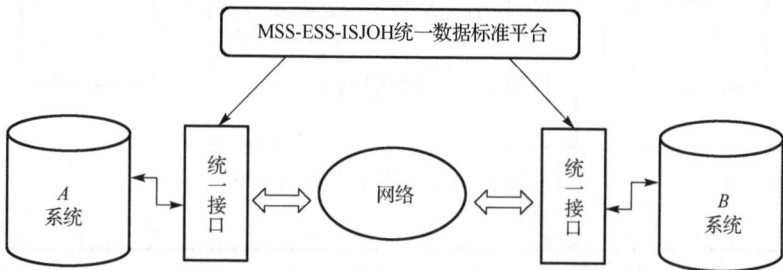

图 22-3　MSS-ESS-ISJOH 统一接口

由图 22-3 可以看出，传输数据的双方分别建立统一接口从而构成统一数据标准平台，所有需要传输的数据都导入统一接口之中而后进行传输。需要指出的是，根据课题实践，为了方便 MSS-ESS-ISJOH 数据传输表的管理，统一接口还可以传输变化了的数据表结构信息。

在检索文献中还发现有部分文献的题目中出现了与本书相同的"统一接口"一词，这些文章中出现的"统一接口"与本书中的统一接口内涵是否相同，需要进行研究。仔细阅读这些文章，发现"统一接口"一词有三种含义：一是指统一的驱动程序，在文献[29]中的统一接口是指应用面向对象中抽象类的技术来建立不同类型设备的统一驱动程序；二是指统一的数据采集接口，在文献[30]中的统一接口是指采用统一的数据采集接口采集不同类型的 Linux 内核信息；三是指异构数据源之间数据互访的统一接口，在文献[31]中的统一接口是指在多个分布式异构系统间提供统一的数据访问接口，以实现不同系统间数据的动态共享。本书所要研究的统一接口是指，为解决不同单位使用 MSS-ESS-ISJOH 实施装备维修保障业务数据传输时，存在的系统数据接口不稳定问题而产生的一种数据接口技术。由此，本书中的统一接口的内涵与以上三种统一接口的内涵是不同的。

22.1.4 统一接口的设计思想

统一接口的设计思想可以概括为"四统一"，即统一存储、统一格式、统一传输、统一管理。"四统一"思想中孕育着统一接口结构的稳定性，"四统一"的具体含义如下。

（1）统一需要传输的业务数据于一个结构中。即在数据接口中建立一个统一的数据表结构，把传输表中的数据通过一定的技术手段导入该数据表结构下暂时存储，为下一步实施数据的统一传输做好准备。

（2）统一传输数据的格式和类型。在不同系统之间设计传输数据的统一格式和类型，即使数据传输表不断变化，传输数据的格式和类型也不发生变化，而仅仅是记录数据的增减。

（3）统一实施数据的传输。将多个传输表中的数据导入一个数据表结构中进行传输，达到数据统一传输的目的。

（4）统一管理传输表结构的变更。即通过数据接口能够传输表结构数据，表结构的变更由最高一级系统进行管理，当表结构发生变化时，本级系统从上一级系统读取变化了的表结构数据，在数据库中建立新表结构，而后再进行业务数据的传输，以此方法实现整个系统内传输表结构的统一管理。

22.2　关　键　技　术

22.2.1　数据标识研究

数据标识是指通过不同字段联合标识的方式来回答每一条具体数据是什么数据，是统一接口构成中的重要组成部分，其作用在于使统一接口可以将某系统内所有数据传输表的数据标识都能够导入统一接口数据库的数据标识结构要素中。

1. 统一接口数据标识的组成

依据统一接口数据标识所发挥的作用，要想使统一接口数据标识能够将某系统内所有数据传输表的数据标识都能够导入统一接口数据库的数据标识要素中，则统一接口数据标识的组成就必须能够涵盖某系统内所有数据传输表的任何结构样式的数据标识，为此则首先需要对某系统内数据传输表的数据标识结构进行详细研究。在课题开发后期共建立了60多张数据传输表，如表22-5所示。

表 22-5　数据传输表（节选）

续表

表序	某系统数据传输表结构

表20 装备维修经费保障计划表

单位代码	装备代码	专业代码	作战阶段	维修经费	计划时间

表21 装备维修设施征用计划表

单位代码	装备代码	设施名称	所属单位	所在地	使用单位	保障任务	开始征用时间

表22 装备维修设备保障程度预计表

单位代码	装备代码	预计战前所需维修设备数量	现有维修设备数量	预计当前保障程度	预计时间

表23 装备维修保障力量需求预计表

单位代码	装备代码	专业代码	现有人员数	需求数	需补充数	预计时间

表24 装备维修保障力量调整补充表

单位代码	装备代码	专业代码	补充数量	军内调整		地方动员		作战任务	补充时间
				非任务部队	军队企业化工厂	军工集团	非军工集团		

表25 请求上级修理装备申请表

单位代码	装备代码	数量				请求原因	作战阶段	申请时间
		故障	轻损	中损	重损			

... ...

表60 装备维修经费需求预计表

单位代码	装备代码	装备修理费			器材购置费		设备购置费		机动费	预计时间
		轻损	中损	重损	需求额	需补充额	需求额	需补充额		

表61 装备规定修复率预计表

单位代码	装备代码	规定总修复率	时段类别	作战任务	预计时间

表62 装备维修保障设备需求预计表

单位代码	装备代码	设备代码	预计需求数量	作战任务	预计时间

表63 装备维修保障器材需求预计表

单位代码	装备代码	基数级别	预计需求数量	作战任务	预计时间

表64 装备维修保障器材军内调整计划表

单位代码	装备代码	作战阶段	调整数量	完成时限	上报时间

... ...

表 22-5 列举了某课题开发的部分数据传输表结构，这些数据传输表不是随机抽取的，而是将某系统数据传输表中所有具有不同结构样式的表都进行了列举，因此，虽然只是部分数据传输表结构，但已涵盖了某系统中所有结构样式的数据传输表。表中灰底色标识的部分分别为某系统数据传输表的"数据标识"和"数据时间"，中间部分为"数据内容"。

分析每一数据传输表的数据标识部分，不难发现这些数据标识的结构样式可以归纳为以下三种。

(1)样式 1：数据标识=单位代码

(2)样式 2：数据标识=单位代码+装备代码

(3)样式 3：数据标识=单位代码+装备代码+器材代码(或设备代码、设施代码、专业代码)

三种样式涵盖了某系统内所有数据传输表的数据标识结构，三种样式之间存在包含关系：样式 3 包含样式 2，样式 2 包含样式 1。由于统一接口的数据标识要能够导入数据传输表中的任何结构样式的数据标识，所以统一接口的数据标识组成应表示为

数据标识=单位代码+装备代码+器材代码(或设备代码、设施代码、专业代码)

分析器材代码(或设备代码、设施代码、专业代码)，从装备维修保障业务活动的角度来说，装备维修保障就是使用一定的维修资源对武器装备实施维护和修理，而维修资源包括维修器材、设备、设施、人员等，由此可以将器材代码(或设备代码、设施代码、专业代码)概括为资源代码。完善后的统一接口数据标识组成表示为

数据标识=单位代码+装备代码+资源代码

至此，统一接口数据标识由三个字段组成：单位代码、装备代码、资源代码。

2. 数据传输表表型

把某系统数据传输表的数据标识部分所表现出来的不同结构样式称为数据传输表的表型。依据数据传输表数据标识的三种结构样式，可以将表型划分为三类，如表 22-6 所示。

表 22-6　数据传输表表型

表型	具体组成
Ⅰ型表	单位代码
Ⅱ型表	单位代码+装备代码
Ⅲ型表	单位代码+装备代码+资源代码

三种表型在总部、军区、部队三个层次以及不同军兵种上都有可能用到，但使用的重点不同，例如，总部级主要使用Ⅰ型表和Ⅱ型表，对于Ⅲ型表的使用主要限

于一些主战装备和杀手锏装备(如战略导弹等);军区级也主要使用 Ⅰ 型表和 Ⅱ 型表,
对于 Ⅲ 型表的使用主要限于主战装备;部队级则主要使用 Ⅱ 型表和 Ⅲ 型表, Ⅰ 型表
也有但较少。

不同的维修资源所应用的表型是不同的,例如,装备维修保障器材的现状、申
请、筹措、补充等如果按基数进行,则只有 Ⅱ 型表,如果按件数则只有 Ⅲ 型表;装
备维修保障设备的现状、申请、筹措、补充等,通常只有 Ⅲ 型表;装备维修保障设
施的信息通常为 Ⅱ 型表和 Ⅲ 型表;装备维修保障力量的现状、申请、筹措、补充等,
通常应用 Ⅱ 型表,有时也使用 Ⅰ 型表;装备维修保障经费应用较多的为 Ⅰ 型表。

3. 统一接口数据标识的稳定性

数据标识结构的稳定是统一接口结构稳定的重要组成部分,统一接口数据标识
的结构之所以具有稳定性可以从以下两个方面得到验证。

一是构成统一接口数据标识组成的单字段的稳定性。统一接口数据标识有三个
字段组成:单位代码、装备代码、资源代码。这三个代码均是全军统一编码,因此,
在整个系统内具有稳定性。

二是统一接口数据标识组成结构的稳定性。统一接口数据标识组成包含三类表
型,而三类表型涵盖了当前某系统内所有不同结构样式的数据传输表的数据标识,
因此,在某系统内三类表型具有完备性,这一完备性使得统一接口的数据标识组成
结构具有稳定性。

统一接口数据标识组成的单字段和单字段组构成的结构均具有稳定性,由此可
以得出结论:统一接口数据标识组成具有稳定的数据标识信息结构。

22.2.2 时间概念辨析

数据时间是统一接口的重要组成部分,其功能在于使统一接口将某系统内的任
何数据传输表的数据时间都能够导入统一接口数据库的数据时间结构要素中。为了
能够实现这一功能,依据课题开发实践,提出数据时间研究的目标是要建立统一的
数据时间体系,这一体系具有三个属性:一是时间概念的无二义性,即数据时间体
系中的时间概念不会出现二义性和理解上的错误;二是时间概念的完备性,即数据
时间体系中的时间概念应涵盖所有数据传输表中用到的时间概念;三是数据时间
体系结构的稳定性,即数据时间体系不会随着时间概念的变化而变动其结构。由
于数据传输表中众多的时间概念是统一数据时间体系建立的依据、条件和基础,
所以,为了满足统一接口数据时间设计的要求,就需要对这些时间概念进行深入
的分析。

作者收集最近 5 年各军区报到总部的数据报表,又搜集了其他方面有关装备维修
保障业务的统计数据报表,共计 200 多份,对这些数据报表中出现的时间概念进行统

计、汇总，得出了表 22-7 所示的和装备维修保障业务数据紧密相连的时间概念。要建立统一的数据时间体系，首先就需要搞清楚这些时间概念的内涵和它们之间的关系。

表 22-7　时间概念

序号	时间概念名称	所属级别层次	位置	备注	是否需要进行说明
1	下发时间	上级对下级层次	表尾部	也可以是表中字段	需要
2	批准时间				需要
3	批阅时间			不具有决策效应	需要
4	补充时间				不需要
5	完成时限			不属于关键字段	不需要
6	作战任务				需要
7	作战阶段				需要
8	统计时间	本级层次	表中字段	含有二义性	需要
9	统计截止时间				不需要
10	预计时间				需要
11	落实时间				不需要
12	到位时间				不需要
13	调整时间			这两个时间概念应含有事件发生的开始时间和结束时间	需要
14	采购时间				需要
15	征用时间			含有二义性	需要
16	征用期限			不属于关键字段	不需要
17	建议时间			不具有决策效应	需要
18	计划时间				需要
19	制表时间	下级对上级层次	表尾部	制作数据报表的时间	不需要
20	申请时间		表中字段		需要
21	上报时间		表头部	也可以是表中字段	不需要
22	接收时间	三级都有	表中字段	由某系统自动添加的时间戳	统一进行说明
23	作战时间				
24	天文时间				

1. 时间概念界定

时间概念的界定有多种方式，本书是按照时间概念所归属不同级别层次的方式进行的。按照时间概念的产生源可以将时间概念所归属的级别层次划分为三种：一是上级对下级层次，二是本级层次，三是下级对上级层次。

时间概念的位置一般有两处：一是表头部或表尾部，表示整个数据报表所具有的时间属性；二是表中字段，每一行记录有一个时间概念，表示该行记录所述对象的时间属性。在众多的时间概念中有些时间概念由于含有较多的信息，需要对其进行必要的说明，而有些时间概念由于其含义单一、具体，不需要再进行说明。

1)上级对下级层次

下发时间、批准时间、批阅时间、补充时间、完成时限、作战任务、作战阶段，这 7 个时间概念属于上级对下级层次。

(1)下发时间，是指数据表格的发布时间(时间位置处于表尾部)，有时也指表格中数据的发布时间(时间位置处于表中字段)，通常包含于由上级制定的各种装备维修保障计划之中(数据表格作为计划的附件)，此时数据表格的发布时间同装备维修保障计划的下发时间(计划的落款时间)是同一时间；有时上级也向下级单独地下发表格，而不下发计划，此时下发时间就特指数据表格的发布时间(或表格中数据的发布时间)，这一时间同表格下发的落款时间是同一时间。需要指出，上报时间与下发时间的内涵是相同的，只不过上报时间是由下级对上级而产生的。上报时间和下发时间举例见表 22-8 和表 22-9 所示。

表 22-8　装备维修保障设备现状表

上报时间：_____

单位代码	装备代码	设备代码	数量	重量	体积	金额	统计截止时间	上报时间
(主键)	(主键)	(主键)						

表 22-9　装备规定修复率表

单位代码	装备代码	规定总修复率	作战阶段	下发时间
(主键)	(主键)			

下发时间：_____

(2)批准时间，是指报表数据经上级批准后的时间，出现于计划类数据表中，如"装备维修保障器材申请计划表"。需要说明，一张报表中的数据只能含有一个批准时间(有决策效应)，但可能含有多个批阅时间(有参考效应，无决策效应)，例如，首长批阅时间、专家意见时间(等价于批阅时间)、上级相关部门意见时间等。批准时间举例如表 22-10 所示。

表 22-10　装备维修保障器材申请计划表

单位代码	装备代码	申请数	基数级别	作战阶段	批准时间
(主键)	(主键)				

(3)作战任务和作战阶段，是指由上级制定的作战部署行动，这是一组隐含的时间概念，即称谓中不含有"时间"字样，但实际上含有时间的含义，并且都含有开始时间和结束时间两个时间点，出现于多种装备维修保障数据表中，如"装备维修保障设备需求预计表"，如表 22-11 所示。

表 22-11　装备维修保障设备需求预计表

单位代码	装备代码	设备代码	预计需求数量	作战阶段	预计时间
(主键)	(主键)	(主键)			

2)本级层次

统计时间、统计截止时间、预计时间、落实时间、到位时间、调整时间、采购时间、征用时间、建议时间、计划时间、制表时间，这 11 个时间概念属于本级层次。

(1)统计时间，含有二义性，例如，4 月 5 日××单位统计完 3 月份的数据，则统计时间既可以理解为"统计工作"完成的时间(4 月 5 日)，也可以理解为"统计对象"发生的时间(3 月 1 日~3 月 31 日)。为消除二义性，应将统计对象发生的时间用两个时间点(两个时间字段)表示，即"统计开始时间"和"统计结束时间"，而将统计工作完成的时间放于文书之中。需要说明，统计截止时间与统计结束时间在内涵上是一致的，都是指统计对象发生的结束时间，如表 22-12 所示。

表 22-12　装备现状表

单位代码	装备代码	作战阶段	质量等级	编制数量	参战数量	参战装备完好率	统计截止时间
(主键)	(主键)						

(2)预计时间，是指预计装备维修保障资源在某一个具体的作战阶段(或作战任务)中需求(或消耗等)的数量时，预计工作发生的时间，出现于装备维修保障资源需求预计表中，如表 22-11。

(3)调整时间、采购时间，这两个时间概念均是表示调整和采购(进行维修资源筹措的两种手段)事件所具有的时间属性，这两个时间概念都应含有调整和采购事件发生的开始时间和结束时间。

(4)征用时间，是指征用地方维修设施、人员及高新技术企业的时间，这一时间含有二义性，例如，××单位在 3 月 10 日征用××高新技术企业，征用时间 60 天，则征用时间既可以理解为征用事件发生的时间(3 月 10 日)也可以理解为征用的期限(60 天)，为消除其二义性，应将这一时间用两个时间点来表时，即"征用开始时间"和预计"征用结束时间"。

(5)建议时间，是指由参谋人员制定装备维修保障建议时，数据表中的数据被建议的时间，出现于多种装备维修保障数据表中，这些数据表在某系统中是临时存储表，因为参谋人员建议的数据不具有决策效应，所以建议时间在某系统中不能作为以时间进行运算的条件。

(6)计划时间，是指参谋人员制定的装备维修保障建议经领导审核批准后，被建议的数据就生效为计划数据，此时数据的时间就为计划时间，出现于装备维修保障计划类数据表，如"装备维修经费保障计划表"，如表 22-13 所示。

表22-13 装备维修经费保障计划表

单位代码	装备代码	专业代码	作战阶段	经费	计划时间
（主键）	（主键）	（主键）			

3）下级对上级层次

申请时间、上报时间，这两个时间概念属于下级对上级层次。

（1）申请时间，是指下级向上级申请维修资源的时间，出现于维修资源申请表中，如"装备维修经费申请表"，如表22-14所示。

表22-14 装备维修经费申请表

单位代码	装备代码	作战任务	修理费				器材费	设备费	机动费	申请时间
			故障	轻损	中损	重损				
（主键）	（主键）	（主键）								

（2）上报时间含义与下发时间相对，如表22-8、表22-9所示。

4）三级都有

接收时间、作战时间、天文时间这三个时间概念是某系统自动给每一张数据传输表添加的三个时间戳字段，由于其是系统自动添加的，所以在统一数据时间体系建立中不进行研究（统一数据时间体系研究的对象是不同数据传输表中的不同时间概念）。

依据统一接口中数据时间所发挥的作用，并不是所有的时间概念都能成为统一数据时间体系建立所要研究的对象，统一数据时间体系建立所要研究的时间概念应具有四个标准：①时间概念位置必须是处于表中字段，而不是处于表头部或表尾部；②时间概念在数据传输表中必须是关键字段；③时间概念在数据传输表中必须具有决策效应；④时间概念必须是不同数据传输表中的不同时间概念，而不是每个数据传输表都有的相同时间概念。可以发现有些时间概念并不符合这四个标准，因此不能成为统一数据时间体系建立所研究的对象，对其进行总结，如表22-15所示。

表22-15 不归属统一数据时间体系研究的时间概念

序号	不归属统一数据时间体系研究的时间概念	不归属的原因	备注
1	制表时间	不属于数据表结构	在制作报表时使用
2	批阅时间	无决策效应	在存为历史文档时使用
3	建议时间		
4	完成时限	不属于关键字段	
5	征用期限		
6	接收时间	由某系统自动添加	由系统程序实现
7	作战时间		
8	天文时间		

2. 时间概念关系比较

在时间概念内涵界定清楚的基础上，需要对这些时间概念之间的关系进行比较分析。依据统计学中有关时间关系原理，不同时间概念在同一时间轴上存在包含、等同、交叉、先后等多种时间关系[32]。依据这一原理，在战时装备维修保障业务流程时间轴上，同一级别层次和不同级别层次之间的时间概念必然会存在包含、等同、交叉、先后等多种关系。

(1) 上级对下级层次。首先，作战阶段和作战任务之间存在相互包含和交叉关系，通常在作战方案中已将整个作战过程划分为若干作战阶段和作战任务，例如，综合火力打击阶段、重点封锁阶段、1 号作战任务、2 号作战任务等，此时则会出现在一个作战阶段中会包含若干作战任务，也会出现一个作战任务跨越若干作战阶段，或是一个作战任务与某一个作战阶段完全重合。其次，下发时间、批准时间、补充时间会出现于同一个或不同作战阶段和作战任务当中，即作战阶段和作战任务与这三个时间概念之间会出现包含和交叉关系。

(2) 本级层次。首先，统计开始时间先于统计结束时间(或统计截止时间)，调整开始时间先于调整结束时间，采购开始时间先于采购结束时间，征用开始时间先于征用结束时间；在实际工作中调整、采购、征用三个事件有可能同时开始，也有可能有先后关系(通常军内调整数量不够时则开始进行采购或是征用)，则三个事件的开始时间和结束时间在一起进行比较时存在多种时间关系。其次，统计结束时间应先于预计时间，预计时间又先于补充时间，而补充时间又先于到位时间，这一时间关系链的建立是依据装备维修保障的业务流程，即先统计当前的装备维修保障资源现状，而后依据现状和受领的装备维修保障任务，开始预计作战当中所需要的维修资源数量，而后根据现有数量和需求数量之间的关系，确定需要补充的维修资源数量，有了补充就有补充资源的到位情况(到位时间)。

(3) 下级对上级层次。申请时间和上报时间之间应存在先后和等同关系，通常申请时间应和上报时间为同一时间，即申请维修资源的计划做好后就开始上报，此时申请时间和上报时间之间是等同关系，但在实际工作中也会出现申请计划做好后过一段时间再上报的情况，此时申请时间和上报时间之间是先后关系。

(4) 三级层次之间。第一，对于同一维修事件而言，下级对该事件的上报时间应先于上级对该事件处理后向下级答复的下发时间。第二，下级向上级申请维修资源的时间应先于上级向下级补充维修资源的时间。第三，计划时间、批准时间两个时间概念在三级层次上对于同一事件而言都应存在先后关系，即计划时间要先于批准时间。第四，作战任务和作战阶段包含下发时间、批准时间、补充时间、统计截止时间、预计时间、落实时间、到位时间、申请时间、上报时间这 9 个时间概念，因为在实际工作中很多装备维修保障事件的发生都是处在一定的作战阶段或作战任务中,例如,统计、预计、申请、补充等事件都是按照某一具体的作战阶段或作战任务进行。

实际上,通过以上论述可以建立起某系统中有关时间数据质量的初步检测规则,并可形成一个内嵌于系统中的时间数据质量检测规则库,对某系统中的时间数据质量进行监控,由于这一内容不属于本书所要研究的范围,所以在这里只是一个设想,但可在以后的工作实践中继续研究。

3. 时间概念类别划分

时间概念类别划分是时间概念辨析内容组成的一个部分,其划分方式有多种,可以按照时间轴进行划分,也可以按照时间的表现样式进行划分。按照时间轴进行划分,时间类别有两种:一是时刻的概念,即时间轴上的一个点,如上报时间、下发时间、补充时间等;二是时段的概念,即时间轴上的一个区域,由开始时刻和结束时刻两个要素构成,例如,作战阶段和作战任务都含有开始和结束两个时刻要素。按照时间的表现样式进行划分,时间类别有两种:一是明示时间,即时间概念中含有明显的"时间"含义和字样,一般的表现形式为"××时间",如申请时间、计划时间等;二是隐含时间,即时间概念中不含有明显的"时间"含义和字样,而是隐含于时间概念之中,如作战阶段、作战任务等,这类时间从表面称谓上看并不含有时间的概念,但透过表面字样分析其内涵,实际上这类称谓是一种隐含的时间概念。

时间概念类别划分如表 22-16 所示。

表 22-16 时间概念类别划分

序号	时间概念名称	按时间轴划分	按时间表现样式划分
1	下发时间		明示时间
2	批准时间	时刻	
3	补充时间		
4	作战任务		隐含时间
5	作战阶段	时段	
6	统计时间		
7	统计截止时间		明示时间
8	预计时间	时刻	
9	落实时间		
10	到位时间		
11	调整时间		
12	采购时间	时段	
13	征用时间		
14	计划时间		
15	申请时间	时刻	
16	上报时间		

时间概念类别的划分有助于进一步理解时间概念的内涵和它们之间的关系，考虑到时间概念的多样性及其概念之间关系的复杂性，寻求一种合理的时间概念划分类别将更有利于统一数据时间体系的建立。就以上两种时间划分方式而言，按照时间轴进行划分更具有合理性，并且容易被理解和接受，因为不管是什么样的时间概念，在时间轴上都可以找到它的位置，它要么属于时刻概念要么就属于时段概念，除此之外不会再有其他归属。而按照时间表现样式进行划分则存在不稳定性，因为不同的人会有不同的理解，有些人认为按照时间表现样式进行划分还可以有直接时间、间接时间、确切时间、预计时间等多种分类。

22.2.3　六段时标的设计

时间概念界定、辨析、类别划分三方面内容的论述已将时间概念的内涵和关系进行了深入分析，去除了不归属于统一数据时间体系研究的时间概念。接下来则需要依据统一接口中数据时间所应实现的功能，并结合统一接口数据时间设计的目标，建立一个符合设计要求的统一数据时间体系，在使用统一接口进行数据传输时，不同数据传输表中的不同时间概念都能够正确的进入这一体系中，并以这样的体系结构进行传输。

建立统一数据时间体系有以下两种方案可以选择。

方案 1：为当前的每一个时间概念设计一个字段，而后将所有字段设计到一张表中，这张表就是一个数据时间体系结构，并且可以与统一接口的其他构成部分进行衔接。在使用统一接口进行数据传输时，则将需要传输的数据表中的时间概念与这张表中的时间概念进行匹配，匹配通过后就进入对应的时间概念字段中，以这样的方式进行数据时间的传输，其体系结构如表 22-17 所示。

表 22-17　统一数据时间体系结构（方案 1）

下发时间	批准时间	补充时间	作战任务	作战阶段	统计时间	统计截止时间	预计时间	落实时间	到位时间	调整时间	采购时间	征用时间	计划时间	申请时间	上报时间
—	—	—	1号作战任务	—	—	—	—	—	20071217 18:30	—	—	—	—	—	—

注："—"代表空值，"1号作战任务"和"2007121718:30"为数据时间记录举例

方案 2：分析所有数据传输表中时间概念的传输属性，总结传输属性之间的共性点，而后提取这些共性点并进行相应的合并，将存在的异性点进行合理的保留，以此来建立统一接口中的数据时间体系。

方案 1 从简单思考的角度出发，为所有时间概念分别设计一个字段，而后将所有字段设计到一张表中，很显然，这张表显得很冗余，而且在传输过程中，会出现大量的空值（如表 22-17 中的"—"）；再者，当前有 16 个时间概念就只设计 16 个

字段，但随着我军装备维修保障信息系统的发展，必然还会有新的时间概念产生，那时这一封闭的数据时间体系结构就不能融进新的时间概念，从而不能满足实际工作的需要。

方案 2 从分析研究的角度出发，通过分析每一时间概念在数据传输表中的传输属性，总结共有的属性并进行合并，保留特有的属性，从而建立一个不冗余、紧凑、满足需要、稳定的、所需时间字段最少的体系结构，这样的体系结构才能与统一接口相匹配，并最终实现统一接口中数据时间的统一传输。

两种方案比较如表 22-18 所示。

表 22-18　方案比较

方案	实施难度	结构稳定性	传输效率	使用寿命	是否满足体系标准	整体合格性
1	容易	不稳定	差	短	不满足	不合格
2	困难	稳定	优	长	满足	合格

通过表 22-18 的分析，可以得出结论：方案 1 不能满足统一接口数据时间设计要求，同时没有实用价值，也不具有研究意义；方案 2 则具有一定的研究价值，并且可以实现。通过课题研究实践已建立起了统一的数据时间体系，并在统一接口中发挥了作用，本章的研究就是基于方案 2 进行的。

统一数据时间体系的建立过程分析如表 22-19 所示。

表 22-19　数据时间体系建立过程分析表

序号	时间概念名称	时间类别	单一时刻	开始时刻	结束时刻	时标类别	阶段/任务代码
1	下发时间	时刻	√				
2	批准时间		√				
3	补充时间		√				
4	作战任务	时段				√	√
5	作战阶段					√	√
6	统计时间			√	√		
7	统计截止时间	时刻	√				
8	预计时间		√				
9	落实时间		√				
10	到位时间		√				
11	调整时间	时段		√	√		
12	采购时间			√	√		
13	征用时间			√	√		
14	计划时间	时刻	√				
15	申请时间		√				
16	上报时间		√				

注："√"表示该时间概念所对应的数据传输表中的时间传输属性

在数据接口中不同的时间概念其传输属性是不同的。在表 22-19 中，下发时间、批准时间、补充时间、统计截止时间、预计时间、落实时间、到位时间、计划时间、申请时间、上报时间这 10 个时间概念属于"时刻"性质，均表示当前事件发生的开始时间或是结束时间，因此其在数据传输表中的传输属性可以由一个字段来表示，将这个字段命名为"单一时刻"。而统计时间、调整时间、采购时间、征用时间这四个时间概念属于"时段"性质，均含有开始时间和结束时间两个时间点，因此其在数据传输表中的传输属性需要有两个时间字段才能完整的表示，将这两个字段分别命名为"开始时刻"和"结束时刻"。

对于作战阶段和作战任务两个隐含时间概念，由于是在作战方案中形成的，其开始时刻和结束时刻都难以确定，而在数据传输表中这两个时间概念又是频繁出现的，由于不能由开始时刻和结束时刻表示其在数据传输表中的传输属性，所以需要重新设计一个字段表示，将这个字段命名为阶段/任务代码。 在实际中，阶段代码和任务代码分属于两个不同的代码字典，由不同层次的不同单位制定，因此很有可能出现重码，例如，"第一作战阶段"代码 01，"1 号作战任务"代码 01，此时只有一个阶段/任务代码字段就不能完整地表示出作战阶段和作战任务两个时间概念在数据传输表中的传输属性，因此还需要有一个字段对两种时间概念进行区分，将其命名为"时标类别"，其值域为{阶段，任务}，与阶段/任务代码字段相对应。

仔细分析单一时刻、开始时刻、结束时刻三个具体的时间值字段，不难发现这三个字段之间存在冗余关系。归属于"单一时刻"的时间概念有的是事件发生的开始时刻，如申请时间、补充时间、预计时间等；有的是事件发生的结束时刻，如统计截止时间。为消除三个字段在接口传输属性上相互之间存在的冗余性，需要对三个字段进行合并。通过分析，将归属于"单一时刻"传输属性的 10 个时间概念中，除统计截止时间归属于结束时刻，其余 9 个时间概念都归属于开始时刻。由此，将三个时间字段合并成为两个时间字段，这两个时间字段之间不存在冗余性。

在实际工作中有些时间概念所表示的事件发生的时间属性具有特殊性，在接口设计中通常要对这一事件进行必要的文字说明，例如，统计装备维修保障器材库被炸后器材的损失情况，此时的统计截止时间所代表的器材库被炸事件，具有特殊性，需要有一段文字对其进行描述。为了满足这一实际工作需要，还需要有一个字段来存放这段文字说明，将其命名为时间备注。

通过以上论述，建立起了统一数据时间体系的基本结构，由 5 个字段组成：开始时刻、结束时刻、时标类别、阶段/任务代码、时间备注，分析其完整性，发现这 5 个字段当中缺少了具体时间概念的名称，如表 22-20 所示。

表 22-20 完整性分析

时间概念名称	开始时刻	结束时刻	时标类别	阶段/任务代码	时间备注
申请时间	2007101123:30	—	阶段	01	器材
	2007101222:40	—	任务	01	设备

分析表 22-20 中两条记录的完整性，可以发现第一条记录由于缺少具体的时间概念名称，而不清楚"2007101123:30"这一开始时刻究竟是器材的补充时间还是申请时间，或是其他与器材相关的什么时间，因此这条记录是不完整的。而第二条记录通过增设"时间概念名称"字段，整条记录就具有完整性，其"开始时刻"的含义就很清楚。由此，还需要有一个字段满足这一需要，将这个字段命名为"时间名称代码"（数据进入传输接口中都是以代码的形式进行的）。

至此，通过以上论述已建立起统一数据时间体系的完整结构，如表 22-21 所示。

表 22-21 统一数据时间体系结构

序号	时间概念名称	六段时标					
		A	B	C	D	E	F
		时标类别	阶段/任务代码	时间名称代码	开始时刻	结束时刻	时间备注
1	下发时间	时刻		√	√		√
2	批准时间	时刻		√	√		√
3	补充时间	时刻		√	√		√
4	作战任务	任务	√				√
5	作战阶段	阶段	√				√
6	统计时间	时段		√	√	√	√
7	统计截止时间	时刻		√		√	√
8	预计时间	时刻		√	√		√
9	落实时间	时刻		√	√		√
10	到位时间	时刻		√	√		√
11	调整时间	时段		√	√	√	√
12	采购时间	时段		√	√	√	√
13	征用时间	时段		√	√	√	√
14	计划时间	时刻		√	√		√
15	申请时间	时刻		√	√		√
16	上报时间	时刻		√	√		√

注："√"表示该时间概念适合六段中的哪一段

在表 22-21 中，显示出统一数据时间体系有 6 个字段组成：时标类别、阶段/任务代码、时间名称代码、开始时刻、结束时刻、时间备注。由此，将其命名为六段时标。

由于数据在导入统一接口中时均是以代码的形式进行的，所以需要对六段时标中的时标类别、阶段/任务代码、时间名称代码三个字段建立专用的代码表，如表 22-22～表 22-24 所示。

表 22-22　时间名称代码样例

序号	时间概念名称	时间代码
1	下发时间	WX_XFSJ
2	批准时间	WX_PZSJ
3	补充时间	WX_BCSJ
4	统计时间	WX_TJSJ
5	统计截止时间	WX_TJJZSJ
6	预计时间	WX_YJSJ
7	落实时间	WX_LSSJ
8	到位时间	WX_DWSJ
9	调整时间	WX_TZSJ
10	采购时间	WX_CGSJ
11	征用时间	WX_ZYSJ
12	计划时间	WX_JHSJ
13	申请时间	WX_SQSJ
14	上报时间	WX_SBSJ

表 22-23　阶段/任务代码样例

阶段代码表		任务代码表	
阶段名称	阶段代码	任务名称	任务代码
第一阶段	01	1 号作战任务	01
第二阶段	02	2 号作战任务	02
第三阶段	03	3 号作战任务	03
第四阶段	04	4 号作战任务	04
...		...	

表 22-24　时标类别代码样例

时标类别名称	时标类别代码
阶段	WX_JD
任务	WX_RW
时段	WX_SD
时刻	WX_SK

注：增设时间名称代码字段后，对时标类别的值域进行了扩展。时标类别不仅与阶段/任务代码字段相对应，同时也与时间名称代码字段相对应

22.2.4 五种数据传输时间模式的建立

对表 22-21 中"时标类别"列进行分析归纳，可以发现属于"时刻"类别的时间概念反映出的是具体事件(下发、批准、补充、统计、预计、落实、到位、计划、申请、上报)发生的当前状态，因此，这些时间概念在数据传输表中所代表的数据主体(例如，申请数 100、补充数 100、战损率 0.3%等)传输的时间属性，可以总结为"按当前状态传输数据"。属于"阶段"类别的时间概念(作战阶段)，在数据传输表中所代表的数据主体传输的时间属性，可以表示为"按作战阶段传输数据"。时间类别属于"任务"的时间概念(作战任务)，在数据传输表中所代表的数据主体传输的时间属性，可以表示为"按作战任务传输数据"。时间类别属于"时段"的时间概念(统计时间、调整时间、采购时间、征用时间)，在数据传输表中所代表的数据主体传输的时间属性，可以总结为"按任意时段传输数据"。

在实际工作中，还有一种数据传输时间情况比较特别，不属于以上四种情况，这就是"按固定间隔传输数据"，这一数据传输时间情况来源于战前和作战当中，上级部门要求其下一级单位以固定的时间间隔上报本单位的维修资源现状，如三日报、五日报等，这种情况所用到的时间概念为"统计截止时间"，此时统计截止时间概念在数据传输表中所代表的数据主体(主要为维修资源的现状情况)传输的时间属性，就可以表示为"按固定间隔传输数据"。

至此，通过以上分析总结出当前在装备维修保障系统内，时间概念在数据传输表中所代表的数据主体传输的时间属性有五种,将其命名为五种数据传输时间模式。五种数据传输时间模式的建立，涵盖了当前装备维修保障系统内所有时间概念的传输属性，但它不是封闭的，它将随着我军装备维修保障信息系统的不断发展而完备。

五种数据传输时间模式的建立，有助于对六段时标的完善和应用。应用五种数据传输时间模式，对六段时标中的"时标类别"进行修正，可以得到进一步完善的时标类别，其完善后的时标类别代码如表 22-25 所示。

表 22-25 五种数据传输时间模式与时标类别对应关系

五种数据传输时间模式	时间类别代码表(完善后)	
	时标类别名称	时标类别代码
按作战阶段传输数据	阶段	WX_JD
按作战任务传输数据	任务	WX_RW
按任意时段传输数据	时段	WX_SD
按当前状态传输数据	状态	WX_ZT
按固定间隔传输数据	间隔	WX_JG

22.2.5　六段时标的应用

将时间概念全部融入六段时标中，就建立起了统一接口中完整的数据时间应用体系，如表 22-26 所示。

表 22-26　六段时标应用体系

A 段 时标类别	B 段 阶段/任务代码	C 段 时间名称代码	D 段 开始时刻	E 段 结束时刻	F 段 时间备注
阶段	阶段代码	下发时间	2007030618:30	×	下发内容的主题
阶段	阶段代码	批准时间	2007040716:40	×	
阶段	阶段代码	补充时间	2007050817:50	×	
阶段	阶段代码	预计时间	2007030618:31	×	
阶段	阶段代码	落实时间	2007040719:40	×	
阶段	阶段代码	到位时间	2007050818:30	×	
阶段	阶段代码	计划时间	2007030620:28	×	
阶段	阶段代码	申请时间	2007040721:32	×	
阶段	阶段代码	上报时间	2007050822:33	×	上报内容的主题
任务	任务代码	同上	同上	同上	
时段	×	统计时间	2007060318:30	2007071018:30	器材库被炸时间+ 统计截止时间
时段	×	调整时间	2007060318:30	×或 2007071018:30	
时段	×	采购时间	2007060318:30	×或 2007071018:30	
时段	×	征用时间	2007060318:30	×或 2007071018:30	征用期限两个月
间隔	×	统计截至时间	×	2007081518:30	三日报或五日报等
状态	×	下发时间	2007030618:30	×	下发内容的主题
状态	×	批准时间	2007040716:40	×	
状态	×	补充时间	2007050817:50	×	
状态	×	预计时间	2007030618:31	×	
状态	×	落实时间	2007040719:40	×	
状态	×	到位时间	2007050818:30	×	
状态	×	计划时间	2007030620:28	×	
状态	×	申请时间	2007040721:32	×	
状态	×	上报时间	2007050822:33	×	上报内容的主题

注："×"表示该时间概念不适合该段

由表 22-26 看出，在"阶段"和"任务"中都出现了"状态"类时间概念，之所以会这样有两个方面的依据：一是装备维修保障工作的实际情况，例如，维修资源的申请、补充等都是按照某一具体的作战阶段或作战任务进行的，维修资源的消耗预计更是按照具体的作战阶段和任务进行的；二是时间概念之间存在的关系，作战阶段、作战任务与其他时间概念之间存在包含和交叉关系，实际上这种时间关系的存在正是来源于装备维修保障工作的实际情况。

下面通过一个例子，具体说明六段时标体系的应用，见表 22-27 和表 22-28。

表 22-27 装备维修设备消耗预计表（原数据传输表）

单位代码	装备代码	设备代码	作战阶段	作战任务	预计消耗数量	预计时间
001	002	003	综合火力打击	—	100	2007030318:30
004	005	006	—	攻占×岛	50	2007040419:40

表 22-28 装备维修设备消耗预计表（应用六段时标后的数据传输表）

单位代码	装备代码	设备代码	预计消耗数量	时标类别	阶段/任务编码	时间名称代码	开始时刻	结束时刻	时间备注
001	002	003	100	阶段	综合火力打击	预计时间	2007030318:30	—	
004	005	006	50	任务	攻占×岛	预计时间	2007040419:40	—	

注：为了将六段时标体系的应用看得更清楚，在举例中没有填写具体的代码，而是以名称的方式体现，在统一接口的传输中则是以代码的形式进行

22.2.6 统一接口数据时间的稳定性

统一接口数据时间的稳定性，可以通过对统一数据时间体系所具有的三个属性的验证得到说明。①六段时标体系结构中时间概念的无二义性，在时间概念界定中，发现"统计时间"和"征用时间"在理解上存在二义性，其原因是先前的一个字段标识不能够准确地反映出时间概念所具有的全部信息，现在用 6 个字段进行标识，则有效地保证了时间概念在理解上的唯一性。②六段时标体系结构的完备性，表现在六段时标体系应能够涵盖所有数据传输表中的时间概念，这一点可以从六段时标体系建立的过程和结论中得到验证。③六段时标体系结构的稳定性，即不会由于时间概念的变化而变动其体系结构，这一点可以从六段时标体系建立的过程分析表中得到验证，时间类别的划分按照时间轴的划分方式进行，可以保证不管出现什么样的时间新概念，也不管出现多少，只要它是时间概念则在时间轴上就可以找到它的位置。由此，六段时标体系可以满足数据传输表中千变万化时间概念的传输需要。由此得出结论：六段时标是一种稳定的时间信息结构。六段时标的产生不仅是统一接口的重要关键技术，而且是整个装备维修保障信息系统数据时间设计的一个规范，对于我军装备维修保障信息系统中数据时间设计的规范化具有重要作用。

22.3 统一接口方案

22.3.1 统一接口的功能

依据"四统一"原则，统一接口具有三个功能：一是数据暂存功能，二是数据传输功能，三是表结构管理功能。

(1)数据暂存功能,是指传输表中的数据可以通过一定的技术手段导入统一接口中,并且实现导入后数据的存储。

(2)数据传输功能,是指任意两个系统之间可以通过统一接口进行数据传输。传输数据分为两类:一类是业务数据,另一类是表结构数据。由于传输数据的不同,数据传输功能又分为业务数据传输功能和表结构数据传输功能。

(3)表结构管理功能,是指某系统通过统一接口可以进行表结构数据的传输,最高层系统通过向下逐级传输表结构数据的方式管理整个系统的传输表结构。

22.3.2 统一接口的组成

依据统一接口功能,统一接口组成包括三个部分:接口数据库、数据导入处理器、数据导出处理器。

(1)接口数据库。该部分主要实现将需要传输的业务数据存储在统一、稳定的结构中,并以此为基础进行数据传输。由于接口数据库的这一作用,可以保证传输数据格式和类型的一致性,实现系统数据接口的稳定,所以,接口数据库是统一接口的中枢组成部分。

接口数据库由 6 个结构要素组成,每一结构要素对应一组字段,具体结构如下:

接口数据库结构=数据标识结构要素+数据内容结构要素+数据时间结构要素
　　　　　　+数据传输结构要素+数据管理结构要素+数据结构要素

数据标识结构要素=单位代码+装备代码+资源代码

数据内容结构要素=字段代码+字段内容

数据时间结构要素=时标类别+阶段/任务代码+时间名称代码+开始时刻
　　　　　　　+结束时刻+时间备注

数据传输结构要素=数据发送/接收方代码+数据传输时间+表代码+表结构代码

数据管理结构要素=保障对象与资源+管理方式

数据结构要素=表结构代码+字段名称+字段类型+字段描述+是否为主键
　　　　　　+是否为空

6 个结构要素中数据标识、数据内容、数据时间是接口数据库结构的核心组成部分,这三个结构要素的组成如果设计不好,将直接影响接口数据库的稳定性,进而造成统一接口运行失效。三个结构要素中数据内容的结构设计较为简单,而数据标识和数据时间的结构设计则需要花费大量时间进行研究。本书将分别对这两个结构要素进行详细研究。

(2)数据导入处理器。该部分主要实现从系统业务数据库内提取需要传输的业务数据,并将这些不同格式的数据进行格式转换,变为统一接口格式的数据,并保存在接口数据库中以备发送。所以,该组成部分主要用于数据发送过程。

(3)数据导出处理器。该部分主要实现从接口数据库中提取系统接收到的统一格式的数据，通过格式转换，使其变为系统业务数据库中存储数据的格式，并保存于系统业务数据库中。所以，该组成部分主要用于数据接收过程。

22.3.3 统一接口的结构

依据统一接口组成，设计统一接口结构如图 22-4 所示。

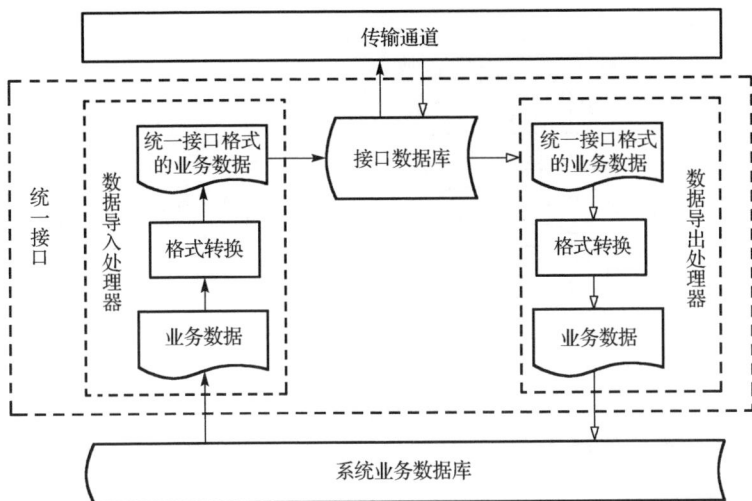

图 22-4 统一接口的结构

图 22-4 中由实心箭头连接的一路是数据发送过程，在这一过程中，系统业务数据库通过数据导入处理器实现数据格式转换后，将数据导入接口数据库，再由接口数据库进入传输通道进行数据传输。图中由空心箭头连接的一路是数据接收过程，在这一过程中，数据由传输通道进入接口数据库，再通过数据导出处理器实现数据格式转换，而后将数据存储在系统业务数据库中。接口数据库、数据导入处理器、数据导出处理器使统一接口成为一个有机整体。

22.3.4 统一接口的运行

统一接口的运行包括四方面的内容：数据传输的运行过程、表结构数据传输过程、业务数据传输过程、统一接口数据解码。

1. 数据传输的运行过程

统一接口的数据传输功能分为业务数据传输和表结构数据传输两个部分，业务数据传输是建立统一接口的最终目的，表结构数据传输是统一接口数据传输功能的一部分，其目的是统一管理传输表结构的变更，保证系统中各子系统数据库建立新表结构的一致性，进而更好地实现数据交互。统一接口进行数据传输前首先要判断

两个子系统之间传输的表结构是否发生变更，如果没有变更，则可以直接进行业务
数据传输，如果发生变更，则从最高一级系统开始，逐级向下传输表结构数据，然
后再进行业务数据传输，判断过程如图 22-5 所示。

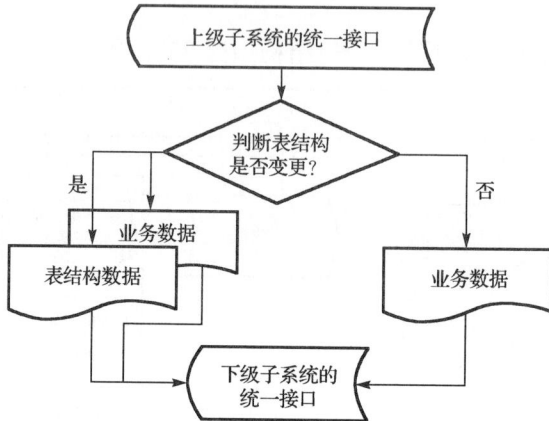

图 22-5　统一接口数据传输的判断过程

2. 表结构数据传输过程

表结构数据传输过程分为三个阶段：表结构数据传输的准备阶段、表结构数据
传输的实施阶段、表结构数据传输的提取阶段，其传输过程如图 22-6 所示。

(1)表结构数据传输的准备阶段。发送端操作员通过统一接口的数据导入处理器
在 A 系统的表结构数据库中选择需要传输的表结构，而后将表结构数据导入发送端
的接口数据库。至此，表结构数据传输准备完毕。

(2)表结构数据传输的实施阶段。发送端操作员在发送端接口数据库中选择导入
的表结构，而后将表结构数据送入传输通道，接收端操作员设置读取条件，从传
输通道中读取表结构数据，并保存于接收端接口数据库中。至此，表结构数据传
输完毕。

(3)表结构数据传输的提取阶段。接收端操作员通过统一接口的数据导出处理器
在接口数据库中选择接收的表结构数据，然后存储于 B 系统表结构数据库中。至此，
表结构数据提取完毕。

通过以上三个阶段就实现了表结构数据由 A 系统向 B 系统的传输，这样 B 系统
就可以在系统业务数据库中建立该表的结构，为下一步传输业务数据做好准备。

3. 业务数据传输过程

业务数据传输过程分为三个阶段：数据传输的准备阶段、数据的传输阶段、数
据的提取阶段，其传输过程如图 22-7 所示。

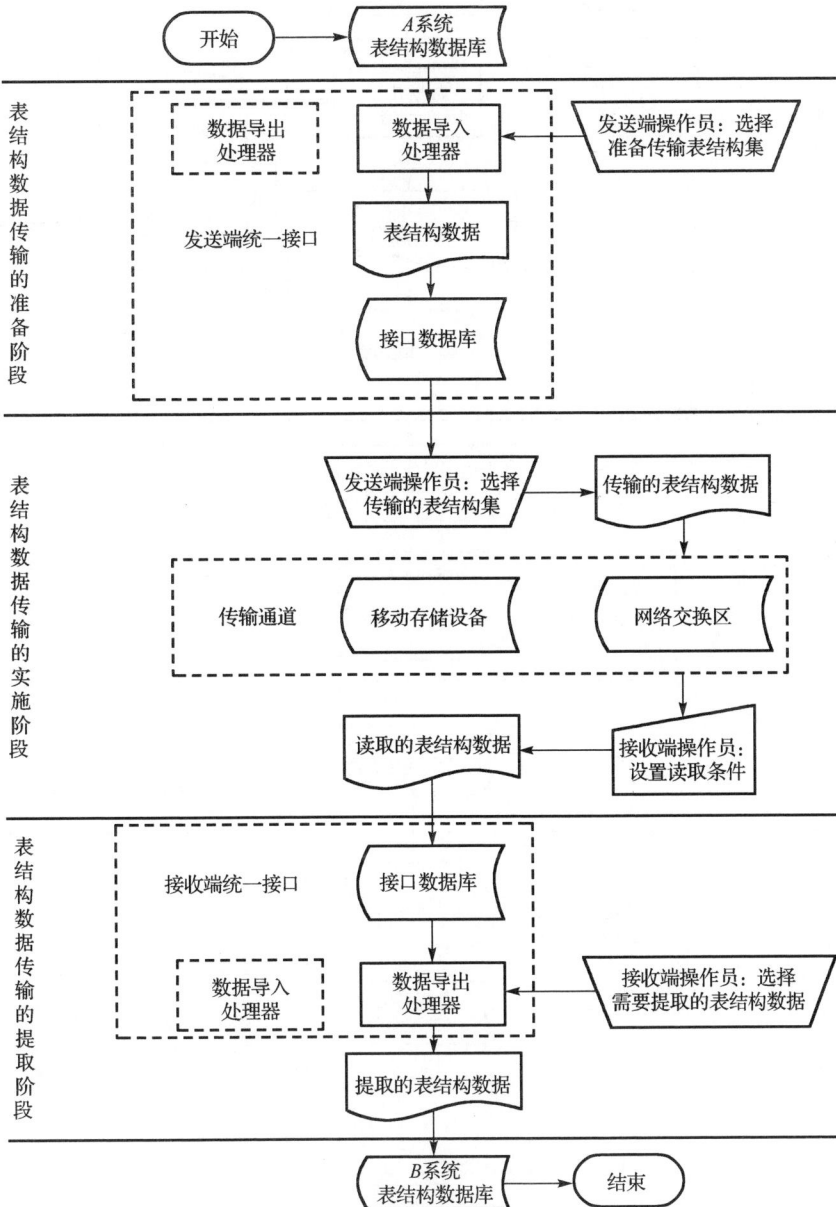

图 22-6　表结构数据传输流程图

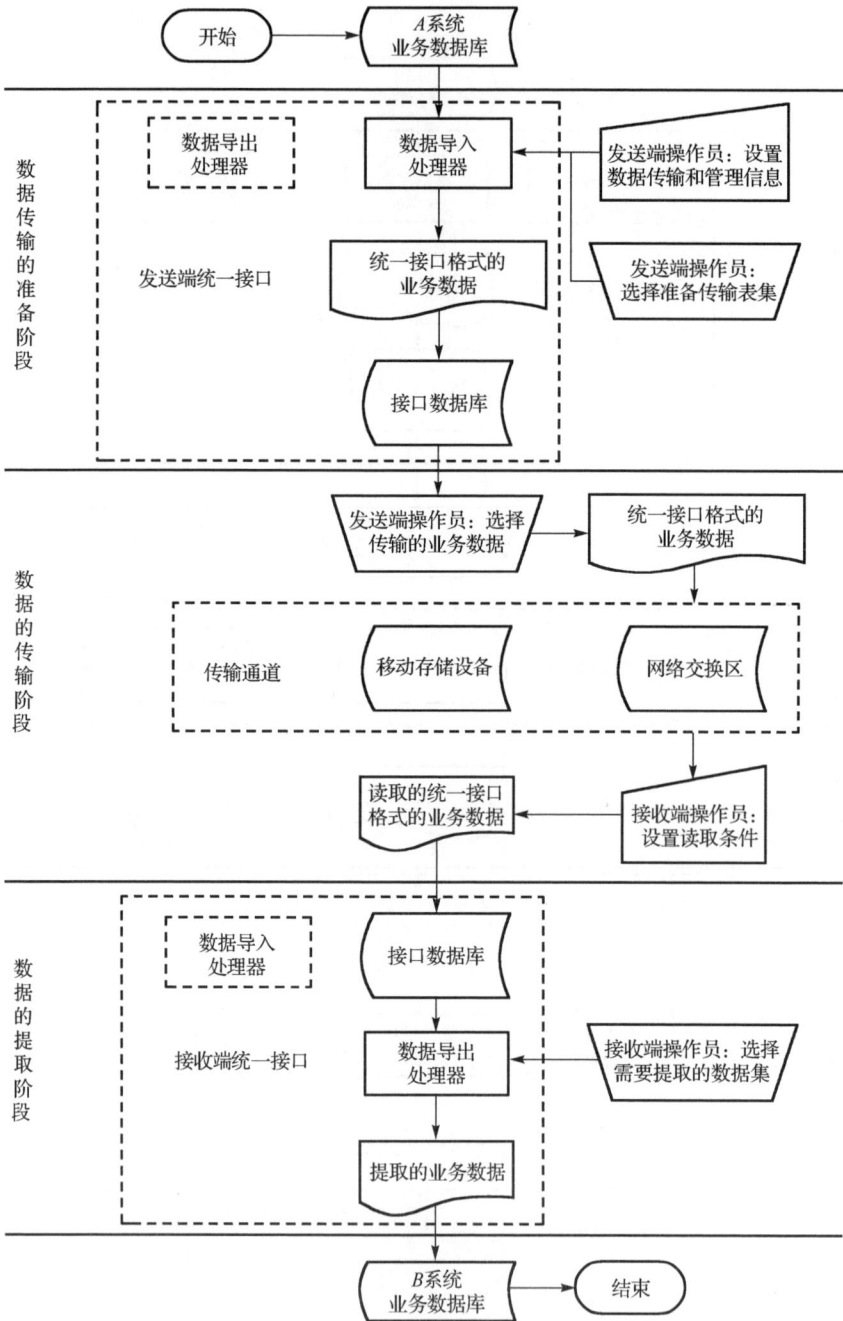

图 22-7　业务数据传输流程图

（1）数据传输的准备阶段。发送端操作员通过统一接口数据导入处理器在 A 系统业务数据库中选择准备传输的业务数据，并设置该数据的传输和管理信息，而后将准备传输的业务数据转化为统一接口格式的数据，并存入接口数据库中。至此，数据传输准备完毕。

（2）数据的传输阶段。发送端操作员在接口数据库中选择需要传输的统一接口格式的数据，而后将数据送入传输通道，接收端操作员设置读取条件，从传输通道中读取业务数据，并保存于接收端接口数据库中。至此，数据传输完毕。

（3）数据的提取阶段。接收端操作员通过统一接口的数据导出处理器在接口数据库中选择需要提取的统一接口格式的业务数据，而后将数据进行格式转化，并保存于 B 系统的业务数据库中。至此，数据提取完毕。

通过以上三个阶段就实现了业务数据由 A 系统向 B 系统的传输。

4. 统一接口数据解码

统一接口在数据传输过程中均以代码的方式进行传输，当统一接口数据包到达接收方后，接收方则需要将统一接口中的数据导出，并存储到系统的业务数据库中，而后在系统业务数据显示界面中进行浏览。由于代码的存在，实施数据传输的双方都必须在各自系统内建立相应的代码字典，以实现数据的解码。在课题进行统一接口数据传输测试时，发现在 A 系统中完全正确显示的业务数据到了 B 系统中却出现莫名其妙的无关数据显示。通过查找分析无关数据的来源，发现在某系统中存在数据字典不融合问题，正是由于这一问题的存在导致了在进行统一接口数据传输测试时，出现了无关数据显示。传输数据的失真，使得统一接口数据传输质量不高，这与统一接口的设计初衷不符，由此统一接口数据解码对统一接口的运行有着至关重要的作用。对第 21 章中统一接口数据解码过程中出现的数据字典不融合问题进行详细研究，并提出解决该问题的方案。

要 点 评 注

数据接口的不稳定问题是实际系统开发逐步暴露出来的，面对这一难题，分析了程序维护法、功能设置法和统一接口法三种解决方案，通过对比，发现统一接口法能够很好地解决该问题。多种方法与思路的比较是优化方案的基础。

在接口数据库的设计基础方面，归纳了保障对象与资源的分类，即一类对象（装备）、五种资源（维修力量、维修器材、维修设备、维修设施和维修经费），该分类划分了统一接口传输数据描述对象的类别，其结论已经得到了总部机关有关业务部门的认同；提出了保障对象与资源的三种管理方式，即逐一管理、成批管理和成套管理，研究了管理方式应用中的影响因素、应用原则，形成了一套不同单位、不同部门、不同目的、管理不同保障对象和资源时确定管理对象适用管理方式的步骤体系，该方案明确了系统中业务数据的产生过程，指导了统一接口数据管理要素对应字段组的设计；建立了装备维修保障信息的二维分类，即在纵向上按保障对象与资源分类，装备维修保障信息分为装备信息、维修力量信息、维修器材信息、维修设备信息、维修设施信息和维修经费信息，在横向上按管理方式分类，装备维修保障信息分为个体信息、成批信息和成套信息，并由此得到了装备维修保障信息的理想空间和实有空间，该方案为管理接口数据库中的传输数据奠定了基础。在接口数据库结构设计方面，提出了接口数据库的 6 个结构要素，即数据标识要素、数据内容要素、数据时间要素、数据传输要素、数据结构要素和数据管理要素，并对这 6 个要素进行了深入的研究，直到工程实践阶段。

这些数据的归纳、分析与设计对于装备管理信息系统具有直接的理论意义，对于软件开发研究人员具有方法上的借鉴意义。对于已经处于发达状态的业务信息系统，可仅设计一个方案，而对于发展中甚至刚刚起步的业务信息系统，可能面临着许多难以解决的关键问题，而这些关键问题对于信息化进程具有决定性的作用。

需要说明的是，由于系统已经提交，统一接口并没有在软件中实施，目前只能作为一种构想，为下一个大规模系统的开发积累经验。

第23章　需求全集构造方法

研 究 背 景

2005 年全军展开了某系统大规模的信息化建设，其规模要求之大和速度要求之高，都是前所未有的。这是典型的自上而下的开发方式，其中许多的分系统经过多年的信息化改造，有了较好的基础，而另外一些分系统，业务不固定，没有前期开发，建设队伍基本新建，条件不成熟，而决策层采用了"齐步走"的管理方式，这给另外的系统建设出了一个很大的难题。在需求分析阶段，业务人员拿不出完整、确定的需求，分析人员队伍也不够强壮，因此，开发进程缓慢，很难达到预定目标。作者的课题组，也遇到类似境况，由于该业务几乎从零开始，有一些工作，连业务人员自身都含糊不清，甚至根本不知道该怎么办，如未来战争如何保障等问题，而决策人员给出的只是一些通用的要求，没有具体的指示，因此，不知从何下手，无所适从。经过一段时间，逐步摸索出一条需求穷举的新路数，形成了一种有效地沟通与表达手段和方法。对于面临该类几乎是非结构化项目的开发人员具有一定的帮助。

23.1　需求分析过程概要

在××系统开发过程中，出现了"装备保障力量编成部署"的功能需求，但这一问题暂时还没有确切的答案。一方面，主要由于经过抗美援朝、中印边境自卫还击作战和中越边境自卫还击作战实践中形成的理论与方法，在过去战争中证明是适用、可靠的，但随着时间的"侵蚀"作用，我军的作战需求、装备情况、人员情况等均发生了巨大变化，普遍认为原来的方法已经不再适用于未来的战争。另一方面，最近的几场局部战争中，发达国家的理论方法经过了检验，取得了一些经验，但与我国的国情又不相匹配。而信息化的进程又不容耽误，系统开发任务又是一种半命令式的项目，而"齐步走"的管理方式又加剧了困难。

显然，这样开发出来的系统不能像过去一样，信心满满地说：No problem, it's perfect! 那该怎么办呢？幸好，我们不是一无所有，大量的学术著作和论文，以及改进的教材、现行的法规制度、各单位的演习案例等提供了参考。如果能充分利用这些知识，就可以退而求其次，至少可以说：It's best in recently!

需求分析的前段，可以分为以下几个阶段。

第一阶段任务，资料全集。如何利用好这些知识呢？既然目标已经确定，剩余的就是方法问题。首先，我们用了相当多的时间和精力查阅现有的资料，最后列出相关资料清单，见表 23-1。但这不是该阶段的结束，我们还对其中的主要内容进行了摘录和分析评判，并发出一大批以资料全面性为目标的咨询意见书，对意见归纳完成后，还进行了阶段性专家评审会，以确定目前资料收集的全面性，以及不同、矛盾和冲突部分的权威性等内容。然后才提交给下一阶段工作小组。

表 23-1　文献名称与文中代码对应关系

文献名称	代码
装备机关工作指南(装备保障计划)	A
装备机关工作概要(装备保障计划)	B
装备勤务指挥概论(装备保障计划)	C
装备指挥学(装备保障计划)	D
装备技术保障指挥学(装备保障计划)	E
战时装备保障概论(装备保障计划)	F
装备保障指挥学(装备保障计划)	G
装备保障学(装备保障计划)	H
信息化条件下参谋技能教程(装备保障计划)	I
装备参谋学概论(装备保障计划)	J
装备机关常用文书写作事例(装备保障计划)	K
陆军战役装备保障(装备修理计划)	L
新编装备机关公文写作示范(装备保障计划)	M
军事装备保障学(装备保障计划)	N
参谋"六会"新编(后方保障计划)	O
合成军队战斗装备指挥教程(装备保障计划)	P
军事装备指挥(装备保障计划)	Q
参谋军官战时业务指南(各专业保障计划)	R
装备指挥学(联合战役装备保障方案)	S
A 战区应急防卫作战装备保障方案	T
B 战区应急作战装备保障方案	U
应急作战二炮装备维修保障方案	V
应急作战海军装备维修保障方案	W
应急作战空军装备维修保障方案	X
应急作战战略通用装备维修保障计划	Y
应急作战战略装备维修保障方案	Z

在经济(企业主导的)模式下，开发组是"多此一举"，但从质量的观点，这是"不可缺少"的基本质量保证。很多类似项目"郁郁而终"，在总结教训时得出"业务人员参与过少"的结论。开发前只凭一个"红"本本(红头文件、制度规范等)、一个工作手册、一本教材、一些个人的观点就开始大规模地开发，而业务人员也只能"袖手旁观"，这显然是方法的适用性问题。当然也有偶尔成功的案例，但只是小概率事件，对于系统的成功并没有强制性。

　　前一项的工作是开放的，答案并不固定，几乎是一个非结构化的问题，故更多地带有研究性质。接下来的工作比较封闭，十分细致、繁重和富有创新性，但总体上看，是一个结构化的问题，更多地带有工程性质。

　　第二阶段任务，要素全集。首先要提取出其中所包含的要素名录全集，见表23-2，并且这些要素之间还存在着交差、重复，甚至缺漏。但目标十分清楚，是解决"全"的问题的。

表 23-2　装备维修保障力量编成部署现有要素

要素	序号	A	B	C	D	E	F	G	H	I	J	K	L	M	N	P	Q	R	S	T	U	V	W	X	Z
作战编成及任务部署	1																			√					
装备保障部署	2							√																	
装备保障力量部署	3													√	√										
装备保障部署计划	4												√												
装备保障力量部署方案	5	√	√	√	√	√	√	√	√									√	√		√	√	√	√	√
装备保障力量的具体区分与编组	6									√	√														
装备保障编成与任务	7																			√					
装备保障力量的配置	8	√	√																						
装备保障力量的编成	9																	√			√	√	√	√	√
保障力量的区分	10													√	√										
保障力量的编组	11													√											
修理机构的编组	12												√												
上级保障机构的编成	13													√											
各装备保障机构的编成	14	√	√	√	√	√	√	√	√																
装备技术保障机构的配置	15																								
上级保障机构的配置	16													√											
修理机构的配置	17												√												
各装备保障机构的配置位置	18	√	√	√	√	√	√							√											
修理机构的任务	19												√												
上级保障机构的任务区分	20													√											
各装备保障机构的保障任务区分	21	√	√	√	√	√	√							√											
装备(维修)保障力量的保障任务	22																√								
配属部(分)队及支前力量的使用	23									√															
地方动员力量使用计划	24															√									
支前装备保障力量使用计划	25													√		√		√							
人员的组织分工	26	√	√	√	√	√	√	√	√																

　　第三阶段任务，要素体系。这一阶段需要业务人员进行仔细的研究、鉴别和处理。①对于互斥的概念逐步累积，并找出其共同的上层概念；②对于包含的概念，需要补齐下层概念；③逐步形成一个概念树的体系结构。同样，这一阶段的工作，需要集中专家的智慧。

案例 23.1：从表 23-2 中可以看出，现有资料关于装备维修保障力量编成部署的内容共有 26 种提法，可以归为力量部署、力量编组、力量编成、机构配置、任务区分、力量使用六类，这些内容是对装备维修保障力量编成部署进行描述时需要包含的具体内容，但在拟制装备维修保障方案时，并不是按照这 6 个方面进行区分，而是根据所划分的各级、各类装备维修保障力量(机构)来分别对其具体编成部署情况进行详细说明，在说明时可以从这 6 个方面的内容展开，也就是说，这 6 个方面在方案中不是以方案要素的形式出现。为了减少要素的数量并规范它，将这 26 个提法合并，并调整为"各装备维修保障力量编成部署"这一要素。

案例 23.2：装备保障行动要点是对不同时节、不同任务当中维修保障活动的具体设想和规划。装备维修保障活动要抓重点，主要体现在抓重点时节、重点任务、重点对象、重点行动上。在装备维修保障方案中要对装备保障行动要点进行预想，以便于在重点时节，围绕重点装备，展开重点保障行动。因此，把装备维修保障行动要点确定为装备维修保障方案中的基本功能模块，在装备维修保障方案中，必须对装备维修保障行动要点进行描述。

在现有理论研究及方案工作实践中，有很多关于装备维修保障行动要点这一模块的描述，如表 23-3 所示。

表 23-3　装备维修保障行动要点现有要素

要素	文献						
	T	U	V	W	X	Y	Z
主要作战行动的装备保障	√		√				
装备(维修)保障行动要点		√		√	√	√	√
主要作战行动要点			√				

从表 23-3 中可以看出，现有资料关于装备维修保障行动要点的内容共有三种提法，虽然表述不同，但内容基本一致，不存在异议。为了规范要素的名称，将这 3 个提法合并，并调整为"各作战阶段装备维修保障行动要点"这一要素。在拟制装备维修保障方案时，"各作战阶段装备维修保障行动要点"并不是单一的一个要素，其具体数量根据划分的作战阶段的数量而确定。

基于以上分析，将装备维修保障力量编成部署方面要素设计为"各作战阶段装备维修保障行动要点"一个要素。它对各阶段实施装备维修保障活动具有重要的指导作用，在所有方案中都必须出现，是基本要素。

第四阶段任务，要素定义。树结构的节点类型可以分为根节点、枝节点和叶节点三类。根节点就是要开发的系统，叶节点通常可用具体的数据定义，而枝节点定义就比较复杂，既要有概念的内涵式定义，又要有具体数据及其由叶节点开始的数据聚合方法。由于这一过程和结果都是比较专业的业务工作，而本章主要介绍需求穷举方法，故不再深入地论述这些内容。

从以上工作中可以看出，这类系统的分析工作需要大量的业务知识，因而其主体应当是业务人员。开发技术人员主要起组织和导向作用。很多开发技术人员抱怨业务人员"漠不关心"，而业务人员却有一种"身在二股道"的感觉，甚至有一些抵触情绪。这一点有太多的教训，一些业务人员将其比喻为"一群不懂业务的后生，在为干练的业务人员设计工作规范"，其结果可想而知了。

23.2　组织指挥流程逻辑设计

23.2.1　工作任务概述

组织指挥流程逻辑设计任务与 23.1 节中的情况十分相似，这里不作更多介绍。开发一个系统，其工作流程设计的重要性不言而喻。

思路与方法和 23.1 节基本一样，首先需要确定资料全集；其次需要有一个学习过程，故需要对原文进行要点摘录；再次对其进行研究与归纳；最后得出结论。

23.2.2　资料全集确定

同样，根据调研、分析，并与专家共同确定的结果，列出当前介绍该流程的主要书籍如下。

①《装备技术保障概论》；
②《装备勤务指挥概论》；
③《装备保障指挥学》；
④《联合战役装备技术保障》；
⑤《空军航空装备技术保障》；
⑥《陆军合同战斗装备技术保障》；
⑦《战略装备保障学》；
⑧《中国人民解放军装备条例》；
⑨《中国人民解放军装备维修工作条例》。

出于保密工作的需要，在不影响方法介绍的前提下，⑧和⑨两项，以及一系列高密级的内容不列入全集进行论述。

23.2.3　要点摘录分析

同样，根据调研与分析的结果，列出当前介绍该流程的主要书籍如图 23-1 所示。

张子丘，王建平主编.军事科学出版社出版，2001 年 7 月第 1 版. p405—415.

第九章　装备技术保障指挥

第二节　装备技术保障指挥的一般程序和内容

装备技术保障指挥程序，是装备技术保障指挥活动的步骤和次序。装备技术保障指挥既要按照一般程序和内容实施，又要根据具体情况灵活掌握，尽量简化，从而最大限度地提高指挥效率。

一、作战准备阶段装备技术保障指挥的一般程序和内容

(一)传达任务，计划安排工作

……

图 23-1　介绍流程的书籍

《装备技术保障概论》分别从作战准备阶段和作战实施阶段阐述了装备技术保障组织指挥过程中的工作、任务。未具体讲述作战结束阶段的工作、任务。注意该书所用的"装备保障技术指挥"与项目要求的"装备维修保障组织指挥"有一定的差距。

在作战准备阶段，该书讲述了四部分内容：传达任务，计划安排工作；提出装备技术保障报告和建议；展开各项装备技术保障组织准备工作；组织检查指导各项准备工作。其中第三项内容又具体提到：拟制和下达装备技术保障指示；拟制装备技术保障计划；组织装备技术保障协同；建立(开设)装备技术保障指挥所；组织装备技术保障通信联络；组织装备技术保障防卫等六项内容。以上内容与其他几本书相比较，明显的区别在于装备技术保障指挥所和装备技术保障通信联络两个方面，只有《联合战役装备技术保障》和《装备技术保障概论》涉及该问题。

在作战实施阶段，该书涉及：通过不间断的信息收集与处理，及时监督、检查和控制装备技术保障行动；根据作战情况的发展变化，适时果断地采取保障应变措施；围绕各阶段的保障重点，严密组织装备技术保障协同；针对敌人破坏干扰，指挥装备技术保障机构积极展开对敌斗争等四方面的内容，简言之就是收集信息控制保障行动，采取应变保障措施，组织保障协同和保障防卫等。

其他资料，如《装备勤务指挥概论》《装备保障指挥学》《联合战役装备技术保障》《空军航空装备技术保障》《陆军合同战斗装备技术保障》《战略装备保障学》等的摘录和分析过程与此相同，不再重复。

23.2.4　资料分析归纳

内容摘录并确认后，需要对其进行系统的分析与归纳工作，形成相对固定、规范的几种模式。各资料需要分别进行归纳，本章以《装备技术保障概论》为例，见表 23-4，说明分析归纳的结论，一些专业性较强的过程此处忽略。注意，这个表格本身就是一个"结构化进程"的产物，并逐步完善，延进至最终结果。

表 23-4　《装备技术保障概论》内容归纳（节录）

作战阶段	工作、任务	前提条件	人工	计算机	工作结果	备注
作战准备阶段	1. 传达任务，计划安排工作 2. 提出装备技术保障报告和建议 3. 展开各项装备技术保障组织准备工作 ①拟制和下达装备技术保障指示 ②拟制装备技术保障计划 ③组织装备技术保障协同 ④建立(开设)装备技术保障指挥所 ⑤组织装备技术保障通信联络 ⑥组织装备技术保障防卫 4.组织检查指导各项准备工作	1. 敌我态势，上级的作战意图，本级的作战任务及指挥员的初步决心，各部队的任务，上级装备技术保障指挥机构和本级作战指挥员对装备技术保障工作的指示，完成装备技术保障准备的时限等 2. 正确领会作战意图、保障任务及上级装备技术保障指挥机构的指示，综合分析判断与完成装备技术保障任务有关的敌情、我情、地形、道路、天候气象及其他有关情况 3. 装备技术保障报告和建议经作战指挥员批准			1. 装备技术保障报告和建议 2. 装备技术保障指示 3. 装备技术保障计划 4. 装备技术保障协同计划	
作战实施阶段	略					
作战结束阶段	略					

23.2.5　资料对比分析

通过对前面开列出来的著作相关内容的提取及对比分析，得出装备保障组织指挥在各个作战阶段的工作任务情况，见表 23-5。当然，该表只是解决了"名录"的问题，但其内涵的一致性，以及规范化问题过于专业，此处就不再占用篇幅。

表 23-5　作战阶段的工作任务对比

作战阶段	工作、任务	1	2	3	4	5	6	7	小计
作战准备阶段	1. 受领任务，收集情报信息，分析判断情况	√	√	√	√	√	√		6/7
	2. 传达任务，计划安排工作	√	√	√	√	√	√		6/7
	3. 提出装备保障报告和建议	√	√	√	√	√	√		6/7
	4. 下定装备保障决心	√	√	√	√	√	√		6/7
	5. 组织现地勘察		√	√			√		3/7
	6. 拟制装备保障计划	√	√	√	√	√	√	√	7/7
	7. 组织装备保障协同	√	√	√	√	√	√		6/7
	8. 组织装备保障防卫	√	√		√	√			4/7
	9. 下达装备保障指示	√	√	√	√		√	√	6/7
	10. 检查保养武器装备和准备物资器材		√	√	√	√	√		5/7
	11. 组织检查指导工作，报告情况	√	√	√	√	√	√	√	7/7

续表

作战阶段	工作、任务	1	2	3	4	5	6	7	小计
作战实施阶段	12. 收集信息，掌握情况，分析判断，做出决策	√	√	√	√	√	√	√	7/7
	13. 及时监督、检查和控制装备保障行动	√	√	√	√	√	√	√	7/7
	14. 据作战部队装备保障需求，适时调整装备保障计划	√	√	√	√	√	√	√	7/7
	15. 组织抢救修理	√	√	√	√	√			5/7
	16. 组织装备技术保障协同	√			√		√	√	4/7
	17. 组织指挥防卫行动	√	√	√	√			√	5/7
	18. 报告情况	√	√	√		√			4/7
作战结束阶段	19. 下达撤离战场时的装备保障指示	√	√	√	√	√	√	√	7/7
	20. 参加打扫战场	√	√	√	√	√			5/7
	21. 组织装备技术保障力量撤离战场	√	√	√	√		√	√	6/7
	22. 组织装备修理、检查与保养、弹药和维修器材的补充及调整	√	√	√	√		√	√	6/7
	23. 清查、统计装备勤务力量的消耗和损失情况	√	√	√	√			√	6/7
	24. 总结经验、教训，整理资料存档，进行保障效果评估，报告装备保障实施情况	√		√			√		5/7

注：表中 1 代表《装备技术保障概论》；2 代表《装备勤务指挥概论》；3 代表《装备保障指挥学》；4 代表《联合战役装备技术保障》；5 代表《空军航空装备技术保障》；6 代表《陆军合同战斗装备技术保障》；7 代表《战略装备保障学》；√ 表示该书明确提到或含有此项工作、任务

23.2.6　设计形成结论

根据上述各资料的摘录、分析、归纳和对比情况，总结确定并完成系统工程流程，为下一步的开发奠定坚实的基础。由于最终的结论有保密要求，这里不再展开，但其结构与表 23-4 基本相同，且不影响读者对于该方法的理解。

23.3　分组工作内容设计

从组织机构职能划分上看，上级的职能通常覆盖下级的职能。作为一个分组，如果上级工作流程已经确定，见表 23-6 中的第 1 列和第 2 列。装备维修保障组织指挥(A)工作有两个维度：一是战略、战役和战术层次维度；二是供应、管理、维修和训练业务维度。而战略装备维修保障组织指挥的概念就等于给定了一个大于或等于全集的集合。战略装备维修保障组织指挥(B)只是 A 在此基础上进行必要的裁减和细化，既 B 是 A 的一个真子集，A 包含 B。实际上等于由表 23-6 中的第 1 列和第 2 列来确定第 3 列及其以后的内容。这一工作是比较工程化的。但必须强调，其前提条件的稳定性对于开发工作具有重要作用。

表 23-6 战略装备维修保障组织指挥工作分析表(节选)

1	2	3	4	5	6
作战阶段	装备维修保障组织指挥工作	战略装备维修保障组织指挥工作	方式	前提条件	工作结果
作战准备阶段	1. 受领任务,收集情报信息,分析判断情况	理解任务	人	命令、通知、指示、会议记录、会议摘要等	
		收集情况	机	平时系统(全军)、统报系统(参战)	表 1 装备现状表 表 2 全军装备维修保障力量现状表 表 3 参战装备维修保障力量现状表 表 13 参战装备维修设施布局情况表
		分析判断情况	机	表 1～表 13	表 14 装备损坏数预计表 表 15 战中装备修理任务预计表 表 24 装备修理保障程度预计表
	...	...	...	...	...
作战实施阶段	12. 收集信息,掌握情况,分析判断,作出决策	收集情况	机	统报系统	表 29 装备损坏情况 表 30 损坏装备修理情况表 表 34 装备维修设备变动情况
		分析判断情况	机	表 29～表 34	《情况判断结论》
		拟制、提出保障建议	机	《情况判断结论》	《装备维修保障建议》
	...	...	...	...	...
作战结束阶段	19. 下达撤离战场时的装备保障指示	拟制、下达撤离战场装备维修保障指示	机	首长决心、指示及要求,情况通报等	《撤离战场装备维修保障指示》
	...	...	...	...	...

要 点 评 注

在系统建设中,领导一定会问一个问题:这个系统行吗?当然这是一个外行的问题,但也是一个对于总体的评价,我们可以将其分解。因为已经认识到并开发出的功能和数据通过测试验收等环节,当然可能"没有问题",但毕竟会产生遗漏,所以,"行不行"的问题即转换为"漏不漏"的问题。

从 No problem, it's perfect!到 It's best in recently!这是一个质量标准下降的过程,但这是一件没有办法的事。因为不同事物发展阶段不同,故相应的信息系统也存在于不同的阶段。

作为一个系统分析员,需要充满自信地对用户说:"没有问题!"但凭什么这样说?在 37.3 结构化方法及其应用一节中的数方格案例中,应用了结构化分解与综合方法,可以肯定地说"有 30 个方格"并且"不可能再有其他的正确答案!"其中前一句话谁都能说出,因为这是回答问题的基本要素,是必须的部分,但后一句话大多数人却不敢肯定，而这在系统开发中又是必须要回答的问题。本书 15.6.1 节中，由于存在物流的穷举，并在此基础上对于各种物流都给予了充分的考虑，因此敢于说"没有问题"。因为这里是以物流全集为基础的开发，即便存在未预见的物流情况，相同的收发双方也一定存在，可在备注中加注说明，因此可以得出"完全能够处理所有情况"的结论。

　　在系统开发过中，开发人员与业务人员的交互具有决定性的作用。开发人员通常不是具体领域的专家，如果已经形成理论和规范化的业务，通常是不成问题的，但也需要业务人员充分地解释。面对大量还没有规范化的业务的现阶段，业务人员甚至专家"只会做，但说不清楚"，但比较一般人，掌握了一些特定领域的知识。这种知识我们称为经验知识，或者称为专家知识，开发人员如何"提取"这些知识，需要智慧和良好的方法。这项工作可以说几乎是非结构化的工作，本书也只能提供一些案例供大家参考。

第 24 章　聚类分析方法应用

研 究 背 景

2010 年某参谋带着新完成的"装备大修预测软件"参加全军某业务会议。软件内某新型装备大修间隔为 1000 工作小时，而另一位从事该型装备实际工作的专家说，该型装备实际大修间隔不会超过 600 工作小时。当然实际工作所得到的参数具有更高的可信度，于是准备修改这个参数，但找遍了软件界面也找不到修改的入口。于是找来开发人员，开发人员很快修改完成，某参谋问如何修改，他得到了耐心的回答，但仍然记不住修改方法。开发人员走后，又出现了另一个同类的问题，又一次找来开发人员。

这样该参谋被同行讥讽，真是"老"参谋了，连改一个数字都需要技术人员，跟不上信息化的时代，早点退休好了！该参谋感到特别委屈，因其平时自称在机关中也算是计算机高手。随后，他让开发人员提供一个简单可操作的修改方法，开发人员找了很多理由拒绝了，表示理论上和实际上都做不到，遂"遍访名医"。作者有幸成为咨询对象之一，作者当然不信"做不到"的说法，经过询问发现，所有的参数都被写入程序代码之中，难怪不能给出简单的方法进行修改，并且修改后的测试也有问题。作者问：为什么要采用"一型装备一段代码"的写法？开发人员回答："各种型号装备大修规则和参数千差万别，无法统一，故只能如此！"作者说，"这就是你们没有经过分析与设计，直接编程产生的结果"。开发人员回答："你说行就行了，你需要证明！"

我们依次给出了聚类分析的思路、具体的归纳方法、归纳出具体的类别、设计出算法的数据结构、给出具体算法的伪码，均遭到开发方的拒绝。因为"木已成舟"，在经济模式下，要改变软件体系结构，这种几乎推倒从来的办法自然被拒绝。最后我们给出了几乎完整且简单易行的逻辑模型，才迫使开发方接受了修改要求，总部也很满意。

下面就介绍一下这一聚类过程，对于软件开发具有借鉴作用。

24.1　典型装备集的选取

通过研究背景中的案例，已经收集了大量的大修预测参数，经过对这些数据的分析研究发现，确实如开发方所述，每型装备的规则都很简单，区别甚微，但需要预测的种类为 3 万～5 万种，并且"花样百出"，这一点比较集中地体现在标记聚类一节。

面对如此庞大的规模，"典型突破，扩推全局"是比较稳健的方法之一，既可以充分地学习研究，又可在大规模展开之前有理论方法的积累，做到胸有成竹。这样选取典型成为最重要的一环。通过分析对比，我们感觉到飞机装备类别在数据收集、类型覆盖、参数数量等方面具有典型性，故选择其作为典型装备集。当时已经收集到的 70 多种型号相对完整，其中可用的大约 44 种，见表 24-1，在软件中调出其各自的算法，并转换成伪码，命名为 RA01～RA44。

表 24-1　飞机大修相关信息表(节选)

分序	机型	日历寿命年限/年	飞行时长寿命/飞行小时	大修规则与参数	在修时长/天	大修极限次数
1	苏-30 MKK	20	2000	500 飞行小时或日历时限 14 年第一次大修 修后使用 500 飞行小时或 5 年	—	—
2	苏-27 CK	20	2000	1500 飞行小时第一次大修 修后使用 500 飞行小时或 5 年	240	—

其命名规则如下：

(1)采用三段命名制；

(2)用 Rule 的首字母开头；

(3)用 A、B、C、D、E 作为"规则系列"标识，字母顺序也反映规则系列形成的先后顺序，A 为基本的型号系列，B、C、D、E 作为聚类过程系列，E 作为聚类结果系列；

(4)用两位数字作为规则系列中的顺序标识。

在此基础上，根据其是否有相同的参数的量值(参数的量值相等)、是否有相同的参数个数(寿命参数个数相同)、是否有相同的分支个数(大修次数类别相同)三个属性，将聚类过程分为以下 4 个类别：同值聚类(结果 RB01～RB27)、同参聚类(结果 RC01～RC10)、虚参聚类(结果 RD01～RD06)、虚径聚类(结果 RE00～RE04)。最后，将其进行逻辑扩展，形成逻辑完备的 5 个判定规则系列 RE00～RE04，在程序实现中可用 5 个函数实现。

24.2　同值聚类法

飞机装备大修判定规则中有三个属性：分支数(大修次数)、参数(寿命参数个数)、参数量值(参数量值是否相等)。所谓"同值聚类法"，就是将大修判定规则中分支数量相同、参数相同、参数量值也相同的飞机型号归为一类，在程序实现中可采用子程序的方法实现。通过查看飞机大修相关信息，可以看到歼-8、歼-8B、歼-8D、歼-8DF、歼-8DH、歼-8E、歼-8F 和歼-8H 这 8 种类型的飞机，其大修判定规则均为

"1 次 9 年/1000 飞行小时，2 次 9 年/800 飞行小时"，因此可直接聚为一类。同值聚类方法的实质是寻找判定规则完全相同的装备，然后将该类型的装备归为一类，就得到了同值聚类结果。

通过逐项对比分析查找，将原来 RA01～RA44 的 44 条规则，聚类成 RB01～RB27 的 27 个类别。同值聚类过程参见表 24-2，其中 RA07～RA14 聚成一类为 RB07。

表 24-2　同值聚类过程（节选）

RA01、　"苏-30 MKK"　　　⇨RB01

``
DO CASE
  CASE Times=0
    IF year()-year(Lax)>=14 or Lb>=500 THEN M="大修" ELSE M="续用"
  OTHERWISE
    IF year()-year(Lay)>=5 or Lb>=500 THEN M="大修" ELSE M="续用"
ENDCASE
...
``

RA07、　"歼-8"　⇨RB07

``
DO CASE
  CASE Times=0
    IF year()-year(Lax)>=9 or Lb>=1000 THEN M="大修" ELSE M="续用"
  CASE Times=1
    IF year()-year(Lay)>=9 or Lb>=800 THEN M="大修" ELSE M="续用"
  OTHERWISE
    M="参数不全"
ENDCASE
``

RA08 、"歼-8B"（同 RA07、"歼-8"）⇨RB07
RA09、"歼-8D"（同 RA07、"歼-8"）　⇨RB07
RA10、"歼-8DF"（同 RA07、"歼-8"）⇨RB07
RA11 、"歼-8DH"（同 RA07、"歼-8"）⇨RB07
RA12、"歼-8E"（同 RA07、"歼-8"）⇨RB07
RA13、"歼-8F"（同 RA07、"歼-8"）⇨RB07
RA14、"歼-8H"（同 RA07、"歼-8"）⇨RB07
...

24.3　同参聚类法

注意到，大修判定规则完全一致的机型虽然不是很多，但是很多机型的大修判定规则却很类似，例如，苏-27CK 和苏-27YBK 两种机型的大修判定规则，只有参数值不相同，程序的结构完全一致。将这种程序结构完全一致、只是参数不一致的机型的算法再聚为一类，可以将这种聚类命名为同参聚类。所谓同参聚类，就是在参数与程序代码分离以后，有许多规则中的参数用变量表达后，其代码部分完全相同的规则聚类为一个类别。每一类共用一个大修判定算法，算法中判定条件的参数要通过调用函数传递，这样形成了参数与程序的分离。

既然由具体参值变为变量，那么需要一个变量命名规则。变量的名称及其含义见表 24-3，其说明如下。

表 24-3 变量名称及其含义

寿命参数					寿命状态参数 （从出厂时间或末次大修时间开始计）	计量单位
大修次数 times	一次	二次	三次	四次		
大修间隔 a	La1	La2	La3	La4	La=year()-Lax（出厂时间） La=year()-Lay（末次大修时间）	年（日期）
飞行寿命 b	Lb1	Lb2	Lb3	Lb4	Lb	飞行小时
起落架次 c	Lc1	Lc2	Lc3	Lc4	Lc	次

(1)寿命参数命名规则：①用 Life 的首字母"L"标识寿命参数；②用"a"表示大修间隔指标；③"b"表示飞行时间指标；④"c"表示起落架次指标；⑤用"1、2、3、4"作为大修次数标识。即名称由寿命标识(L)、指标标识(a、b、c)和大修次数标识(1、2、3、4)三个段位组成。

(2)寿命状态参数命名规则：①寿命参数标识为"L"；②用"La、Lb、Lc"分别表示日历寿命、飞行时间和起落架次三个指标；③由于日历寿命在计算中首次大修采用"当前年份-出厂日期"而其余用"当前年份-末次大修时间"，所以，出厂时间用"Lax"表示，末次大修时间用"Lay"表示，而当前年份在计算机中用"year()"函数表示，就不再定义新的变量。

(3)其余参数：采用英文全字，如"Code、Num"等。

同参聚类的过程见表 24-4，其中 RB02～RB03 聚成一类，为 RC02。算法由 27类减少为 10 类，大大减少了算法的种类，聚类后的代码编号为 RC01～RC10。

表 24-4 同参聚类过程（节选）

RB01、"苏-30 MKK"　⇨RC01

```
DO CASE
  CASE  Times=0
    IF  year()-year(Lax)>=La1  or  Lb>=Lb1  THEN  M="大修"  ELSE  M="续用"
  OTHERWISE
    IF  year()-year(Lay)>=La4  or  Lb>=Lb4  THEN  M="大修"  ELSE  M="续用"
ENDCASE
```

RB02、"苏-27 CK"　⇨RC02

```
DO CASE
  CASE  Times=0
    IF  Lb>=Lb1  THEN  M="大修"  ELSE  M="续用"
  OTHERWISE
    IF  year()-year(Lay)>=La4  or  Lb>=Lb4  THEN  M="大修"  ELSE  M="续用"
ENDCASE
```

RB03、"苏-27YBK"（同 RB02、"苏-27 CK"）　⇨RC02

24.4　虚参聚类法

经过同参聚类后，算法的种类减少为 10 种。观察后可以发现，这些机型是否大修最多从三个条件判断：日历寿命、飞行小时和起落架次，其组合共有 8 种，见表 24-5。从表中可以看出，有效的组合有 7 种。如果为每一种组合编写不同的程序，将使程序变得非常复杂。

表 24-5　寿命参数的排列组合

序号	数值	日历寿命	飞行小时	起落架次	有效性
0	000	N	N	N	无效
1	001	N	N	Y	有效
2	010	N	Y	N	有效
3	011	N	Y	Y	有效
4	100	Y	N	N	有效
5	101	Y	N	Y	有效
6	110	Y	Y	N	有效
7	111	Y	Y	Y	有效

这些参数之间，皆为"或"的关系，如果假设每一种有效组合缺少的参数值为 ∞，由于任何实际参数都小于 ∞，所以其在"或"的关系组合中成为无效条件，相当于没有，参见以首次大修判定分支为例的表 24-6。

表 24-6　寿命参数的虚拟思路

序号	数值	日历寿命	飞行小时	起落架次
1	001	$La \geqslant \infty$	$Lb \geqslant \infty$	$Lc \geqslant Lc1$
2	010	$La \geqslant \infty$	$Lb \geqslant Lb1$	$Lc \geqslant \infty$
3	011	$La \geqslant \infty$	$Lb \geqslant Lb1$	$Lc \geqslant Lc1$
4	100	$La \geqslant La1$	$Lb \geqslant \infty$	$Lc \geqslant \infty$
5	101	$La \geqslant La1$	$Lb \geqslant \infty$	$Lc \geqslant Lc1$
6	110	$La \geqslant La1$	$Lb \geqslant Lb1$	$Lc \geqslant \infty$
7	111	$La \geqslant La1$	$Lb \geqslant Lb1$	$Lc \geqslant Lc1$

按照这一思路，为 RC01～RC10 增加虚拟参数，其过程见表 24-7，其中 RC01～RC03 聚成一类，为 RD01。

表 24-7　虚参聚类过程（节选）

RC01、 "苏-30 MKK"	⇨RD01	

```
DO CASE
  CASE  Times=0
```

```
   IF  year()-year(Lax)>=La1  or  Lb>=Lb1  or  Lc>=∞  THEN  M="大修"  ELSE  M="续用"
 OTHERWISE
   IF  year()-year(Lay)>=La2  or  Lb>=Lb2  or  Lc>=∞  THEN  M="大修"  ELSE  M="续用"
 ENDCASE
```

RC02、"苏-27 CK"（同 RC01、"苏-30 MKK"） ⇨RD01

RC03 "歼-11"（同 RC01、"苏-30 MKK"） ⇨RD01

...

24.5 虚径聚类法

在虚参聚类完成后，各规则的参数个数已经完全相同，但还有的分支（允许的大修总次数）数量不一样，可以增加一些虚拟的分支，使其形成相同的结构。例如，对 44 种飞机大修判定规则的分析来看，有完备的和不完备的两个类别。在 44 种机型集合中，完备的类别中，其分支数只有"1"和"2"两种，完全可以为分支为"1"的完备规则类别增加一个虚拟的、参数与原有的完全一样的分支，这样在结构形成上与分支为"2"的完备规则类别可以聚为一类。

虚径聚类过程见表 24-8，其中 RD03～RD06 聚成一类，为 RE02。

表 24-8 虚径聚类过程（节选）

RD01、"苏-30 MKK" ；RD05、"运-8 航测机" ⇨RE00

```
DO CASE
  CASE  Times=0
    IF  year()-year(Lax)>=La1  or  Lb>=Lb1  Lc>=Lc1  THEN  M="大修"  ELSE  M="续用"
  CASE  Times=1
    IF  year()-year(Lay)>=La2  or  Lb>=Lb2  Lc>=Lc2  THEN  M="大修"  ELSE  M="续用"
  CASE  Times=2
    IF  year()-year(Lay)>=La3  or  Lb>=Lb3  Lc>=Lc3  THEN  M="大修"  ELSE  M="续用"
  CASE  Times=3
    IF  year()-year(Lay)>=La4  or  Lb>=Lb4  Lc>=Lc4  THEN  M="大修"  ELSE  M="续用"
  OTHERWISE
    IF  year()-year(Lay)>=La4  or  Lb>=Lb4  Lc>=Lc4  THEN  M="大修"  ELSE  M="续用"
ENDCASE
```

...

RD03、"歼-8" ⇨RE02

```
DO CASE
  CASE  Times=0
    IF  year()-year(Lax)>=La1  or  Lb>=Lb1  Lc>=Lc1  THEN  M="大修"  ELSE  M="续用"
  CASE  Times=1
    IF  year()-year(Lay)>=La2  or  Lb>=Lb2  Lc>=Lc2  THEN  M="大修"  ELSE  M="续用"
```

续表

```
CASE  Times=2
   M="参数不全"
CASE  Times=3
   M="参数不全"
OTHERWISE
   M="参数不全"
ENDCASE
```

RD06、"教 8"（同 RD03、"歼-8"）　⇨RE02

...

由于不完备规则体系中，在 4 路分支的设定下，分别有 1、2、3、4 四个种类的结构，其差别在于其有效分支数量的不同，因此其编码按其有效分支数量，分别编为 RE01～RE04。由于其还可能增加，故完备规则系列可以统一为一种规则，其编码为 RE00。

24.6　标记聚类法

一般认为同一种型号的装备应当具有相同的大修相关参数，但实际情况要复杂得多。如何规范这些同型号不同参值的情况，设计了统一的处理方法，由于它们的共同特征是引入一个特征标记，故命名为标记聚类法。

1. 地区差别引起的参数差别

由于在不同的地区，装备寿命耗损的差别增加足以影响决策参数，故需要考虑不同地区之间寿命参数的差别。

解决这一问题的基本思路是增加标识加以区分，即在表 24-9 的基础上增加参数标识，见表 24-10 中序号为 4(南方)、5(北方)、6(沙漠)的三行。对应地，在表 24-11 中也作相应的增补，增加"型号细分"列，见表 24-11 中序号为 1、2、3 的三行。

表 24-9　寿命参数存储结构(规范结果)(节选)

序号	机型	完备	分支	大修间隔				飞行寿命				起落架次			
				一次	二次	三次	四次	一次	二次	三次	四次	一次	二次	三次	四次
	code			La1	La2	La3	La4	Lb1	Lb2	Lb3	Lb4	Lc1	Lc2	Lc3	Lc4
1	苏-30 MKK	T	2	14	5	5	5	500	500	500	500	∞	∞	∞	∞
2	苏-27 CK	T	2	∞	5	5	5	1500	500	500	500	∞	∞	∞	∞
3	苏-27YBK	T	2	∞	6	6	6	1500	500	500	500	∞	∞	∞	∞
4	歼-11	T	2	∞	∞	∞	∞	1000	500	500	500	∞	∞	∞	∞
5	歼-10 双座机	F	1	8	-1	-1	-1	∞	-1	-1	-1	∞	-1	-1	-1

表 24-10 存储参数结构修改（节选）

序号	机型	参数标识	完备	分支	大修间隔				飞行小时	起落架次
					一次	二次	三次	四次		
1	code	—	—	—	La1	La2	La3	La4	—	—
2	直-8A 直升机	可大修	—	—	—	—	—	—	1800−50	—
3	直-8A 直升机	需大修	—	—	—	—	—	—	1800+50	—
4	直-9B	南方	—	—	—	—	—	—	—	—
5	直-9B	北方	—	—	—	—	—	—	—	—
6	直-9B	沙漠	—	—	—	—	—	—	—	—
7	直-9 攻直升机	一般	—	—	—	—	—	—	—	—
8	直-9 攻直升机	改进	—	—	—	—	—	—	—	—
9	米-17 直升机	I 类工厂	—	—	—	—	—	—	—	—
10	米-17 直升机	II 类工厂	—	—	—	—	—	—	—	—
11	米-17B5 直升机	无延寿	—	—	—	—	—	—	—	—
12	米-17B5 直升机	有延寿	—	—	—	—	—	—	—	—

表 24-11 飞机装备质量状况汇总表（增补字段）

序号	机型	飞机号码	型号细分	出厂日期	大修次数
	Code	Num	—	Lax	Times
	C20	N10	C10	D	N2
1	直-9B		南方	2001-9-8	1
2	直-9B		北方	—	—
3	直-9B		沙漠	—	—
4	直-9 攻直升机	453	一般	—	—
5	直-9 攻直升机	217、218、219	改进	—	—
6	米-17 直升机	—	I 类工厂	—	—
7	米-17 直升机	—	II 类工厂	—	—
8	米-17B5 直升机		无延寿	—	—
9	米-17B5 直升机		有延寿	—	—

2. 按装备号码确定寿命参数

对于某些装备，主要部件经过改装，客观上产生了大修间隔的变化。而装备改进内容不多，不足以改变型号。如 54 式 122 榴弹炮，其改进型为 54-1 式 122 榴弹炮，成为两种不同的装备，其参数自然存在一定的差别。例如，编号为 453 的直-9攻直升机，一般大修间隔为 2400 小时/10 年，编号为 217、218、219 的直-9 攻直升机大修间隔为 2400 小时/8 年。

解决该问题的思路是在表 24-10 的 "参数标识" 列中增加末次大修工厂类别标识 "一般/改进" 两个状态，见表 24-10 中序号为 7、8 的两行。"一般" 状态是为一般装备设立的，"改进" 状态是为编号为 217、218、219 的直升机装备而设立的。在表 24-11 中也作相应的增补，见表 24-11 中序号为 4、5 的两行。

3. 按承修单位确定寿命参数

不同的承修单位质保期不一样，造成了同一型装备在不同承修单位的大修间隔不一致。例如，米-17 直升机，有的大修工厂给定 1500 小时或 7 年大修，还有大修工厂给定 1000 小时或 6 年大修。显然，本次大修预测与末次大修工厂有关。

解决该问题的思路同上。在表 24-10 的"参数标识"列中增加"Ⅰ类工厂/Ⅱ类工厂"两个状态，见表 24-10 中序号为 9、10 的两行。在表 24-11 中也作相应的增补，见表 24-11 中序号为 6、7 的两行。参数不同的承修单位增加时可依此类推。

4. 装备延寿带来的寿命参数变化

某些装备的修理间隔可根据延寿情形动态变化，例如，米-17B5 直升机通常大修间隔为 1500 小时/7 年，可延寿至 1500 小时/9 年。

解决该问题的思路同上。在表 24-10 的"参数标识"列中增加"无延寿/有延寿"两个状态，见表 24-10 中序号为 11、12 的两行。在表 24-11 中也作相应的增补，见序号为 8、9 的两行。参数不同的修理机构增加时可依此类推。

24.7　算法的补充

1. 典型集到全集

由于本章是以飞机装备为例的，并且需要推广到全军的其他装备，而飞机装备是比较复杂的且有代表性的装备，其最大分支数为 4，暂且就将其定义为 4 路分支，而收容分支即可能定义第 5 路分支。如果参数数量大于 3、分支数量大于 4，则可以在寿命参数表 24-9 中增加相应的参数列并增加算法中的参数个数与分支数即可。

2. 区间寿命参数

前面讨论的飞机装备寿命参数都是点参数，而在实际工作中出现了区间参数，例如，直-8A 直升机，首翻期为 1800±50 小时或 12 年±3 个月，第一次间翻期为 1500±50 小时或 10 年±3 个月，第二次间翻期为 1200±50 小时或 8 年±3 个月；海军电子对抗雷达声纳装备大修间隔期为 8～10 年或 35000～40000 小时。

相对于点参数问题的"大修-续用"两状态决策方案，与区间参数问题相对应的是小于区间值的为"续用"，大于区间值的为"大修"，而在区间之中的却没有定义。根据常识，在区间内时，即条件允许时可以大修，而在条件不太好时也可以暂时不大修。据此，可将这一状态命名为"可大修"。为了术语对称性，"续用"可更名为"不大修"，"大修"可更名为"需大修"。相应地，基础寿命参数增加一个标识字段，见表 24-10 中序号为 2、3 的两行。而决策过程也分为两步：一是确定"需大修"的装备；二是确定"可大修"的装备。

3. 部件大修与整体大修的关系

一般情况下，各种装备"大修"的概念基本是一致的，但在讨论过程中，有人提出了某些装备大修有侧重点的问题，例如，某装备第一年主修了发动机，而第二年又主修了本体，而这两种都可称为大修。这样，对原来的大修规则产生了冲击，在极端的情况下，某种装备可能在连续的两年中进行正常的大修，而按现有的大修规则，这是一种"不正常"的现象。

这个问题分两种情况考虑：第一种是大的部件本身就是一种独立管理的装备，如可更换的飞机发动机，这种问题自然解决；第二种就需要对大修概念的内涵进行分解，分解成 A 类大修和 B 类大修，分别采用不同的判定规则。

由于在讨论中只是提出了意见，尚未见到具体型号，故暂且搁置。

4. 寿命参数的精度

目前考虑到的寿命参数有三个：一是大修间隔，二是飞行时间，三是起落架次。其中起落架次是计数型的，故精确到每次，已经到达最高精度；而飞行小时一般在几百或几千，精确到小时，误差在 1%以下，也是可以接受的；而大修间隔采用年作为计量单位过于粗略。就飞机装备而言，44 种飞机大修间隔最长的为 13 年，最短的为 5 年，估计有的装备还少于 5 年，而修理时长有的已经到 240 天，如果直至年底，这样可能产生将近一年的误差，按比例算，就有可能产生将近 20%的误差，这是难以接受的。因此，建议将计量单位改为"月"或"天"。

关于寿命参数精度的问题是一个普遍现象，在设计过程中需要给予更多的关注。

5. 规则收集不齐的问题

由于大修规则是一个非常复杂的体系，想一次性收集全是非常困难的，但不能因为收集不齐，而影响工作开展。总部参谋指示"当年有多少数据，就做多少预测；逐年完善"，这样至少可预测一个大修总体的下限。

24.8 综合算法

按照"分步分题决策"思路，分"非预测装备过滤、在大修装备排除、拟报废装备预测、无参数装备分离、参数不全装备提示、大修装备预测"等 6 个步骤，对装备大修预测过程进行设计，形成了装备大修统一预测模型。

1. 不完备规则的再聚类

在前面的聚类过程中,得到了 RE00~RE04 规则系列,其中 4 种都是不完备的,显得有些冗余。按照"分步分题决策"的思路,可将完备规则 RE00 与不完备规则 RE01~RE04 分为两个步骤分别决策。由于不完备的规则 RE01~RE04 可由完备的分支数量与大修次数的关系确定,如果大修次数大于或等于有效路径数,则令 M=参数不全。而在这一判定之后,相关装备的 M 已经赋值,不再进入完备性判定规则 RE00 程序,即保证进入 RE00 的装备一定在其有效路径范围以内,见表 24-12。

表 24-12　不完备规则再聚类结果

寿命参数量值不全装备判定规则
Update　M　with　"参数不全"
From　《装备质量状况汇总表》
While　大修次数>=有效路径数
寿命参数完全时的大修预测主程序
DoScan　《装备质量状况汇总表》For M=""
Select　寿命参数记录
From　《寿命参数存储表》
While　装备代码与型号细分相同
传入寿命记录参数,调用 RE00 规则
EndScan
寿命参数完全时的大修预测子程序 RE00
DO CASE
CASE　Times=0
IF　year()-year(Lax)>=La1　or　Lb>=Lb1　Lc>=Lc1　THEN　M="大修"　ELSE　M="续用"
CASE　Times=1
IF　year()-year(Lay)>=La2　or　Lb>=Lb2　Lc>=Lc2　THEN　M="大修"　ELSE　M="续用"
CASE　Times=2
IF　year()-Year(Lay)>=La3　or　Lb>=Lb3　Lc>=Lc3　THEN　M="大修"　ELSE　M="续用"
CASE　Times=3
IF　year()-Year(Lay)>=La4　or　Lb>=Lb4　Lc>=Lc4　THEN　M="大修"　ELSE　M="续用"
OTHERWISE
IF　year()-Year(Lay)>=La4　or　Lb>=Lb4　Lc>=Lc4　THEN　M="大修"　ELSE　M="续用"
ENDCASE

2. 步骤划分

按照分步骤、分专题决策的解题思路,提出六步分解方案,具体过程见图 24-1。

(1)第一次分解,即总部管理大修(中)的装备与非总部管理的大修装备分解,要求只有在《寿命参数存储表》存在的装备,即总部管理大(中)修的装备,才可由各单位上报的《装备质量状况表》进入《装备质量状况汇总表》;

(2)第二次分解，即正在大(中)修的装备与正在使用的装备分解，此信息在各单位上报的《装备质量状况表》已经包含，可直接进入《装备质量状况汇总表》；

(3)第三次分解，即拟报废装备与可使用装备分解，需要建立"报废装备预测规则"；

(4)第四次分解，即有寿命参数的装备与无寿命参数的装备分解，分解条件：《寿命参数存储表》中有效路径为0的装备即无参数装备，其余为有参数装备；

(5)第五次分解，即寿命参数完备的装备与寿命参数不全的装备分解，判定条件：如果《装备质量状况汇总表》中的大修次数大于或等于《寿命参数存储表》中的有效分支，则为寿命参数不全的装备，其余为寿命参数完备的装备；

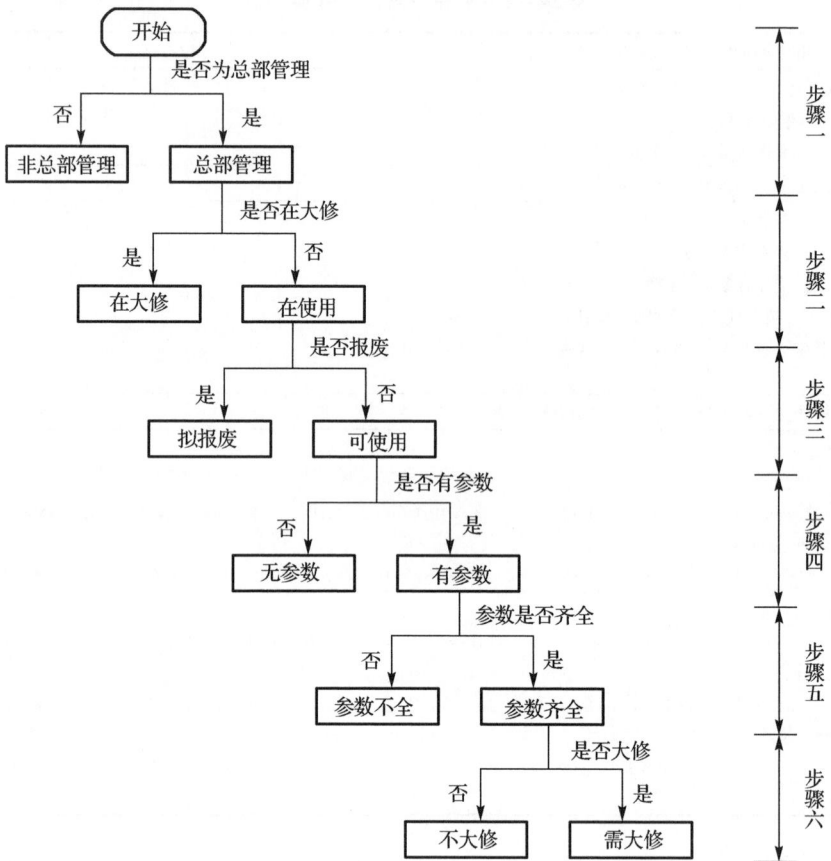

图 24-1　步骤划分

(6)第六次分解，即需要大修的装备与不需要大修的装备分解，按 RE00 规则判定。

根据研究进展情况分解内容还可能增加，例如，需要处理区间参数时，需要增加第七次分解，即不需大修装备与可大修装备的分解。

3. 大修统一预测模型

根据图 24-1 中提出的六步分解方案，得出了装备大修统一预测模型，见表 24-13。

表 24-13　大修预测统一算法

序号	步骤	算法
1	预测装备与非预测装备分解	Select 《装备质量状况汇总表》，M with "预测装备" From 　各单位上报的《装备质量状况表》 While 　在《寿命参数存储表》中含有的装备
2	在大修装备与非在大修装备分解	Update 　M with "在大修" From 　《装备质量状况汇总表》 While 　在大修=TRUE
3	报废装备与非报废装备分解	Update 　M with "拟报废" From 　《装备质量状况汇总表》 While 　达到报废条件
4	无参数装备与有参数装备分解	Update 　M with "无参数" From 　《装备质量状况汇总表》 While 　有效路径=0
5	参数完备装备与参数不全装备分解	Update 　M with "参数不全" From 　《装备质量状况汇总表》 While 　大修次数≥有效路径数
6	大修预测	DoScan 《装备质量状况汇总表》For M= " " Select 寿命参数记录 　From 　《寿命参数存储表》 　While 装备代码与型号细分相同 传入寿命记录参数，调用 RE00 规则 EndScan

针对"一型号一段码"的大修预测软件存在的"操作人员不能修改寿命参数值和增加寿命参数个数以及不能满足因寿命参数收集的持续性产生的不断增加装备型号的要求"等用户不能接受的致命问题，设计了以"一标三参四修"数据结构为基础的统一预测模型，由"非预测装备过滤、在大修装备排除、拟报废装备预测、无参数装备分离、参数不全装备提示、大修装备预测计算"等 6 个主要步骤组成，实现了数据与代码的分离，将寿命参数的修改和增加从程序员代码维护转换为由操作人员数据维护，终结了由装备型号增加导致的、不断地补充的开发过程，极大地提高了软件的适用性和可靠性。

要 点 评 注

假设需要进行大修预测的装备有 1 万种型号，每一型号有三个大修参数，例如，飞机装备有日历时间（一般为 10 年）、飞行时间和起落架次等，采用"一型装备一段代码"的编码方案，3 个参数会有 8 路分支，按照"分支覆盖"的测试标准需要有 8

万个测试案例，这还是分型测试，如果再加多型组合，则测试用例的数量呈指数规律增长。因此，作者提出需要检查《测试方案》和《测试报告》等文档，但遭到委婉的拒绝，他们根本就没有做过测试。最多只做过一些可称为"调试"的工作。

面对如此庞大的规模，"典型突破，扩推全局"是比较稳健的方法之一，既可以充分地学习研究，又可在大规模展开之前有理论方法的积累，做到胸有成竹。选取典型是重要的一环，如果选择不当，则需要走一些远路或者弯路。本章以飞机装备为典型，然后推广至装备全集。

经过以上分析与设计，实现统一预测模型，并且算法简单清楚。这归功于聚类分析的思想与方法。

从以上案例可以看出：可维护性是软件分析与设计的重要指标之一，特别在这样大规模的经验参数条件下，数据的可维护性就成为一个不可忽略的软件指标，而忽略该指标，会造成软件的不适用而"早期失效"。

从编程技巧来讲，数据一般要与程序代码分离。一般数据是可能改变的，如果编入程序代码中，一旦需要改变，就需要改变代码；而代码改变后，又需要一定的测试验证；而且其过程又可能产生误操作、误修改，这极有可能造成软件的退化。如果有多处使用同一数据，其必要性更加明显，在维护中很难考虑到多处同时修改，即便考虑到了也可能产生遗漏。即便是一个常数，如 π，也需要分离，因为有可能改变其精度，也有可能在多处精度不一致，至少需要设置一个常量。

参 考 文 献

[1] 甘仞初. 信息系统开发[M]. 北京: 经济科学出版社, 1996.

[2] 刘喜林. 承钢烧结厂 ERP 生产制造数据接口系统[J]. 可编程控制器与工厂自动化(PLC FA), 2006(5): 84-86.

[3] 曾斯坚, 梁杰申. 基于 USB 的大型建筑分布式数据采集系统[J]. 微计算机信息(测控自动化), 2006(22): 167-169.

[4] 杨发权, 陈胜权. 无线数据接口传输系统的设计和实施[J]. 电子工程, 2006(1): 43-46.

[5] 吴敏. 3D 应用程序开发的强大动力——数据接口组件 InterOp[J]. CAD/CAM 与制造业信息化, 2006(6): 61-63.

[6] 刘玉梅, 孟庆菊. OA 系统与 MIS 系统间数据接口设计与实现[J]. 信息技术, 2004, 28(6): 17-18.

[7] 李玉萍. 电力营销管理信息系统与其他信息系统数据接口技术的实现[J]. 电力需求侧管理, 2003, 5(3): 34-36.

[8] 杜珺, 徐筱麟, 沈平林. 电磁脉冲对军用短波电台数据接口电路的影响分析[J]. 军事通信技术, 2004, 25(2): 51-55.

[9] 孔俊, 唐厚君. DICOM 医学图像数据接口的 Java 实现[J]. 中国生物医学工程学报, 2004, 23(1): 10-14.

[10] 解立. 关于会计核算软件数据接口标准探讨[J]. 技术与创新管理, 2006, 27(5): 54-55, 58.

[11] 罗亚. 数据接口分析及 DELPHI 实现[J]. 福建电脑, 2006(7): 177-178.

[12] 李立志. 我国财务软件的标准化数据接口问题[J]. 中州审计, 2004(11): 33-34.

[13] 信息技术与标准化编辑部. 《信息技术会计核算软件数据接口》国家标准实施推进取得阶段性成果[J]. 信息技术与标准化, 2005(6): 4-6.

[14] 胡仁昱, 杨光平, 张敏. 会计数据接口标准化与会计信息的社会化共享[J]. 会计之友, 2006(10S): 65-65.

[15] 乐燕芬, 李淑秋. 多传感器网络分布式数据接口卡的设计[J]. 仪表技术与传感器, 2006(3): 35-37.

[16] 张淑霞, 曾鸣, 赵宏林, 等. CAD 与 CAE 软件的数据接口及转换方法研究[J]. 石油矿场机械, 2007, 36(2): 4-6.

[17] 刘春生. CAXA 实体设计讲座: 第 5 讲 巧用 CAXA 实体设计解决企业三维 CAD 数据接口问题[J]. 机械工人(冷加工), 2005(8): 79-80.

[18] 汤四新. 网上银行与企业财务软件数据接口分析与设计[J]. 中国金融电脑, 2004(1): 49-52.

[19] 杨莉, 李玉山. 电子设计自动化工具集成与异构数据接口[J]. 计算机集成制造系统, 2002, 8(5): 413-416.

[20] 李占国. 浅谈国标《信息技术会计核算软件数据接口》的深远影响[J]. 会计之友, 2006(8Z): 80-81.

[21] 陶俐伶. 公安综合信息共享系统中异构数据源集成设计与实现[D]. 郑州: 中国人民解放军信息工程大学, 2005.

[22] Saha S, Bhattacharyya S S, Wolf W. A communication interface for multiprocessor signal processing systems[C]// Proceedings of the 2006 IEEE/ACM/IFIP Workshop on Embedded Systems for Real Time Multimedia, 2006: 127-132.

[23] Khasteh S H, Shouraki S B, Halavati R, et al. Evolution of a communication protocol between a group of intelligent agents [R]. World Automation Congress, 2006. WAC '06, 2006: 1-6.

[24] Phan T, Natarajan R, Mitsumori S. Middleware and performance issues for computational finance applications on blue gene/L[C]// Parallel and Distributed Processing Symposium, 2007. IPDPS 2007. IEEE International, 2007: 1-8.

[25] Holzinger A. Rapid prototyping for a virtual medical campus interface[J]. Software, IEEE, 2004: 92-99.

[26] Marcus A, Wieser K, Armitage J. User-interface design for medical informatics: a case study of Kaiser Permanente[C]// Proceedings of the 33rd Annual Hawaii International Conference on System Sciences, 2000.

[27] Govindaraju M. XML schemas based flexible distributed code generation framework[C]// Proceedings of the IEEE International Conference on Web Services, 2007: 1212-1213.

[28] Yang L, Guo Z H. An integrated MIS using interactive graphics interface for distribution system. Power Engineering Society General Meeting, 2007: 1-7.

[29] 蒋振刚. 光标阅读机统一接口实现方案[J]. 长春理工大学学报, 2003, 26(3): 22-23, 33.

[30] 易昭华, 杜晓黎, 金正操. 采用统一接口采集 Linux 内核信息的方法研究[J]. 计算机应用, 2004, 24(12): 124-125, 128.

[31] 季淑娟. 图书馆系统间动态数据共享与统一接口问题探讨[J]. 情报杂志, 2007, 26(1): 25-27.

[32] 李金昌, 苏为华. 统计学[M]. 北京: 机械工业出版社, 2007.

第五篇　管理工具篇

就构想与结果的关系而言，科研和工程项目之间差别巨大，前者不太确定，甚至相反，而后者必须确定。信息化项目的管理同时具有两者的共性特点，又有其自身特点，故其管理存在特殊性。在长期的建设实践中作者根据一般的管理原理和规范与自身实践相结合，形成了一些有效的管理技术与方法，在这里与大家分享。

本篇中以开发日志为基础给出了处理观点冲突的方法；在长期的实践中形成了特有的系统设计规范；针对难以描述且容易出错的界面关系，给出了一套专用描述工具；GB1526-1989只给出了基本的流程图符号，作者给出了一些有效的补充；针对开发和维护中难以处理的变更管理问题，介绍了作者在多年的开发中形成的一整套管理方法。

第 25 章　系统开发日志

研 究 背 景

在多年的系统建设工作实践中，作者发现：对于同一问题，不同地区的人、同一地区不同单位的人、同一单位不同层次和不同岗位的人，即便同一个人，在不同的时间、不同的场合下，都可能出现不同的观点，甚至是截然相反的观点。即所谓"仁者见仁、智者见智"、"此一时、彼一时也"。这是研究工作中频繁出现、无法避免，并困扰着许多项目的问题，对项目的进程和结果有极大的制约作用。

要想做好这一点，则必须做好专题研究日志。其主要任务就是记录思想、观点、方法和方案的变化过程。作者认为：在通常情况下，经过认真调查与研究后，在该业务上你应当达到"在这个世界无人能及"的地步！至少应当掌握时下的主流方法，否则，重复工作、走弯路甚至是项目的失败是不可避免的。

有些组员对组长或技术总师说："上次你是那么说的，这次你又这么说，下次是不是又有新的说法，我到底该怎么做？"听上去理直气壮，其实这是一个在科研开发领域极其常见的问题，在作者走过的大多数部队、院校、研究所等，大多数人对上级、项目组长、有协调工作的同事等都会有相同的抱怨。

案例 25.1：在某课题组编写的《××规定》的审定会上，一个军区参谋严厉地批评了课题组，怎么能这么写？一个课题组成员在休息时告诉作者："去年就是他让这么写的，当时课题组还提出了反对意见，你不是也在场吗！"，作者回忆了一下，在课题开题时确实在场，而且关于这个问题也确实争议了好长时间，记忆很清楚。作者问："会上为什么不指出来呢？"他回答说："这个话只有你们专家才能说，我们说了就是自己欠贬！"在后续的会上，作者指出这些问题，当时参加开题会议的还有另外几个人。大家共同分析其原因，认为主要是因为在研究的过程中起初确定的条件发生了较大的变化，"那种方法"适用于那种条件，而"这种方法"适用于这种条件。

案例 25.2：有一个研究所的工程师，是一个计算机开发的高手，有一次会议上作者看到他一脸的沮丧，作者就问："有什么难题能够难倒'神仙级'的大师？"他说："系统开发中所有业务都是业务人员提供的，我又不懂业务，最后的错误为什么全是我的？"——有损"大师"形象，他委曲之极。作者说："谁说的你骂谁？"他回答："在 A 军区调研后开始开发系统原型；之后到 B 军区征求意见，结果大部分被否定，重构原型；再到 C 军区后主体又要求回到 A 军区的原型，而该团队又没有保留过程版本，在多个军区、多次循环后，没能形成一致性的意见，且原型在多次修改后发生蜕化，致使项目流产。"作者又问："什么时候、哪个军区的哪个人说的？"他说记不清了，反正肯定不是自己设计的。

在系统开发过程中，变是绝对的，不变是相对的。如果一开始就可以将项目后续的情况估计得一清二楚，那么这一定不是研究性项目，而是一个彻头彻尾的工程项目。如果没有这种应变的能力，不能说你"已经具备了独立从事学术工作的能力"。

作者说："这就对了，一点都不冤枉你，谁让你不做好笔记呢？骂人都找不着对象！"那位工程师很不服气地说："那你是怎么处理的呢？"作者的办法很"笨"，但很简单！如果第 n 组人与第 $n-1$ 组人的意见不合，让这两组人去 PK（交流讨论）！其结果可能有三种情况，一是一组说服另一组；二是两组调解；三是相持不下，只能让上级仲裁，最差的情况是保留两种工作模式，但结果必须相容。说起来很容易，做起来的关键在于用文字形式记录下两组的意见，使其已知条件一致。

25.1　研究日志的概念

对于一个一般规模的研究项目而言，仅用人的大脑记忆需要记住的事情，通常是不可能的。而为了弥补这一记忆的不足，出现了研究日志的概念。而"要记住的事情"中有很多事是事先不知道的，因此，一个最好的办法就是记住全部研究事项，以最大限度地减少遗憾程度。

全面反映研究过程的日志，通常是从正式立项开始记录，到研究总结报告结束。为了保证日志的完备性，立项前的准备工作可以在立项获准时再进行补充，也可以从一开始就撰写，还可以扩展到评奖、推广工作，甚至是下一个相关的研究项目。作为开发单位和项目组，一般不会只考虑一个项目，因为一个项目难以持续地支撑一个公司或一个项目组，所以需要一个稳定的研究方向或者称为项目群，这样，其日志可能是按研究方向展开的，可能有多个日志，可能有延续十几年甚至几十年的日志。

所谓"日志"通常就是按日期顺序排列的一种记事文体。由于需要记录的时间粒度通常是以天为单位，故称为"日志"。但在科研开发领域，这个粒度还是粗略了一点，可以根据具体情况适当细化时标。为了保持概念的继承性，仍然沿用"日志"一词。

1. 主日志

主日志要求所有的研究事项在其中都有反映，包括暂时废弃不用和作为备案的内容；对于篇幅较大的内容采用附件或专门报告的形式，但在主日志中必须有记载，例如，任务书、会议纪要、工作论文、专题报告等，凡是课题形成的内容，在主日志中需要全部体现，有相应的条目。主日志要求完整地提供项目研究的过程信息，是一个正规的研究开发项目必须具备的。工程项目的特点之一，是能提供"从最初的设想到最终产品的完整过程"，而这个过程通常是通过主日志形式来表述的。

2. 专题日志

由于研究开发的类型特点在于"研究"，许多问题不是一下子就有明确的设计方案或答案，需要有一个较为复杂的过程。如果在顺序的条目中记录，则会分散于日志的多个地方，致使阅读难以进行。专题日志的目标，就是将这些分散于多处的相同议题的内容集中于一处，设立一个专题，便于了解问题的形成、发展过程，冲突各方的意见与解释，从而便于协调新方案的生成。

3. 阶段日志

对于一些时间较长的项目，主日志的篇幅过大不便于使用，因此，出现了阶段日志。为了避免阶段日志之间的交叉引用，阶段的划分一般要选择在成果比较固定、不易变化的节点上，即已经形成一个相对稳定的中间成果。后一阶段的日志，通常是以前一阶段相对稳定的中间成果为基础往后进行。如果不能如此，则后一阶段的日志应当包括对前一阶段日志的一个小结或摘要部分，包括成果描述、备选方案、未确定的问题等，其主要目标在于减少对于上一阶段日志的依赖。

4. 模块日志

对于一些大型项目所形成的现代化的产品，通常是以模块结构完成的。一个模块相当于一个或一些被分割的小项目。其研究与开发工作也存在许多"观点冲突"，因此也需要一个精确的日志，描述模块的来龙去脉、目标定位、相关模块等。见 26.3 节中的案例。

5. 分组日志与个人日志

对于一些大型项目，通常需要分组研究。由于各组之间也存在一些约定与协调事项，故各分级也应当撰写相应的日志。在一些组员们交互较多的项目中，每一个人都应当有自己的日志，即个人日志。

至于具体的研究项目采用哪些日志，需要具体情况具体分析。但日志的复杂程度体现了项目本身的复杂程度。

为了便于查找，日志条目还可以加入"关键词"等内容。为了方便记录，日志的格式是自由的，因为日志的读者主要是自己，或者是一个很小的圈内人士，目标是以后自己能看懂就行了。为了便于保密，日志还可以采用一些自己或圈内人士的密语。

25.2　专题日志及其运行

专题研究日志是以一个研究专题为基础的，以日期为主索引，以分专题或具体细小问题为条目的一种记事文体，其目的在于记录一种思想、观点和方法的变化轨迹。这是避免研究进入死循环的重要手段，对于时间跨度越长、冲突观点越多的问题，其效果越显著。

1. 空域观点冲突

所谓空域观点冲突是指：不同人群观点之间的冲突。解决这一问题的一种比较理想的方法就是辩论循环法，其步骤为：①将矛盾的观点明确地表达出来，并经提出方确认；②提交给矛盾的另一方或几方吸收与批判；③在互相攻击几个轮回后，互相取长补短，各方均形成新的观点；④重复上述过程，直至冲突各方达成一致观点，或者形成几个相容的观点，或者保留冲突观点。

2. 时域观点冲突

所谓时域观点冲突，实际上是一个动态过程。先根据客观实际形成一定的观点；在新的情况出现后，验证原有观点的合理性，如果有问题，则修改原来的观点，直至观点或方案能满足所有情况的需要。初始观点有可能是现成的，也可能是通过调研获取的，但它只作为一个循环迭代的基础，通常需要将其演绎到最终满意的或最优的观点或方案。

3. 混合冲突与综合处理

空域冲突最终会出现以下几种情况：①达成一致，这是最理想的情况，可以直接采用；②形成几种相容的观点，可采取"全盖偏、细包粗"的思路，合并形成一个全面的新观点体系；③形成相对固定的几种互相排斥的观点，采用"功能并列，数据规范"的策略，由"用户极大化-功能冗余化"的思想，各自执行，可较好地解决上述矛盾，即所谓社会系统三元运行理论[1]中所称的"子系统自主运行"的模式。

对于时域性冲突，由于后面的观点是在前面观点的基础上形成的，故一般已经包括了前面观点的精华，而删除了缺陷，从而发展成为新的观点或方案，自然也就达到满意或最优。

事实上纯粹的时域冲突和空域冲突的情况很少，在项目进程中，通常两者结伴而来，错综复杂，即所谓的混合冲突问题。

25.3　专题日志案例

25.3.1　短小专题日志案例——空域冲突案例

案例 25.3："九五"以来，我军大量的新装备配发到部队，形成了装备管理的许多新的要求，而原有的管理信息系统难以满足其需要。因此，总部决定针对新装备开发一个专门的管理信息系统，从而出现了"新装备"概念的危机。经过调研，形成"新装备"的概念如下。

（1）用装部分队认为：新装备就是以前没有使用过的装备，因为没有使用经验，这类装备容易产生很多新的问题。例如，某自行榴弹炮，在配发到一个装甲部队和一个炮兵部队后，两者均反映该炮不好用，军区组织专家调研后发现，装甲部队的维修人员将火炮的复进弹簧中注满了黄油，致使火炮无法后座；而炮兵团原来只有牵引火炮，其装甲车体部分失灵，主要原因是不熟悉装备。这些装备对于他们来说自然就是所谓的新装备了。

（2）订购部门认为：新装备就是"九五"以后列编的装备。由于"文化大革命"的影响，"九五"以前我军基本上没有发展新装备，"九五"以后我军大规模的列编了新装备。新装备的一系列问题由此出现——"文化大革命"以前的装备，一是训练使用不多；二是技术成熟和普及；三是技术骨干较多。而"九五"以后的新装备，由于缺少与使用部分队的磨合，以及自身存在一些缺陷，暴露出大量的问题。这些问题又反馈到订购部门，在这个背景下，"九五"以后的装备的共性就是"新"。

（3）保障部门认为：新装备是指部队还没有形成保障能力的装备。由于其采用了许多部队过去所没有掌握的新技术，只能依赖生产厂商进行保障的装备。因此，装备在部队的技术保障中出现了严重问题。这些装备的特点是基层级和中继级的维修机构无法保障，甚至基地级的维修机构都无法保障。

（4）后方仓库认为：①新装备是指刚出厂且检验合格的装备，或质量等级为"新品"的装备——他们管的就是收与发，其质量等级是一个重要参数，其余的他们不关心；②与用装部分队有同感。

（5）工业设计部门认为：新装备就是正在设计、未投入生产的新型装备——在设计、未定型或已定型但未移交生产单位的装备。未接受设计任务的装备与自己无关，通常也不研究。

（6）研究所认为：新装备是具有新的战术技术指标或已有战技指标有突破性进展的装备，如红土地导弹系统、云爆弹药等。

（7）院校认为：①将要新开的装备课程所定装备；②同研究所。

其实，这已经是经过归纳和整理的专题日志。调研开始的时候给人的感觉"百花齐放，百家争鸣"，"公说公有理，婆说婆有理"。在经过仔细分析与鉴别后，发现对于概念内涵的认识同接受调查的人的身份、立场和出发点强相关，故做了以上归类。当然，详细的调研日志是以多人为基础的，还有许多人的认识是一致或接近的，尽管重复，但也需要有相应的记载，以便后续的分析之用。本书为了让读者看出点"门道"就不再重复地占用过多篇幅了。

　　不同的人所使用的"新装备"的概念不同，因而，在早期的使用中出现了较多的误解，随着研究和实践的深入，各类人员的协调，新装备的概念将进入互融阶段。那么，到底采用哪一个概念或概念体系呢？这需要由研究目标来确定。例如，在研究战略保障旅的编制体制时，应当采用保障部门的意见，即新装备是指部队还没有形成保障能力的装备，在装备清单上应以订购部门的概念为出发点；而在研究部队保障问题时，应当以用装部队的观点为主体，即新装备就是以前没有使用过的装备，但还要兼顾其他观点，例如，需要考虑本部队不能保障和全军都不能保障的情况，采取相应的方法。

25.3.2　关键段落修改日志案例——时域冲突案例

　　案例 25.4：以××系统中输出门限规则的描述为例。

　　×年×月 A 日，张三提供，输出门限的概念语段。输出门限运算具有数值计算输出结果节点的共同功能，例如，枝节点具有聚合运算、叶节点具有分值转换运算和指标转换运算等。在每一次赋值计算后，都应进行门限作用，以保持指标的协调性。门限运行规则：(G1)如果给定值大于其上限值，则将其设置为上限值；(G2)如果给定值小于下限值，则将其设置为下限值；否则(G3)保持原值。

　　×年×月 B 日，张三提供，输出门限的概念语段增加内容。(G4)当出现界点不包含上下限值的情况时，如果是可列型(整数、枚举等)，用上限减 1 的值取代上限赋值，同样，可用下限加 1 的值取代下限赋值；如果是实数型，则用上限减精度的值取代上限赋值，同样，可用下限加精度的值取代下限赋值。由于拟编程的语言可能是强类型的语言，故门限函数也可分为整型和实型两种函数。

　　×年×月 C 日，李四提供，输出门限概念的修改建议。在论文写作中，要求：不能出现错误；需要高度抽象，论文一般在分析阶段，描述的是逻辑模型，应当高度抽象，不能具体到用设计或编程的语言来描述；逻辑要完备。此段论述首先分为包含界点与不包含界点，这在逻辑上是完备的。①(G1)～(G3)与(G4)并列，按可读性要求没有问题，这也是工程常用的方法，因为开始没有那么仔细，后来又发现了问题，故增加注释性说明，并与前面的内容并列；但从学术的角度上看，存在 Bug。需要先分为两类，再进一步论述。②该论述中只有可列型数据的处理，没有不可列型数据的处理方法，为不完备论述。③原文："如果是可列型(整数、枚举等)，用上限减 1 的值取代上限赋值。"枚举型数据是不能直接减 1 的，出现错误。④原文中只讨论了整型、枚举和实型三种类型，显然，还会有其他的类型，此处不完备。⑤原文："由于拟编程的语言可能是强类型的语言，故门限函数也分为整型和实型两种函数来定义。"如果写的是论文，显然是多余的。

×年×月 D 日，王五提供，门限运算规则语段。如果一个值在门限域内，则保持原值（G3），门限不发生作用；如果不在门限域内，则门限发生作用。门限作用规则：①边界点在域内时，如果给定值大于其上限值，则将其设置为上限值（G1）；如果给定值小于下限值，则将其设置为下限值（G2）；②边界点不在域内时（G4），可列型数据域取相应的边界次点，非可列型数据报错（作者注：下一段将其纳入正确值域）。

×年×月 E 日，赵六提供，门限运算规则语段修改。门限运行规则：①如果输出值在门限域内，则输出原值；②如果输出值超越门限域上限，在上限包含界点时，输出上界点值，在上限不包含界点时，取上边界次点；③如果输出值超越门限域下限，在下限包含界点时，输出下界点值，在下限不包含界点时，取下边界次点。边界次点：在可列数据域中，最接近边界的点称为"边界次点"，不可列数据域不存在"边界次点"。由于可列数据域的边界点有两个，故其边界次点也有两个。在一个值域不包含边界点时，如果在值域内取其极限点，即整数的边界次点为"上界值−1"和"下界值+1"；实数的边界次点为"上界值-精度值"和"下界值+精度值"；设枚举的边界点为 Last（枚举变量）和 First（枚举变量），则边界次点为 Pre（Last（枚举变量））和 Next（First（枚举变量））。

×年×月 F 日，钱七提供，门限运算规则语段评注。本段论述中：①整体结构是先定义作用发生的条件，然后分述两个类型的门限处理方法，结构明确；②引入了"边界次点"的概念，使得正文内容非常精炼易懂；③边界次点的概念高度抽象是，对所有数据域类型均有交代，满足了概念的完备性，在数据类型扩充时也只需要修改"边界次点"的概念内涵，即满足了数据类型的可扩充性。

×年×月 G 日，孙八提供，门限运算规则伪码。①由于管理评估基本上是基于整数运算的，个别地方可能用到小数，所以，将其定义在实数域中已经足够。②门限统一包含边界点。③门限运算函数如下。

```
Real X,X_up,X_donw
Input X
DoCase
    Case X>X_up Then X=X_up
    Case X<X_donw Then X=X_donw
    Otherwise Then X=X
Endcase
```

25.3.3　基于日志的段落案例——混合冲突案例

"病态信息"的概念从 1995 年底总参兵种部刘广迎参谋提出"假数据"控制的问题至 1997 年"全军武器雷达系统病态数据检测项目"立项，再至获得 2000 年国家自然科学基金"病态信息控制的理论与方法"项目，前后经历了 4 年多的时间，参与其中讨论与咨询的人员过百，分析的相关概念也已近百，如果没有详细的专题日志，想说清前后的变化是不可能的，想经过辨认达到一个稳定的状态基本上也是不可能的。而经过详细日志的记载，消除了概念变化过程中的振荡和重复回路，经过"假数据—异常数据—病态数据—病态信息"四个阶段，使其很快到达稳定状态，从 2004 年作者的博士论文[2]直至现在，病态信息概念基本保持不变。日志部分的内容要丰富得多，文字量也大得多，中间采用过的术语也很多。正因此，论文才有了精炼的基础。10 多年后的今天，该研究方向仍然沿用这一概念，再也没有反复过，这是因为前面的研究覆盖了几乎所有的反复，在这一点上专题日志功不可没。

要 点 评 注

"好记性不如烂笔头"，随着信息化的深入，系统规模越来越大，课题组规模和交流越来越多，已经远远超过人脑的自然记忆极限；另外，研发工作中不同观点的冲突是频繁出现、无法避免的，越来越多地困扰着许多项目，对项目的进行和结果有极大的制约作用。解决这一问题的最好办法是撰写专题研究日志。研究日志主要有主日志、专题日志、阶段日志、分组日志、个人日志和模块日志等。专题研究日志解决的主要问题有空域冲突和时域冲突两个基本类型，以及它们的混合类型。

所谓空域观点冲突是指不同人群观点之间的冲突。解决这一问题的一种比较理想的方法就是辩论循环法，其步骤为：①将矛盾的观点明确地表达出来，并经提出方确认；②提交给矛盾的另一方或几方吸收与批判；③在互相攻击几个轮回后，互相取长补短，各方均形成新的观点；④重复上述过程，直至冲突各方达成一致观点或者形成几个相容的观点，或者保留冲突观点。对于空域冲突观点处理结果有以下几种：①达成一致，这是最理想的情况，可以直接采用；②形成几种相容的观点，可采取"全盖偏、细包粗"的思路，合并形成一个全面的新观点体系；③形成相对固定的几种互相排斥的观点，采用"功能并列，数据规范"的策略，即由"用户极大化-功能冗余化"的思想，可较好地解决上述矛盾。所谓时域观点冲突，实际上是一个动态过程，先根据客观实际形成一定的观点。在新的情况出现后，验证原有观点的合理性，如果有问题，则修改原来的观点，直至观点或方案能满足所有情况的需要。

第 26 章　系统设计规范

研 究 背 景

如果你有一个稳定、完整的开发团队，那么你是幸福的。所谓团队，意味着默契的合作。但现实总是无情的，完美无缺的团队基本上是不存在的。团队中可能缺少这方面的人或者那方面的人，而项目则是一个完整的，不能因为团队缺少这方面的人，就不设计和开发这些内容，因为缺少那方面的人，就不设计和开发那些内容。现实的情况通常是你的团队具有的主要内容的研究能力，其余的能力需要招募新的人员，或者交给其他的团队。因此，规范的信息交流就显得至关重要。

长期以来，在软件开发中，系统调查、系统分析和系统设计等分工是模糊不清的，甚至出现了从调查至编程及测试等全过程"一肩挑"的情况，不幸的是，这在我国目前的发展水平下，对于一些中小项目是一个普遍的现象，不少大型项目也是如此，造成了"信息系统大规模早期失效"。

直到 2003 年作者承担的"全军侦察情报系统'两成两力'综合评估系统"以前，作者的团队也大致如此。由于该项目要求以美军用标准 498 进行验收，作者不得不接受这一现实。美军用标准 498 是一个优秀的标准，但它离中国的国情有一定的差距。之后，作者的团队以其为基础形成了一套团队标准，通常的说法是课题标准或项目标准。

从理论上讲目前已经有很多的标准可以参考，但都不很理想，国家标准过于笼统，分析与设计人员的方案在后续的开发中经常走样，从而造成矛盾与不快；而美国军用标准 498 则过于仔细和严格，并且在概念、习惯上不太适合我国国情。在长期的开发实践中我们逐步形成了一套独特的课题标准《系统设计规范》，主要由任务概要、审核要求、研讨日志、内容概述、人机界面、数据结构、操作流程、算法设计、异常处理、过程备份等十大部分组成。

26.1　任 务 概 要

作为一个项目的技术总师和组长的一个重要管理职责就是任务切分，就是将一项任务划分为多个子项目，布置相关分组或个人分别实施，并让各个小组或个人协调地工作，最终合成一个体系完整的系统并实现项目的目标。作者接触过不少"技术总师"，他们接到课题后，有了经费，组织工作小组，做简要的介绍，然后分别研究，再看结果，如果不行再重来，如此反复。其工作小组大多怨声载道，不断地重复是软件开发工作的最大忌讳。一是打击士气，二是丧失总师权威和团队信任，三是团队成员转入一种被动工作模式，从而造成质量低劣，软件失败。因此，任务切分正确与否是成功的关键因素，也是技术总师是否称职的试金石。

任务概要是项目任务切分的基本工具之一，在项目确认后，总师(组)需要将项目分解为若干任务，这一过程需要经过初分、边界审核、功能审核和目标审核等，并且由总师和承担人不断地讨论，并逐步确认。在确认前禁止开展后续的工作，以免产生质量问题，并由于不愿修改或"对付性修改"而将问题保留至最终系统中。而这些审核的基础是任务概要和内容概述两个部分。概要部分的主要内容和形式见表 26-1。

表 26-1　任务概要样例

编号：06A0010

×××项目分项任务书

任务名称	文书管理模块设计				
接受任务人员	第一分组，欧渊	接受任务时间	2007-5-20	预计完成时间	2007-7-20
任务批准人员	吴建明	任务批准时间	2007-5-20	任务完成时间	2007-7-28
相关任务	·文书编辑模块设计				
给定条件	·公用功能：文书列表设置 ·《需求分析报告》 ·《概要设计报告》				
任务要求	·文书的导入、导出功能 ·文书的排序、传递、查找功能 ·收文操作与撰文操作功能 ·文书参数的设定、管理和控制功能				
成果提交	·《文书管理模块说明》				
备注					
总师意见	同意设计方案				

设计人：×××　时间：2007-7-25　审核人：×××　时间：2007-7-28　批准人：吴建明　时间：2007-7-30
签名：　　　　　　　　　　　签名：　　　　　　　　　　　签名：

26.2　审　核　要　求

除了进程控制，质量和目标的控制也是课题管理的一项重要内容。目前，在非经济模式运行的组织中，许多项目不了了之；或者形式上完成但质量远离目标；或者研发后被束之高阁。原因很多，但有一个重要的原因是在确立任务时对其完成标准缺乏控制，更谈不上任务与目标的匹配问题。

对于软件开发的每一项任务，在确立之初就需要确定完成的内容与质量标准，并以明文形式确定，以便于管理人员判定其对于总体目标的支持，也可作为后续对于人员贡献评估和奖励的基础。作者的团队在多年实践中的要求，见表 26-2。从该表中的审核要求看，一项任务可能对应多个审核表，其主要原因：①既然是审核，就有通过、修改和不通过三种可能，后两者均需要重新审核与完成状态的确认，在其中是通过版本号加以区别的；②如果某分项任务比较大，或者其专业与内容需要多个人实施审核，则需要分指标审核；③开发过程中的变更、调整是不可避免的，因此该分项任务相关内容发生变更后，还有可能需要对其进行重新审核，以确认其对于变更的适应性。

表 26-2　审核要求要素样例

××××项目分项任务审核报告

审核内容：文书管理模块设计方案
给定资料： • 《2007××项目整改方案》 • 《系统分析报告》 • 《系统概要设计》
审核资料： • 《文书管理模块设计说明 V1.2》，A4 纸共＿＿页
审核要求与意见统计：(在相应的"□"中划"√"，或填写已在审核意见中具体列出的修改项目数量) • 给定资料情况：充足□　不充足□　已列出缺少资料＿＿＿项，或者口头说明。 • 与《需要分析报告》和《概要设计报告》的一致性：一致□　不一致□　已列出不一致项和修改建议＿＿＿项。 • 是否满足《2007××项目整改方案》规定的要求：是□　否□　已列出修改建议＿＿＿项 • 设计的完备性 　整体顺序是否正确：是□　否□　已列出修改建议＿＿＿项 　设计说明中的概念是否准确：是□　否□　已列出修改建议＿＿＿项 　界面上出现的名称是否容易产生二义性：是□　否□　已列出修改建议＿＿＿项 　文书管理功能是否满足用户需求：是□　否□　已列出修改建议＿＿＿项 　操作方式是否丰富、便捷：是□　否□　已列出修改建议＿＿＿项 • 设计说明各部分是否协调：协调□　不协调□　已列出不协调项和修改建议＿＿＿项
审核意见和结论： • 可以交付
提交人：×××　时间：2007-8-25　审核人：×××　时间：2007-8-28　批准人：吴建明　时间：2007-8-30 签名：　　　　　　　　　　签名：　　　　　　　　　　签名：

26.3　研　讨　日　志

软件是一种逻辑部件，通常不是手工或者原系统的翻版，需要进一步的创造。从另一个角度讲，尽管总体上是一种"工程"，但其"研究"的意味也很深厚。多年以来，信息系统研发完成后，多数项目实施的是"鉴定"，只有少量的项目为"验收"。因此，其过程中不确定的或者需要研讨的问题相对较多。在 25.1 节中的模块日志即本节内容，以下给出一个实例中的部分内容。

案例 26.1：研讨日志（含审核意见）。

（1）V1.0 审核意见

①2007-6-1 吴建明：建议删除"文书管理-新建文书"中的"文书代码"与"选用模板"两项内容，模板要素加两个滚动条。

②2007-6-1 吴建明："独立创建和类似创建"可否改为：按内容模板、按已有文书。

③2007-6-1 吴建明：为"文书管理-文书维护"中的查询条件部分增加折叠按钮。为文书增加存档属性，并在查看条件中增加选项。

④2007-6-2 吴建明：收文与撰写文书的属性有差异，故将其分为两个数据表分别存储。收文属性主要有：文书识别码（流水）+文书名称+发文单位代码及名称+发文时间+接收时间+文书类型（字典 9 类）+转发情况（不需要转发、正在转发、转发完成）（二级：文书识别码+转发单位+完成标记）+文书状态（收到、已阅、正在办理、办理完成）+文书信息（另页）。撰写文书的属性有：正在编辑+完成编辑（只读）+正在审批（只读）+审批通过（只读）、终止（审批未通过、存档）、正在修改（并入"正在编辑"）、正在发送（只读、单位清单）、发送完毕（只读）。

（2）V1.1 审核意见

2007-6-22 吴建明：

①增加界面关系图。

②概念：文件名与文档名，文件名是指计算机中用于区分不同的存储项目的标识，而文档名是指参谋人员为某一目的而接收或撰写的内容集合标识。其编码规则见《装备维修保障构件编码规则》。

③概念：文书存储名称与文书标题。

④"收文列表"中的"文书格式"更名为"传送格式"。

⑤磁盘文件导入、导出需要增加文书存储名称。

⑥【定义发送单位】与【定义转发单位】合并，并增加"复选项"列和"传送格式"列。

⑦撰文和收文的相应的数据表格和界面尽量合并。

⑧文书状态变化表中后续状态需要增加"添加转发/发送单位"。

⑨重新规划存储表体系，由 1+3 构成：文书（参数）清单+（转发单位列表+属性列表+转发/发送情况表）。

⑩重新规划常数表体系，包括文书参数区分表、文书状态变化表（加收、撰文标记）、转发/发送属性、收文转发与撰文发送常用单位表、文电属性清单。

⑪增加文书类别字典、文书传送与存储格式字典。

⑫增加文电属性清单、属性表。

⑬文中"文书格式"由于与"文书格式模板"容易产生混淆改为"传送格式"。

⑭【文书管理】的四分法，即四个页面，改为，"文书总汇"、"收文列表"、"撰文列表"和"当前文书属性"。此处增加的"文书总汇"部分是考虑业务工作的需要，合并"收文信息"和"撰文信息"于"当前文书属性"是出于概念的需要。与此相应，表 1 与表 17 的收文与撰文列表合并建立"文书参数储存表"，其结构为两表字段的并集+收撰文标记。为方便课题组理解与编程，需要在该文档中增加"文书参数区分表"，其结构为：参数名称+标识+总汇采用+收文采用+撰文采用。

⑮表 2 收文状态变化表与发文状态变化表合并，并增加收发标记。

(3) 2007-6-30 审核意见

①图 2 并入图 1。

②【新建文书】划入【文书编辑】模块群后,【对比模块】与【文书管理】无关,在界面关系图中删除。而在许多界面中的"对比编辑"应当相应的删除。

③界面关系图中，增加【新建文书】"立即编辑"到【文书编辑】的控制。

④【文书管理】中的"标题排序规则"，应当更名为"文书排序规则"，与此相对应，"筛选条件"应改为"文书筛选条件"，"显示条件"改为"文书显示条件"。

⑤图 3 中当前行中的"？"应改为"▶"。

⑥【文书管理】"当前文书属性"应改为"当前文书文电属性"。

⑦在"文书总汇"、"收文列表"和"撰文列表"中的"文电属性"应当改为"文电属性集"。

⑧文电属性设置，与文书属性的录入查看功能分离，独立出来单设一个模块。

(4) 2007-7-24 审核意见

①取消发文与发电两类别，归入文电属性子集，共计 26 个。

②取消自定义分类的下拉组合框，改为自由输入。如果有自定义类别，需要增加相应的类别维护功能。

③取消转发与发送情况窗体。由于转发与发送操作功能在"文书收发构件"已很强，此处只是记录一下简要情况，此项功能弱化。

26.4　内　容　概　述

内容概述是任务概要部分的进一步说明，通常有任务的目标、约束条件、初步构想、概念约定等外部给定的"已知条件"。如果是本任务的工作成果，则应当在其他部分加以论述，但如果篇幅较小，不易独立成节的内容，也可以考虑在此论述。内容概述也是一个分项目的"收容"部分，因为其他部分都有明确的内涵，具有"排他性"，即归不到其他部分，又是任务必须要说明的部分，在该部分撰写。对于具体模块的内容视具体情况而定，内容从简，但不得影响理解与审核。

该部及其以前的内容，在确定前需要总师(组)与承担人(小组)反复研讨，并经过确认，方可进行下一步的工作，以避免工作反复造成的不良后果。内容概述的案例如下。

案例 26.2：C0001 全息战场装备保障数据结构设计 V10。

1. 内容概述

1)任务分析与界定

根据"装备保障需求分析实验室"概念分析与界定及其现有相关系统的综合分析，①整个实验工作见图 26-1；②本任务是其带底色的部分。

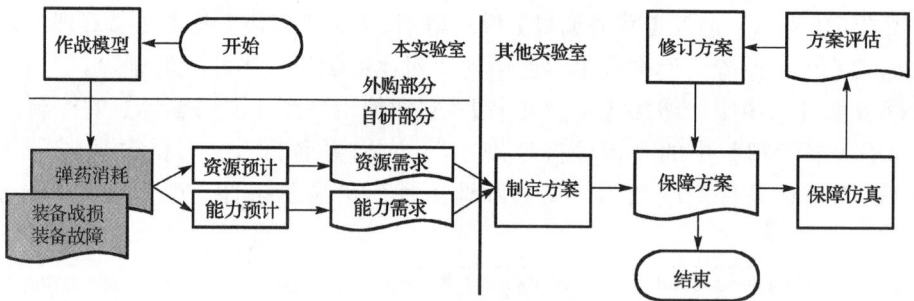

图 26-1　作战仿真过程

本任务的目标是根据全息战场的构想，建立作战模型输出数据中装备保障部分的理想模型。作为意向合同系统改进的基本参照，为《合同》签署奠定基础；也为后续的装备保障分析模型的分析与设计提供数据基础。

(1)术语：意向合同系统。根据装备保障需求分析实验室建设需要，拟采购的作战仿真系统。

(2)术语：合同系统。在意向合同系统基础上改进和增加装备保障相关功能，装备保障需求分析实验室最终采用的系统。

由于意向合同系统均为一次战斗的仿真系统，故基于此系统的装备保障需求分析实验系统(即合同系统)也应当为一次战斗的装备保障需求分析系统。作战仿真的对象应当是旅、团一级系统，也可以是师、团两级系统。

装备保障主要包括两个方面：一是装备物资保障，二是装备技术保障。装备物资保障主要指装备、弹药和维修器材三个主要类别物资的供应。在战术层保障中，装备供应通常忽略不计，但在全息战场构想中装备变化在考虑之列；重点考虑弹药供应和维修器材的供应，其他装备物资，如教练弹药、技术资料等在本阶段实验室建设中忽略不计，在后续的建设中酌情考虑。装备技术保障主要有战损抢修、故障排除和技术指导等。可假设参战人员是合格的，故可对指导忽略不计。

2. 相关概念分析与定义

1) 全息战场

(1) 作战模型。本文档所称作战模型，是指用于作战试验的仿真模型：①可以对作战过程进行仿真试验，并提供和重现完整过程的战术背景；②有装备保障需要的一切数据；③可以将装备保障情况融合于战术环境之中，可以同战术和后勤部门进行联合协调的演习，是本实验室的基础模型之一。

(2) 全息战场。本文档中所指全息战场，是一个虚设的作战仿真系统。它可提供一次战斗中的任意信息。其目的是给装备保障需求分析一个最广泛的设计空间，即设计者想要什么信息，只要是实际战斗中可能产生的信息，想要什么就有什么，想怎么要就怎么给。

——在合同系统没有确定以前，假设它是一个全息战场。并作为协商确定由意向合同系统改进为合同系统的基础。

2) 需求事件与保障事件

为了有效地区分作战仿真模型的输出以及装备保障决策内容，本文档给出了如下定义。

(1) 事件。在作战仿真过程中，凡是可改变战场状态的行为，称为事件。

(2) 装备事件。在作战仿真过程中产生的与装备保障相关的事件，称为装备事件。

(3) 装备需求事件。凡是由作战仿真模型输出的装备事件，由于其通常是产生保障要求的事件，称为装备需求事件，简称需求事件。例如，×单位×型号装备×时由于×原因，需要抢修。由于这一事件改变装备的完好数量、故障数量等状态值，并且产生保障要求，故称为需求事件。

——本文档是关于装备需求事件的设计和数据结构。

(4) 装备保障事件。凡是由装备保障机构进行的改变装备保障状态的事件，称为装备保障事件，简称保障事件。例如，从×部给×单位补充×种弹药××发，这是一个改变装备保障状态的事件，故称为保障事件。

3) 瞬时事件与延时事件 (略)

4) 事件标识参数系统 (略)

5) 数据的聚合与还原 (略)

……

26.5　人机界面

人机界面是大多数终端用户型软件必备的部分，但不是所有软件分项目都必须具备的，因此，该部分以后的各部内容视情况确定。

人机界面部分通常分为概述和具体界面两个部分。

概述部分主要是开列本模块中所包含的模块体系及其相互关系。典型的模块说明推荐采用模块关系图来表示，具体符号体系见第 27 章，具体案例见图 26-2。

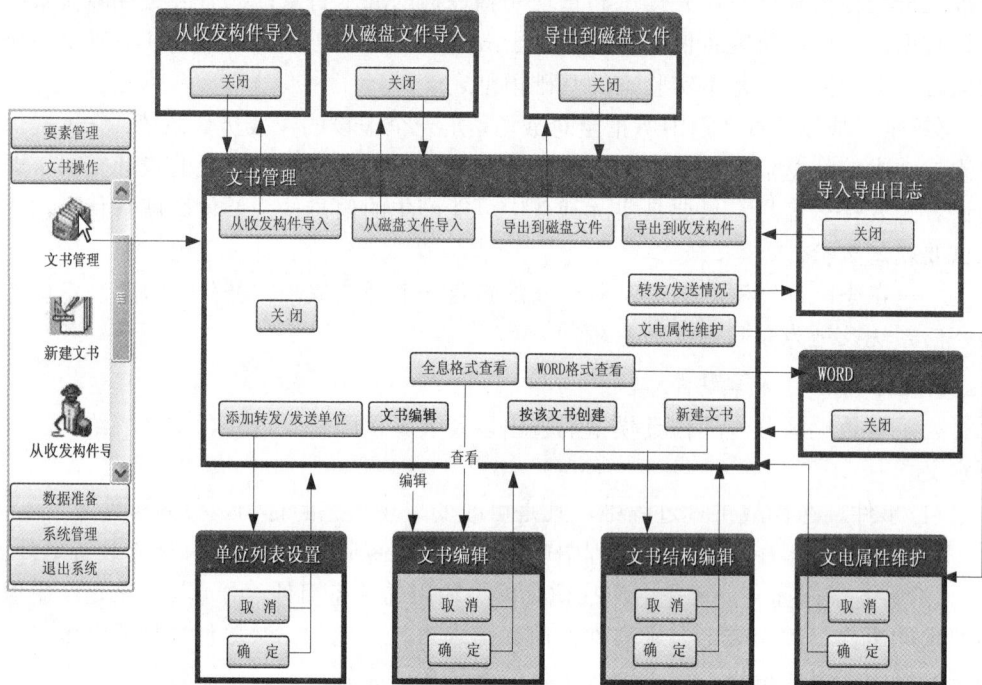

图 26-2　文书管理模块界面关系图

具体界面的描述需要非常仔细，有一个规律："如果系统分析与设计人员没有说到的事，后续的系统实现人员决不会去做！"在生命周期法条件下，开发前面工序的人比后面的人员负有更大的责任。对于每一个细节都不能忽略。多年的开发经验告诉我们：越早出现的问题，对于系统的影响越大；越晚发现的问题更正的代价越高。下面给出一个中间界面的描述案例。

案例 26.3：【文书管理】窗体主要由四个页面组成：〖文书查看与列表设定(略)〗，〖收文操作(略)〗，〖撰文操作〗，〖当前文书文电属性(略)〗见图 26-3。前三个页面以文书列表为主体，故文中又称为文书列表页面。

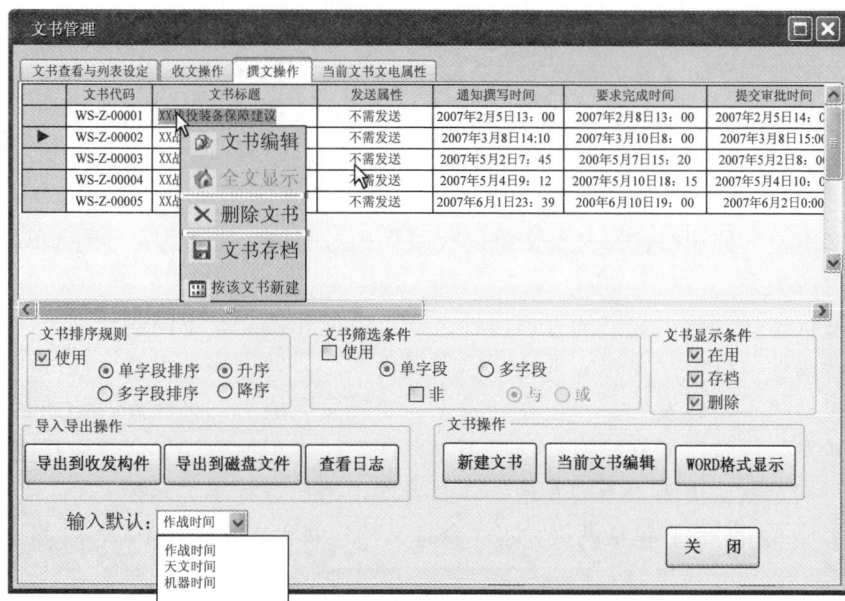

图 26-3　文书管理窗体的撰文操作页面

前三个页面的主体为文书列表，但其属性列有所不同，"文书查看与列表设定"列出了收文与撰文共有的属性列，称为"文书总汇列表"；"收文操作"列出了收文特有的属性列，称为"收文列表"；"撰文操作"列出了撰文特有的属性列，称为"撰文列表"。为了使构件具有较高的灵活性，三个页面视图的属性列均由该表决定，即可临时设定。

文书代码(收撰，即收文与撰文共有的属性，下同)：见"内容概述"部分。由构件按顺序自动生成。

文书交换码(收撰)：见"内容概述"部分。由构件按顺序自动生成。文书交换码作为维修构件传送文件名称的默认值。先前的方案见《传送文件的命名规则》(略)。

文书标题(收撰)：是文书特征的总体概括。撰文者输入。

文书类别(收撰)：全军统一定义九种类别，例如，"指示"、"报告建议"、"计划"等，见《文书类别字典》。撰文者在下拉列表框中选择。

自定义分类(收撰)：用户自由输入的一个文字串，用于自定义分类，撰文者输入。

撰文单位代码(撰收)：值域为《单位字典》，必要时，也可以为自定义字典项。如果是"全息文书"形式，则从文书文件中析出；如果是"Word+附件"文书形式，则从文书交换码中析出。如果"撰文单位代码"与全局变量"使用单位代码"相同，则记"XW+席位顺序码"，"XW"为"席位"的拼音字头。

撰文单位名称(撰收)：与"撰文单位代码"相对应的中文名称，可到《单位字典》中找到对应关系。如果为单位内部的席位间传送，则用席位名称替代。

发文单位代码(收)：标识发送方的代码，值域为《单位字典》，必要时，也可以为自定义字典项。如果是"全息文书"形式，则从文书文件中析出；如果是"Word+附件"文书形式，可置"空"，为了查找方便，可由操作员自己输入。如果一个席位撰写的文书，经过另一个席位修改后传回，为了不在交换时产生重码，则撰文单位为后者。

发文单位名称(收)：与"发文单位代码"相对应的中文名称，可到《单位字典》中找到对应关系。

文书状态(收撰)：文书的管理属性之一，收文和撰文有不同的状态。

发转属性(收撰)：发转属性由"转发属性"和"发送属性"合并而成。转发属性(收)包括"不需转发"、"正在转发"、"转发完成"三种状态，初始默认值为"不需转发"；发送属性(撰)包括"不需发送"、"正在发送"、"发送完成"三种状态，初始默认值为"不需发送"。二者均由用户进行手工转换。

文书形式(收撰)：包括两类，即"全息文档"和"Word+附件"，后者又称"附件文书"。

传送格式(收撰)："全息文书"形式只有 XML 一种；而"Word+附件"形式需要对其附件的格式加以说明，主要有 XML、DBF、EXL、dmp、TXT 等，具体格式与传送单位之间商定，推荐格式为 XML。

文电属性集标识(收撰)：文电属性集有两种功能：①应用于【文书管理】中的筛选排序等查询功能；②存储生成 Word 文档时的格式信息。具体情况见《文电属性集的应用规则》(略)。

对于撰文，其文电属性集由撰写人确定，其内部存储为全息文书形式，不存在"Word+附件"形式，这种形式只有向不使用维修构件的单位发送文书时才用到，故对于撰文而言，两个功能均可很好地满足。

对于"Word+附件"形式的收文，由于其传送的本来就是 Word 文档，故功能②自然就不再需要，但其在传送过程中损失(对计算机而言)了文电属性信息，如果需要在筛选和查找中应用，即功能①，则需要由人工转换(重新输入)后才能应用。

对于全息文书形式的收文，看其采用的文电属性集是"分发"的，还是"自定义"的。前者的信息可由文书直接析出，故能完全满足两项功能。由于后者的文电属性是自定义的，接收时统一采用"WD_Z"文电属性全集来接收，故需要人工判定其与本席位使用的文电属性集的匹配情况。如果有，则人工确定文电属性集合标识，如果没有则需要按此定义新的文电属性集合，并从全息文书中析出与该文电属性集合相对应的"文书格式文件"，其文件名称为"单位代码+定义该集合的席位序号+定义该集合席位中的集合标识.dot"。

文书形式与收发单位是否使用维修构件有关。通常使用维修构件的单位之间发送的是"全息文书"形式,但其间的转发文书,如果是维修构件的使用单位为撰写者,则为"全息文书",如果不是维修构件使用单位为撰写者,则转发的是"Word+附件"形式。在维修构件的使用单位和不使用维修构件单位之间的发送与转发,则采用"Word+附件"形式。

存档属性(收撰):有"存档"、"在用"、"(伪)删除"三个状态值,初始默认值为"在用"。

发文时间(撰):记录构件发送该文书的日期与具体时间。应当由收发构件确定,但本构件中,只能将其纳入"全息文书"之中,而"Word+附件"形式只能靠手工录入。

收到时间(收):记录构件收到该文书的日期与具体时间。生成方式同发文时间。

文书来源(收):有"收发构件"和"磁盘文件"两种状态。撰文不需导入。备案:原设计中还将从网络传来的报表集,也看成一个"文书",这种技术方案有一定的可取之处,但由于网络交换区的多个数据报表其时间戳可能不一致,过滤条件也可能不一致,如果将其设计为一个"文书",附加于其上的文电属性、管理属性可能被认为是一致的,因此,有可能产生"误解"。在操作上,由于一个文书通常整体上只应用一次,而分别使用具体报表的次数不等,但都必须一一设置读入参数,此设计的操作量没有显著的改善,且容易产生错误读入数据,故维修构件不再使用此技术方案。

……

26.6　数据结构

该部分包含本模块涉及的全部数据及其结构,以及自由变量说明。主要有本模块特有和引用两个类型,前者需要明确定义,如果其中包含状态性数据,还需要给出明确的含义,见图 26-4 和图 26-5,开列状态集合,表达相互关系并汇总于表 26-3 和表 26-4 中的说明部分。当然一定数量的文字说明也是必要的;后者又可分为常数、共用数据和其他模块私有相关数据。引用部分通常只需要标引文献,但对于比较复杂的,有时需要更进一步的说明。

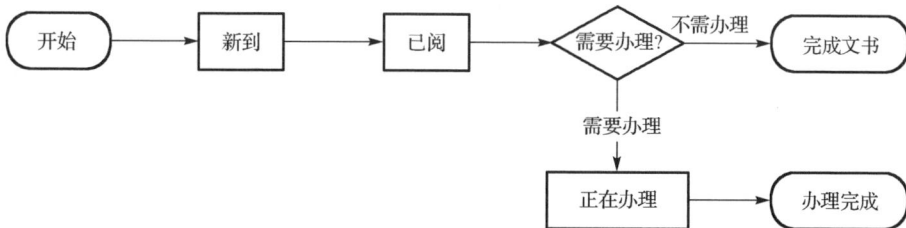

图 26-4　收文状态变化图

```
  ┌────────┐      ╭────────╮        ╭────────╮              ╭────────╮
  │ 正在编辑 │ ◄──  │  开始  │        │ 终止文书 │              │ 完成文书 │
  └────────┘      ╰────────╯        ╰────────╯              ╰────────╯
      │                                  ▲                        ▲
      │                              终止 │                  不需办理 │
      ▼                                  │                        │
  ┌────────┐    ┌────────┐      ╱◇╲  通过  ┌────────┐    ╱◇╲
  │ 编辑完成 │ ── │ 正在审批 │ ── ◇审批?◇ ──── │ 审批通过 │ ── ◇需要办理?◇
  └────────┘    └────────┘      ╲◇╱        └────────┘    ╲◇╱
                     ▲         修改 │                     需办理 │
                     │              ▼                           ▼
  ┌────────┐    ┌────────┐    ╭────────╮              ┌────────┐
  │ 修改完毕 │ ◄─ │ 正在修改 │    │ 办理完成 │ ◄──────────  │ 正在办理 │
  └────────┘    └────────┘    ╰────────╯              └────────┘
```

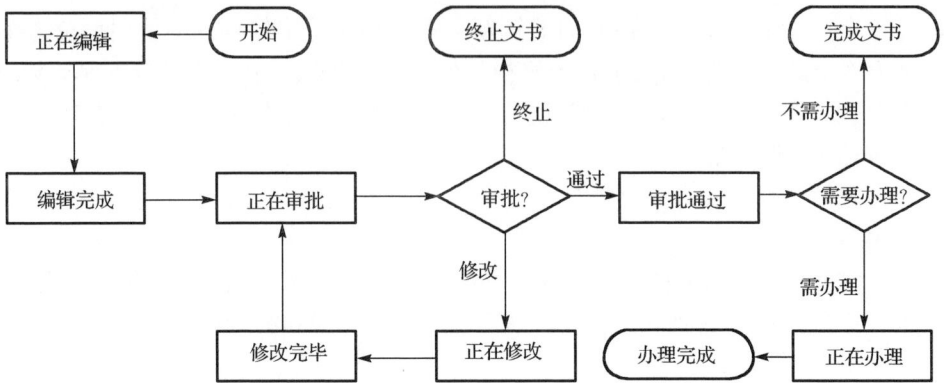

图 26-5　撰文状态变化图

表 26-3　文书状态变化表（常数）

状态项目	当前状态	后续状态	备注
C10	C20	C20	C60
	K	K	
收文状态	新到	已阅	初始值
	已阅	完成文书	终态
		正在办理	
	正在办理	办理完成	终态
撰文状态	正在编辑	完成编辑	初始值
	完成编辑	正在审批	
	正在审批	终止文书	终态
		审批通过	
		正在修改	
	正在修改	修改完毕	
	修改完毕	正在审批	循环
	审批通过	完成文书	终态
		正在办理	
	正在办理	办理完毕	终态
收文转发状态	不需转发	添加转发单位	初始值，设置完转发单位后自动变为"正在转发"
	正在转发	转发完成	终态
		添加转发单位	
		转发情况	查看功能
	转发完成	转发情况	查看功能
		添加转发单位	
撰文发送状态	不需发送	添加发送单位	初始值，设置完发送单位后自动变为"正在发送"
	正在发送	发送完毕	终态
		添加发送单位	
		发送情况	查看功能
	发送完毕	添加发送单位	
		发送情况	查看功能

表 26-4　××维修保障力量现状表

装备类别	机构层次	机构类别	单位名称	现驻地	机构级别	编制人数	实有人数	主要(装)设备		所属单位	单位性质	修理能力	统计时间	上报时间
								应编	实有					

说明：1. 装备类别主要区分为舰船、航空、导弹、通装等七个大类；

　　　2. 机构层次区分为战略、战役、战术三个层次；

　　　3. 机构类别区分为修理机构、仓储机构、综合机构、科研院校等；

　　　4. 单位名称是所填维修保障力量单位的名称，如导弹技术第一保障大队、第 3302 工厂等；

　　　5. 现驻地一般填写省、市(县)；

　　　6. 机构级别区分为团、副团、营、副营、连、排等；

　　　7. 主要(装)设备是指该单位主要保障装备、维修设备的应编数和实有数；

　　　8. 所属单位填写到大单位；

　　　9. 单位性质区分为参战部队队属、非任务部队、军队企业化工厂、军队科研院所等；

　　　10. 修理能力是按日、周、月、年修理能力统计，还是用其他方法统计，需各单位明确。

数据的表现形式主要有三种：一是显示类型，见图 26-3 中的表和表 26-4，通常还需要包含部分样例数据，甚至包含部分测试用例；二是定义类型，主要针对系统设计与编程人员使用，技术性较强，不同的开发组、不同的开发工具可能有不同的要求，但主要内容见表 26-5，目前许多课题中已经应用 PowerDesign 等专业工具来定义，见表 26-6；三是报表清样，主要是定义打印输出格式，除了表格内容还需要有较多的报表参数，如制表人、单位、时间等。

表 26-5　文书参数储存表

字段编码	字段名称	字段类型	可否为空	关键字	备注
	文书代码	C20		K	
	文书交换码	C40			
	文书标题	C80			
	自定义分类	C20			
	撰文单位代码	C30			
	撰文单位名称	C60			
	发文单位代码	C30			
	发文单位名称	C60			
	文书状态	C20			
	发转属性	C10			
	文书形式	C10			
	附件格式	C10			
	文电属性集标识	C10			
	存档属性	C10			
	发文时间	DT			
	收到时间	DT			

续表

字段编码	字段名称	字段类型	可否为空	关键字	备注
	文书来源	C10			
	通知撰写时间	DT			
	要求完成时间	DT			
	提交审批时间	DT			
	审批完成时间	DT			

表 26-6 文字要素清单（存储表）

要素代码<pi>	VA10<M>
要素名称	A40
要素类别	DXLB<M>
树结构码	A30
层次码	A3
顺序码	A6
撰写说明	MEMO
待定标记	BL
常用标记	BL
删除标记	BL
备注	MEMO
Identifier_1	<pi>

26.7 操作流程

该部分主要表达人机交互的流程、操作细节与方法，案例如下。

案例 26.4：操作流程。

(1) 文书的导入导出操作。

文书的导入导出功能是文书管理模块的主要功能之一。文书作为维修构件信息传输的基本结构，有两种主要的形式：一是"全息文书"，二是"Word+附件"形式，两种形式在维修构件内部是以"全息文书"形式存储的，运算时转换为 Oracle 表形式，而在维修构件之外，则是以计算机文件形式存储。导入与导出的源与目标主要有两个：一是文书收发构件，二是磁盘，其关系见图 26-6。由于收发构件没有开放，故无法实现程序关联，只能用数据文件关联，故设计了"导出文书"目录和"导入文书"目录。而对于磁盘，则只需要选择相应的文件目录即可。

(2) 从收发构件导入。

文书导入操作首先从收发构件开始，其接口没有开放，但其提供了另存功能，因此，从收发构件收到的文书需要另存到"导入文书"目录中。在【文书管理】的

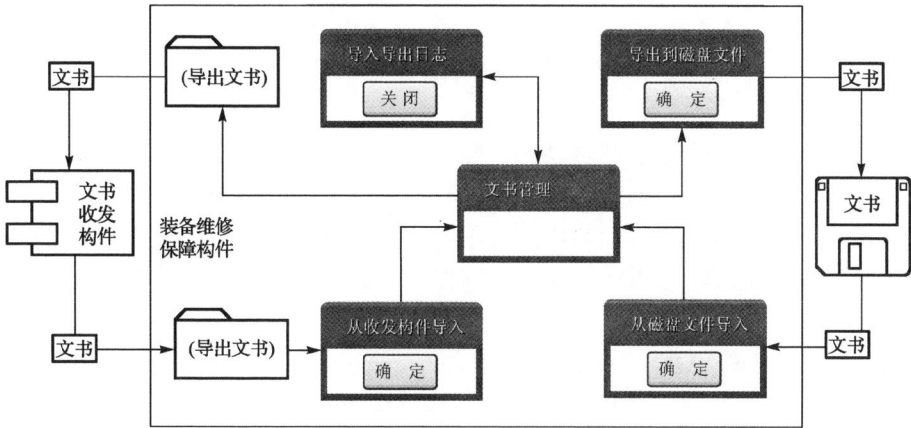

图 26-6　导入导出关系图

"收文列表"中单击"从收发构件导入",进入【从收发构件导入】菜单,见图 26-7。由于"从收发构件导入"目录中的文件可能较多,设计了筛选条件和排序条件,以帮助操作员快速找到需要导入的文件。将需要导入文件行前的复选框置为选中,可作多行选定。单击"导入",执行导入操作,若成功,则出现导入成功提示框,单击"关闭"返回【从收发构件导入】界面;若失败,则出现导入失败提示框,单击"确定"返回【从收发构件导入】界面。单击"关闭"返回【文书管理】。若导入成功,则在"文书总汇"中可以查看到已导入的文书。

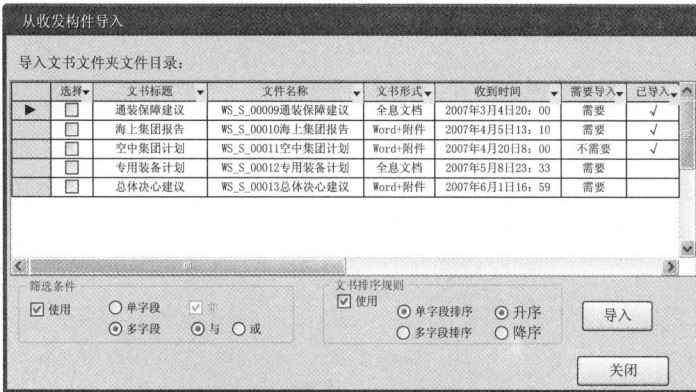

图 26-7　从收发构件导入窗体

26.8　算法设计

该部分说明的是后台运行逻辑,主要针对编程技术人员,所采用的描述工具不受限制,但必须在逻辑上是完备的。常见的算法表达与设计方法见第 28 章。

26.9　异常处理

该部分主要说明软件主逻辑以外情况时的处理方法，主要有：①不常见情况出现时的处理方法，如训练剩余弹药回缴过程的处理方法等，通常可在《用户手册》中加以说明，一般由用户自行解决，而不需要为"百年不遇"的业务设计和编写代码；②硬件、软件故障造成功能紊乱、数据不一致，致使系统无法正常运行，这种情况通常设计错误提示或错误编码等，一般需要维护人员解决；③对于重要的不可间断的系统，在某些关系部位的硬件、软件和数据出现问题时，需要启动应急计划，也称为"灾变措施"，进一步的内容可参见作者编著的《信息系统管理基础》第七章第三节。

26.10　过程备份

分析与设计工作在很多情况下是一个反复的工作，其中包含了很多争论，形成不同的方案，其中一些方案可能合并、修改并成为最终的方案，但另一些可能暂时否定，但它可以作为后续分析比较的基础，也可以避免出现死循环，以及走不必要的弯路，可以有效地避免开发资源的浪费。

要 点 评 注

院校的开发团队，由于与公司的开发团队目标不同，以及人员组成不同等，产生了很大的区别。作为大学教师的门槛，博士学位是其基本要求，因而作者的团队，博士是基础，并且这些成员大多不是计算机专业和信息专业毕业的，其优点是学习能力和抽象能力强，但其编程能力薄弱。因此，编程工作通常是外包的。既然采用外包的方式，与外包团队的接口、完成标准等就成为一个难题。

在这一对矛盾之中，前期的系统分析与设计人员是矛盾的主要方面，其通常有支配权，而后续的开发人员处于被支配的地位，因而出现问题后开发人员往往是责任的主要承担者，这是不公平的。究其原因，主要在于交接标准不清。因此，一套实用的文档标准，即交接语言就显得非常重要。

这套标准经过了 10 多年约 20 余个项目的应用，取得了很好的效果。支持该标准的大多是后续的开发人员，而部分反对该标准的大部分是系统分析与设计人员。

本团队的《系统设计规范》，主要由任务概要、审核要求、研讨日志、内容概述、人机界面、数据结构、操作流程、算法设计、异常处理、过程备份等十大部分组成。

第 27 章　界面关系图

研　究　背　景

第 26 章设计规范十步骤中，人机界面是许多软件的"脸面"，也是人机交互、人们使用软件的基础，在软件开发中具有重要意义。对于一般规模以上的软件，通常会有许多界面，而这些界面又构成一个整体。两个界面之间又存在着调用与被调用关系，多个界面之间的调用关系主要有三类：一是线式调用（依次调用、递序返回）；二是环式调用（依次调用，终点返回）；三是网状调用（其他）。这些调用类型，对于软件流程控制的正确性具有重要的作用。在以往的开发中，这一点似乎被忽略，而造成软件混乱，严重影响了软件质量。另外，模块说明的可读性是文档质量的重要特性，在介绍具体的人机界面之前，有一个模块内各界面之间，以及模块与其他模块的界面之间的关系对于文档的设计人员和使用人员都有很大的帮助。在多年的开发实践中逐步形成了固定、有效的模式，可供软件开发团队借鉴。

27.1　概　　述

在软件开发设计说明的撰写中，界面与界面之间关系的描述是任何设计者都不能回避的工作，但是有些模块（如在软件中起到枢纽作用的模块）的界面关系十分复杂，并且十分抽象，给设计者的描述带来了很大的不便。

目前，对界面关系的描述方法有两种：一种是用文字来描述，另一种是用基本流程图来描述。前者的不足有两个方面：一方面是描述起来篇幅较长，对于读者来讲，没有直观的印象，很难理解；另一方面是界面关系复杂而抽象，设计者描述起来十分吃力，而且容易存在疏漏的地方。后者的不足在于界面之间的调用关系表示不明显，例如，单击 A 界面的某按钮调用 B 界面，基本流程图只能表示出 A 界面调用 B 界面，并不能准确地表示它们之间具体的调用关系。

因此，我们设计了一种新的工具——界面关系图。它设计的目的就是能够更清楚、更方便地描述界面与界面之间的关系。有了它，对于读者来说，可以直观地看到界面之间的调用关系，减少了由于界面关系抽象给读者理解上带来的不便；对于设计者来说，可以清楚准确地表示出界面之间的具体的调用关系，描述将变得相对容易，而且较为全面，不容易出现疏漏，见图 26-2。

该工具的主要优点如下。

(1)直观性。界面关系图以图表的形式表示界面与界面之间的关系，因此它具备图表的直观性，使读者对于界面关系有直观的印象，便于理解，对于复杂的关系，其作业更加明显。

(2)精确性。界面关系图可以具体地表示出界面与界面调用与被调用的关系，它可以表示一个界面是哪个按钮调用另一界面，又能反映出多个界面之间的调用关系。

(3)完整性。界面关系图对于整个软件来说其表述是完整的。即把每一模块的界面关系图的接口对接，就构成了整个软件的界面关系图。即它既能反映模块内部的界面调用关系，也能部分地反映模块之间的调用关系。

(4)规范性。界面关系图所用到的符号都来源于 Visio，加之对表示方法的规定，易形成对界面关系表达的规范。

27.2　界面关系图的用法

27.2.1　符号

界面关系的基本符号见表 27-1。

表 27-1　界面关系的基本符号

序号	元素	图形表达	备注
1	模块	(模块名称)	非本模块内容。表现本模块与其他模块之间的关系
2	白底窗体	窗体标题	为本模块中要定义的界面
3	灰底窗体	窗体标题	在其他模块中定义的界面
4	箭头	——A1—→	
5	判断	(条件)	用于"一键多模块"调用及返回时的流向判定。可参考图 27-1

续表

序号	元素	图形表达	备注
6	菜单	 (菜单1名称) (菜单2名称) (模块1名称) (模块2名称)	可以结合开发环境，以及用户要求的形式来表述
7	按钮	 (名称)	
8	选项卡	(选项卡名称)	可能出现嵌套情况，同一层次或不同层次的卡中可能出现相同名称的要素，因此，一个窗体中出现互斥选项卡时，应当分别表示
...	...	...	...

27.2.2　表示方法

　　界面的表示方法有两种：一种是本模块中的界面，用白底表示；另一种是其他模块的界面，用灰底表示。一般情况下，灰底界面都是和模块图形一起出现的，表示界面关系图中与哪个模块的哪个界面相关联，因为不同模块中可能出现相同的模块名，但内容不相同。

　　图 27-1 为【范例管理】、【文字段参照】、【文书编辑】三个模块之间的关系。

　　界面上可以包含对外接口的命令按钮和选项卡。通常情况下，本模块界面和其他模块中调用本模块的界面都含有命令按钮，例如，图 27-1 中的【范例管理】为本模块界面，该界面上含有"关闭"按钮；还有【文字段参照】为文字段参照模块调用【范例管理】模块的界面，该界面上含有"范例"按钮。

　　本模块界面调用的其他模块的界面除了返回类按钮，不含有命令按钮，因为这不是该图需要反映的内容，例如，图 27-2 中的【范例管理】为【文字段参照】模块调用【范例管理】模块的界面，那么在图 27-2 中，该界面不含有其他命令按钮。有些界面中含有选项卡。如果选项卡中含有对外接口的命令按钮，则界面上表示出选项卡，例如，图 27-1 中的【文书编辑】，并且无论一个界面中有几个这样的选项卡，要全部平铺在该界面上，如图 27-3 所示。

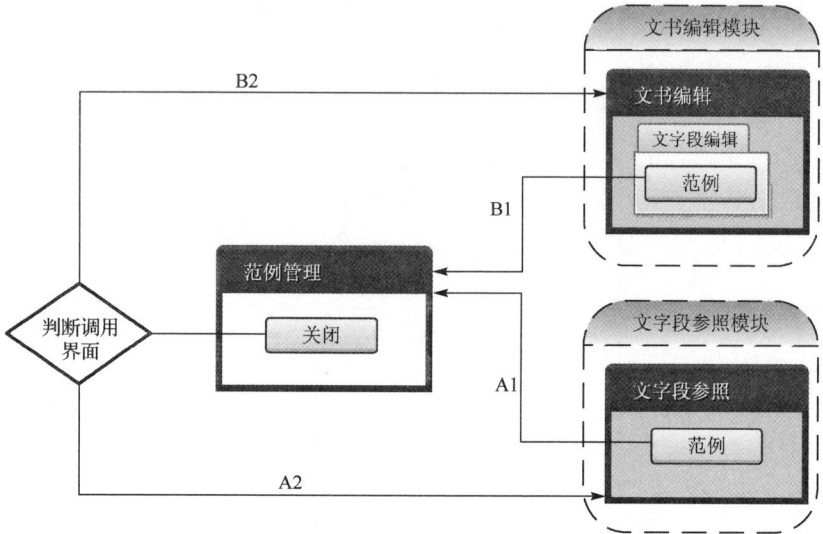

图 27-1　范例管理模块

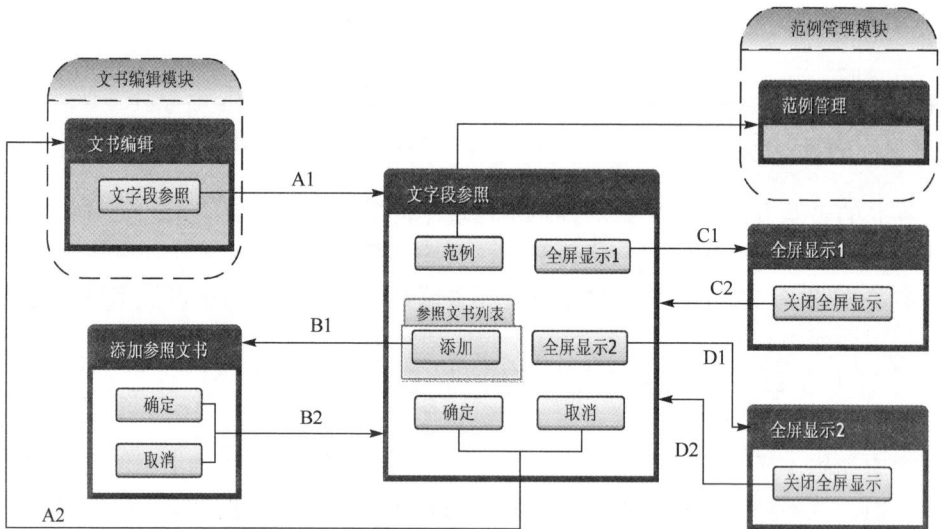

图 27-2　文字段参照模块界面关系

界面与界面之间的表示方法分为三种：一是本模块内部界面之间的调用与返回，则被调用界面需要表示出如何返回调用界面，此时界面与箭头连接线构成的整体是闭合的。二是本模块界面调用其他模块的界面，其他模块的界面不需要表示出如何返回该界面，此时界面与箭头连接线构成的整体是开放的，如图 27-2 中【文字段参照】与【范例管理】之间关系的表示。三是其他模块界面调用本模块界面，则本模块界面要表示出是否返回和如何返回其他模块方式，此时界面与箭头连接线构成的整体是闭合的，图 27-2 中【文书编辑】与【文字段参照】之间关系的表示。

图 27-3　文书编辑界面

　　界面之间的关系用箭头来表示，箭头尾部通常连接命令按钮，箭头头部指向该按钮调用的界面，如果一个命令按钮返回多个地方，则需要连接"判断"图形，再由箭头指向返回界面。例如，图 27-1 中【范例管理】中的"关闭"，返回时需要判断其调用界面。箭头上带有字母表示其调用和返回的路径，其规则为界面之间是开放关系，箭头上不带字母，例如，图 27-2 中【文字段参照】与【范例管理】之间的箭头，界面之间是闭合关系。箭头上标的字母为 A～Z，每一个字母代表一个闭环，按照界面之间调用和返回的步骤，在一个闭环内用数字标出它的步骤数，例如，图 27-1 中 A1、A2。

　　绘制界面关系图时还要注意以下几个方面。

　　(1)画某一模块的局部图时，一定存在至少一个或一个以上的模块图形，或者直接从主菜单开始，否则，该模块的界面关系图通常存在错误。

　　(2)要最大限度地避免线与线的交叉。确实需要交叉，不能画出交叉点，如图 27-4 所示。

　　(3)绘制界面关系图时，布局要做到合理、美观。连线较多的模块在中间，连线较少的在两边。

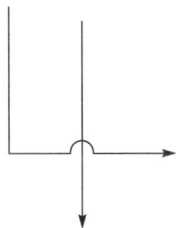

图 27-4　交叉线的画法

27.2.3　应用案例

下面以文字段参照模块为例，说明界面关系图的应用。文字段参照模块共有 4 个界面，其关系如图 27-2 所示。

在文书编辑模块的【文书编辑】中，单击"文字段参照"，进入【文字段参照】界面。在该界面中，单击"确定"或"取消"，返回文书编辑模块的【文书编辑】界面。在【文字段参照】中，单击"范例"进入范例管理模块的【范例管理】。在【文字段参照】的"参照文书列表"中单击"添加"，进入【添加参照文书】，在该界面中，单击"确定"或"取消"，返回【文字段参照】。单击"全屏显示"，进入【全屏显示】，在该界面中单击"关闭全屏显示"，回到【文字段参照】。

27.3　界面表达规范

和数据流程图与数据字典的关系一样，界面关系图和界面图也离不开对其深入解释的文字部分。而文字部分对于各类图形的定位和引用存在明显的不足，因此，需要为其设计一套表述和引用的规范体系。

除了 Windows 形成的一般性表达，如"单击"、"停留"等风格，界面关系和界面图专有的主要符号见表 27-2。

表 27-2　界面关系图和界面图表达

窗口元素	表达符号	案例	备注
单选按钮	○××× ⊙×××	○与 ⊙或	描述单个按钮。被选中的按钮的状态为⊙×××，未被选中状态为○×××
单选按钮组	××：○×××⊙××××	检索条件：○与 ⊙或	描述一组按钮，排版中不可换行。操作规则为"多选一"，即一组单选按钮中只能选中一个
复选框	□××× ☑×××	□可修改 ☑可修改	用户根据需要对选项进行选择，不限数量。被选中复选框状态为☑×××，未被选中的状态为□×××
混合复选	▣×××		树结构中使用。当子节点未被全部选中时，其父节点的状态用▣×××表示
按钮	××××	确定	单击按钮，实现特定功能
模块、窗口 栏目 分栏	【×××】 〖×××〗 [×××]	【表头样式选择】 〖要素全集〗 [相关表清单]	
下拉组合框	××▼	查询范围▼	单击下拉组合中的▼，则出现下拉框，其中有若干字段供用户选择
选项卡	□×××	□表格清单	

续表

窗口元素	表达符号	案例	备注
文本框 (可修改)	☑×××	☑备注	用户可直接在该框内查看、编辑内容(用户可能只能查看，也可能可以编辑，视不同界面设计需要)，可以复制、粘贴、剪贴、等
文本框 (不可修改)	☐×××	☐备注	用户可直接在该框内查看、编辑内容(用户可能只能查看，也可能可以编辑，视不同界面设计需要)，可以复制、粘贴、剪贴等
列表框	☰×××	☰要素子树	
表格	▦××× ▶	▦要素清单	表格当前行
列表	☰×××	☰参照文书列表	
树结构	⮱树结构	⮱单位结构树	

根据以上规范的符号体系，将整个典型功能举例如下。

案例 27.1：〖排序条件〗由"使用"、"单字段、多字段"、"升序、降序"组成，见图 27-5。其默认状态为未使用状态，此时单选按钮组均为灰色不可操作状态，如图 27-5(a)所示。选中"使用"即成为使用状态。此时单选按钮均为可操作状态，且初始值为"单字段、升序"，如图 27-5(b)所示。单字段排序时，只按照该字段进行排序。多字段排序时，按操作顺序确定列的优先级别，最终的排序是各字段升序或降序排序的结果。

表格中没有〖排序条件〗时，表头行一般设定为按钮，单击表头行任一字段，实现表中行数据的按此字段排序的功能。

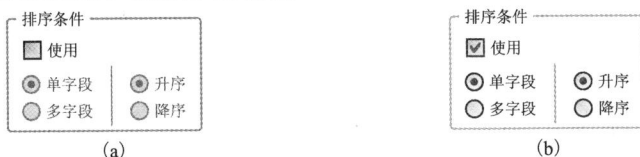

图 27-5　排序条件

案例 27.2：〖筛选条件〗由"使用"、"单字段、多字段"、"单字段：非"及"多字段：与、或"组成，见图 27-6。〖筛选条件〗的默认状态为未使用状态，此时单选按钮均为灰色不可操作状态，如图 27-6(a)所示。选中"使用"，〖筛选条件〗变为使用状态，此时单选按钮"单字段、多字段"为可操作状态，初始值为"单字段：非"，且"多字段：与、或"为灰色不可操作状态，如图 27-6(b)所示。如果在图 27-6(b)中选中"多字段"，则"单字段：非"为灰色不可操作状态，"多字段：与、或"为可操作状态，且筛选条件的初始值为"多字段：与"，如图 27-6(c)所示。

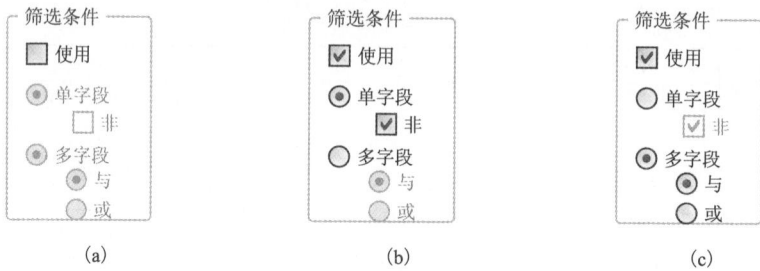

图 27-6　筛选条件 A

　　单字段筛选时，只按照该字段进行筛选。多字段筛选时，按操作顺序确定列的优先级别，最后筛选得到的行数据，是多个字段筛选的"与"或者"或"的结果。同时，表头行的每列都是下拉组合框，框内有多个复选框字段供用户选择，如图 27-7 所示。当下拉框中的备选字段数量达到 5 个或 5 个以上时，则下拉框中有"全选"、"清空"、"确定"、"取消"，如图 27-7(a)所示。若备选字段小于 5个，则下拉框中只有"确定"、"取消"，如图 27-7(b)所示。单击"全选"，所有复选框处于被选中状态，单击"清空"，所有复选框处于未被选中状态。"确定"、"取消"是常规功能按钮。

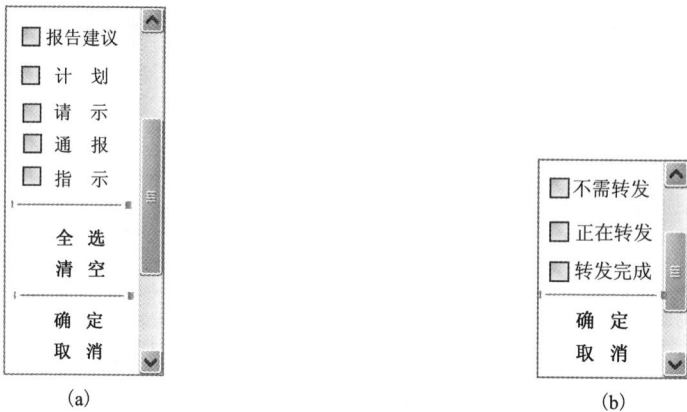

图 27-7　筛选条件 B

　　案例 27.3：表格相关。图 27-8 的【文字要素属性(维护)】界面包括〖显示〗〖筛选条件〗〖查找〗"文字要素清单"、"允许修改"、"确定"、"取消"窗体常规操作按钮组。其中〖显示〗与【文字要素结构】中的相同，〖筛选条件〗〖查找〗与窗体常规操作按钮组说明见表 27-2。

　　【文字要素属性(查询)】的区别在于："文字要素清单"全部为只读，且下部的"允许修改"为不可用状态。

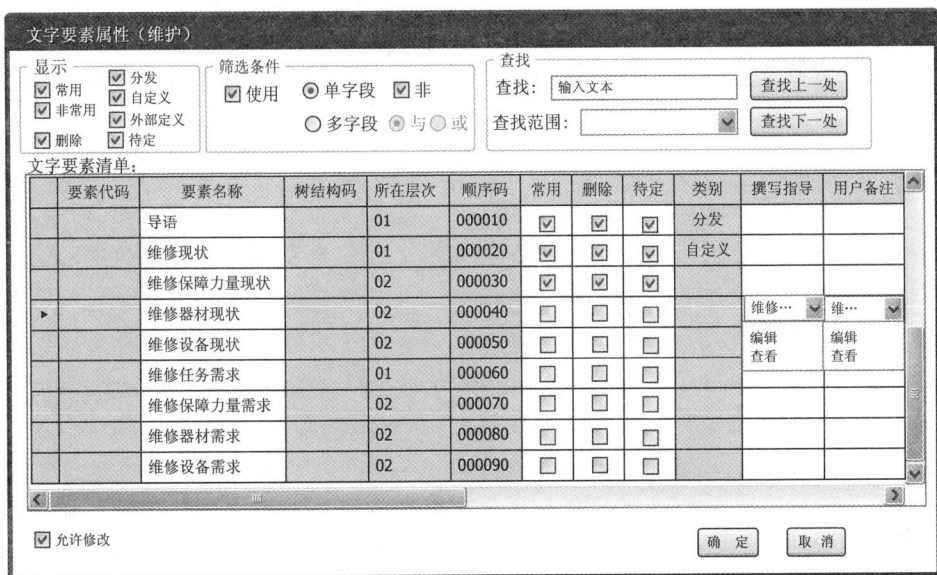

图 27-8　表格相关描述

文字要素清单包括"要素代码"、"树结构码"、"所在层次"、"顺序码"、"要素类别"等不可手工修改项；以及"当前行标记"、"要素名称"、"常用"、"删除"、"待定"、"撰写指导"、"用户备注"等人工可修改内容。"常用"、"删除"、"待定"的初始默认值分别为 True、False、True。

案例 27.4：查找。 该部分位于【要素属性】的上部右侧，由查找文本框、"查找上一处"、"查找下一处"以及"查询范围"组成。查找文本框是用来键入需要查找要素名称的关键字；"查找"是当键入关键字后，执行该关键字的查找；"查找上一处"是在查找结果中选定当前选定要素的上一个要素，当选定要素已是查找结果的第一个要素时，该按钮为不可操作状态；"查找下一处"是在查找结果中选定当前选定要素的下一个要素，当选定要素已是查找结果的最后一个要素时，该按钮为不可操作状态；"查询范围"设定查询的范围。

表格内容的显示如下。

(1)表格当前行：▶。用▶指示出表格中当前操作行，其默认是表格的第一行。用户单击表格中的任一行，则▶移动至对应行处。用户只能对当前操作行中的可编辑单元格进行编辑，或进行其他操作。

(2)用户不可操作的(系统自动生成的)逻辑型的列，用 √、×表示；用户可操作的列，用☑、□表示。☑、√表示选中状态；□、×表示未被选中状态。

(3)在表格中，单击任一单元格，该单元格底色变灰，表明该单元格被选中；鼠标停留在下拉框中任一字段时，该字段底色变蓝，单击后将该字段自动写入下拉组合框中，此时，下拉组合框底色变灰；在进行排序时，单击表头行任一单元格，该单元格底色变红。进行多字段排序时，所有单击过的表头行单元格底色都变红；右击任一单元格，该单元格底色变灰，且弹出快捷菜单。

要 点 评 注

界面关系图是反映一个模块之中各个人机交互界面之间相互关系的图形。在多年的软件开发中逐步完善，并取得了很好的效果。它能清楚地描述界面之间的各种关系，有效地减少因关系描述不明而产生的诸多软件质量问题，具有直观、精确、完整和规范的优点、使读者一目了然，大大地提高工作质量与效率。

该标准在执行过程中，有几个编程高手，不愿意用 Visio 进行设计，而是将设计与编程混在一起，直接进入编程阶段，设计文档中使用的均为软件截屏，致使许多不会用某种语言编程的系统分析与设计人员无法应用通用 Visio 对其方案进行修改，从而：①延误了软件的修改时间；②对于需求的变化，只是被动应付，反映在代码上是补救，而非重新编码；③整个的项目不是基于面向目标"分步最优化"，而是面向任务承担人的优化，造成质量瑕疵较多。最终用户反馈问题的分类统计上看，80%的问题是基于该种开发方式形成的。

图形的优势直观明了，但不能替代文字的作用。而文字与图形的配合中出现了"引文"和"定位"的问题。本书提供了人机界面的文字块描述方式，易于使用和修改，改变了原先采用截图方式在排版、变更方面的不便，大大提高了工作效率，间接地提高了设计质量。

第 28 章　系统流程图及其补充

研 究 背 景

数据流图与数据字典是一个"总分关系"，即前者是一个结构的说明，而后者是对一个数据流图结构的说明，在信息系统开发中二者相互补充，缺一不可。然而GB1526-1989中只规定了流程图的符号，却没有对与其相互关联的数据字典的描述加以规范，而实际系统的开发中又是不可缺少的。因此，需要有具体的企业规范或课题规范做补充。

数据字典分为数据流条目、文件条目、处理条目和数据元素条目四个部分，处理条目表达形式多样，难以统一，而数据元素条目在数据库领域是已有的基本统一的标准，而数据流条目与文件条目却没有。作为补缺式的工作，在多个信息系统开发项目完成后形成了相对固定的表达方式，在此与读者共享。

28.1　系统流程图常用符号

28.1.1　流程图的基本符号

流程图描绘系统的逻辑模型，图中可以没有任何具体的物理元素，流程图的设计只需要考虑系统必须完成的基本逻辑功能，完全不需要考虑如何具体地实现这些功能，所以这也是系统设计的很好的出发点。流程图的具体符号参考国家标准GB1526-1989。本章只对流程图的基本要素和一些常用的非基本要素作简单介绍。

(1)数据源和数据终点，用 ⬭ 表示。数据源和数据终点实质上是系统的输入和输出，它是一个组织或个人或其他软件系统的抽象表示，它处于系统边界之外，有时也称外部实体，或是与系统有关的外部环境。

(2)加工或处理，用 ▭ 表示。加工是对数据的处理，由计算机或人工完成，处理的结果是产生新的数据、信息或数据形式发生变化。从信息的角度看，加工的输入、输出是不对等的。例如，对某数据进行检索并且全部记录都满足条件，从数据的角度看，它们是完全相等的，但从信息的角度看，它们是不相等的，因为输出比输入包含更多的对数据的解释。而单纯的打印或显示(不包括新数据的产生或检索)不能称为加工，因为在逻辑上它们是对等的，仅仅是信息的载体发生变化，而这些变化都属于物理的范畴。

（3）数据流，用 ——▶ 表示。数据流是一些运动中的数据。在计算机内部表现为一个或多个记录、组合数据项、基本数据项等，在外部通常是计划、单据、报表等内容，也可以是通信线路中的数据传输。

（4）文档，用 ▭ 表示。文档是一个活动的数据集合，通常在一个加工框后一定会有一个文档框，否则，加工便失去了意义。文档在流程图中表示传送过程中的信息，它可以是一个文件、调拨单、发票等有形载体的抽象，也可能是一个电话、一个口令，甚至可以是一个表情等。一个文档框还有一个重要的职能就是分支的表达。

（5）数据存储，用 ⊏⊐ 表示。数据存储是一个相对静止的数据集合。它可以是账薄、单据存根等，也可以是建立在磁盘等介质上的计算机数据文件或数据库等。

在系统流程图中，文档和数据存储都是对于数据的描述，可以合并为一个要素，共计四个要素；而在数据流程图中，文档要素隐含于流线之中，在形式上也只有四个要素。作为系统的逻辑模型的流程图，以上四个要素是不可缺少的，反过来，一个数据流程图缺少这四个要素之一，基本上可以判定其存在严重错误。在一些大型的较复杂的系统中，数据流程图十分庞大，因此通常还要采用分层和分块的方法。分层分块的原则通常是与系统本身的结构相一致，图幅中的符号数量应为人们容易接受的数量，通常应为 8～20 个符号(除数据流以外的三个要素)为宜。

28.1.2　其他常用符号

（1）判断框，用 ◇ 表示。除非要强调判断内容，通常用多文档框取代。

（2）终端框，用 ⬭ 表示。表示流程的起点和终点，除非必要，通常用数据源和数据终点符号代替。

（3）连接框，用 ○ 表示。连接框主要是用于跳线和多个流程图之间的数据流表达。

（4）预处理框，用 ▯▭▯ 表示。预处理框主要是为了简化图形，在多处使用同一结构组时，可以将其设计为预处理框，以使流程图更加清晰明了。

（5）预处理框案例。联合信息处理公共模块设置。在系统流程图设置过程中发现，经由综合席签收签发的各种文档(如决心、建议、计划等)到达通装席、专装席、态势席，再由通装席、专装席、态势席进行信息处理，形成各自的文档(如建议、计划等)，在此三个席位相应文档(如建议、计划等)的基础上，再由综合席进行汇总、整理形成综合的文档(如维修组的建议、计划等)，然后交由装备指挥中心进行审批。这一流程在系统流程图中具有多次的反复，只是其中文档的属性不同，而程序相同。因此，为了简化系统流程图，将其抽象为联合信息处理公共模块，在具体绘制系统流程图时，遇到这种情况，只需要绘制抽象出的联合信息处理公共模块即可，见《系统分析报告》。

（6）文档框组，又称为多文档框，用 ▱ 表示。

（7）注释框，用 ----⊏ 表示。

（8）循环框，包括循环开始和循环结束两个符号，分别用 ⟲ 和 ⟳ 表示。

28.2　基本数据关系及其表示

在数据词典中，数据存储和文件条目均是表达数据元素关系的。其数据关系通常有以下三种基本类型，并且三种基本类型还可以混合和嵌套使用，有时为了简化表达，还可以采用数据元素组的方式，见 28.3 节的案例。

（1）顺序型。即以确定的次序连接两个或多个数据项，当然在某些场合顺序并不重要，但作为规范化的要求，仍需要确定一个顺序。通常这个顺序是通过"＋"号连接两个数据项来完成的。例如，某种武器实力＝武器代码＋现有数量。其中"＝"表示定义。

（2）选择。单选：即在两个或多个数据项中选择一个，通常将多个数据项列表于"[ ]"中并用逗号隔开。例如，某种弹药现有数＝弹药代码＋[现有基数，现有发数，现有箱数]。可选：作为重复 0 次或 1 次的特例，通常将该类各数据项列表于"＜＞"中。例如，某人情况＝姓名＋年龄＋＜子女＋数量＞。条件筛选：即按给定的条件，在既定的数据集中筛选有用的数据，通常用"数据流＝（数据集合）｜（筛选条件）" 表示，例如，$D1$＝（姓名＋年龄）｜（婚否＝"已婚"）。

（3）重复。即把指定的数据项重复若干次，通常将重复的数据项放在花括号中。例如，师构成＝{各团}＋师直；某单位人员＝{编号＋姓名}。

28.3　常见问题的表达

（1）同要素关系表达。在系统流程图中，一个处理框可能有多个文档输入，如图 28-1(a)所示。在接收和处理这些文档时，可能出现几种情况：一种情况是各文档必须到齐后再处理（各文档之间是"与"的关系）；另一种情况是可以分别对其中一种或几种文档进行处理（各文档之间是"或"的关系）。但是图 28-1(a)反映不出文档之间存在"与"、"或"关系。为了克服现有系统流程图这个缺陷，以及简化流程图内容，在系统流程图中对文档"与"、"或"关系进行如下规定：文档之间"与"关系，即多个文档同时到达，用图 28-1(b)的形式表示；文档之间"或"关系，即至少有一个文档到达，用图 28-1(c)的形式表示；文档之间"选一"关系，即只能有一个文档到达，用图 28-1(d)或图 28-1(e)的形式表示。同理，多个数据源和数据终点也可用此表示，见图 28-2。

（2）文档框组合中，"空白从前"原则。在系统流程图中，如果一个处理框产生了一组文档，并且其中的多个文档是相同的，对文档标注时，在不引起歧义的情况下，对其中一个文档标注后，其他文档的标注可以省略，如图 28-3(a)所示，文档 2、文档 3 是计划。文档标注和省略遵循"空白从前"的原则，即按照从前到后的顺序，最前面的文档标准，后续紧随的相同文档标注可以省略，采用图 28-3(a)的形式而不会采用图 28-3(b)的形式。因此按照这个原则，在图 28-3(c)中，文档 2 为建议、文档 4 为计划；在图 28-3(d)中，文档 2 为建议。

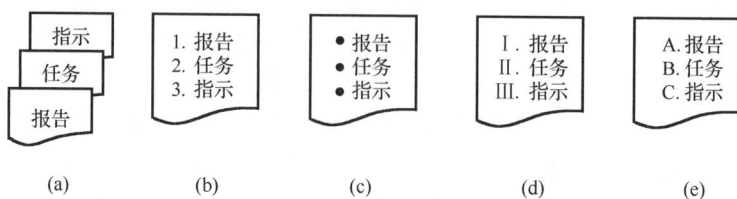

图 28-1　文档框组的表示方法

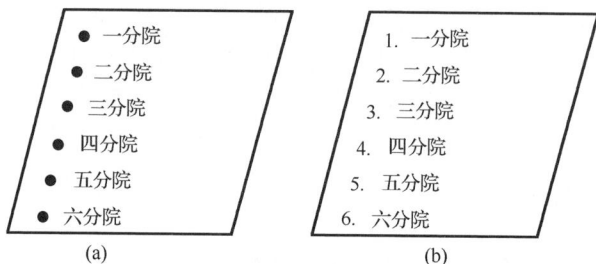

图 28-2　多数据源和数据终点的表达方法

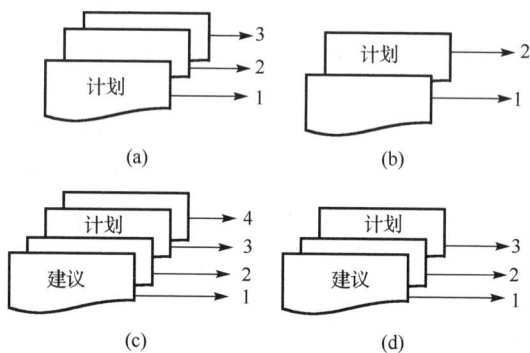

图 28-3　空白文档框内容的"从前原则"

(3)多输出关系表达。在程序流程图中，菱形框表示分支，而在系统流程图或数据流程图中也可以用菱形框表示分支，但不是主流方法。因为处理框输出的结果通常是文档框，故用多个文档框表示分支。但多文档框可能产生"同时"的效果，以致误解。如图 28-4(a)中多个文档是同时产生的，可标注"同时"；但图 28-4(b)中的两个文档是互斥的，显然不能同时产生，可标注"互斥"；而图 28-4(c)中的文档即有可能同时产生，也有可能不同时产生，可标注"无关"。

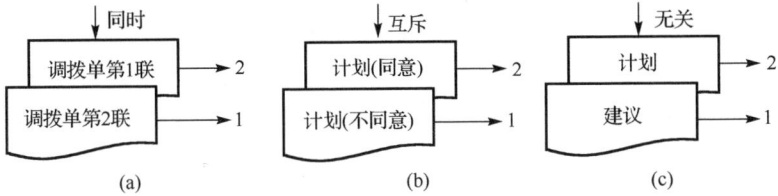

图 28-4　多输出文档表达

（4）一次、多次和随时阅读的关系表达。由于某情况报告是多次反复上报，如果用文档框，则只表示当前情况，而用存储框，则表示当前情况与过去所有情况的总和。从实际的意义看，在软件中多数部位应当用存储框。图 28-5（a）与（b）的区别在于，图 28-5（a）表示装备指挥中心主任只能看到当前的情况报告，而图 28-5（b）则表示装备指挥中心主任随时可以看到所有的情况报告，包括当前报告。在系统设计时，其区别在于，图 28-5（a）只有显示功能，而图 28-5（b）既有显示功能，又有查询功能。

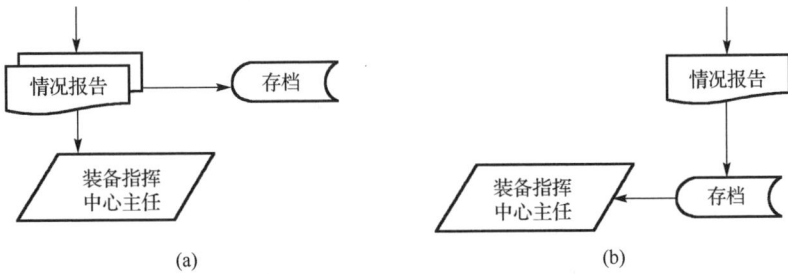

图 28-5　两种表示方式的比较

（5）同名文档加注表达。以审批后生成文档规范为例，在各阶段的业务工作中，各席位生成一些文书（如报告建议、计划等），这些文书需要首长审批。一般而言，审批后的文书可能有三种情况：同意、不同意、进一步修改。但不同文书处理结果可能不同，也可能只有两种审批结论：①对建议报告，可能的审批结果为同意、不同意，没有修改选项；②对计划，可能的审批结果为同意（不需要修改）、进一步修改，没有不同意选项。在流程图中，对可能的审批结果对应画出一个文本框，文本框命名规范为在文档名后面用括号注明审批结论，以区分各文档框。

（6）使动者就近原则。图 28-6 是保障中心主任对计划审批的流程图，综合席签收审批计划后，针对审批意见，分别处理。上面一个文

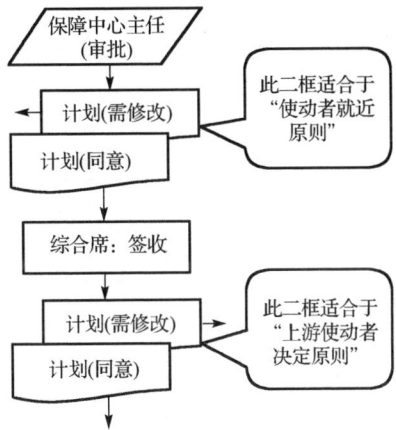

图 28-6　文档使动者的判定原则

档框组适用于使动者就近原则，而下一个文档框组适用于文档使动者的"上游使动者决定原则"。

(7)同要素图形分解。报告中的文档、存储及处理框的说明必须与流程图中的图元完全一致。有以下两种特例要特别注意：一是文档分项，二是文档框组。

特例一：如应用了"各集团的计划"文档框，在其数据说明中包含了分项："A集团的计划"、"B集团的计划"、"C集团的计划"、"D集团的计划"等。有两种处理方法，一是改一个文档为四个文档，这样可单立词条；二是将这四个分项在一个条目中说明。

特例二：系统流程图说明中，文档组的各分项按一个文档框处理，见图 28-7。

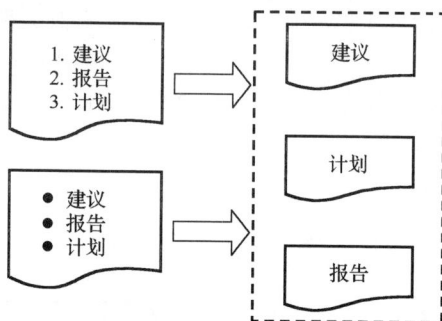

图 28-7　文档框组的分解

(8)同要素下游省略原则。在一个流程图中可能出现多个相同的文档，其文档标注格式为：××文档+第几个符号+"/"+共有几个相同的文档框。例如，通装维修保障计划 2/5，表示这一文档框在该图中共出现 5 个，该符号是第 2 个，这样标注是为了在修改时提醒修改者保持一致性，也是为了保持图元与说明的一致性，实践中只对第一个图元进行数据说明。如果在一个单线信息流或其他不至于产生误解的情况下，见图 28-8(a)，多个相同的图元应当按照"省略下游图元"的规则进行，见图 28-8(b)。

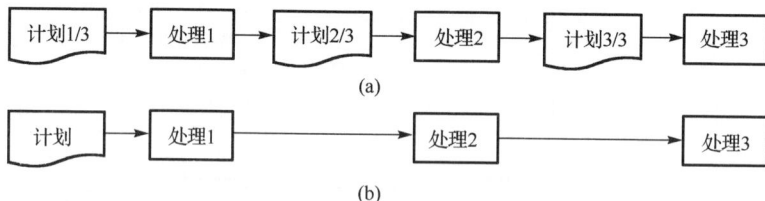

图 28-8　相同图元的下游省略原则

(9)极大冗余原则。如审批、审核、批复等其出口通常有三个：一是同意，即按此执行；二是终止，即取消计划、否决建议、终止执行等；三是修改，即修改后重来。在有一些业务只有同意和终止两选项，而计划通常只有同意和修改两个选项。为了简化逻辑模型，根据"极大冗余原则"，应当设计成三种选项。

(10)功能极大冗余原则，是指在流程和功能设计中尽量考虑最多的情况。其基本思想为：如果功能冗余，则仅是工作量的微增加，而如果功能缺乏，则导致信息系统失效，二者相比，当然取前者。设计中不要轻信"这种情况不可能，那种情况不可能"，事实上墨菲定律告诉我们："凡是有可能发生的情况，在现实中一定会发生"，因此，为了节省一点点工作量，而冒系统失效之险是不值得的。但商业运作中的信息系统开发，会增强"不可能"的信心，后期的失效与开发者利益无关，合同或需求分析中没有此项要求，而增加此项要求的维护需要额外的资金。

(11)精度从高原则。系统分析与设计中如果有不同精度要求，则应当按精度高的标准设计。其基本思想为：精确数据可以汇总计算为概略数据，而这一过程是不可逆的。

(12)流线顺合禁分规则。流程图中的流线表明信息的流向，信息总是沿着箭头向一个方向走，看图的人也是顺着箭头看，因为箭头的分叉影响读者的理解，所以是不允许的。而在阅读处理框时，由于"入箭头"表示处理的先决条件，如果合并，也可能导致错误理解，故通常也是不允许的。在系统流程图中用多文档框表达分支，而在数据流程图中确实需要分叉时则将数据流编号在分叉之前。

(13)跳转符标注规则。一是汉字标注，表示等同于某个文档框或存储框，可以有多个入口和多个出口，参见图15-1；二是字母标注，表示有多个入口和一个出口的跳转；三是数字标注，表示只有一个入口和一个出口的跳转；四是无标注，主要是流线的分支与合并。

要 点 评 注

　　尽管当前的开发团队多数选择更专业的计算机辅助工程软件，很少使用数据流程图和数据字典，但为了学习、理解与表达业务逻辑，数据流程图和数据字典仍然是一个入门级的专业工具，专业工具软件相对于初学者是不适合的，况且业务人员很难看懂和理解这些专业工具的具体含义，这给业务过程的审核与确认工作带来了障碍。如果用户不能在最初的时间里充分地理解软件系统，而中间的开发过程又无法参与，一旦出现了某些问题，则需要经过分析、设计、实施和测试，直到试用时才能发现，且有很多缺陷的发现需要经过时间的考验后才会出现。这些错误最终只能由维护队伍来解决，这些"先天性"的问题，可能导致推广应用困难，甚至是系统报废。这对于用户是不公平的，花钱买到的与自己想要的相差甚远。

为了克服这一障碍，应当高度重视系统调查工作，充分反映业务人员的意见和建议。一个简单易行的方法就是采用一种业务人员容易看懂的语言工具。

有很多人，一听说现在还用数据流程图，感觉返回到了"石器时代"，但作者参加他们的鉴定会时发现，他们把 PowerDesign 中数据的逻辑模型当成了系统的逻辑模型，在上千页的文档中找不到一个处理过程的描述。随着时间的推移在一些新的工具中也提供了处理过程的描述功能，并且能直接转换成特定语言的计算机代码，但这些功能目前还比较弱，还不能满足许多较为复杂的处理过程。

第 29 章 问题报告和变更管理

研 究 背 景

多数硬件产品都形成了规范的验收标准，满足这个标准，就可认为是一个合格产品。而软件产品却不是这样，软件测试的目标不同于硬件产品"证明产品的正确性"，而是"尽可能多地发现错误"，这在业内已经是共识，而业外人士却难以理解！业外人士经常说的一句话，"都测试和验收过了，怎么还出这样的问题？"在许多著作中都会有这样一句话："软件这种逻辑部件，其正确性几乎无法证明"。在许多教材中都会有这样的论述，"一个有 20 重循环，五路分支的程序段，每个测试案例用 0.1 秒，则需要若干年"。因此，软件测试的目的只能是尽可能多地发现问题。

正是因为软件错误很难被发现、很难被系统地发现、很难被全部地发现，所以已经发现的问题就显得更加珍贵。但在经济模式下，对于开发团队，发现的问题"越少越好"，因此，不仅不主动地发现、汇报和记录问题，而且主动地忽略一些问题，这使得大量的问题暴露于应用过程中，给用户和开发者都造成巨大的损失。

这方面有三个规律必须重视：一是开发早期出现的错误，比后期出现的问题后果严重得多；二是同样一个错误，随着更正时间的拖延，费用成指数规律增长；三是软件维护的"波及效应"。为了减少费用和提高效益，许多软件标准体系中都有问题报告的内容，但对于其后的处理过程缺乏规范和标准。作者在长期的开发实践中，形成了一套固定的规范，并在后续的许多项目中都有成功的应用。

29.1 概   念

(1) 问题报告，是软件系统的相关人员在其生存期内提出的，以软件缺陷和改进措施为目标的意见和建议，通常以正规的《问题报告》形式提供给管理部门的一种文书形式，见表 29-1，摘自 GJB 1267-91《军用软件维护》。

(2) 问题管理，软件的管理部门以《问题报告》核心的全部管理工作。在一些软件发达的单位和部门通常会形成一定的规范。

(3) 问题报告控制表，是当前问题报告的汇总，相当于管理日志，主要用于分配编码、记录状态、处理结果等相关事项。通常按阶段存入《问题报告档案》以备查。

(4) 问题报告处理卷宗，是单个《问题报告》及其记录后续处理过程的文档集合。

其主要目的是记录问题事项、处理过程和结果，也可以表现问题指出者对于软件系统的贡献，可作为奖励的基本参考之一。

(5)问题报告档案，是问题报告处理卷宗的集合。

表 29-1 问题报告样式

编号：

软件名称			版本号		
报告人 姓名		单位		电话	
发现问题 时间			报告时间		
问题 来源	程序□ 数据库□ 文档□ 其他□				
问题详细描述(可加附页)：					
处理意见： 签名(盖章)_____ 年 月 日					
附注：					

29.2 问题报告的管理规范

软件的生存期内，应当都有相应的管理部门和专门的管理实体，开发期有开发项目组，使用维护期有维护保障小组。其中通常有"两方四人"，用户方有行政负责人和行政秘书；开发方有技术负责人和技术秘书。

29.2.1 管理问题

《问题报告》管理中，比较突出的管理问题是对依据报告所作变更的控制，如果采用"有求必应"，可能导致混乱；如果"不闻不问"，可能导致软件提前报废，甚至是早期失效[3]。为了避免软件失效，就要不断地适应用户的要求，进而就需要不断地改变软件。软件问题中，为适应用户要求而作的软件变更占有很大的比例。其主要原因在于开发阶段的方法不适当造成了用户需求收集不全；收集到的需要没有得到应有的重视；用户在看到软件后有了新的需求等。

想用有效而且经济的方法对变更进行控制，就要求理解以下几点：为什么需要变更?要实现这些变更需要做哪些工作?实现了这些变更对于系统质量和让用户满意等方面起到什么作用?对系统变更进行控制的第一步就是一定要将变更要求(《问题报告》)的信息记录下来。在作出同意、暂缓处理或拒绝变更要求的决定时，这些信息是非常有用的。

控制系统变更的第二步就是要确定并严格执行控制变更的正规手续。这可以协助管理部门对变更进行监督，也确保了变更要求能得到专门处理。不管变更的要求是接受、拒绝还是暂时搁置，都应及时将处理这些要求的情况告知提出该要求的每一个人，以示他们的意见得到尊重，鼓励其对于系统的积极性。

29.2.2　变更要求的验证

开发组、维护组对任何变更都要进行认真的研究，不要一提出要求就马上修改系统(方案)。即使是简单的变更，在系统中也可能有错综复杂而又非常严密的细节。还有，不能单凭可用性有提高或性能得到改善，就认定变更是合理的。例如，用户常倾向于过分夸大他们如何需要增加某种特殊功能，可是一旦实现之后，他们却又很少用到它。最后，要研究一下，每个变更要求与其他变更要求之间的关系以及与系统生存期规划的关系。例如，一方面，几个不同的要求者可能提出一种类似的变更；另一方面，不同的要求者所提出的变更要求可能互不相容，或者与软件生存期的总目标不相容。

在研究变更要求时，应注意以下几个问题。

(1)目标是让所有用户小组(如各军区可以认为是相对独立的不同小组)只用同一个软件系统版本呢?还是允许不同的用户小组使用不同的版本? 这一点在大型的组织体系和规范化程度不高的业务类型中经常出现。

(2)这个软件系统是否是暂时的、不久就要被更换的系统?

(3)这个变更是否会改变软件原先的应用范围和目标?

系统每改变一次，就有可能出现新错误，以及增加质量受到损害的风险，虽然构造一个可靠的和易修改的系统可能会减少这类风险，但是由于系统的复杂性，这类风险在一定程度上总是存在的。因此，对于系统变更的管理，基本前提是：除非能根据一组有意义的、明确的规范来证明该变更是正确的，否则不能轻易地改变。

纠错性变更的合理性是显而易见的。通常，在证明系统一定能正确地执行功能时，变更才能算完成。系统失效当然会出现一些麻烦。然而，在某些情况下，这种麻烦有时却是轻微的，但是为了使它不失效就要进行修改，而这笔费用或者它对系统其余部分的影响却大得惊人，这使得用户宁愿容许让这部分系统失效而不愿意导致新问题。变更存在引起不良的副作用的风险。

欲证明适应性变更和完善性变更是合理的，这可能更麻烦，因为与费用增大和软件质量下降这类风险相比较，进行变更到底有多少好处，这是难以评价的。具体的验证规范需要考虑的内容当然要根据组织的需要和重点确定，但是一般应包括以下内容。

(1)变更的总费用；

(2)实现变更所需的人力；

(3)实现变更所要求的期限；

(4)暂停服务工作的后果；

(5)对操作人员和用户小组所需的再训练；

(6)对软件质量的影响；

(7)与软件生存期规划的兼容性；

(8)将会出现的多种变更；

(9)降低软件期望寿命的风险。

重点应放在对软件期望寿命有影响的那些需要考虑的内容上，而不是放在一时让用户满意、暂时能改善性能和降低成本的做法上。迁就用户的压力或者依赖于某个个人制定的改进功能的方案，而轻易改变软件，这样的决策会使系统支离破碎，很快成为一场噩梦。

29.2.3　变更要求的过程

对变更要求作正规处理，这是控制系统变更的一种重要的管理手段，其目的如下。

(1)记录每个变更要求，以便研究如何进行变更和制定支持系统的生存期计划；

(2)给变更要求者提供一份报告，说明今后如何提出变更要求的方法，以及修改计划或者拒绝其要求的理由；

(3)在对变更任务进行规划和安排时，要确保把这些变更需求也考虑进去。

图 29-1 概括了处理变更要求的全过程，可作为考虑变更要求的过程中应遵循的规范。这对某些组织而言，可能太详细了，而对另外一些组织来说，又可能过于简略，关键在于每个组都需要某种类型的正式规程来处理变更的要求，以便控制变更的要求并用适当的方式为用户服务。处理变更要求的一般步骤如下。

(1)要求者应填好《问题报告》，提出变更的理由、迫切性、建议办法，或增强软件功能的要求，并将《问题报告》交给行政秘书登记后转开发方技术秘书研究。

(2)开发方收到变更要求后，应给予编号、存档，并在系统日志上反映出来，转回行政秘书，它包括正在考虑和正在实现的所有相关变更要求的现状信息。

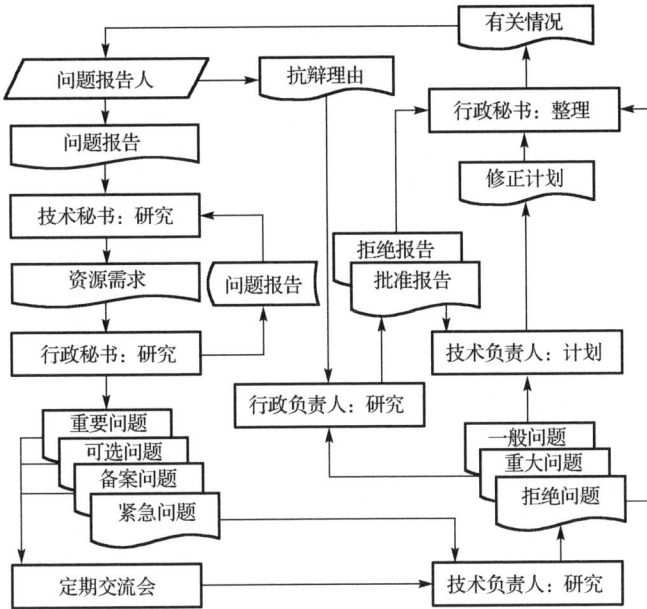

图 29-1　问题报告处理流程建议

(3) 如果一个变更要求可能影响两个以上的系统或部件,有关的行政秘书都要按图 29-1 处理变更的要求过程, 对这些要求给予许可。

行政秘书应通知要求者:该要求正在研究之中, 以及其进度情况。用户常有这样的体验, 他们的需求总得不到及时回复,这样会严重打击他们的积极性。为了避免这样的情况, 务必让用户随时了解每个要求的进展情况。

行政秘书应做初步的研究, 以确定实施变更所需的工作量, 变更的合理性、可行性及其费用等。在研究这些要求时, 行政秘书可以会见要求者、相关技术人员。其目的是收集足够的信息, 并根据这些信息提出接受、拒绝或者备案的初步建议。行政秘书应将要求编好优先级别(它也是建议的一部分内容):

①紧急——在着手安排现有变更任务之前, 就应立即引起注意;

②重要——放在这次将软件交付使用前需要执行的任务表之中;

③可选——放在这次将软件交付使用前(如果时间和资源允许的话)执行的任务表末尾;

④备案——下次将软件交付使用时再行考虑。

(4) 行政秘书将变更要求随同自己的意见一起提交给技术负责人考虑。列为紧急级的变更要求应立即提交, 其余的变更要求可以在定期召开的问题情况交流会上提交研究。在根据要求作出决策时, 技术负责人可以废弃由行政秘书编制的优先级别或不采纳他的建议, 也可以要求行政秘书再作更加全面的调查研究。

技术负责人已经接受，而且实现变更所需的工作量又"较轻"（通常是工作量不大于一个人工作一个月的工作量）的变更要求，可由组长加以规划并将它作为一项变更任务。技术负责人接受的但其实现工作量较多或者需修改系统生存期规划的所有变更要求，都认为是一个大的变更，这些都必须由行政负责人审查。紧急变更应立即提交审查；其他变更则可在行政负责人情况交流会上提出讨论。

这一步结束时，行政秘书给要求者报告有关变更要求的处理情况。行政秘书还要在变更要求的文件中记录下对接受了的变更要求的实现计划，以及被拒绝的变更要求的拒绝理由。

(5)技术负责人应制定已接受的要求的变更实施计划。行政秘书应通知要求者要求已经列入计划。当变更得以实现时，行政秘书应通知要求者，并相应地修改有关变更要求的文献。

(6)工作量大或需要修改系统生存期规划的变更要求（例如，在维护规划中只有一个现行版本，但该变更要求需要多个现行软件版本给予支持），必须经过行政负责人批准。因为这样的变更要求涉及软件期望寿命而且需要长期支持，它涉及的许多细节可能是千头万绪的，所以，这样的变更要求必须根据长期目标、短期的费用和工作情况，加以细心考虑。

行政负责人可以不同意组长签署的意见并废弃所编制的优先级别。如果行政负责人接受了变更要求，那么技术负责人就有责任实现它。对原来已被拒绝的要求，要求者还可以向行政负责人提出抗辩。

在该步骤结束时，行政秘书应告知要求者有关变更要求的处理情况，同时修改有关变更要求的文献。

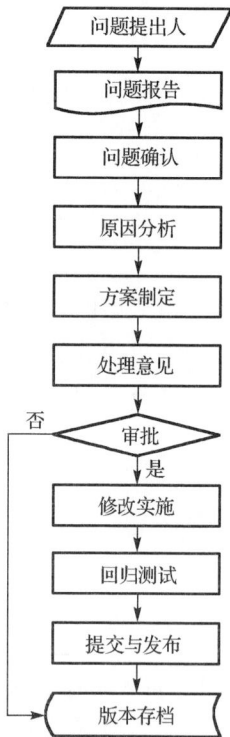

图 29-2 《问题报告》处理流程

29.3 问题报告的处理流程

在长期的开发实践中，作者的团队对于《问题报告》处理过程形成了相对固定的 7 个步骤：问题报告、问题确认、原因分析、方案制定、修改实施、回归测试和提交与发布等，见图 29-2，本章的主要内容也是按此安排的。

29.4　《问题报告处理卷宗》撰写要求

《问题报告·问题描述》通常是由问题提出人员填写的。问题提出人员主要有操作使用人员、课题组成员、总师组成员。广义地讲，问题提出人员可以是任何人员。变更要求实质上也是一种问题，至少是合理性和效率的问题。

为了使问题处理过程明确、有效、易于记载，《问题报告》应当坚持"一事一报"的原则，以便归类实现"同因一改"，避免重复修改造成混乱。

操作使用人员与用户填写的《问题报告·问题描述》部分，采用用户的语言，重点在于现象的描述，不必加入分析与推测。用户方已经加入的分析与推测可以保留，但必须明示。

实际的《问题报告·问题描述》可能包含多个现象与问题，为了复核方便，可赋予一个流水号，在经过分析后可拆分为多个《问题报告》，并在相关的《问题报告·备注》中说明其相互关系。

《卷宗·问题确认》部分要确实，要有时间、地点、人物、具体事件及结果、有关软件和硬件环境说明等，必要时记录操作步骤，避免一般性、概要性的说明。

下列的错误在于不具体，不便于"问题复现"和分析。

问题	菜单项被覆盖。
反例	发现此问题后，在多台客户端反复试验，此问题得到确认。
反例	经过在多台客户端反复测试，此问题确实存在。
正例	(1)在 1 号机器上可复现该情况。 (2)在 2 号机器上，出现相同的情况，只是覆盖最后两项菜单项的内容有所不同，1 号机器覆盖内容为灰色，而 2 号机器为调色板，参见下图(图略)。并且，在文书编辑中，读入数据时，出现该情况，致使业务工作无法继续。 (3)在 3 号机器上试验出现相同的情况。 (4)在另一个房间的 4 号机器上无法复现该情况。 ——2011-10-12 张三。 在出现该问题的情况下，收缩上部的菜单项，可出现两个菜单项。 ——2011-10-12 李四。

由于许多软件故障复现困难，所以一些问题出现时，最好能进行屏幕拷贝，以便于开发和维护人员进行故障确认与原因分析。拷贝时最好是全屏的，以记录当时认为无关，但后来却认为必要的信息。

问题	文书生成后，文书中"指挥网文电"字样大小不一。
反例	发现此问题后，在多台客户端反复试验，此问题得到确认。
正例	在 3 台终端上试验有 1 号机、2 号机发生此现象，参见下图(屏幕拷贝图，略)。3 号机无此现象。 ——2011-10-12 张三、李四。

《卷宗·原因分析》是后续变更的基础，如果该步骤不到位，可能会出现更大的麻烦。在这方面作者有不少经验，见下例。

问题	在制定计划的过程中，在输入安排人员数量的量值后，出现无规则的不可控的自动变化。
反例	这是一个并发问题。 ——不具体，后续工作人员无所适。
正例	××功能操作中。由于该功能在实际应用中只有一个席位，而此次培训中出现多人同时操作的情况。而在系统中只设计了一个变量，在第一个人输入并确认量值后，第二个人又输入，相当于修改了第一个人的量值，以此反复。现场受训人员达 60 多人，故做得快的没有感觉，速度一般的感觉很强烈，因为大部分人都操作到此步骤，而做的特别慢的人，也没有感觉，显然，大部分人完成了这项操作。

《卷宗·解决方案》要具体、明确和具有可操作性，并且具有多方案及其分析和建议。

《问题报告·处理意见》要具体、明确，不能模棱两可。

《卷宗·修改实施》要详细、精确地描述程序位置、修改前后的情况、说明等，便于核查和修改审核。

《卷宗·回归测试》撰写时要注意身份与职责，不要写与自己身份无关或不相称的话语。测试人员只关注既定的测试用例是否发现了问题，问题是否解决与测试人员无关。问题是否解决：①需要测试方案的设计来保证，是测试方案的设计与批准人决定的；②需要技术师与用户等相关人员共同确认，见下例。

误	经回归测试，此问题已解决。
正	测试用例执行正常，与预期结果相同。

下例中存在的问题：①测试结论过宽；②用论过于含糊，所谓"各项功能"是指哪些功能，不明确；③分项不细，不知道结论是如何形成的。

误	接口方名称输入窗口已添加，各项功能使用正常。
正	(1)在××单击××，出现上述窗口——反应正确。

（2）直接单击"确认"，出现"名称不能为空！"的提示——反应正确。

（3）输入"××"后，点击"取消"退出。查××，不存在××——反应正确。

（4）重新单击××，出现上述窗口，在名称栏中输入"××"，单击"确认"退出——反应正确。

（5）将名称换为"××2"，重复上述工作——反应正确。

《卷宗·结果发布》应当与《日志》中记载的版本一致，简洁明了。至于版本信息应当在相应的《日志》和《版本说明》中详细论述下例。

例	本问题已经发布于"××保障软件 20111008 版"。 ——（记录人）××。

29.5   合并处理与拆分处理

《问题报告》重点阐述问题的现象，而现象与本质之间可能是多对多的关系，一方面，有些报告上来的现象是由多个原因引起的，为了有效地减少软件维护中的波及效应，通常可拆分为多个《问题报告》分别处理；另一方面，有很多《问题报告》可能报告了相同的内容，也可能是不同的内容，但是由同一原因引起的，因此，这些报告需要合并处理。

因此，《卷宗·结果发布》的结果，可能是一个新的版本号，这适用采纳并实施完成的类型。但还可以是"已经分解为××和××问题报告"、"已经并入××问题报告"，也可以是拒绝类型等。

由于合并与拆分处理的记载中需要相互参照引用，以及技术档案管理的需要，《问题报告》的标识就显得相当重要。由于《问题报告》充满了系统的整个生命周期，故其编码推荐采用"版本号+流水号"的方式，开发期可采用虚拟版本号"0"。如果系统规模较大，可按分系统或部件来进行编号。

由于修改与发布不一一对应，在发布版本之间，一般课题组还有许多中间版本存在，即所谓的内部版本。内部版本标识的常用方法有两种：一是后缀法，即在发布版本后增加一个序号段，例如，发布版本为 V1.0，则其后修改版为 V1.0.1，V1.0.2等；二是日期法，即用成版日期来替代版本号，如 20111008 版。

相同版本中的参照，可省略前部的版本号。

要 点 评 注

假如你是一位神仙，可以料事如神；假如你是一位圣贤，可以从不犯错，那么你可以跳过此章。或者，你永远只开发一些规模极小的系统，你也可以忽略此章。否则本章对你将有极大的帮助，因为在有一定规模的系统开发过程中，系统分析、设计、实施等工作不可能没有一点不周、失误，甚至错误，而软件这种"死"的逻辑部件，只要有一点问题都可能导致其无法使用，甚至报废。这就形成了"问题不可避免，后果十分严重"，以及"早现早改低投入，迟改费用指数增"等客观规律。面对这种困境，我们只能极其认真地对待这些已经发现的问题。

收集问题最好的方法是直接的《问题报告》，也可以通过其他形式收集，但最终仍然需要转换成《问题报告》，以便分类、聚类、合并、拆分，并系统地考虑。变更管理有提出论证（要求人为主）、编码归档（技术秘书）、分析归类（技术秘书为主）、研讨技审（技术负责人为主）、技术负责人批准实施（小修改）或审核（大修改）、行政负责人批准实施（大修改）等六过程；报告处理分为七阶段：问题报告、问题确认、原因分析、方案制定、修改实施、回归测试和提交与发布等。

参 考 文 献

[1]　李习彬. 社会系统三元运行理论与规范化管理[J]. 管理现代化, 1995(2): 8-11.

[2]　吴建明. 病态信息理论及其在装备保障中的应用[D]. 石家庄: 军械工程学院, 2004.

[3]　张卓, 吴建明. 管理信息系统早期失效分析与对策研究[J]. 军事系统工程, 2000(4): 21-26.

第六篇　课程教学篇

　　管理信息系统专业和管理信息系统课程教学中，理论的论述在教材中已经有完美的体现，但小、全、精、深的教学案例却十分难得，这使得教学效果打了一些折扣。本篇从教学目标出发，在作者多年承担的项目中提炼出多个经典且一直沿用至今的案例与大家分享。

　　战时运输道路决策支持系统提供了一个完整的需求分析报告；权值误差调整模型提供了一个更简单的分析设计案例；车炮匹配统计和弹药回收流程案例给出了系统流程再造的案例；库存业务系统给出了系统调查中非软件专业人员常用易懂的工具与案例；信息系统研发过程中的多种讲解方法可加深对于开发过程的理解；最后，对于多种流程设计与表达工具进行了对比。

第 30 章　战时运输道路决策支持系统软件需求说明样例

研　究　背　景

战时运输道路决策支持系统软件是 1986 年开始的"军械一号"计算机作战模拟训练系统的一个重要组成部分，它充分体现了计算机的智能，在当时起到非常好的说明和示范作用。1989 年作者在军械工程学院开设了"管理信息系统"课程。该课程教学中需求分析是一个重点，同时也是一个难点。难就难在教学实施过程中缺少合适的需求表达案例，主要原因在于一般的需求案例都要有几十页甚至上千页的篇幅而无法进入教学过程，但没有一个完整的案例，需求分析永远存在于抽象的空间，课程目标与实际工作具有很大的距离。经过几年的教学实践，这一教学中的缺憾越来越严重，对于教学效果限制也越来越明显。为了弥补这些缺陷，将该部分从"军械一号"计算机作战模拟训练系统中独立出来专门为教学拟制了一个《软件需求说明》样例。

本案例用短篇幅提供了一个严谨、完备的案例，为"管理信息系统"课程教学提供了非常有效的教学素材。尽管这个案例有点"古老"，但很经典，其受到了学生的好评，并一直沿用至今。

30.1　基　本　案　例

《战时运输道路决策支持系统软件需求说明》是一个完整规范的软件需求说明，可作为教学示范案例使用，也可以作为系统设计作业的已知条件。

30.1.1　概述

1. 编写目的

本文档编写的目的是：对战时运输道路决策支持系统的功能和性能做全面描述，帮助用户判定该软件是否符合自己的要求，作为用户和开发者相互了解的基本参考资料，作为开发者进行软件设计和实现的基础，作为系统验收的依据。

——这一部分应当是"业界"共识，但在我国实际系统的开发过程中，大量非专业人士进入开发队伍，造成需求说明成为"一些文字"的堆积，而用户单位通常没有软件专业水准，造成一些文档"不知所云、不知所措"，只能被动接受。

许多信息系统的鉴定会都会发现此类情况，因此，在文档撰写以前明确撰写目的是极其重要的。

2. 引用资料

(1)《战时运输道路决策支持系统项目开发计划》（项目课题组，1991 年 7 月）。

(2)《军械管理信息系统开发规范》（总后军械部标准 JXB103-90）。

(3)《军械管理信息系统文档编制规范》（总后军械部标准 JXB104-90）。

(4)《流程图符号》（中华人民共和国标准 GB1526-1989）。

(5)《战时运输道路决策支持模型》（吴建明，军械工程学院学报，1990 年第 2 期）。

(6)《战时运输道路决策支持系统》（刘征军，军械工程学院毕业论文，1990 年 7 月）。

——在没有特殊申明的情况下引用资料中的内容即该文档的内容，引用资料中规定的程序和方法即本文档所遵循的。而下面所述的参考资料，则是在引用文档不完备、部分不好用的情况下的补充内容和规定。

3. 参考资料

(1)《计算机软件开发规范》（中华人民共和国标准 GB8566-1988）。

(2)《计算机软件产品开发文件编制指南》（中华人民共和国标准 GB8567-1988）。

(3)《军用软件开发规范》（中华人民共和国军用标准 GJB437-1988）。

(4)《军用软件文档编制指南》（中华人民共和国军用标准 GJB438-1988）。

(5)《军用软件质量保证规范》（中华人民共和国军用标准 GJB439-1988）。

——此处所列标准为编写该文档时的标准，目前已经有新的标准。《信息技术软件生存周期过程》（中华人民共和国标准 GB/T8566-2007）；《计算机软件文档编制规范》（中华人民共和国标准 GB/T8567-2006）；《军用软件开发通用要求》（中华人民共和国军用标准 GJB2786A-2009）；《军用软件开发文档通用要求》（中华人民共和国军用标准 GJB438B-2009）；《军用软件质量保证通用要求》（中华人民共和国军用标准 GJB439A-2013）。

30.1.2　现行业务系统描述及简单评价

道路是实施后勤保障的基本条件之一，许多后勤保障的决策依赖于道路条件。而战时运输道路与平时运输道路相比最为显著的特点是敌情对道路的制约作用。

过去，在铁路、公路相对少的情况下，采用预先选择几个方案的方法，通常为 3 个，即 1 号方案(道路)、2 号方案(道路)、3 号方案(道路)。决策过程是首先选择 1 号方案，若有敌情则选择 2 号方案，3 号方案通常作为应急方案。如果这些方案都不是很合适，则道路选择完全依赖于人的经验和直觉进行决策。

这种方法的优点在于决策过程简单、反应迅速，在过去的战争中显示了强大的生命力。但随着道路条件的变化、运输工具的进步和战争对道路依赖性的变化，该方法越来越不能满足作战的需要。由于战争对后勤保障的依赖性等条件的改变，这种方法显示出越来越多的不足。例如，战场范围过大，道路条件复杂，作战方向、方式、情况多变，这样，该方法缺少更多的灵活性，其有效性也在逐渐降低。

——现行系统的说明和分析是极其重要的。不严谨的纯商业性的开发往往忽略这一点。考虑一下，一个没有搞清现行系统及其问题或者症结所在的系统开发，其目标只能流于形式，而置真正的需求于不顾，至少不是以目标和解决问题优先，结果常常陷于被动和失败。

30.1.3　需求分析

解决道路问题的基本思路是：首先穷举可能的方案，然后求出各路段的目标值，再综合各路段的目标值得到方案的目标值，最后根据各方案的目标值进行筛选，得到适当数量(3～5 个)的方案及其评价(即目标值)供决策者使用。

(1)决策人员输入：决策时需要输入运输的起点和终点。起点和终点及所有道路交叉点(节点)均用标号表示，见图 30-1。如起点为 1(仓库)，终点为 7(炮阵地)。

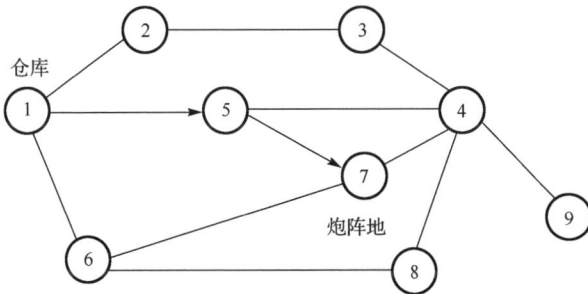

图 30-1　道路网络示意图

(2)输出：若干方案，方案即一条由起点指向终点的路径，路径是一些首尾相连且不封闭的路段序列，路段是相邻两个交叉点之间的实际道路，两个不同的方案至少有一个不同的路段，如图 30-1 中的 1→5→7。

(3)参谋人员输入：道路网络和路段参数。道路网络如图 30-1 所示，其存储方式为每节点一条记录，每个记录有两个域：节点编号和相邻节点组，如(1，2，5，6)，即与节点 1 相连的有 2、5、6 三个节点。相连的两个节点互为邻点，为能够灵活地描述道路变化情况，增加了中断标记域，节点中断表明与该点有关的全部路段消失，而路段中断只表明被标记的路段消失。

路段参数按作用范围可分为全局参数和局部参数。全局参数，即对所有路段都产生作用的参数，如天候、能见度等。局部参数，即各路段不一定相同的参数，如距离、路况、敌情等。按照参数性质可分为确定型参数和概率型参数。确定型参数是在运输决策和实施过程中，对运输的作用可准确计算的参数，如距离、公路级别等，概率型参数是那些对运输作用呈随机性的参数，如敌空袭、炮击等，概率型参数在某些场合下可转化为确定型参数。

决策目标。本模型的决策目标有三个：一是（完成运输的）时间；二是（货物）损失率；三是不能完成运输任务的概率，或称中断概率。

具体的功能需求情况见表 30-1。

表 30-1　功能需求情况表

类别		功能	人机界面	重要性	稳定性	频率	备注
基本数据准备（输入与修改）	1	道路网络参数输入及修改	输入	保证级	稳定		
	2	路段穷举	/	保证级	稳定		
	3	路段参数输入及修改	输入	保证级	不稳定		
	4	全局参数输入及修改	输入	保证级	不稳定		
	5	车型与速度参数输入及修改	输入	保证级	稳定		
决策	6	决策参数输入	输入	保证级	稳定		
	7	方案穷举	/	保证级	稳定		
	8	方案优选——绝对劣方案	输入	保证级	稳定		
	9	方案优选——单目标极限	输入	保证级	稳定		
	10	方案优选——加权平均	输入	期望级	不稳定		
	11	方案优选——人工筛选	输入	期望级	不稳定		
输出	12	方案输出——方案	输入	任选级	不稳定		
	13	方案输出——表格	输入	保证级	稳定		
	14	方案输出——图形	输出	期望级	稳定		
查询	15	全区道路网络	输出	期望级	稳定		
	16	全局参数	输出	期望级	稳定		
	17	路段参数	输出	任选级	不稳定		
	18	节点情况	输出	任选级	不稳定		
	19	敌情	输出	任选级	不稳定		
	20	路径情况	输出	保　级	稳定		
	21	车型与速度	输出	任选级	稳定		

1. 性能需求

（1）响应时间。所有操作，即由人工键入回车开始至系统应答为止，在硬盘上最多不得超过 1 分钟，通常在 10 秒以下，在软盘上运行时间限额加倍。

（2）安全保密。系统应区分运行盘和备份盘，在计算机上使用后应删除系统或在软盘上运行，在本单位可能的作战区域应分别准备好数据以应急。

（3）其他性能。由于该决策支持系统不稳定因素较多，以后的变化可能较大，所以该系统一定要有较好的可维护性。

2. 设计约束

程序中的变量名应和数据词典中的标识符一致；每个独立编号的程序模块开头应有汉字提示，包括文件名、(输入、输出、局部、全局)变量说明或提示、程序的基本功能提示、程序的基本结构等；模块的规模用源程序行数表示时应为 50～300。

——此节标题"需求分析"应当包括过程、结果及其对于部分结果的说明、开发要求及说明等方面。但过程用于审核优化；结果用于交付后续的开发团队，并作为其工作的基础；而结果的说明部分主要用于部分结果的具体补充，或者难于理解的部分的进一步解释；开发要求通常也列于此。作为"合同"部分的内容只需要结果和要求两个部分，其余的内容可作为附件。因为结果部分又是开发目标，又是产品说明，故其与开发要求成为交付验收的重要依据。

30.1.4　数据流程图

数据流程图和数据词典是系统逻辑模型的多种表达工具之一。其优点在于简单实用，易于理解，这一点很重要，目前已经有许多先进的工具，但其在完备性和用户的可理解性上存在缺陷。

数据流程图见图 30-2。

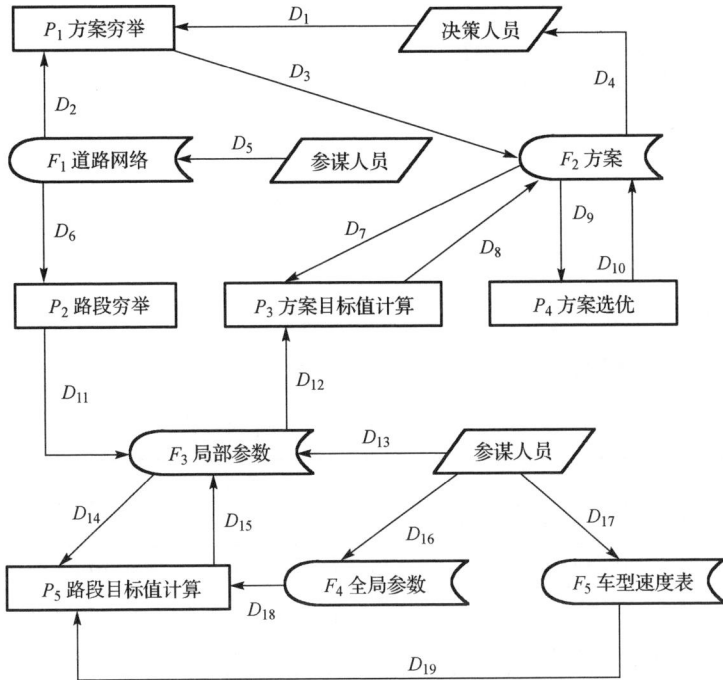

图 30-2　数据流程图

30.1.5　数据词典

1. 数据流条目

D_1=起点 E_{44}+终点 E_{45}

D_2：文件 F_1

D_3={方案 E_6}

D_4=文件 F_2 中优选标记="Y" 的记录

D_5：文件 F_1

D_6：文件 F_1

D_7={方案 E_6}

D_8={方案 E_6+方案目标值 E_7+E_8+E_9}

D_9={方案序号 E_5+方案目标值 E_7+E_8+E_9}

D_{10}={方案序号 E_5+优选标记 E_{10}}

D_{11}={路段标识 E_{12}}

D_{12}={路段标识 E_{12}+路段目标值 E_{29}+E_{30}+E_{31}}

D_{13}={文件 F_3 中 E_{13}~E_{28}}

D_{14}={路段序号 E_{11}+E_{13}~E_{28}}

D_{15}={路段序号 E_{11}+路段目标值 E_{29}+E_{30}+E_{31}}

D_{16}：文件 F_4

D_{17}：文件 F_5

D_{18}：文件 F_4

D_{19}={E_{40}, E_{41}, E_{42}, E_{43}}

2. 文件条目

(1)文件 F_1：道路网络，见表 30-2。

表 30-2　道路网络·文件 F_1 的结构

数据项	元素编号	标识符	类型	长度	来源	备注
节点号	E_1	Number 1	N	2	顺序自动产生	
相邻节点组	E_2	Group	C	$2m_1$	参谋人员输入	m_1 为相邻节点数的最大值
取舍标记	E_3	Mark 1	L		参谋人员输入	用于人工干预改变道路网络
节点指针	E_4	Pointer 1	N	m_2	P_2 处理的过程变量	满足条件：$10m_2-1$ 大于 m_1

（2）文件 F_2：方案，见表 30-3。

表 30-3　方案·文件 F_2 结构

数据项	元素编号	标识符	类型	长度	小数	来源	备注
方案序号	E_5	Number 2	N			顺序自动生成	
方案	E_6	Route	C	$2m_1$		P_1 产生	注 1
时间	E_7	r-time	N	m_2		P_3 产生	注 2
损失率	E_8	r-rate	N	4	2	P_3 产生	0.00～1.00
中断概率	E_9	r-int	N		2	P_3 产生	0.00～2.00
优先标记	E_{10}	Mark2				P_4 产生	

注：m_1 为最长路径的节点数；$10m_2-1$ 为有效的最大时间值

（3）文件 F_3：局部参数，见表 30-4。

表 30-4　局部参数·文件 F_3 结构

数据项			元素编号	类型	长度	小数	来源	备注
路段序号			E_{11}	N	3		顺序自动产生	
路段标识			E_{12}	C	4		P_2 输出	每节点 2 位
确定型参数	距离		E_{13}	N	3			实际路段的距离
	公路级别		E_{14}	C	1			编码标识
	车型编码		E_{15}	C	4			
	路况系数		E_{16}	N	4			
概率型参数	敌情因素	敌空袭 发生概率	E_{17}	N	4	2	参谋人员	各量的值域与单位 （1）时间：分钟 （2）发生概率 0.00～1.00 无单位 （3）损失率 0.00～1.00 无单位 （4）中断概率 0.00～1.00 无单位
		敌空袭 延时	E_{18}	N	4			
		敌空袭 损失率	E_{19}	N	4	2		
		敌空袭 关键点作用概率	E_{20}	N	4	2		
		敌特袭击 发生概率	E_{21}	N		2		
		敌特袭击 延时	E_{22}	N	4			
		敌特袭击 损失率	E_{23}	N	4	2		
		敌特袭击 关键点作用概率	E_{24}	N	4	2		
	自然因素							
	关键点	延时	E_{26}	N	4			
		中断概率	E_{27}	N		2		
	拥挤程度的影响		E_{28}	N	4	2		
目标值	时间		E_{29}	N	4	2	P_5 输出	
	损失率		E_{30}	N	4	2		
	中断概率		E_{31}	N	4	2		
标记	取舍标记		E_{46}	L	1		参谋人员	
	主干道路标记		E_{47}	L	1		参谋人员	

（4）文件 F_4：全局参数，见表 30-5。

表 30-5　全局参数·文件 F_4 结构及实例

数据项	序	参数名称	取值参考	最小	最大	实际
元素编号		E_{32}	E_{33}	E_{34}	E_{35}	E_{36}
类型	N	C	C	N	N	N
长度	2	20	40	4	4	4
小数					2	2	2
来源	自动		参谋人员			
实例	1	时间影响	白昼：1，黎明或黄昏：0.9 黑夜 0.2	0.80	1.00	
	2	风的影响	特大：0.1；较大：0.4；一般：0.8；无：1	0.10	1.00	
	3	雨的影响	特大：0.2；较大：0.4；一般：0.7；无：1	0.20	1.00	
	4	雪的影响	特大：0.3；特大：0.6；一般：0.7；无：1	0.30	1.00	
	5	制空权	绝对劣势：0.1；均势：0.6；绝对优势：0.9	0.00	0.00	

（5）文件 F_5：车型-速度表，见表 30-6。

表 30-6　车型-速度常数表·文件 F_5 结构

数据项	元素编号	类型	长度	小数	备注
车型序号	E_{48}	N	2		顺序自动生
车型	E_4	C	20		
车型编号	E_5	C	4		
高速公路速度	E_{50}	N	4	1	
一级公路速度	E_{51}	N	4	1	
二级公路速度	E_5	E	4	1	
土石路速度	E_3	N	4	1	
急造军路速度	E_{54}	N	4	1	
速度极限	E_{55}	N	3	2	
故障率	E_{56}	N	3	2	
故障延时系数	E_{57}	N	3	2	

3. 加工条目

（1）加工 P_1：方案穷举。

该算法的基本要求就是方案不重不漏。为了讨论该算法，假定起点为 1，终点为 7，见图 30-1。首先进行一个手工模拟，"×"号表示不可行的路径，"☆"号表示可行路径，共有 15 条，用（1）～（15）表示，其中上排是深度优选算法和结果，下排是广度优先算法的结果，见图 30-3。

通过手工模拟，可以得到以下规则。

①取起点为当前点，然后依次处理其邻点（后继点）。

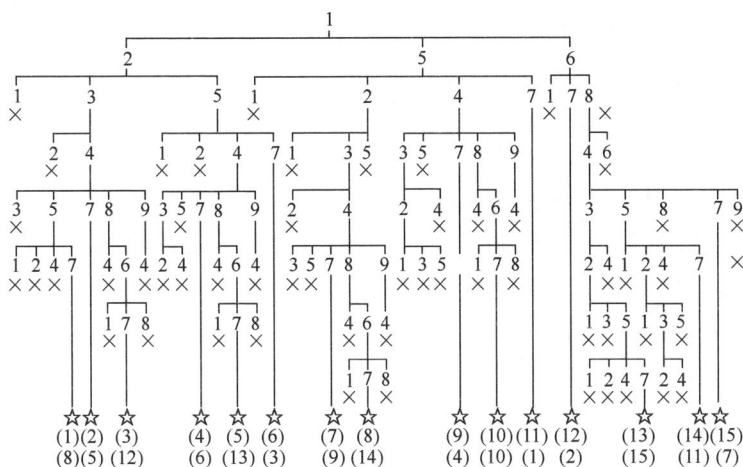

图 30-3　方案穷举的手工算法

②取当前点的一个邻点(后继点)，若已走过该点(重复点)则取下一个邻点。若是终点记录该方案，再取下一个邻点，否则再将该邻点作当前点，再重复(2)直到当前点的邻点全部处理完毕。

③沿路径退回的前一个交叉点(前驱点)，并将该点作为当前点，按(2)处理完剩余邻点，再重复(3)，直到起点的各邻点都处理完毕。

将这个规则用程序流程图表示，见图 30-4。图中路径，前驱点、当前点、后继

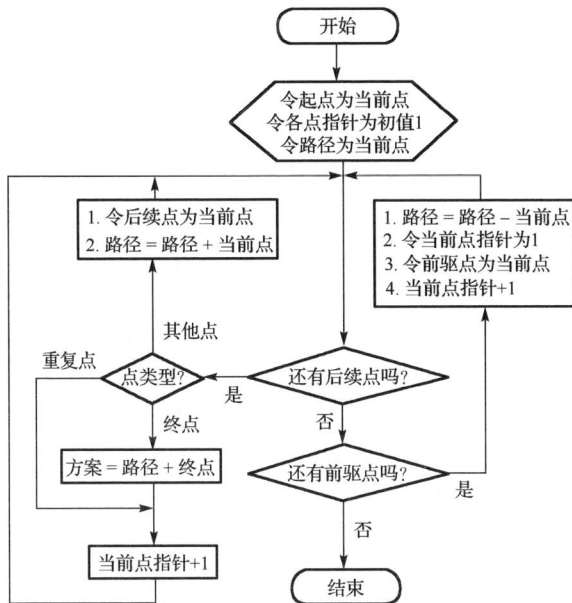

图 30-4　方案穷举流程图

点等概念前面已有描述。指针：所有节点均设置一个指针，指针表明正在处理的邻点，如(1：2，5，6/P)，P=1 表明正在处理邻点是 2，P=3 表明正在处理邻点是 6，P≥4 表明已处理完毕。

——本加工 P_1 中，以上的算法属于说明部分，在合同文档中不是必要的。只是该算法比较复杂，特别作为教学资料，增加了该部分。为了强化教学效果，在 30.3 节中增加了过程理解练习、在 30.4 节中增加了流程图与盒转换练习。对于计算机专业或有编程基础的学生还可以布置伪码设计练习。

(2)加工 P_2：路段穷举。

路段穷举基本算法见图 30-5。

①Str(A,B)是将数值 A 转换为长度为 B 的字串的函数；

②Val(A)字符串 A 转换为数值；

③Substr(A,B,C)从字串 A 中第 B 个位置开始取 C 个字符，形成新的字符串；

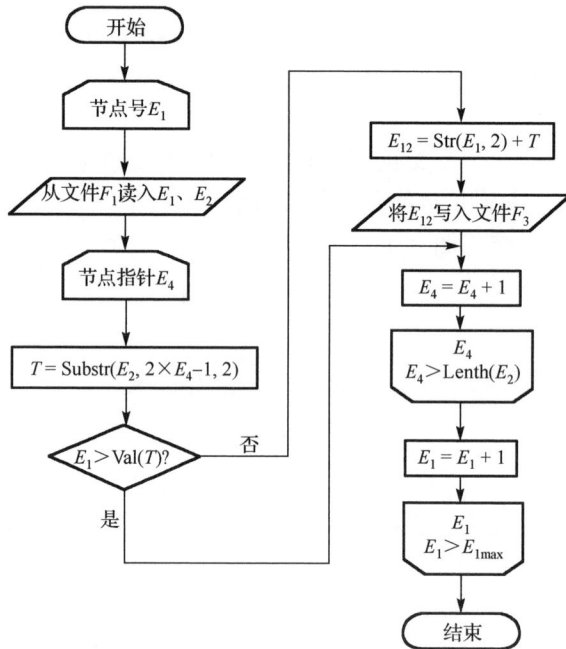

图 30-5　路段穷举流程图

④Lenth(A)求字符 A 的长度的函数；

⑤T 是过渡变量。

(3)加工 P_3：方案目标值计算。

方案目标值的计算又称各路段目标值的综合，根据不同目标值的性质有不同的综合方法。本模型中的每个路径有三个目标值，即时间 T_i、损失率 R_i 和中断(不能完成运输的)概率 P_i。假设某个方案由 n 个路段组成，则 $i=1,2,\cdots,n$。T、R 和 I 的计算分别见式(30-1)、式(30-2)和式(30-3)。

$$T = \sum_{i=1}^{n} T_i \tag{30-1}$$

$$R = \sum_{i=1}^{n} R_i \prod_{j=0}^{i}(1-R_j), \quad R_0 = 0 \tag{30-2}$$

$$P = 1 - \prod_{i=1}^{n}(1-P_i) \tag{30-3}$$

——在系统开发中按式(30-2)和式(30-3)实施，但在后续的教学与研究过程中发现两个公式是等效的，故又在 30.2 节中增加了等效性的证明练习。

(4)加工 P_4：方案优选。

计算机方案筛选方法有单目标极限筛选、绝对劣方案筛选、综合目标筛选和人工条件筛选。但筛选只是一种辅助手段，如果穷举出来的方案很少，那么筛选就没有必要了，只有在方案相对多的情况下才酌情使用这几种筛选方案。

①单目标极限。方案的各个目标值之间有一个互相制约的关系，如果损失率=100%，那么无论其他目标值为多少，方案毫无意义。在不同场合不同的目标值有不同的取值范围，时间的理论范围是 0 至无穷大，但在平时最大极限可以取数十天，而坚固阵地防御战斗(一般用 7 天)可能取 24 小时，对野战阵地之敌的进攻战斗(1～3 天)可能取 6 小时甚至更短。损失率理论范围是 0～1，但最大极限通常取 0.3，而在紧急情况下可取 0.5 甚至更大，一个方案的某个目标值超越了这个极限，自然被淘汰。

②绝对劣方案筛选。有方案 B，如果能找到一个方案 A 的每一个目标值都优于 B，则方案 B 为绝对劣方案，这样由于 A 方案的存在，自然不会采用 B 方案，其余的方案都称为非劣方案。

③综合目标筛选。综合目标筛选的基本思路就是将多目标转化为单目标问题来处理，比较常用的是加权系数法，将目标转化为约束条件方法等或是上述几种方法的综合。

④人工条件筛选。人工条件筛选就是根据具体情况由人工进行的筛选或由人工确定的方案排序条件，实际上是一种候补筛选方案。

(5)加工 P_5：路段目标值计算。

①全局参数对速度的影响：

$$T_1 = \text{Min}(E_{36}^1, E_{36}^2, E_{36}^3, E_{36}^4)$$

式中，T_1 为过渡变量(下同)，也可称为天候；$\text{Min}(\ )$ 为取最小值函数(下同)；E_m^n 中 m 为元素编号，n 为文件中的记录号。

②速度计算:

$$T_2 = f(E_{14}, E_{15}) \cdot \text{Min}(T_1, E_{16}, E_{28})$$

其中, T_2 为过渡变量(下同), 也可称为速度; $f(\ )$ 为由车型、公路级别查文件 F_5 求出速度的函数。

③求时间:

$$E_{29} = E_{13}/T_2 + E_{17} \cdot E_{18} + E_{21} \cdot E_{22} + \text{Max}(E_{20}, E_{24}) \cdot E_{26}$$

④假定敌情不同时发生, 道路损失率为

$$E_{30} = \text{Max}[E_{19} \cdot \text{Max}(E_{17}, E_{36}^5), E_{21} \cdot E_{23}]$$

⑤假定敌情不同时发生, 道路中断概率为

$$E_{31} = \text{Max}(E_{20}, E_{24}) \cdot E_{27}$$

4. 数据元素条目

数目元素定义见表 30-7。

表 30-7　数据元素表

名称	元素编码	类型	长度	来源	备注
	E_1-E_4				见文件 F_1
	E_5-E_{10}				见文件 F_2
	$E_{11}-E_{21}$				见文件 F_3
	$E_{22}-E_{36}$				见文件 F_4
起点	E_{44}	C	2	决策人员	
终点	E_{45}	C		决策人员	
路段取舍标记	E_{46}	L	1	参谋人员	见文件 F_3
主干道标记	E_{47}	L	1	参谋人员	见文件 F_3
	$E_{48}-E_{57}$			参谋人员	见文件 F_5

——数据元素的设计是系统开发过程中的一项重要工作。其工作细致、任务量巨大, 故许多开发课题组在需求分析阶段忽略此项, 而将其归入系统设计范畴, 造成的结果是需求中的算法因缺乏坚实的基础而成为"原理性"而非"工程性"的文件。如果不是用户自己的团队, 而采用"合同"形式来进行后续的开发, 将给系统开发留下巨大的质量隐患。

30.1.6　系统运行环境

1. 用户的特点

本系统的最终用户是后勤部门的首长及助理员。在经过 1～2 天的培训后, 用户应能利用该系统进行决策，能按照使用手册要求输入基本数据，如果操作人员有高级语言的基础，稍加培训就可以对该系统进行简单的维护。

2. 计算机系统

硬件：不低于 586/100 的普通计算机。

软件：拟采用 VB 系统编程。

30.2　损失率计算过程设计作业

已知：有 N 个路段，编号为 $i=1\sim N$，在每一个路段上的货物损失率为 R_i。

作业要求 1：设计一个计算总损失率 R 的算法。提示：可有以下两种方法。

解法 1：

$$\text{总损失率 } R = \text{总损失数 } Q_1 / \text{货物总数 } Q_0$$

第 1 段损失数：

$$Q_0 R_1$$

第 2 段损失数：

$$Q_0(1-R_1)R_2$$

第 3 段损失数：

$$Q_0(1-R_1)(1-R_2)R_3$$

…

第 N 段损失数：

$$Q_0 \cdot R_i \prod_{j=0}^{i}(1-R_j), \quad i=N, \quad R_0=0$$

总损失数为

$$Q_0 \cdot \sum_{i=1}^{N} R_i \prod_{j=0}^{i}(1-R_j), \quad R_0=0$$

总损失率为

$$R = \sum_{i=1}^{N} R_i \prod_{j=0}^{i}(1-R_j), \quad R_0=0$$

解法 2：

$$\text{总损失率 } R = (\text{货物总数 } Q_0 - \text{第 } N \text{ 段剩余数}) / \text{货物总数 } Q_0$$

第 1 段剩余数：

$$Q_0(1-R_1)$$

第 2 段剩余数：

$$Q_0(1-R_1)(1-R_2)$$

第 3 段剩余数：

$$Q_0(1-R_1)(1-R_2)(1-R_3)$$

...

第 N 段剩余数：

$$Q_0 \cdot \prod_{i=1}^{N}(1-R_i)$$

总损失数为

$$Q_0 - Q_0 \cdot \prod_{i=1}^{N}(1-R_i)$$

总损失率为

$$R = 1 - \prod_{i=1}^{N}(1-R_i)$$

作业要求 2：证明两种方法是等效的。提示：可用数学归纳法。

30.3　深度优先算法推演过程作业

作业要求：用 Excel 实现深度优先算法。深度优先算法推演过程效果见表 30-8。

表 30-8　深度优先算法推演过程

步骤	前驱点	当前点	后继点集	路径 N	1	2	3	4	5	6	7	8	9	后继点	方案序号	类型	方法
1		1	256	1	1	1	1	1	1	1	1	1	1	2		一般	前进
2	1	2	135	12	1	1	1	1	1	1	1	1	1	1		重复	取下一个后继点
3	1	2	135	12	1	2	1	1	1	1	1	1	1	3		一般	前进
4	2	3	24	123	1	2	1	1	1	1	1	1	1	2		重复	取下一个后继点
5	2	3	24	123	1	2	2	1	1	1	1	1	1	4		一般	前进
6	3	4	35789	1234	1	2	2	1	1	1	1	1	1	3		重复	取下一个后继点
7	3	4	35789	1234	1	2	2	2	1	1	1	1	1	5		一般	前进
8	4	5	1247	12345	1	2	2	2	1	1	1	1	1	1		重复	取下一个后继点
9	4	5	1247	12345	1	2	2	2	1	1	1	1	1	2		重复	取下一个后继点
10	4	5	1247	12345	1	2	2	2	3	1	1	1	1	4		重复	取下一个后继点
11	4	5	1247	12345	1	2	2	2	4	1	1	1	1	7	1	终点	取下一个后继点
12	4	5	1247	12345	1	2	2	2	5	1	1	1	1			无	后退
13	3	4	35789	1234	1	2	2	3	1	1	1	1	1	7	2	终点	取下一个后继点
14	3	4	35789	1234	1	2	2	4	1	1	1	1	1	8		一般	前进

续表

步骤	前驱点	当前点	后继点集	路径 N	1	2	3	4	5	6	7	8	9	后继点	方案序号	类型	方法
15	4	8	46	12348	1	2	2	4	1	1	1	1	1	4		重复	取下一个后继点
16	4	8	46	12348	1	2	2	4	1	1	1	2	1	6		一般	前进
17	8	6	178	123486	1	2	2	4	1	1	1	2	1	1		重复	取下一个后继点
18	8	6	178	123486	1	2	2	4	1	2	1	2	1	7	3	终点	取下一个后继点
19	8	6	178	123486	1	2	2	4	1	3	1	2	1	8		重复	取下一个后继点
20	8	6	178	123486	1	2	2	4	1	4	1	2	1			无	后退
21	4	8	46	12348	1	2	2	4	1	1	1	3	1			无	后退
22	3	4	35789	1234	1	2	2	5	1	1	1	1	1	9		一般	前进
23	4	9	4	12349	1	2	2	5	1	1	1	1	1	4		重复	取下一个后继点
24	4	9	4	12349	1	2	2	5	1	1	1	2				无	后退
25	3	4	35789	1234	1	2	2	6	1	1	1	1	1			无	后退
26	2	3	24	123	1	2	3	1	1	1	1	1	1			无	后退
27	1	2	135	12	1	3	1	1	1	1	1	1	1	5		一般	前进
28	2	5	1247	125	1	3	1	1	1	1	1	1	1			重复	取下一个后继点
29	2	5	1247	125	1	3	1	1	2	1	1	1	1			重复	取下一个后继点
30	2	5	1247	125	1	3	1	1	3	1	1	1	1	4		一般	前进
31	5	4	35789	1254	1	3	1	1	3	1	1	1	1	3		一般	前进
32	4	3	24	12543	1	3	1	1	3	1	1	1	1	1		重复	取下一个后继点
33	4	3	24	12543	1	3	2	1	3	1	1	1	1			重复	取下一个后继点
34	4	3	24	12543	1	3	3	1	3	1	1	1	1			无	后退
35	5	4	35789	1254	1	3	1	1	3	1	1	1	1	5		重复	取下一个后继点
36	5	4	35789	1254	1	3	1	3	3	1	1	1	1	7	4	终点	取下一个后继点
37	5	4	35789	1254	1	3	1	4	3	1	1	1	1	8		一般	前进
38	4	8	46	12548	1	3	1	4	3	1	1	1	1	4		重复	取下一个后继点
39	4	8	46	12548	1	3	1	4	3	1	1	2	1	6		一般	前进
40	8	6	178	125486	1	3	1	4	3	1	1	2	1	1		重复	取下一个后继点
41	8	6	178	125486	1	3	1	4	3	2	1	2	1	7	5	终点	取下一个后继点
42	8	6	178	125486	1	3	1	4	3	3	1	2	1			重复	取下一个后继点
43	8	6	178	125486	1	3	1	4	3	4	1	2	1			无	后退
44	4	8	46	12548	1	3	1	4	3	1	1	3	1			无	后退
45	5	4	35789	1254	1	3	1	5	3	1	1	1	1	9		一般	前进
46	4	9	4	12549	1	3	1	5	3	1	1	1	1	4		重复	取下一个后继点
47	4	9	4	12549	1	3	1	5	3	1	1	2				无	后退
48	5	4	35789	1254	1	3	1	6	3	1	1	1	1			无	后退
49	2	5	1247	125	1	3	1	1	4	1	1	1	1	7	6	终点	取下一个后继点
50	2	5	1247	125	1	3	1	1	5	1	1	1	1			无	后退
51	1	2	135	12	1	4	1	1	1	1	1	1	1			无	后退
52		1	256	1	2	1	1	1	1	1	1	1	1	5		一般	前进

续表

步骤	前驱点	当前点	后继点集	路径 N	1	2	3	4	5	6	7	8	9	后继点	方案序号	类型	方法
53	1	5	1247	15	2	1	1	1	1	1	1	1	1	1		重复	取下一个后继点
54	1	5	1247	15	2	1	1	1	2	1	1	1	1	2		一般	前进
55	5	2	135	152	2	1	1	1	2	1	1	1	1	1		重复	取下一个后继点
56	5	2	135	152	2	1	1	1	2	1	1	1	1	3		一般	前进
57	2	3	24	1523	2	1	1	1	2	1	1	1	1	2		重复	取下一个后继点
58	2	3	24	1523	2	2	2	1	2	1	1	1	1	4		一般	前进
59	3	4	35789	15234	2	2	2	1	2	1	1	1	1	3		重复	取下一个后继点
60	3	4	35789	15234	2	2	2	2	2	1	1	1	1	5		重复	取下一个后继点
61	3	4	35789	15234	2	2	2	3	2	1	1	1	1	7	7	终点	取下一个后继点
62	3	4	35789	15234	2	2	2	4	2	1	1	1	1	8		一般	前进
63	4	8	46	152348	2	2	2	4	2	1	1	1	1	4		重复	取下一个后继点
64	4	8	46	152348	2	2	2	4	2	1	1	2	1	6		一般	前进
65	8	6	178	1523486	2	2	2	4	2	1	1	2	1	1		重复	取下一个后继点
66	8	6	178	1523486	2	2	2	4	2	2	1	2	1	7	8	终点	取下一个后继点
67	8	6	178	1523486	2	2	2	4	2	3	1	2	1	8		重复	取下一个后继点
68	8	6	178	1523486	2	2	2	4	2	4	1	2	1			无	后退
69	4	8	46	152348	2	2	2	4	2	1	1	3	1			无	后退
70	3	4	35789	15234	2	2	2	5	2	1	1	1	1	9		一般	前进
71	4	9	4	152349	2	2	2	5	2	1	1	1	1	4		重复	取下一个后继点
72	4	9	4	152349	2	2	2	5	2	1	1	1	2			无	后退
73	3	4	35789	15234	2	2	2	6	2	1	1	1	1			无	后退
74	2	3	24	1523	2	2	3	1	2	1	1	1	1			无	后退
75	5	2	135	152	2	3	1	1	2	1	1	1	1	5		重复	取下一个后继点
76	5	2	135	152	2	4	1	1	2	1	1	1	1			无	后退
77	1	5	1247	15	2	1	1	1	3	1	1	1	1	4		一般	前进
78	5	4	35789	154	2	1	1	1	3	1	1	1	1	3		一般	前进
79	4	3	24	1543	2	1	1	1	3	1	1	1	1	2		一般	前进
80	3	2	135	15432	2	1	1	1	3	1	1	1	1	1		重复	取下一个后继点
81	3	2	135	15432	2	2	1	1	3	1	1	1	1	3		重复	取下一个后继点
82	3	2	135	15432	2	3	1	1	3	1	1	1	1	5		重复	取下一个后继点
83	3	2	135	15432	2	4	1	1	3	1	1	1	1			无	后退
84	4	3	24	1543	2	1	2	1	3	1	1	1	1	4		重复	取下一个后继点
85	4	3	24	1543	2	1	3	1	3	1	1	1	1			无	后退
86	5	4	35789	154	2	1	1	2	3	1	1	1	1	5		重复	取下一个后继点
87	5	4	35789	154	2	1	1	3	3	1	1	1	1	7	9	终点	取下一个后继点
88	5	4	35789	154	2	1	1	4	3	1	1	1	1	8		一般	前进
89	4	8	46	1548	2	1	1	4	3	1	1	1	1	4		重复	取下一个后继点
90	4	8	46	1548	2	1	1	4	3	1	1	2	1	6		一般	前进

续表

步骤	前驱点	当前点	后继点集	路径 N	1	2	3	4	5	6	7	8	9	后继点	方案序号	类型	方法
91	8	6	178	15486	2	1	1	4	3	1	1	2	1	1		重复	取下一个后继点
92	8	6	178	15486	2	1	1	4	3	2	1	2	1	7	10	终点	取下一个后继点
93	8	6	178	15486	2	1	1	4	3	3	1	2	1	8		重复	取下一个后继点
94	8	6	178	15486	2	1	1	4	3	4	1	2	1			无	后退
95	4	8	46	1548	2	1	1	4	3	1	1	3	1			无	后退
96	5	4	35789	154	2	1	1	5	3	1	1	1	1	9		一般	前进
97	4	9	4	1549	2	1	1	5	3	1	1	1	1	4		重复	取下一个后继点
98	4	9	4	1549	2	1	1	5	3	1	1	1	2			无	后退
99	5	4	35789	154	2	1	1	6	3	1	1	1	1			无	后退
100	1	5	1247	15	2	1	1	1	4	1	1	1	1	7	11	终点	取下一个后继点
101	1	5	1247	15	2	1	1	1	5	1	1	1	1			无	后退
102		1	256	1	3	1	1	1	1	1	1	1	1	6		一般	前进
103	1	6	178	16	3	1	1	1	1	1	1	1	1			重复	取下一个后继点
104	1	6	178	16	3	1	1	1	1	2	1	1	1	7	12	终点	取下一个后继点
105	1	6	178	16	3	1	1	1	1	3	1	1	1	8		一般	前进
106	6	8	46	168	3	1	1	1	1	3	1	1	1	4		一般	前进
107	8	4	35789	1684	3	1	1	1	1	3	1	1	1	3		一般	前进
108	4	3	24	16843	3	1	1	1	1	3	1	1	1	2		一般	前进
109	3	2	135	168432	3	1	1	1	1	3	1	1	1	1		重复	取下一个后继点
110	3	2	135	168432	3	2	1	1	1	3	1	1	1	3		重复	取下一个后继点
111	3	2	135	168432	3	3	1	1	1	3	1	1	1	5		一般	前进
112	2	5	1247	1684325	3	3	1	1	1	3	1	1	1	1		重复	取下一个后继点
113	2	5	1247	1684325	3	3	1	1	2	3	1	1	1			重复	取下一个后继点
114	2	5	1247	1684325	3	3	1	1	3	3	1	1	1	4		重复	取下一个后继点
115	2	5	1247	1684325	3	3	1	1	4	3	1	1	1	7	13	终点	取下一个后继点
116	2	5	1247	1684325	3	3	1	1	5	3	1	1	1			无	后退
117	3	2	135	168432	3	4	1	1	1	3	1	1	1			无	后退
118	4	3	24	16843	3	1	2	1	1	3	1	1	1	4		重复	取下一个后继点
119	4	3	24	16843	3	1	3	1	1	3	1	1	1			无	后退
120	8	4	35789	1684	3	1	1	2	1	3	1	1	1	5		一般	前进
121	4	5	1247	16845	3	1	1	2	1	3	1	1	1	1		重复	取下一个后继点

续表

步骤	前驱点	当前点	后继点集	路径 N	1	2	3	4	5	6	7	8	9	后继点	方案序号	类型	方法
122	4	5	1247	16845	3	1	1	2	2	3	1	1	1	2		一般	前进
123	5	2	135	168452	3	1	1	2	2	3	1	1	1	1		重复	取下一个后继点
124	5	2	135	168452	3	2	1	2	2	3	1	1	1	3		一般	前进
125	2	3	24	1684523	3	2	1	2	2	3	1	1	1	2		重复	取下一个后继点
126	2	3	24	1684523	3	2	2	2	2	3	1	1	1	4		重复	取下一个后继点
127	2	3	24	1684523	3	2	3	2	2	3	1	1	1			无	后退
128	5	2	135	168452	3	3	1	2	2	3	1	1	1	5		重复	取下一个后继点
129	5	2	135	168452	3	4	1	2	2	3	1	1	1			无	后退
130	4	5	1247	16845	3	1	1	2	3	3	1	1	1	4		重复	取下一个后继点
131	4	5	1247	16845	3	1	1	2	4	3	1	1	1	7	14	终点	取下一个后继点
132	4	5	1247	16845	3	1	1	2	5	3	1	1	1			无	后退
133	8	4	35789	1684	3	1	1	1	5	3	1	1	1	7	15	终点	取下一个后继点
134	8	4	35789	1684	3	1	1	1	5	3	1	1	1	8		重复	取下一个后继点
135	8	4	35789	1684	3	1	1	1	5	3	1	1	1	9		一般	前进
136	4	9	4	16849	3	1	1	1	5	3	1	1	1	4		重复	取下一个后继点
137	4	9	4	16849	3	1	1	1	5	3	1	1	2			无	后退
138	8	4	35789	1684	3	1	1	1	5	3	1	2	1			无	后退
139	6	8	46	168	3	1	1	1	1	3	1	2	1	6		重复	取下一个后继点
140	6	8	46	168	3	1	1	1	1	3	1	3	1			无	后退
141	1	6	178	16	3	1	1	1	4	1	1	1	1			无	后退
142		1	256	1	4	1	1	1	1	1	1	1	1			无	后退

30.4 程序流程图与盒图转换作业

不同的图形工具有不同的特性，采用什么样的图形工具，需要根据具体情况确定，如图 30-6 所示的过程采用程序流程图的可"任意转移"特性，画起来比较容易，而用盒图就比较困难。如果将其转化为盒图则需要经过几个步骤的简化才可实现，并且结果还是一个不规范的图形，如果直接用盒图则是一个十分困难的过程。其转换过程为：①将图 30-6 左部的四个图形（加底色部分）转换为盒图，见图 30-7(a)，并简化为 A，见图 30-7(b)，图 30-6 形成图 30-8；②再将其中的图 30-9(a) 部分用盒图表示，形成图 30-9(b)，再简化成图 30-9(c)；③最后，再将图 30-10 用盒图表示为图 30-11；④如果需要，再将 B 和 A 部分的盒图图形依次嵌入图 30-11。

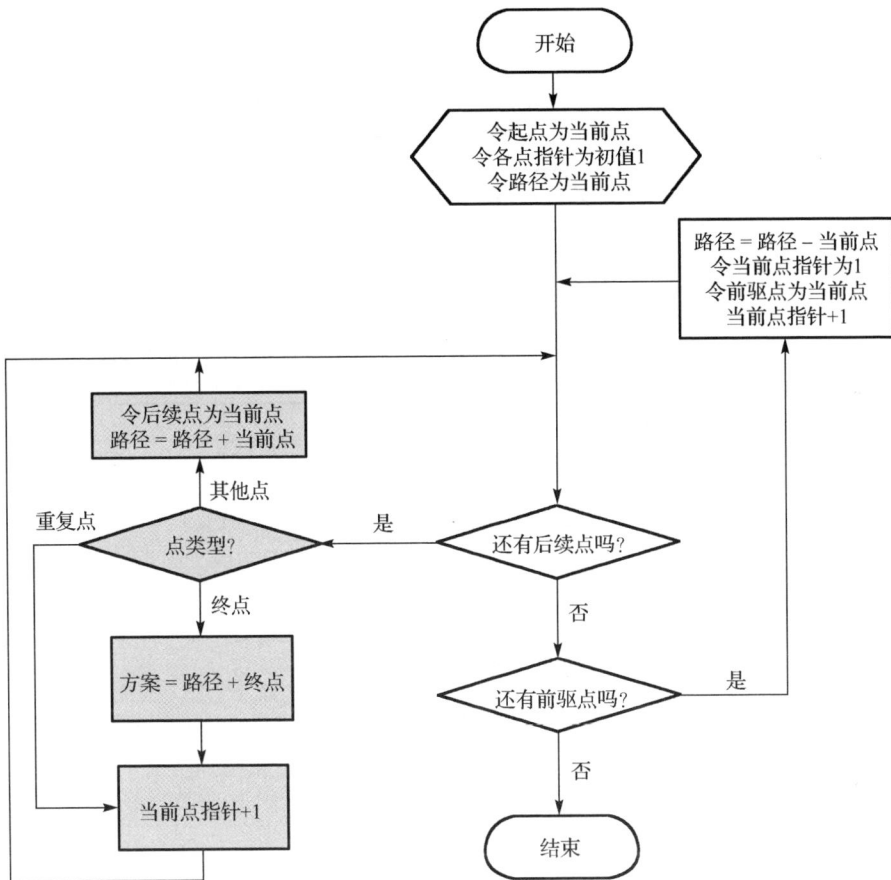

图 30-6 路径穷举算法

点类型?		
重复点	其他点	终点
当前点	令后续点为当前点	方案 = 路径 + 终点
指针+1	路径=路径+当前点	当前点指针+1

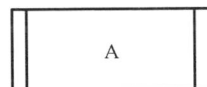

(a)   (b)

图 30-7 左部化简过程

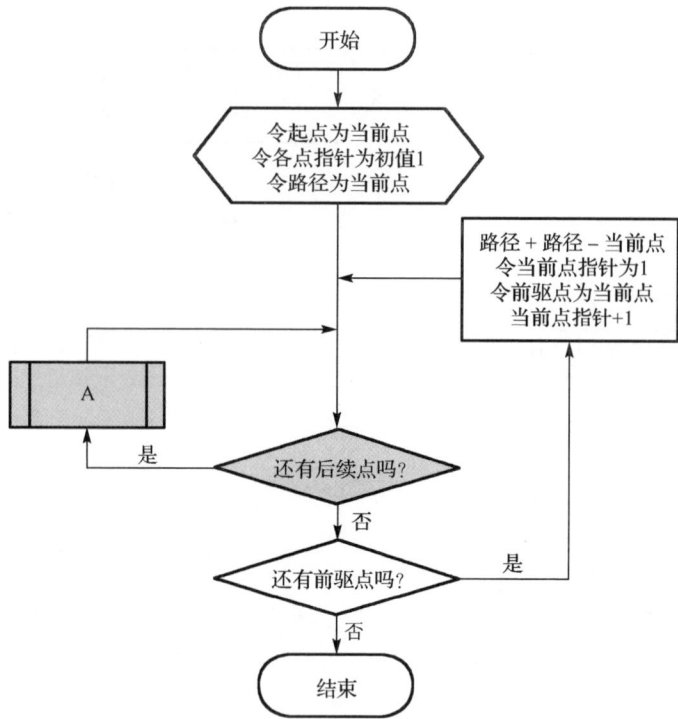

图 30-8　左部化简结果

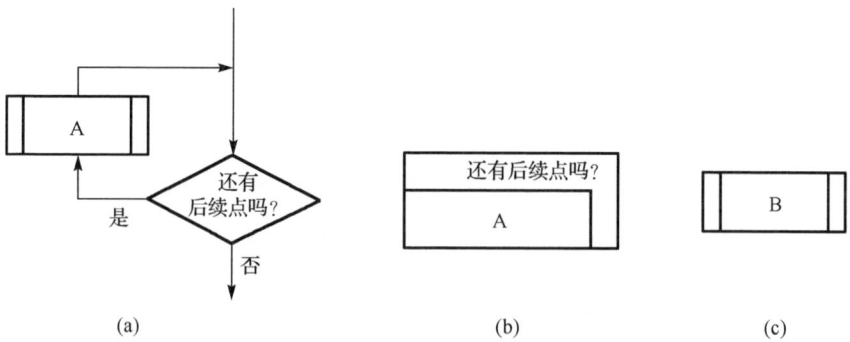

图 30-9　中部化简过程

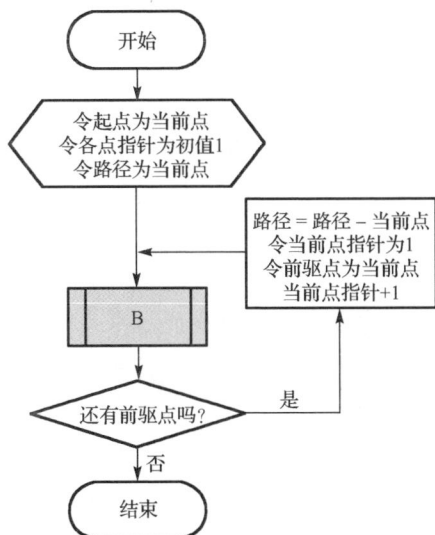

图 30-10　内部化简过程结果

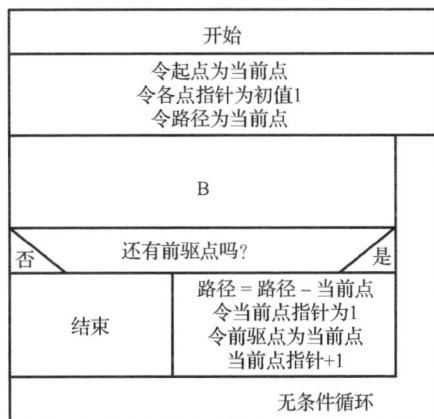

图 30-11　最终化简结果

要 点 评 注

　　战时输运道路决策支持系统软件案例是"军械一号"模拟训练系统的一个模块，后来应用于"管理信息系统"课程的教学，历经 20 多年，数百个班次的教学实践，学生给出了"小全精深"的评价。该案例解决了课程教学中的诸多难题：①《系统分析报告》一般都在数百页至上万页，该类文档规模太大，难以进入课堂教学，而课程又需要一个完整的案例，以获得期望的教学效果。②一套完整的数据流程图与数据字典，克服了只讲局部或者单个业务流程图给教学带来缺乏整体感的遗憾。③关键点及其作用概率和作用后果的设计，给学生一个接近现实的意境，尽管与实际情况有较大的差异，但从模型意义上讲其逻辑是完备的。由于这个不满意的设计的存在，费尽了周折，学生会体会到"90%的工作只用了10%的时间，而最后10%的工作，用了90%的时间仍然不理想，但又不得不做"，这一点说起来、听起来容易，做起来很难，这也是管理信息系统开发预计工期通常大大超过预期的主要原因。④系统逻辑设计时许多算法必须确定，以免给后续的工作带来麻烦。⑤系统分析人员的逻辑抽象能力要求是很高的，是系统分析员（高级职称）来担任的，而许多软件系统都是编程人员直接实施，反映出我国缺乏大量高级软件人才的现实。

　　如果学生有基础，可将本章作为已知条件，让学生进行系统设计作业。

第31章　权值误差的调整分配需求作业

研 究 背 景

　　数据流图与数据字典在过去的管理信息系统建设中是最重要的技术文件，也是管理信息系统课程教学中的难点所在。一提到数据流图和数据字典，当时在业界几乎无人不知、无人不晓，但在作者参与的数十个管理信息系统鉴定会上，作者检查技术文档，发现没有几个数据流图与实际系统具有对应关系，有的人甚至直截了当地说，为了减少工作量，最好不要再看数据流图。不看这个，资料审查组还看什么呢？这样的系统，一般是鉴定后束之高阁，很快被抛弃，甚至在鉴定会还没有开之前，新系统的建设计划已经形成。也有一些运行较好的系统，在考查这些系统以后，发现了一些规律，就是这些系统几乎清一色的是业务人员自己开发的，但在软件开发技术上有明显缺陷，不过，由于使用者即开发者，其出现的问题很快地排除，所以，在现有人员保持稳定的前提下，也能够较好的运转。但"铁打的营房流水的兵"是一个客观规律，并且推广后由于其他的使用者并不是开发者，也不具备开发能力，无法纠正其中的问题，所以总体运行不佳。

　　从整体上看，数据流程图与数据字典的重要性被业界普遍认可，但能读懂的人很少，能用其于系统分析、设计和优化的少之又少。针对这一情况，在军械工程学院的"管理信息系统"课程教学中将其作为重中之重，在学时分配和作业上重点倾斜，甚至说整个这门课，哪怕只掌握这一技能，也不罔顾教员一份心血。

　　在第30章的案例之后，学生对于完整的数据流程图有了一个初步认识，但对学生来说其复杂程度过高，而使学生产生"恐惧"感。因此，客观上需要一份简单到学生能自己比较独立地完成又有一定难度的作业，故将实际系统《武器质量"三化"考评验收标准》中的一小部分抽取出来，设计为一份独立作业，这样部分学生在经过一定的努力之后可以完成这份作业，并确信加以时日和努力自己是可以成为一个系统分析人员的，这种自信在学生阶段是十分重要的。

31.1　作业想定与要求

1. 背景与问题

在许多信息系统中存在权值误差的调整问题。例如，总参兵种部《武器质量"三化"考评验收标准》规定的各项分值见表 31-1。但在其说明中又指出，由于初始分值本身也存在合理性的问题、每年的工作中心是有区别的，以及分值又将成为"三化"工作的导向，故在实际的"三化"考评中其各项分值应是可以调整的。

表 31-1 "三化"考评总项分值表

序号	项目名称	分值
1	领导重视	50
2	机关工作得力	80
3	规章制度落实	150
4	三熟悉、四会	40
5	人员素质好	80
6	按规定使用操作	50
7	保障及时可靠	200
8	保管符合要求	100
9	完好率符合要求	200
10	无责任等级事故	50
合计		1000

在实际的调整中，由于需要保持各年度总分的一致性，这样实际就存在一个总分平衡问题。平衡问题与调整问题构成了问题的两个方面。调整问题一般是由上级或本级首长决定的，对计算机只是输入而已，而平衡问题是一个纯技术问题，可以人工处理，也可以由计算机处理。按照以往习惯，调整与平衡问题可能有以下组合情况：①人工调整，人工平衡；②人工给出几个项目新值(可增可减)，其余项目按等比例折算；③人工给出几个项目的增减幅度(百分比)，其余项目按等比例折算。对于①，计算机只有输入输出操作，而对于②和③两种情况的其余项目计算就比较麻烦，通常是由计算机来完成的，并且相应地带来了误差及其分配问题。

2. 问题简要分析与基本思路

由于各项目的总分值必须是固定的整数值，而按比例折算一般情况下会产生小数，在舍入操作后会产生总分值误差，在实际工作中需要将总误差分配到若干项目上，这个问题即本书所称的误差分配问题。误差分配应考虑的原则或方法如下。

(1)尽管最小分值为 1 分，最大误差<10 分，其分配方案的组合也是一个很大的数据。为简化问题，设每个项目最多可接受 1 分误差。

(2)相对误差最小原则，即由分值高的项目接受误差。

(3)绝对误差最小原则，即由舍去值最大者接受正误差 1 分，而由进位补差最大的接受负误差。

(4)当(2)和(3)发生矛盾时，(2)优先。

(5)如果出现相同情况，则按项目顺序先后决定。

3. 作业要求

分析该问题，设计该算法，画出该过程的数据流程图与数据字典。

思考：

(1)如果取消"每个项目最多可接受 1 分误差"的限制，算法有何变化？

(2)不同的取整方法(四舍五入、去尾、进位)对结果有何影响？

(3)绝对误差最小原则与相对误差最小原则会不会出现矛盾？

(4)会不会出现可承担误差的项目数少于总误差值？

31.2　权值调整误差分配模型(作业提示一)

1. 变量设置及说明参考

N：项目总数，整型，按表 31-1，$N=10$；

i：项目循环变量，整型，$i=1\sim N$；

K：折算比例系数，数值型，保留两位小数，$K\geqslant0$；

M_j：动态总分值，$j=0\sim5$，$M_j=\sum B_{ji}$，按表 31-1，$M_0=1000$；$j=1\sim4$ 时，若 $M_j=M_0$，则此程序提前结束，$M_5=1000$，程序正常结束；

S：调整单元值，整型，$S=\mathrm{Sign}(M_3-M_0)$，$S\in\{1,0,-1\}$，$S=0$ 无调整；

D：待分配的误差值，整型，$D=\mathrm{Abs}(M_3-M_0)$；

L_i：各项目是否接受误差分配，布尔型，$L_i\in\{.\mathrm{T}.,.\mathrm{F}.\}$；

A_{1i}：各项调整要求值，数值型；

A_{2i}：各项调整要求值的类型，字符型，$A_{2i}\in\{$"不调整"，"绝对值"，"比例系数"，"增减百分比"$\}$；

B_{0i}：各项目初始分值，整型，$\sum B_{0i}=M_0$；

B_{1i}：调整后各项目分值，整型；

B_{2i}：按比例折算后各项目分值，数值型，保留 2 位小数；

B_{3i}：取整后各项目分值，整型，$B_{3i}=\mathrm{Int}(B_{2i}+0.5)$；

B_{4i}：试分配后各项目分值，数值型，保留 2 位小数；

B_{5i}：最终各项目分值，整型，$\sum B_{5i}=M_0$，$B_{5i}=\mathrm{Iff}(L_i,B_{4i},B_{3i})$；

GD_1：不进行调整($A_{2i}=$"不调整")的各项目(B_{1i})值之和，数值型；

GD_2：进行调整($A_{2i}\neq$"不调整")的各项目(B_{1i})值之和，数值型；

E_i：E_{1i} 或 E_{2i}，冗余的变量设置是为了研究问题和算法修改的方便；

E_{1i}：各项目绝对误差值，数值型，$E_{1i}=\mathrm{Abs}(B_{2i}-B_{4i})$；

E_{2i}：各项目相对误差值，数值型，$E_{2i}=\mathrm{Abs}(B_{2i}-B_{4i})/B_{2i}$。

2. 过程提示

数据计算过程见图 31-1。

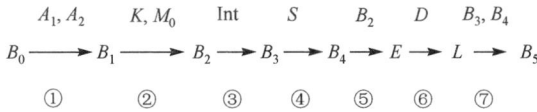

图 31-1　数据计算过程

31.3　权值调整误差分配模型(作业提示二)

用变量表示的数据流程见图 31-2。

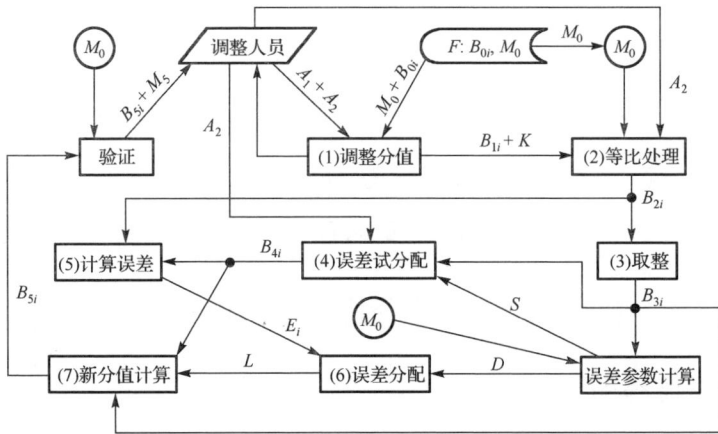

图 31-2　用变量表示的数据流程

(1) 调整分值：

$$B_{1i} = \begin{cases} B_{0i}, & A_{2i}=\text{“无调整”} \\ A_{1i}, & A_{2i}=\text{“绝对调整”} \\ B_{0i}A_{1i}+0.5, & A_{2i}=\text{“系数调整”} \\ B_{0i}(1+A_{1i})+0.5, & A_{2i}=\text{“增减百分比调整”} \end{cases} \qquad i=1\sim N$$

If $B_{1i}<0$ or $B_{1i}>M_0$ then “错误提示”；　　Exit

$$\text{GD}_1 = \sum_{i=1}^{N} B_{1i} \mid A_{2i} = \text{“不调整”}$$

$$\text{GD}_2 = \sum_{i=1}^{N} B_{1i} \mid A_{2i} \neq \text{“不调整”}$$

If　$\text{GD}_2 > M_0$ or $(\text{GD}_1=0$ and $\text{GD}_2 \neq M_0)$ then “错误提示”；Exit

If　$\text{GD}_1=0$　and　$\text{GD}_2=M_0$　then Exit

$$K=(M_0-\mathrm{GD}_2)/\mathrm{GD}_1$$

(2) 等比处理:

$$B_{2i} = \begin{cases} B_{1i}K, & A_{2i} = \text{"不调整"} \\ B_{1i}, & A_{2i} \neq \text{"不调整"} \end{cases} \qquad i = 1 \sim N$$

(3) 取整:

$$B_{3i} = \mathrm{Int}(B_{2i}+0.5), \quad i=1 \sim N$$

(4) 误差试分配:

$$B_{4i} = \begin{cases} B_{3i} - \mathrm{Sign}(M_3-M_0), & A_{2i} = \text{"不调整"} \\ B_{3i}, & A_{2i} \neq \text{"不调整"} \end{cases} \qquad i = 1 \sim N$$

(5) 计算误差:

$$E_i = E_{2i} = \mathrm{Abs}(B_{2i}-B_{4i})/B_{2i}, \qquad i=1 \sim N$$

(6) 误差分配:

$$D = \mathrm{Abs}(M_5-M_0)$$

以 E_i 值排序, 使 D 个最小的 E_i 值相应的 $L_i = .\mathrm{T}.$, 其余 $L_i = .\mathrm{F}.$ 。

(7) 新分值计算:

$$B_{5i} = \begin{cases} B_{4i}, & L_i = .\,\mathrm{T}., \\ B_{3i}, & L_i = .\,\mathrm{F}., \end{cases} \qquad i = 1 \sim N$$

31.4 权值调整误差分配模型(作业参考答案)

31.4.1 数据流程图

正规的数据流程图见图 31-3。

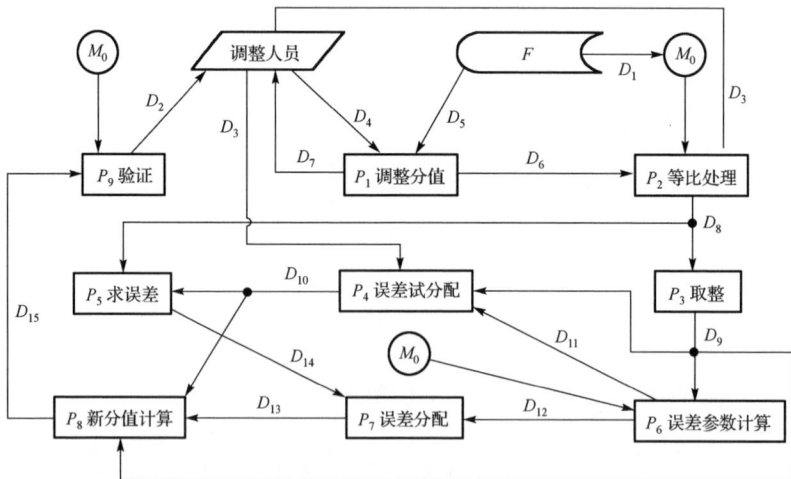

图 31-3 正规的数据流程图

31.4.2　数据字典

(1)数据流条目。

左边为正规写法，右边为对照写法，在实际工作中写一种即可。

$D_1 = E_{10}$　　　　　　　　　　　　　$D_1 = M_0$

$D_2 = \{E_5\}_{10} + E_{15}$　　　　　　　　　$D_2 = \{B_{5i}\}_{10} + M_5$

$D_3 = \{E_7\}_{10}$　　　　　　　　　　　　$D_3 = \{A_2\}_{10}$

$D_4 = \{E_6 + E_7\}_{10}$　　　　　　　　　$D_4 = \{A_1 + A_2\}_{10}$

$D_5 = E_{10} + \{E_0\}_{10}$　　　　　　　　　$D_5 = M_0 + \{B_{0i}\}_{10}$

$D_6 = \{E_1\}_{10} + E_{18}$　　　　　　　　　$D_6 = \{B_{1i}\}_{10} + K$

$D_7 =$ "请重新输调整方案！"　　　　$D_7 =$ "请重新输调整方案！"

$D_8 = \{E_2\}_{10}$　　　　　　　　　　　　$D_8 = \{B_{2i}\}_{10}$

$D_9 = \{E_3\}_{10}$　　　　　　　　　　　　$D_9 = \{B_{3i}\}_{10}$

$D_{10} = \{E_4\}_{10}$　　　　　　　　　　　$D_{10} = \{B_{4i}\}_{10}$

$D_{11} = E_8$　　　　　　　　　　　　　　$D_{11} = S$

$D_{12} = E_9$　　　　　　　　　　　　　　$D_{12} = D$

$D_{13} = \{E_{14}\}_{10}$　　　　　　　　　　　$D_{13} = \{L_i\}_{10}$

$D_{14} = \{E_{12}\}_{10}$　　　　　　　　　　　$D_{14} = \{E_i\}_{10}$

$D_{15} = \{E_5\}_{10}$　　　　　　　　　　　$D_{15} = \{B_{5i}\}_{10}$

(2)文档条目。

左边为正规写法，右边为对照写法，在实际工作中写一种即可。

$F = \{E_0\}_{10} + E_{10}$　　　　　　　　　$F = \{B_{0i}\}_{10} + M_0$

(3)处理条目。

P_1：调整分值。根据调整人员提出的要求和调整方式对原分值进行相应调整。

$$
E_{4i} = \begin{cases} E_{3i}, & E_{2i} = \text{"无调整"} \\ E_{1i}, & E_{2i} = \text{"绝对调整"} \\ E_{3i}E_{1i} + 0.5, & E_{2i} = \text{"系数调整"} \\ E_{3i}(1 + E_{1i}) + 0.5, & E_{2i} = \text{"增减百分比调整"} \end{cases} \quad i = 1 \sim N
$$

If $E_1^i < 0$ or $E_1^i > E_{10}$ then "错误提示"；Exit

$$
E_{16} = \sum_{i=1}^{N} E_1^i \mid E_7^i = \text{"不调整"}
$$

$$
E_{17} = \sum_{i=1}^{N} E_1^i \mid E_7^i \neq \text{"不调整"}
$$

$$\text{If } E_{17} > E_{10} \text{ or } (E_{16}=0 \text{ and } E_{17} \neq E_{10}) \text{ then } \text{“错误提示”}; \quad \text{Exit}$$

$$\text{If } (E_{16}=0 \text{ and } E_{17}=E_{10}) \text{ then Exit}$$

$$E_{18}=(E_{10}-E_{17})/E_{16}$$

P_2：等比处理。对没有进行分值调整项目、没有变化的项目，根据折算系数进行处理，以使总分值保持不变。

$$E_2^i = \text{If}(E_7^i = \text{“不调整”}, \ E_1^i E_{18}, \ E_1^i) \quad 循环：i=1\sim E_{20}$$

P_3：取整。对保留有小数的项目分值进行四舍五入取整。

$$E_3^i = E_2^i + 0.5 \quad 循环：i=1\sim E_{20}$$

P_4：误差试分配。由于等比及取整处理，项目分值产生误差，而总分与原始部分不同，通过 E_9 判断为正或负误差，从而进行误差的试分配，即每项均分配最大承受误差 1 或 –1。

$$E_4^i = \text{If}(E_7^i = \text{“不调整”}, \ E_3^i - E_9, \ E_3^i) \quad 循环：i=1\sim E_{20}$$

P_5：计算误差。根据 E_2^i 和 E_4^i 进行绝对误差和相对误差的计算，在具体操作时，可从两者中择其一。

$$E_{12}^i = \text{Abs}(E_2^i - E_4^i)/E_2^i \quad 循环：i=1\sim \ E_{20}$$

P_6：计算误差参数。通过得到的 E_{13} 及 E_{10} 值进行 E_9 及 E_8 值的计算，从而可以决定误差的方向(或叫正负)以及误差的总值。

$$E_{13} = \sum_{i=1}^{N} E_3^i$$

$$E_9 = \text{Sign}(E_{13} - E_{10})$$

$$E_8 = \text{Abs}(E_{13} - E_{10})$$

P_7：误差分配。取出最小的 E_8(总误差)个绝对误差或相对误差值，令其对应的 E_{14}^i 为.T.，其余 E_{14}^i 为.F.(详细算法略)。

P_8：新分值计算。根据 E_{14}^i 进行新分值 E_5^i 的选取为 E_3^i 或 E_4^i。

$$E_5^i = \text{If}(E_{14}^i, \ E_3^i, \ E_4^i) \quad 循环：i=1\sim E_{20}$$

P_9：输出与验证。将新分值总和与 E_{10} 进行比较，看其是否相等。

$$E_{15} = \sum_{i=1}^{N} E_5^i$$

$$\text{Output}(\{E_5^i\}, \ E_{15}, \ \text{If}(E_{15}-E_{10}=0, \ \text{“成功”}, \ \text{“失败”}))$$

(4)数据元素条目。

元素定义见表 31-2。

表 31-2　"三化"考评调整软件数据元素

数据名称	标识	元素编号	类型	长度	小数	值约束	来源	备注
各项目初始分值	B_{0i}	E_0	I	3			常数	
调整后各项目分值	B_{1i}	E_1	I	3		$[0,\ M_0]$	P_1	
按比例折算后分值	B_{2i}	E_2	N	3	2	$[0,\ M_0]$	P_2	
取整后各项目分值	B_{3i}	E_3	I	3		$[0,\ M_0]$	P_3	
试分配后各项目分值	B_{4i}	E_4	I	3		$[0,\ M_0]$	P_4	
最终各项目分值	B_{5i}	E_5	I	3		$[0,\ M_0]$	P_8	
调整要求值	A_{1i}	E_6	N	6	2		手工输入	
调整要求值类型	A_{2i}	E_7	C	10		4 状态	手工输入	
待分配的误差值	D	E_8	I	2		$D<10$	P6	
调整单元值	S	E_9				$\{1,0,-1\}$	P6	
各项目初始分值和	M_0	E_{10}	I	4			常数	$M_0=1000$
各项目绝对误差值	E_{1i}	E_{11}	N	6	2	$E_{1i}>0$	P_5	
各项目相对误差值	E_{2i}	E_{12}	N	6	2	$E_{2i}>0$	P_5	
取整后各项目总分值	M_3	E_{13}	I	4		$M_0\pm N$	P_9	
是否接受误差分配	L_i	E_{14}	L	1			P_7	
各项目最终分值和	M_5	E_{15}	I	4		$M_5=M_0$	P_9	
未调整的项目分值和	GD_1	E_{16}	I	4		$[0,\ M_0]$	P_1 内	
调整的项目分值和	GD_2	E_{17}	I	4		≥ 0	P_1 内	
折算比例系数	K	E_{18}	N	5	2	≥ 0	P_1	
项目循环变量	i	E_{19}	I	2		$[1,\ 10]$		
项目总数	N	E_{20}	I	2			常数	$N=10$

(5) 处理条目的参照写法。

P_1：调整分值。根据调整人员提出的要求和调整方式对原分值进行相应调整。

$$B_{1i}=\begin{cases}B_{0i}, & A_{2i}="无调整"\\ A_{1i}, & A_{2i}="绝对调整"\\ B_{0i}A_{1i}+0.5, & A_{2i}="系数调整"\\ B_{0i}(1+A_{1i})+0.5, & A_{2i}="增减百分比调整"\end{cases} \qquad i=1\sim N$$

If $B_{1i}<0$ or $B_{1i}>M_0$ then "错误提示"；Exit

$$GD_1=\sum_{i=1}^{N}B_{1i}\ |\ A_{2i}="不调整"$$

$$GD_2=\sum_{i=1}^{N}B_{1i}\ |\ A_{2i}\neq"不调整"$$

If $GD_2>M_0$ or（$GD_1=0$ and $GD_2\neq M_0$）then "错误提示"；Exit

If $GD_1=0$ and $GD_2=M_0$) then Exit

$$K=(M_0-GD_2)/GD_1$$

P_2：等比处理。对没有进行分值调整项目、没有变化的项目，根据折算系数进行处理，以使总分值保持不变。

$$B_{2i}=\text{If}(A_{2i}=\text{"不调整"}, B_{1i}K, B_{1i}) \quad \text{循环：} i=1\sim N$$

P_3：取整。对保留有小数的项目分值进行四舍五入取整。

$$B_{3i}=[(B_{2i}+0.5)] \quad \text{循环：} i=1\sim N$$

P_4：误差试分配。由于等比及取整处理，项目分值产生误差，而总分与原始部分不同，通过 S 判断为正或负误差，从而进行误差的试分配，即每项均分配最大承受误差 1 或-1。

$$B_{4i}=\text{If}(A_{2i}=\text{"不调整"}, B_{3i}-S, B_{3i}) \quad \text{循环：} i=1\sim N$$

P_5：计算误差。根据 B_{2i} 和 B_{4i} 进行绝对误差和相对误差的计算，在具体操作时，可从两者中择其一。

$$E_i=\text{Abs}(B_{2i}-B_{4i})/B_{2i} \quad \text{循环：} i=1\sim N$$

P_6：误差参数计算。通过得到的 M_3 及 M_0 值进行 S 及 D 值的计算，从而可以决定误差的方向（或叫正负）以及误差的总值。

$$M_3=\sum_{i=1}^{N}B_{3i}$$

$$S=\text{Sign}(M_3-M_0)$$

$$D=\text{Abs}(M_3-M_0)$$

P_7：误差分配。取出最小的 D（总误差）个绝对误差或相对误差值，令其对应的 L_i 为.T.，其余 L_i 为.F.（详细算法略）。

P_8：新分值计算。根据 L_i 进行新分值 B_{5i} 的选取为 B_{3i} 或 B_{4i}。

$$B_{5i}=\text{If}(L_i, B_{3i}, B_{4i}) \quad \text{循环：} i=1\sim N$$

P_9：输出与验证。将新分值总和与 M_0 进行比较，看其是否相等。

$$M_5=\sum_{i=1}^{N}E_{5i}$$

$$\text{Output}(\{B_{5i}\}, M_5, \text{If}(M_5-M_0=0, \text{"成功"}, \text{"失败"}))$$

要 点 评 注

这个案例虽小，但相对独立且完整。其中的分配问题、平衡问题、冲突调解等均为系统分析与设计中常见的基本问题。有人会问，就那么一分、两分有那么重要吗？是的，对于人工系统，没有那么重要，而对于计算机系统，这就是一个必须回答的问题。因为计算机系统必须是一个完备的系统！很多的程序员认识不到这个问题，很多缺乏软件知识的决策者经常忽略这一问题。也有人说，这在人工系统中很简单啊！因为人工自身是一个"可以完备"的算法体系，无论如何均能给出一个答案，而计算机则不同，它是不具备智能的。很多人工算法简单，因为有了人工的"大概齐"的智能，而计算机则不然，必须给出所有的可能情况的方法，这一点有时很难说服业务人员。这个案例主要练习分析与表达方法，也是一个分析人员与设计人员交接的标准，即在逻辑上说明全部的细节。

　　但在多期的教学实践中发现，这个案例有一个副作用，就是表现微观细节的数据流程图掌握以后，对于宏观顶层的数据流程图的抽象能力似乎受到了压制，在顶层数据流程图的讲解中遇到了障碍，这一度成为教学问题。其实学生自身本来就没有这种抽象能力，因此，在作业中表现出抽象设计的失败。为了弥补教学上的这一缺陷，将第17章中的兵站供应系统的顶层系统流程图转换为教学资料，很好地弥补了这一缺陷。

第32章 车炮匹配统计方案的改进

研究背景

很多人在做系统分析时，几乎都是所谓的"直线式"，主要是将原系统的处理方式，直接应用到新系统中。这种方式简单实用，作为以利润为目标的商业开发方式，自然是一种效率最高的方式。但从产品质量的角度看，自然是一种不负责任的方式，大多数系统的复杂程度，难以用这种方式获得最优解。一般的系统，需要多次循环反复，方可获得能反映原系统实际需求的逻辑模型。在"基于原系统，而高于原系统"的理念中，需要在原系统的基础上进行优化，而这种优化工作十分曲折复杂、充满创造性。这一过程的复杂性，成为教学中的难题。单其所需篇幅，就使许多教员望而却步。因此，寻找一个即能反映问题，又有较小篇幅的案例成为该课程教员的一个努力方向。本章案例只是一个具体系统的维护案例，不是理想的开发案例，但能反映出问题的本质，在教学中得到了很好的效果。

32.1 基本想定（问题发现）

某团在参加某次演习之前，装备机关要求各参演分队对武器装备进行一次全面检查，重点检查影响装备机动的项目。这些检查内容中包括武器雷达装备与牵引车匹配的情况，检查结果进入《武器雷达装备与牵引车匹配统计表》，该表结构（部分）见表 32-1。

表 32-1　武器雷达装备与牵引车匹配统计表

填写人	使用单位	装备名称	装备数量	匹配数量	电路不匹配	气路不匹配	双路不匹配
张三	一连	××装备	5	0	2	2	1
李四修改	一连	××装备	6	1	2	2	1
李四校对后	一连	××装备	6	1	3	3	1

而此时，参加演习的一营一连军械员张三由于个人原因急需请假回家，并且已得到营里批准。因此，连队便从不参加演习的二营借调一名军械员李四。两人在其他相关交接完成之后，张三对李四交代：上级要登记的《武器雷达装备与牵引车匹配统计表》，已经基本检查完成（表 32-1 第一行内容），只是 2 号炮，目前还在修理所，没有计入统计数据，计划下午取回。

下午，李四接回 2 号炮，经检查，该炮"不匹配"的问题已经解决。于是填写了《武器雷达装备与牵引车匹配统计表》（表 32-1 第二行内容）。此时机关参谋王五去连队检查装备情况，要求再核对一遍，李四核对后发现张三填写的数量不对，李四对其数据进行了重新填写（表 32-1 第 3 行内容），于是找张三进行核对，两人意见不一，僵持不下。

问题：你认为该如何填写？

32.2　补充想定一（原因分析）

由于两人意见不同，僵持不下，于是就到团里找主管装备的参谋王五，参谋王五听了两人的汇报后，首先对两人善于思考的行为进行了表扬，然后听取了两人各自的理由。

张三认为："电路不匹配"数量不包括"双路不匹配"数量，见图 32-1(a)中带斜线的部分，如果包括，则产生重复统计。同样，"气路不匹配"数量也不包括"双路不匹配"数量，见图 32-1(b)中带斜线的部分。

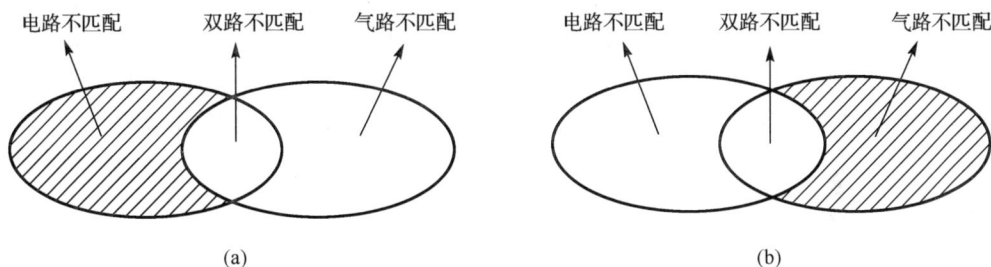

图 32-1　电路与气路不匹配内涵 A

李四认为："电路不匹配"数量，包括"双路不匹配"数量，见图 32-2(a)中带斜线的部分，如果不包括，维修人员准备维修器材时采用的数据就是错误的，可能影响工作。同样，"气路不匹配"数量也包括"双路不匹配"数量，见图 32-2(b)中带斜线的部分。

王参谋总结：两种填写差别的根本原因就在于，"电路（或气路）不匹配"数量是否包括"双路不匹配"数量。关于这一点，过去多次询问过上级与系统开发人员，回答说当时是业务人员提供了这个表格样式，并没有注意到这一概念的二义性问题，并且至今仍没有定论。因此，造成数据不相同的原因在于概念自身的二义性。

问题：如果你是王参谋，将如何处理？

电路不匹配　　双路不匹配　　气路不匹配　　　　电路不匹配　　双路不匹配　　气路不匹配

(a)　　　　　　　　　　　　　　　　　(b)

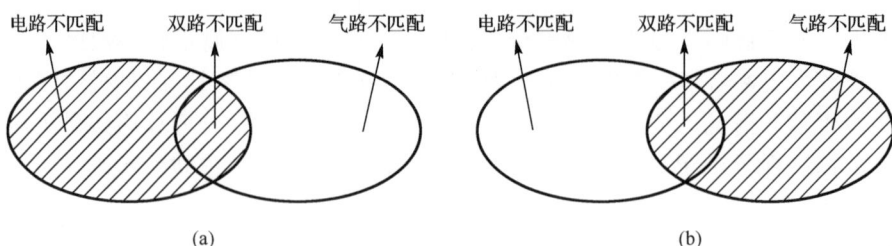

图 32-2　　电路与气路不匹配内涵 B

32.3　补充想定二（两种方案分析比较）

从以上报表可以看出，对字段不同的理解就会产生两种不同的量值，并且两种结果自身的逻辑是完备的，也都具有实际意义，且各有优点。为了论述方便按包含情况，可以将上述两个方案称为"包含方案"与"排斥方案"。

对于作训部门，需要知道有多少装备可以出动，有多少装备不能出动？如果采用包含方案，则"不能出动的数量=电路不匹配数量+气路不匹配数量-双路不匹配数量"；如果采用排斥方案，则"不能出动的数量=电路不匹配数量+气路不匹配数量+双路不匹配数量"。相比而言，后者与兵力兵器筹划等思维方式一致，更为直观好用。

对于维修部门，承担电路修理与气路修理的人员可能不同，即便由相同的人员承担，也需要准备各自的器材。如果采用包含方案，则计算维修工作量和准备维修器材直接采用不匹配的数量；如果采用排斥方案，则该数据需要由电路（或气路）不匹配数量与双路不匹配数量两数之和组成。相比而言，前者使用更为方便。

两个部门需求不一，造成的两种方案带来的方便程度不一，而两个部门同在一个系统中，基础数据又必须统一。如果不采取别的措施，应当按作训部门优先的原则，因为作训部门的失误直接损失的是军事效益，而维修部门产生的失误主要是经济效益，间接地影响军事效益。如果在信息系统中为不同的部门设计不同的显示界面，则与按哪一种方案设计原始数据登记对终端用户都不产生负面影响。

问题：如果你是王参谋，将如何处理？

32.4　参考方案一（通报方案）

从上述分析的情况看，产生问题的主要原因在于概念自身的二义性，因此，解决方案的主要目标，应当是消除二义性。

具体做法：为了消除二义性，简单的方案是下发《补充说明》。因此，该方案称为通报方案。即针对存在的二义性问题制定相应的《补充说明》，下发至各基层报表填写单位，并要求其进行工作前的学习。

存在问题：这种方式在以往的实践中效果不佳，因为下发的材料太多，很多材料又被"束之高阁"，具体的登记人员可能根本就看不到这个《补充说明》，即便发到具体的登记人员手中，也未必能认真学习。

评注：这一方案在长期的实践中证明，在大规模的系统中应用效果不佳，即使后来追责，也无济于事。

32.5　参考方案二(培训方案)

目标：消除二义性。

具体做法：为了达到强制学习的目的，通常的做法是举办专题培训班，因此，该方案称为培训方案。即在每次大批量登记之前举办相应的培训班，要求具体的登记人员参加。

存在问题：这种方式能解决大部分的问题，但实践中仍然存在不少的问题。例如，参训人员不一定是最终的工作人员；培训班需要消耗大量的资源，如果问题比较少，或者没有其他的工作需求，为了一个小小字段的二义性问题，通常是不能被批准的。因此，最好是能从源头上解决问题。

评注：和前一个方案相同，在大规模系统中，该方案效率很低。

问题：如果你是顶层主管单位的参谋，将如何处理？

32.6　参考方案三(更名方案)

目标：消除二义性。

基本思路：由于产生问题的源头是"电路不匹配"和"气路不匹配"两个表的列名称，如果修改这两个名称，使之消除二义性则问题便可解决。因此，该方案称为更名方案。

具体做法：即更改《武器雷达装备与牵引车匹配统计表》的列名称及填写说明。列名称修改方案见表 32-2，修改结果见表 32-3 和表 32-4。

表 32-2　列名称更改方案表

原表列名称	更改方案 A (互斥方案)	更改方案 B (互斥方案)	更改方案 C (包含方案)
电路不匹配	仅电路不匹配	电路不匹配 且气路匹配	电路不匹配 且与气路无关
气路不匹配	仅气路不匹配	气路不匹配 且电路匹配	气路不匹配 且与电路无关
双路不匹配	√	√	√

　　由于表 32-3 和表 32-4 皆为排斥方案，故填写的数据是一致的。而表 32-5 是包含方案，故填写的数据与表 32-3 和表 32-4 是不一样的。但由于更改列名称后，"二义性"问题消除，所以无论哪一种方案都不会引起误解。

表 32-3　武器雷达装备与牵引车匹配统计表（方案 A）

使用单位	装备名称	装备数量	匹配数量	仅电路不匹配	仅气路不匹配	双路不匹配
一连	59 式 57 高炮	6	1	2	2	1

表 32-4　武器雷达装备与牵引车匹配统计表（方案 B）

使用单位	装备名称	装备数量	匹配数量	气路匹配且电路不匹配	电路匹配且气路不匹配	双路不匹配
一连	59 式 57 高炮	6	1	2	2	1

表 32-5　武器雷达装备与牵引车匹配统计表（方案 C）

使用单位	装备名称	装备数量	匹配数量	电路不匹配且与气路无关	气路不匹配且与电路无关	双路不匹配
一连	59 式 57 高炮	6	1	3	3	1

　　可以认为，更名方案基本解决了由于二义性引起的数值的差异问题。但这个方案由于需要增加一个程序补丁，在大规模系统中，可能出现版本不一，产生新的问题。另外，其实施过程有一点复杂，补丁和版本的更新通常不能单为此一项，需要综合考虑其他情况。

　　问题：你对这些方案有何评论？还有没有更好的办法？

32.7　参考方案四（配查方案）

　　解题思路：该项工作是由人工登记和人工统计两个部分组成的。前者必须由人工完成，而后者既可以由人工完成，也可以由计算机完成。在信息化条件下，优先的方案应当是由计算机完成这项工作。即由人工检查配对情况，由计算机执行计数统计工作。由于此方案是否"匹配"是需要人工"检查"的，故将此法称为配查方案。

　　具体做法：该方案的登记表见表 32-6。该表在登记时，只需要对匹配情况打"√"或"×"即可。

表 32-6　雷达和牵引车电路气路匹配情况登记表

_____营___连

班级	装备编号	牵引车编号	电路	气路
一班	563221	582020	×	√
二班	563228	583228	√	×
三班	563212	582018	×	√
四班	563232	582024	√	×
五班	563218	582021	×	×
六班	563220	582022	√	×

登记日期_____年___月___日　　　　　　　　　　　　　　　　登记人_____

具体效果：这一方案显著地减小了人工工作量，从而能有效地降低错误概率。

问题：你对这些方案有何评论？能否归纳出某些设计原则？有何改进建议？

32.8　参考方案五（单检方案）

现实问题：从以往的工作情况看，有些单位很长时间不能统计出相关数据，主要原因在于检查时需要将车辆与武器雷达装备实际匹配操作以后才能判断其匹配情况，而往往由于人员不齐无法实施检查。

解题思路：能否在不进行实际匹配的情况下便实现"匹配判断"？考虑直接对接头进行登记，由计算机验证是否匹配，因为"是否匹配"只是针对接头而言的，由此，设计了方案五：单检方案。

具体做法：由人工登记雷达、牵引车电路和气路接头型号，再由计算机判断其接头是否匹配。

在实际登记中，气路共有 I 型和 II 型两种型号，而两种型号是不匹配的，电路共有 A、B、C 三种型号，不同型号的匹配情况见表 32-7 和表 32-8。

表 32-7　不同气路型号匹配表（常数）

型号	I	II
I	匹配	不匹配
II	不匹配	匹配

表 32-8　不同电路型号匹配表（常数）

型号	A	B	C
A	匹配	不匹配	匹配
B	不匹配	匹配	不匹配
C	匹配	不匹配	匹配

由此，设计了《雷达、牵引车电路和气路接头登记表 1》，见表 32-9。

表 32-9　雷达、牵引车电路和气路接头登记表 1

　　　　　　　　　　　　　　　　　　　　　　　　　　　__营__连

装备名称	装备号码	所属班级	电路接头型号	气路接头型号	
××装备	563221	一班			
××装备	563228	二班	B	Ⅱ	登记案例
××装备	563212	三班			
××装备	563232	四班			
××装备	563218	五班			
××装备	563220	六班			
××牵引车	582020	一班			
××牵引车	583228	二班			
××牵引车	582018	三班			
××牵引车	582024	四班			
××牵引车	582021	五班			
××牵引车	582022	六班			

登记日期_____年___月___日　　　　　　　　　登记人_____

由于表 32-9 仍然需要填写 A、B、C 与Ⅰ、Ⅱ有点复杂，为了尽可能地减少人工工作量，以及减少人工转录错误，进一步将表 32-9 改进为表 32-10。填写人只需要在 A、B、C 与Ⅰ、Ⅱ上划圈即可。我们称为方案五(改 1)。甚至为了减少转录错误可以将其设计为机读卡形式，称为方案五(改 2)。

该方案中，登记人员无须对雷达、牵引车进行实际匹配，而只需要标记《雷达、牵引车电路和气路接头登记表》当中的电路、气路型号即可，并且其"匹配验证"工作由计算机进行了处理，从而实现了人、机工作的有效分离，降低了由于人工统计出现错误的概率，提高了效率。

表 32-10　雷达、牵引车电路和气路接头登记表 2

　　　　　　　　　　　　　　　　　　　　　　　　　　　__营__连

装备名称	装备号码	所属班级	电路接头型号	气路接头型号	
××装备	563221	一班	A　B　C	Ⅰ　Ⅱ	
××装备	563228	二班	A　Ⓑ　C	Ⅰ　ⒾⒾ	登记案例
××装备	563212	三班	A　B　C	Ⅰ　Ⅱ	
××装备	563232	四班	A　B　C	Ⅰ　Ⅱ	
××装备	563218	五班	A　B　C	Ⅰ　Ⅱ	
××装备	563220	六班	A　B　C	Ⅰ　Ⅱ	
××牵引车	582020	一班	A□B■C□	Ⅰ□Ⅱ■	机读案例
××牵引车	583228	二班	A　B　C	Ⅰ　Ⅱ	

装备名称	装备号码	所属班级	电路接头型号	气路接头型号
××牵引车	582018	三班	A　B　C	Ⅰ　Ⅱ
××牵引车	582024	四班	A　B　C	Ⅰ　Ⅱ
××牵引车	582021	五班	A　B　C	Ⅰ　Ⅱ
××牵引车	582022	六班	A　B　C	Ⅰ　Ⅱ

登记日期_____年___月___日　　　　　　　　　　　　　　登记人_____

问题：你对这些方案有何评论？能否归纳出某些设计原则？有何改进建议？

32.9　参考方案六（看图登记方案）

为了减少培训工作量，在表 32-9 的基础上增加一个图形列表，见表 32-11，称为方案六。

表 32-11　雷达、牵引车电路和气路接头图形列表

类别	型号	装备接头	牵引车接头
电路	A		
电路	B		
电路	C		
气路	Ⅰ		
气路	Ⅱ		

注：此图中的内容为示例，不是实际图形

由于这张表与登记表分别印刷，在实际工作中有可能找不到，所以根据表 32-10 的样式，将其中 A、B、C 与Ⅰ、Ⅱ用图形代替，称为方案六（改 1）。登记人只需要在相应的接头图形上划圈即可，见表 32-12。同样，可以设计为机读卡的方式，称为方案六（改 2）。

表 32-12　雷达、牵引车电路和气路接头登记表 3

__营__连

装备名称	装备号码	所属班级	电路接头型号	气路接头型号
××装备	563221	一班		
××装备	563228	二班		
××装备	563212	三班		

登记日期_____年___月___日　　　　　　　　　　　　　　登记人_____

　　如果计算机信息管理系统有此功能，可以直接打印出表 32-12；无此功能可打印出"装备号码+所属班级+图开列表"；如果只能手工登记，则只能打印出空表，见表 32-13。

表 32-13　雷达、牵引车电路和气路接头登记表 4

__营__连

装备名称	装备号码	所属班级	电路接头型号	气路接头型号

续表

装备名称	装备号码	所属班级	电路接头型号	气路接头型号
			…	…

登记日期_____年___月___日　　　　　　　　　　　　　　　　登记人_____

问题：你对这些方案有何评论？能否归纳出某些设计原则？有何改进建议？

32.10　案例要点小结

32.10.1　内容及思路图

通过对牵引装备与车辆电气路匹配等统计中存在问题的总结，分析问题出现的原因，得出解决方案。

以消除"二义性"为目的，对报表列名称进行更改，得到"包含""互斥"两种方案。

以减少人工工作量和登记、统计过程中偶然错误的概率为目的，进一步对方案进行改进，分别得到配查方案和单检方案。

以降低登记、统计人员的培训要求为目的，通过增加接头图形，使报表的登记、统计难度进一步降低，从而节约了培训时间，并将此方案确定为本书的最终方案——看图登记方案。本案例的研究思路见图 32-3。

32.10.2　登记与统计报表设计工作原则

(1)无二义性原则。在设计报表时，术语和概念本身要避免产生"二义性"，这一点通常是比较好理解和实施的。但在一个庞大的概念体系中，就会出现意想不到的问题。例如，本书中的"电路/气路不匹配"数量，见表 32-1，其自身概念是十分清楚的，但加入了"双路不匹配"的概念后产生了二义性的问题；一些登记表中出现"交接人签字"，出现多个理解，一是"交出人签字"，二是"接收人签字"，三是两个人都得签字。这样，给实际工作造成不便。在实际工作中二义性问题是经常出现的，其解决方法可参照本书。

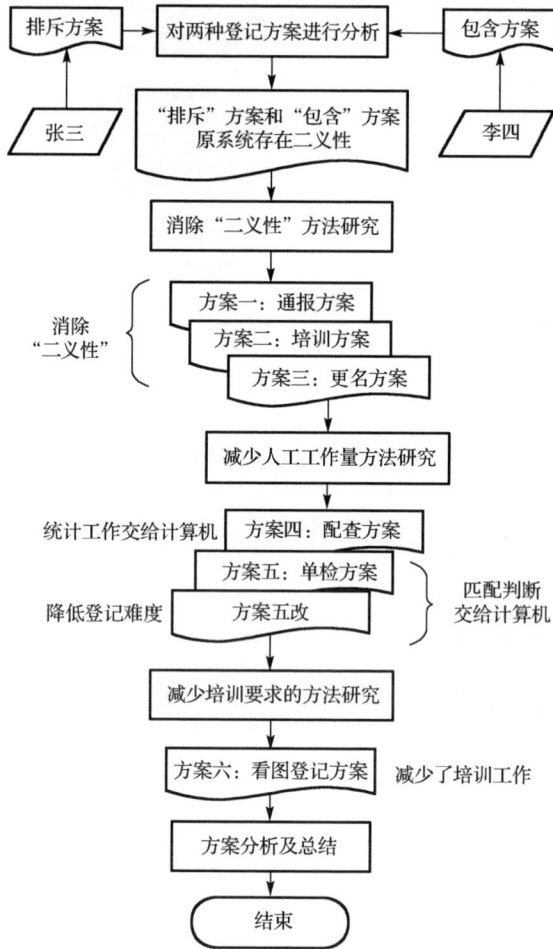

图 32-3　研究思路图

通报方案是对统一填写报表下发说明；培训方案是对说明强制学习；更名方案是对列表名称更改，这三个方案一致体现在报表设计避免字段二义性，即无二义性原则。

(2)人工工作极小化原则。在设计登记表时，尽可能减少人工工作量，其原因在于：①计算机是便宜的，而人工工作是昂贵的，在同一工作中，人们总是倾向于代价极小化；②人工工作错误概率高。

配查方案（方案四）中，检查赋予人工，而计数工作赋予计算机；单检方案（方案五）由人工登记雷达、牵引车电路和气路接头型号，再由计算机判断其接头是否匹配；方案五（改2）和方案六（改2）将人工转录改为机器转录等，这几个方案一致体现在设计登记表时，减少了人工事务或其难度和时间，即体现了人工极小化原则。

在很多信息系统设计中考虑到系统开发的难度，开发商往往为了自身的利益，减少了开发难度，提高了操作的复杂程度。但开发是一次性的，而操作是长期性的，这种方案显然是不利于用户的。

（3）"傻瓜"原则。在设计报表时，避免设计出一般人看不懂，从而需要较复杂的培训，或较长时间地阅读《使用说明书》，要考虑其操作的简易性，降低对登记人员的素质要求，以减少培训成本，同时减少因不理解或错误地理解而造成的数据错误。例如，本书中的方案三，避免了阅读方案一的《补充说明》和方案二中的培训过程；本书中的方案五（改），避免了人工识别电路、气路接头型号，减少了培训和人为错误；本书中的方案六，遵守"傻瓜"原则，分析与设计工作量就需要增加；看图登记是工作人员看接头图形登记，尽可能减少人工工作量，体现了"傻瓜"原则。

这些方案及其解决的问题见表32-14，尽管没有投入实际应用，但其解决问题的思路和已经形成的原则受到了基层部队同志的肯定与认可，具有一定的实用价值。

表32-14　设计原则与方案汇总

结论/成果	通报方案	培训方案	更名方案	配查方案	单检方案	看图登记方案
无二义性原则	★	★★	★★★	√	√	√
人工极小化				★统计	★匹配	★
"傻瓜"原则						★培训
深度与要求	不及格	不及格	及格	中等	良好	优秀

要 点 评 注

本章首先对《武器雷达装备与牵引车电气路匹配情况统计表》中存在的一系列问题进行了分析，得到了"'表头名称的二义性'、'统计效率与质量低下'、'统计工作过于复杂'等是病态数据产生的主要原因"的结论，在此基础上对电气路匹配登记统计流程进行了深入的研究，提出了6个改进方案，并给出了各方案的适用范围与优缺点。

以消除二义性为目的，对现行登记方案进行了改进，得到了通报、培训、更名等三个改进方案，并总结出报表设计的"无二义性原则"。通报方案是给部队分发报表填写的《补充说明》；培训方案是集中举办培训班；更名方案是对易产生二义性的报表名称项进行更改；无二义性原则是指在设计报表时，各名称项均不得有"二义性"存在。

以提高效率与质量为目的，对登记方案进行了改进，得到了配查、单检等方案，并总结出报表设计的"人工工作量极小化原则"。配查方案是进行车装电气路匹配检查，由计算机进行计数统计；单检方案是只进行电气路接头型号检查，而后由计算机进行接头匹配判断，最后由计算机进行计数统计；人工工作量极小化原则是指在设计报表时，要将人工登记、统计工作量减少至最少。

以降低报表登记复杂性为目的，对登记方案进行改进，得到了看图登记方案，并总结出报表设计的"傻瓜"原则。看图登记方案是将各电气路接头以图示形式在报表中显示出来，登记人员依据图表中的样式确定实际接头型号；"傻瓜"原则是指在设计报表时，要使工作难度降至最低，培训工作减至最小，最好能让"傻瓜"都可以使用。

以上 6 个方案本着"循序渐进，逐步改进"的原则，设计了最优化的牵引装备车装匹配登记统计体系，并为后续的检测规则设计奠定了基础。在多期的教学实践中获得了较好的教学效果。

第 33 章　弹药回收流程的再设计

研究背景

同第 32 章所述，系统分析与设计教学是"空论容易、实施艰难"的工作，而案例教学是一个很好的方式。本案例针对一个具体的业务工作中存在的问题经过不断地调研、分析，提出解决方案，为最终的信息系统开发扫清障碍，既解决现实中的问题，又为信息系统的开发奠定逻辑基础。

本案例首先对剩余弹药回交过程中出现"无账弹药"等典型情况进行分析，得到"流程烦琐，致使弹药回流过程中出现非规范性简化，从而导致病态信息"的结论。在此基础上，对剩余弹药的规范性"回交"等问题进行了研究，得到了增加调拨字典条目、增加交回栏目等措施，并归纳出流程设计的"一单到底"原则。

33.1　问题发现及确认(第一次给学生的材料)

演习结束后的装备管理工作是最容易出问题的环节之一，因此，在某次演习结束后，师装备部决定派军械科陈科长对某团弹药使用情况进行一次检查。陈科长进入弹药库房后，看见库容整洁，堆垛整齐，堆卡、标记清晰，但走到最后的一小垛弹药时发现其上没有堆卡。陪同陈科长检查的该团装备处王助理解释道："该垛弹药为 83 式 152 毫米自行加榴炮榴弹，共有 12 发。在上周演习中进行射击时，突降大雨，只好先收回宿营地，第二天又接到部队回撤命令，没有来得及打完。这样，没有消耗完的弹药交回了仓库。"问："有没有下账？"答："暂时还没有"。

问题：如果你是陈科长，如何处理？

33.2　相关规章(第二次给学生的材料)

根据：①《中国人民解放军武器装备管理条例(2002 版)》第四十五条"库存武器装备应当按照规定区分携行、运行、后留，分类存放，严格管理，定期检查、维护，做到账、物、卡相符"之规定；②《"武器装备管理条例"释义》中，第二十七条释义节录"对军事训练节余的弹药，应及时清点，收回弹药库保管，列入武器装备实力统计"；③《"武器装备管理条例"释义》中，第四十五条释义节录"要对库存武器装备及时进行登记、统计，做到准确、全面、及时，账目、实物与卡片相符，严禁留存账外装备、弹药"。陈科长认为该团出现无账弹药，管理存在漏洞，并要求该团进行规范。

问题：如果你是王参谋，将如何处理？

陈科长认为该团出现无账弹药，管理存在漏洞，并要求该团进行规范。

33.3 原因分析(第三次给学生的材料)

33.3.1 一般情况及处理

出于安全方面的考虑，通常要求仓库发出的弹药全部用完，即弹药通常只分批、不合批、不回流。因此，领出的弹药数量通常等于消耗的弹药数量，年终的《××××年度弹药统计报表》通常是以弹药发出数取代消耗数量进行的，即"以领代耗"，见图33-1。

这种流程没有专门"消耗报告"单据，而采用"以领代耗"的办法，无法处理训练弹药有回交的情况，从而使得回交弹药成为"无账弹药"。

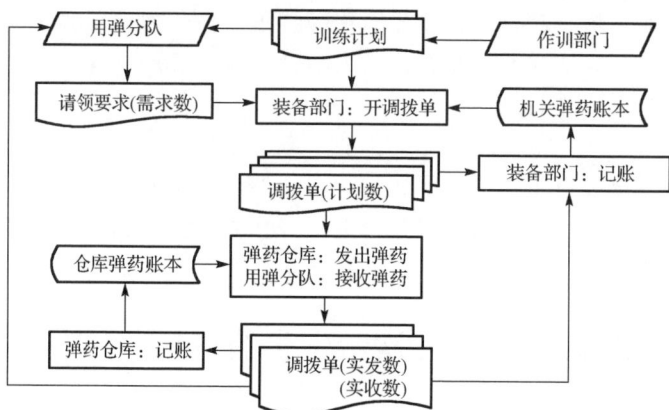

图 33-1 "以领代耗"流程图

主要图元说明如下。①提供、处理和接收数据的四个单位。一是作训部门，是《训练计划》的制定者；二是装备部门(助理员)，是具体弹药调拨计划的制定者；三是用弹分队，是弹药的使用消耗者；四是弹药仓库(保管员)，是收发弹药的实施者。②两个账本。一是机关助理员账本，主要数据项为"计划可发数量"，见表33-1；二是仓库保管员账本，主要数据项为"现有弹药数量"，见表33-2。③文档。一是《训练计划》，本书只关心其中具体训练弹药的消耗指标，以{弹药名称/代码+指标数量}形式存在；二是《请领需求》，可能与《训练计划》中的指标一致，即一次性请领，也可能是分几次请领，采用白条或口述的方式，以{弹药名称/代码+拟领数量}形式存在；三是《军械调拨单》，主要数据项有{弹药名称/代码+计划数+实发数+实收数}，见表33-3。

表 33-1 机关助理员账本(改进账页)

弹药名称/代码：83式152毫米自行加榴炮榴弹   计量单位：发

行/列	① 记账时间	② 开单时间	③ 依据	④ 类别	⑤ 数量	⑥ 计划可发数量	⑦ 现有数量	⑧ 备注
(1)								
(2)			上年结转			10000	10000	

续表

行/列	①	②	③	④	⑤	⑥	⑦	⑧
(3)		1月1日	调拨单1	计划	500	9500	10000	
(4)		1月2日	调拨单1	实发	400	9600	9600	
(5)		1月4日	调拨单1	交回	15	9615	9615	
(6)		1月6日	…	…	…	…	…	

表 33-2 仓库保管员账本（改进账页）

弹药名称/代码：83 式 152 毫米自行加榴炮榴弹　　　　　　　　　　　　　　　　　　计量单位：发

行/列	①	②	③	④	⑤	⑥	⑦
(1)	时间	依据	计划	实发	交回	现有数量	备注
(2)		上年结转				10000	
(3)	1月1日	调拨单1	500	400		9600	待转级
(4)	1月4日	调拨单1			15	9615	
(5)	1月6日						

表 33-3 现用《军械调拨通知单》及其功能区分

33.3.2　正规的回交弹药处理方法

训练剩余弹药回交的情况，在实践中很少出现。如果出现弹药回交情况，在手工调拨系统条件下，由库房开出《军械收据》，见表 33-4，第 1 联库房存档并下账，第 2 联交机关助理员下账，见图 33-2。这种方法简单易行，其缺点在于，两种单据均可下账，在记账和年终统计工作中容易出现遗漏。

表 33-4　军械收据

收物单位：一营

年　　月　　日　　字第　　号

押运负责人：耿×

接收根据：首长批示

弹药名称	单位	应收数		实收数		装配诸元			备注
		等级	数量	等级	数量	批	年	厂	
83 式 152 毫米自行加榴炮榴弹	一营	堪二	400	堪二	400	38	88	08	

编报单位：＿＿＿＿＿　　　　　　　　　　长：＿＿＿＿　　承办人：＿＿＿＿

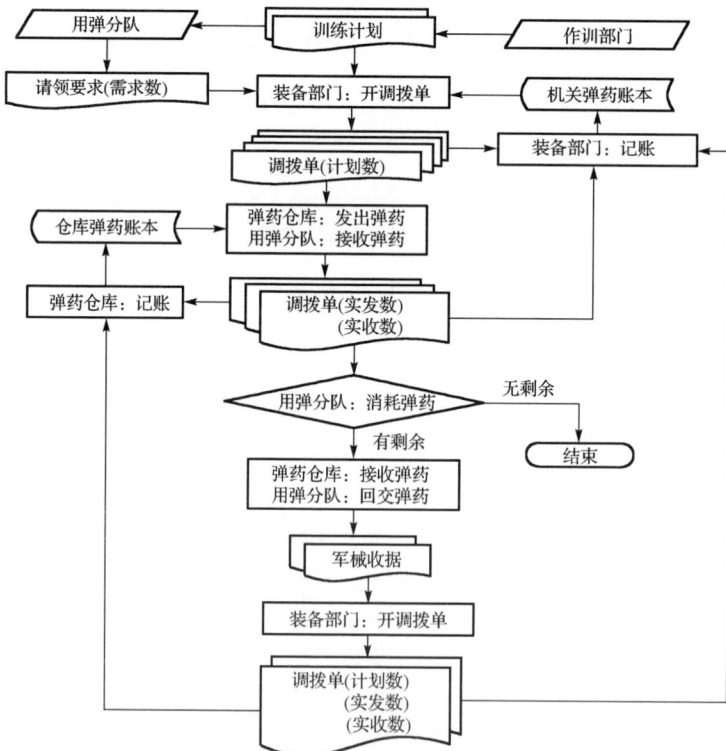

图 33-2　正规回交弹药流程图

在计算机调拨系统条件下，先由库房开出《军械收据》，转交机关助理员按《军械收据》再补开《军械调拨单》后，库房和机关分别下账。这种方法优点在于：下账的单据统一于《军械调拨单》，账目清楚。其缺点在于：①由于《弹药调拨目的》词典中没有"剩余回收"条目，而调拨目的是年终统计的重要依据之一，在计算机系统中是不可缺少的，因此，在计算机调拨系统中无法开具训练回收弹药的《军械调拨单》，勉强开出后，在年终统计工作中需要特别加注说明，这样，容易产生遗漏，造成"库房机关两账不一"。②仍然需要多开出两种单据。操作流程烦琐，所以部队一般也不愿意采用。

问题：你认为现行规定怎样，有没有变更的必要？

33.4　实际流程分析(第四次给学生的材料)

33.4.1　部队常用方法一

由于交回弹药的情况非常少。为了简化手续，一些部队通常将剩余的弹药回收后，由仓库自行建立账目，从而出现《"武器装备管理条例"释义》第二十七条中所称的"账外弹"、"小仓库"等。待下次打靶时，提醒业务部门在确定应发数量时，减去上次交回数量，而将上次回收弹药"无账发放"，以减少无账弹药的规模，见图33-3。

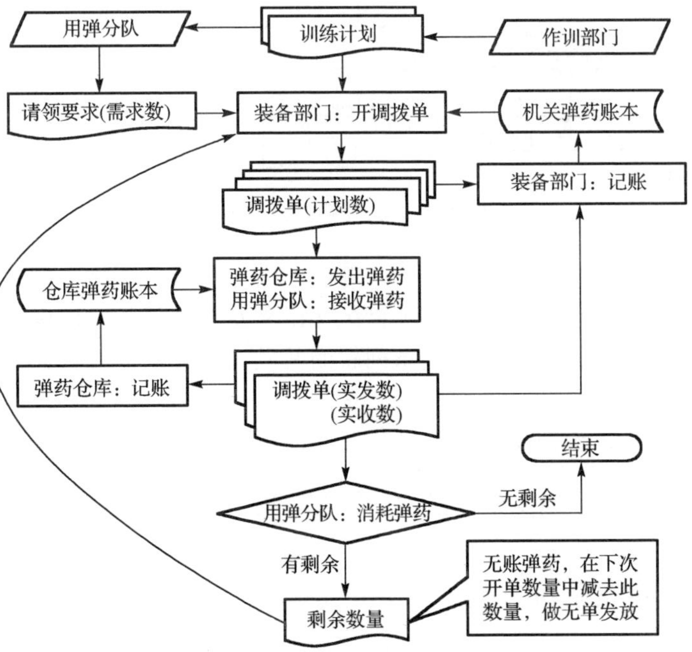

图 33-3　"无账发放"流程图

33.4.2　部队常用方法二

另一些部队，则采用了先根据《军械调拨单》，实施"白条发弹"，等使用完毕并将剩余弹药交回后，再正式填写《军械调拨单》的实发与实收栏目，通常弹药不在使用分队过夜，这样，可将账卡物不相符合的时间间隔减至最少，见图 33-4。

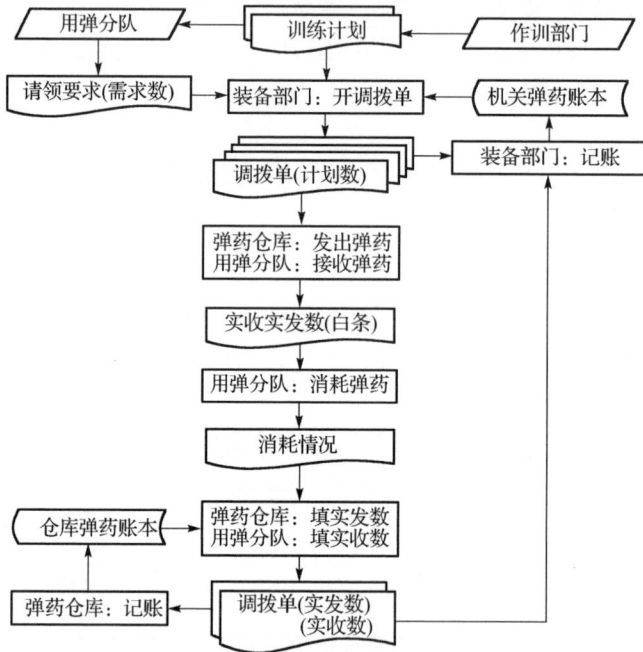

图 33-4　"白条发弹"流程改进方案

正规的方法在运行时会出现一些问题，因而，造成了部队不按规定或无法按规定或难以按规定执行的情况，而实际情况又必须及时处理，故出现了部队常用的两种方法，但这两种方法又带来了一系列新的问题。因此，需要设计新的方法处理出现的这一系列问题。

问题：你怎样评价部队的实际做法？如何改进？

33.5　改进方案（参考答案）

33.5.1　增加字典条目方案

正规处理方案中存在的问题是：训练弹药未消耗完需要回收，而调拨目的词典中却没有"训练回收"这个依据。针对这一业务管理中的冲突对其进行改进，得到增加字典条目方案。

这个方案，较好地解决了无法开具《军械调拨单》的问题，即如果不出现回交的情况，则按"实发-实收数"记账；如果出现这种情况，则补开一张调拨目的为"训练剩余"的《军械调拨单》，可解决：①由于无调拨目的无法开具《军械调拨单》的问题；②两种单据记账时容易出现混乱的问题。

但由于这种方案需要增加一张《军械调拨单》和一张《军械收据》，实施程序比较复杂，部队一般也不愿意采用。

33.5.2　增加交回栏目方案

从调拨单形成的历史过程来看：①开始是"发放通知-收物报告(收条)"的形式；②在实践中，发现计划与实施之间可能会产生误差，即计划数与实发数可能产生误差，因此，产生了计划数与实发数栏目的分离，并要求填写实发数以后返回编造机关，即三联单形式；③在进一步的实践中，又出现了实发数与实收数的不同，如运送损失、错发等，从而出现了现在的"计划数-实发数-实收数"三栏分立的三联单形式；④由于物资供应的"下送方式"中，还需要押运员和收物单位两个不同的实收数情况，因此，将三联单扩展至四联单形式。

从这一发展过程来看，一张单据将一项业务进行到底，是最理想的方法，而中途需要更换其他单据的做法不仅执行效率低下，而且容易出错。由于对于训练弹药的发放业务在实收数产生以后，还可能出现后续工作，根据前面提及的方法，在调拨单据中增加"交回栏目"是最佳方案，见图 33-5。

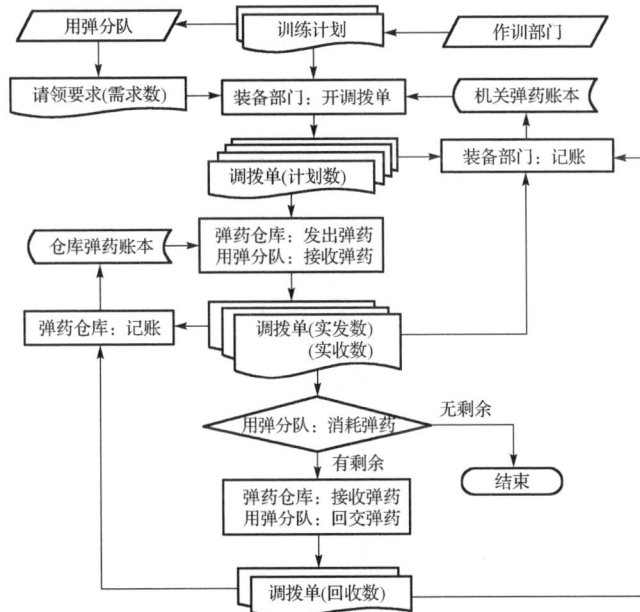

图 33-5　增加"交回栏目"后流程图

在调拨单中增加"回收数"栏目，改进《军械调拨单(改)》，见表 33-5《军械调拨通知单(改)》及其功能区分。如果未出现回交情况，则该栏目为空；否则，可直接填写"回收数"一栏。这种方法在一张《军械调拨单》中完整地体现了流程的各个环节，其优点在于：①仓库的账卡物达到"实时相符"；②库房与机关账目一致。从以上分析得知，陈科长检查出的这种弹药管理违规情况是由于《军械调拨单》本身缺陷造成的。

表 33-5　《军械调拨通知单(改)》及其功能区分

年　月　日　字第　号　　　年　月　　日以前有效

调拨根据：_____　用途：_____

发物单位：_____

收物单位：_____

调拨方式：_____

军运号码：_____　付费号码：_____　车种车数：_____

标 识 区

物资名称	计算单位	应发数		实发数		实收数		回收数		备注
		等级	数量	等级	数量	等级	数量	数量	等级	
		计划区		实发区		实收区		交回区		

编造机关：_____　发物单位：_____　收物单位：_____　回交单位：_____

长：_____　经手人：_____　经手人：_____　经手人：_____

承办人：_____　发物日期：___年___月___日　收物日期：___年___月___日

33.6　案例拓展及分析

除了训练弹药有回收的问题，还有很多其他的情况。

(1) 弹药发放时，可能出现一些不能按照既定数量接收的情况，如木箱破损、铅封损坏、错误品种、错误批次甚至在运输途中摔落等。如果这些情况发现于填写实发数以前，可调换，可以修改实发数；如果发现于填写实收数以前，则可以在填写实收数量时刨除有问题的部分；如果发生在填写实收数以后，按现有的流程就需要重新开具《军械调拨单》。由于收发过程中主要精力集中于数量方面，质量方面的检查可能被忽略，特别是收发数量过大时更为严重，这些情况往往发现于填写实收数以后的整理放置时。在有了《军械调拨单(改)》以后，此事就简单了，如果仅是数量和品种问题，直接填写交回数量和在回收单位处填写弹药仓库名称即可；如果质量和安全方面有问题，则通常不直接交回仓库，而是交给弹药试验站和弹药销毁站，这样，只需要在回收单位处填写接收单位名称即可。

(2) 在例行的弹药抽样检查时，从弹药库房中抽取一批弹药，其中，有一部分仅做外观检查和无损检测，而另一部分则需要实弹射击试验。因此，也出现了部分弹药需要交回仓库的情况。《军械调拨单(改)》中的交回数栏目，能大大简化该项业务过程。

要 点 评 注

本案例针对业务管理中存在的"训练剩余弹药需要回收，而《调拨目的词典》中却没有相应条目的问题"，通过增加"训练回收"字典条目，形成了包含"计划发放→实际发放→实际接收→剩余回交"的规范的业务流程。

针对在正规回交方案中需要增加一个《军械调拨单》和一个《军械收据》，导致实施程序过于复杂的情况，通过在《军械调拨单》中增加"交回栏目"使流程得到了简化，从而形成了包含"计划区"、"实发区"、"实收区"、"交回区"的《军械调拨单》改进方案。

从以上案例出发，针对工作烦琐、效率低下、容易产生遗漏、重复错误、造成数据错乱等问题，提出了流程设计的"一单到底"原则，即在业务流程设计中，坚持一项业务只用一个单据。

本章从实际问题出发，分析其成因，提供了比较完备的解决方案，并在此基础上归纳出了一般性的流程设计原则，对于相关业务流程的设计具有一定的借鉴作用。

这一案例在教学中产生了"增效"作用，即其收获超过了案例自身的业务和信息系统的知识范畴，让学生感到了摆脱"法规不容更改"的教条主义的必要性，接受了以效率和效果为目标的思想，建立了创新意识，这对于机关人员，特别是高层机关人员的培训是非常必要的。

第34章　库存业务系统流程图案例

研 究 背 景

库存业务是物流信息系统中一个普遍存在的业务系统，不单企业管理信息系统中有，军队信息系统中也不乏该项业务，而且现代物流业如此发达，库存系统作为物流业的重要环节，在信息系统开发中有不可忽略的地位。因此，管理信息系统课程教学中，让学员熟悉这一业务过程，是一个不错的选择，因为学员在管理信息系统开发生涯中极有可能遇到这一业务。

为此，专门设计了一个系统流程图作为教学案例，既可让学员了解库存业务，又可以让学员学习系统流程图，一举两得。

34.1　某物资供应中心情况概要与开发动因

某物资供应中心的主要任务是从上级部门接收或从有关厂家批发购进有关物资，然后再向本系统所属各单位实施供应。改革开放以后，该中心实行了企业化管理，进行单独的经济核算，自负盈亏，供应对象也由本系统扩大至整个社会。该中心经管物资 12000 余种(包括不同规格)，每天进出物资 50 笔，"营业"额达 100000元左右，所有业务均是手工处理。

现因业务量扩大，为改善管理条件，该中心领导提出了建立以计算机处理为基础的管理信息系统的要求。

34.2　主要业务部门和主要业务情况

进驻该公司的系统分析员经过调查，得到以下业务情况：在中心主任的领导下，有五个业务单位——供应办公室、仓库、发货组、会计室和筹措办公室。

为了叙述方便，下面将本系统或外系统的物资需求单位统称为顾客；将本系统各单位的物资请领单、物资调拨单和外系统的物资需求情况统称为订单；将上级供货部门、有关厂家和其他物资来源单位统称为供货厂家。

(1)供应办公室。接收并校验订单，将不合格订单退回。校验过程中查阅库存记录，将缺货订单和可供货订单分开。对于缺货项目列出缺货通知单交筹措办公室，并保存缺货订单待以后处理；对于可供货订单进行库存修改和开备货单交仓库。当收到进货通知单后，修改库存记录和处理缺货记录，并填写曾缺货现可供货的备货单交给仓库，将已处理的缺货订单存档保存。在填写备货单时，均要查阅顾客档案。

（2）仓库。根据备货单备货，登台账，修改库存，并开一式四份的发货单，一份留底，三份连同物资交发货组。在备货的同时，要检查每种物资的库存水平，如果已达到"再订货水平"、"危险水平"、"缺货水平"，除在物品架内放置有关卡片，还要填写再订货通知单并交筹措办公室。当收到进货通知单和新的物资后，要登账和上架。

（3）发货组。对仓库送来的物资进行包装。将发货单第 4 联留底备查，发货单第 3 联交会计室算账，发货单第 2 联随同物资一起托运或送寄用户。

（4）会计室。对发货单第 3 联进行计价，记账、开催款单，并将催款单寄给顾客，催其付款。在收到顾客货款后，转账、开发票，将发票寄给顾客。当收到供货厂家的催款单后，记购买账付款；待发票寄来后，还要进行转账。

（5）筹措办公室。根据供货厂家目录和供应办公室、仓库提供的缺货清单，向供货厂家发出购货订单，收到供货厂家发来的物资和催款单后，验收物资，登记后送交库房，并将催款单交会计室。另外，填写进货通知单一式两份：一份随同物资送库房，另一份送供应办公室。

以上各有关业务单位——供应办公室、仓库、发货组、会计室和筹措办公室均要定期或不定期进行统计，向中心主任报告经营情况，供中心主任决策和控制之用。

34.3　主要业务分析

34.2 节中的介绍部分，由于其比较宏观粗略，一般的业务人员是可以用自然语言提供的，但这还不足以达到开发人员需要的细致程度。如果业务人员队伍的计算机素质较高，更细致的业务过程描述，可以用软件专业工具表达，但大部分的业务人员不熟悉软件专用工具，因此，很多"土法"工具和专业工具混合出现，在系统调查阶段常用的工具见图 34-1，本节将介绍部分工具的案例。

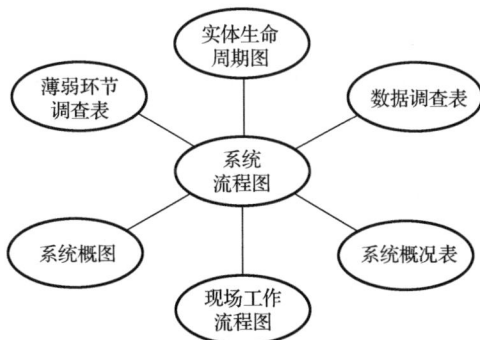

图 34-1　系统调查阶段常用的工具

34.3.1　供应办公室业务

由于早期的业务人员对于计算机的了解不多，提供的业务需求很难满足信息系统开发人员的需要。经过多次研讨和协商，提供出的业务描述主要有"自然语言+现场工作流程图"的形式，其中自然语言部分主要有如下 12 条，而现场工作流程图见图 34-2。

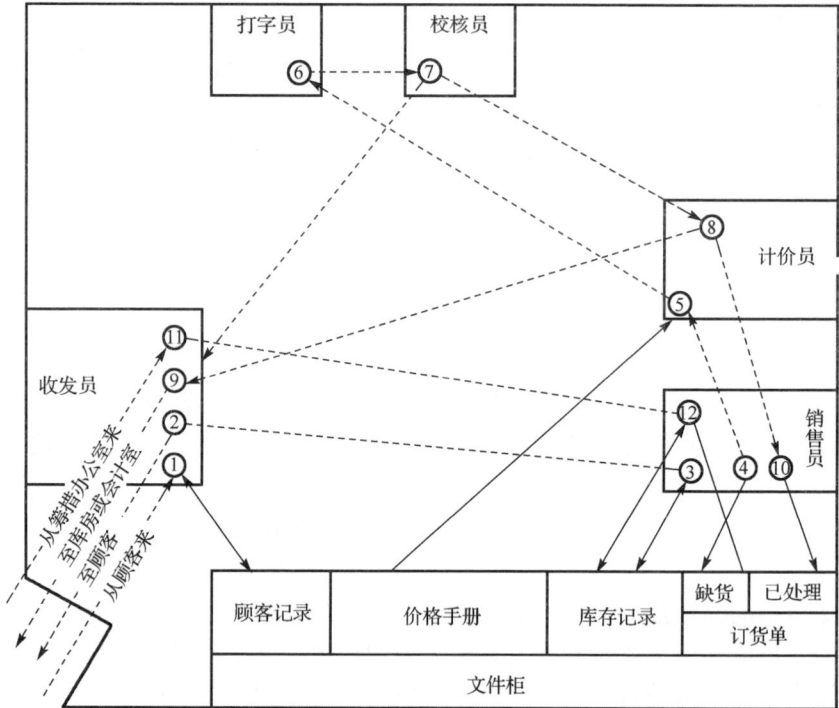

图 34-2　供应办公室业务现场工作流程图

(1)收发员收到订单后，初步审核订单并查阅顾客记录，若是新顾客要在记录本上填写顾客情况。

(2)收发员将填写不合格订单退回，并为合格订单填写顾客详细收货地址及银行账户后交销售员。

(3)销售员查看库存记录，确定能否供货，对可供货项目修改库存记录。

(4)销售员将可供货订单交计价员，缺货订单专门保管待以后再处理。

(5)计价员查看价格手册，填写单价，计算每张订单的总金额，然后交打字员。

(6)打字员打印备货单及催款单(一式两份)交校核员。

(7)校核员校核备货单及催款单，然后将备货单交收发员，将催款单交计价员。

(8)计价员再次复核催款单后交收发员，并将已处理完的订单交回销售员。

(9) 收发员将备货单交库房备货；将催款单交会计室收款。

(10) 销售员将已处理的订单存档。

(11) 筹措办公室将进货通知单交供应办公室，由收发员转交给销售员。

(12) 销售员修改库存记录，并取出缺货订单进行处理。

以后重复(4)～(10)的过程。

供应办公室的现场工作流程图，以该办公室工作现场作为背景，描述物资流和信息流情况，并表示了该办公室人员的业务分工和工作顺序，从中也可以发现流程和人员分工等不合理的情况。图 34-2 中虚线表示物流或信息流，实线表示文件、记录的存取情况，圈中数字表示执行的具体工作。

34.2 节中所述的供应办公室业务，从业余的用途角度上看，这种"土办法"已经表达得比较清楚了，但离软件开发需要的精细程度仍然有一定的差距，需要用专业工具表达；不同的分项业务可能采用不同的工具表达，这样很难综合成一个整体业务，而许多问题在局部是合理的，但在总体上可能就不合理了，而这些不合理正是软件开发的必要性所在。当然专业的工具有很多，但业务人员容易看懂并审核的图形通常是系统流程图。因此，各分项业务的描述需要分别向系统流程图转换，最终才能形成完整的系统流程图，在教学中可设计一个转换练习，其参考答案见图 34-3。

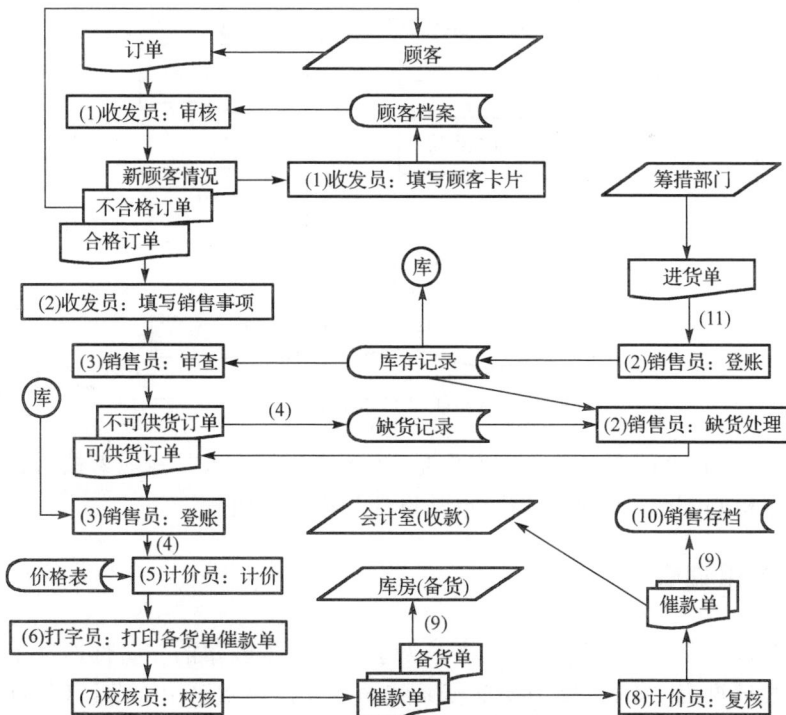

图 34-3　供应办公室业务系统流程图

34.3.2 实体生命周期图

为了保证系统的完备性，对于许多重要的信息载体需要更加细致的描述。例如，供应中心的订单是其最重要的部分，通常需要单独研究，见图 34-4。从功能上看图 34-4 是实体生命周期图，而从形式中看就是一个系统流程图。

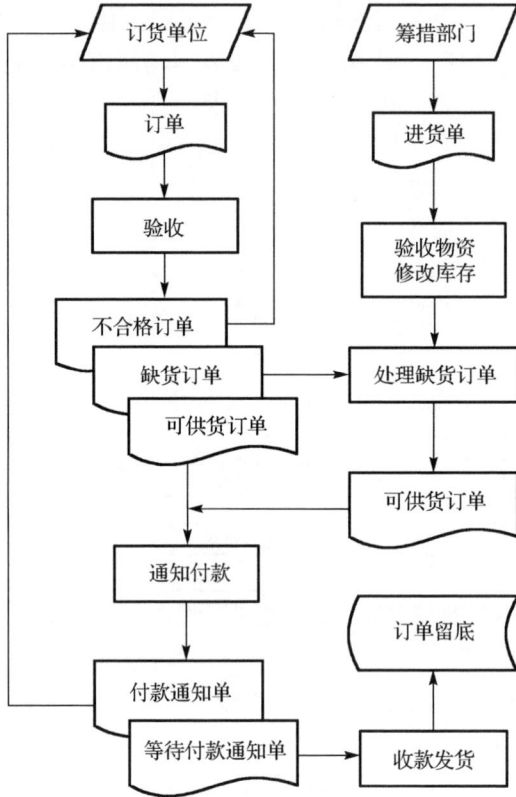

图 34-4 订单实体生命周期图

第 19 章中的"试题"和"试卷"是《"两成两力"人员素质考核试题库管理系统》的数据核心部分，故通常需要单独设计和规定其流程。

34.3.3 常用调查表

系统调查阶段可能采用多种表格。为了保证数据收集的完备性，常用《数据调查表》样式，见表 34-1；而为保证新系统的效果，通常采用《薄弱环节调查表》，见表 34-2。

表 34-1　系统数据调查表

序号	名称	表格性质(输入/输出/存储)	表格频度	输入源/输出地	数据项名称	数据项频度	数据描述	数据量(字节)			备注
								输入	输出	存储	

表 34-2　薄弱环节调查表

序号	问题	回答(用√方式或按问话填写)
1	你的工作部门是：(一直填到最小单位)	
2	你的工作职责是：	部长、处长、科长、股长、仓库主任、修械所长、弹药助理、武器助理、火炮工程师、技工、其他
3	你的工作紧张程度是：	轻松、一般、忙碌、突击性、长期加班、偶然加班
4	你的每月工作安排情况是：	一直紧张、一直轻松、月初紧月末松、月初松月末紧、偶然忙
5	你所接触的报表，其数据是：	准确的、基本准确的、错误比较多
6	你的工作计划不能合理安排的原因是：	前一级计划不合理、本岗位计划不周、下一级条件限制、其他
7	你认为本单位管理体制是：	合理的、应调整、不合理
8	你认为管理方面存在的问题是：	机构设置不当、职责不明确、规章制度不健全、人员素质太差、信息流不通畅、其他
9	你认为本单位降低成本的途径是：	提高产量、降低流动资金、节约原材料、减少管理费用、减少非生产人员、减少停工、其他
10	你认为提高本单位效益的潜力在：	材料消耗、工时利用、库存资金、设备更新、服务、加强质量管理、提高管理水平、其他
11	你所在岗位存在的主要问题是：	
12	你认为影响本单位工作效果的关键问题是：	
13	你认为本厂用计算机辅助管理：	有必要、不必要、可有可无、其他
14	你认为计算机管理的重点应先解决：	需求预测、编制经营计划、编制作业计划、物资管理、财务成本核算、统计分析、设备管理、质量管理、生产调度

34.3.4　顶层系统流程图与子系统边界

　　系统边界是系统开发任务界定的重要工作，同样，经过多次研讨和协商，业务人员提供出系统边界描述，见表 34-3 和图 34-5。在子系统边界划分中，以及系统模块设计中常用的还有模块的 IPO 图，即"输入(input)-处理(process)-输出(output)"

表 34-3　现行系统概况表

输入：	处理：
(顾客)订单［供应办公室］	校验订单，修改库存记录
(顾客)货款［会计室］	开备货单，处理进货单，缺货统计
(供货厂家)催款单［筹措办公室］	仓库登账，上架，备货
(供货厂家)物资［筹措办公室］	登台账、修改库存，开发货单，填写再订货通知单
(供货厂家)发票［会计室］	包装、发货，计价，开催款单、销售记账，销售转账、开发票
(供货厂家)产品目录［筹措办公室］	采购记账，采购转账，订货
	进货验收，进货登账，开进货通知单，各类统计
数据存储：	输出：
顾客档案	［发货组］发货单(顾客)
缺货记录	［发货组］物资(顾客)
库存记录(1)	［会计室］催款单(顾客)
订单存底	［会计室］发票(顾客)
发货单(1)留底	［筹措办公室］采购订单(供货厂家)
库存记录(2)	［会计室］货款(供货厂家)
台账	［…］各种统计表［中心主任］
发货单(4)留底	［供应办公室］不合格订单(顾客)
零件价格表	
购买账	
销售账	
产品目录，采购订单留底	
进货登记账	

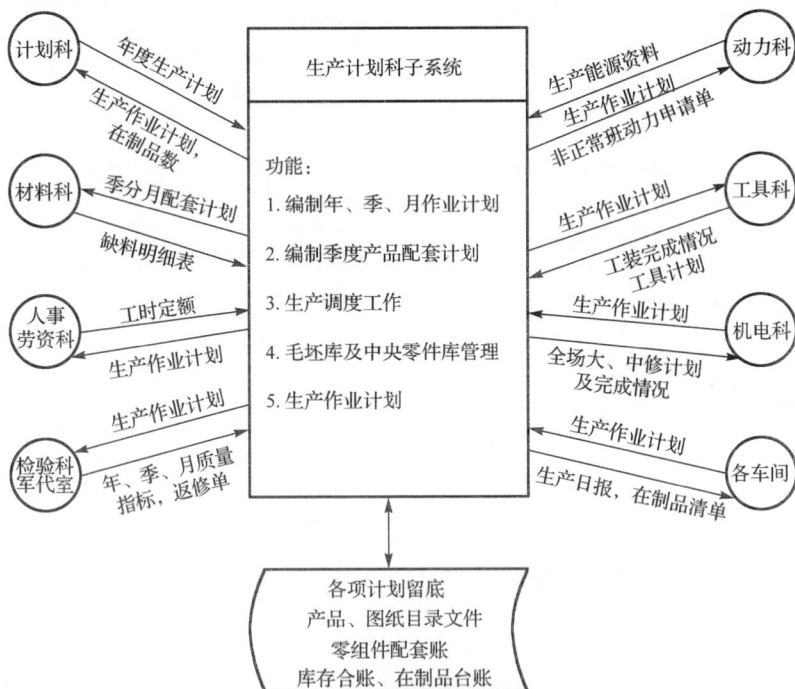

图 34-5　系统概况表样例

图，从名称上看其所需要反映的内容也不言自明。最早出现的 IPO 图，见图 34-6，但由于其对于稍大规模的模块就难以满足需要，后来又出现了改进的 IPO 图，见图 34-7。随着软件工程的发展很多新的工具不断出现，特别是计算机软件辅助工程 CASE 工具的诞生，提供了更专业的工具，但对于用户而言其变得专业而难以理解，这样为业务审核工作增加了障碍。

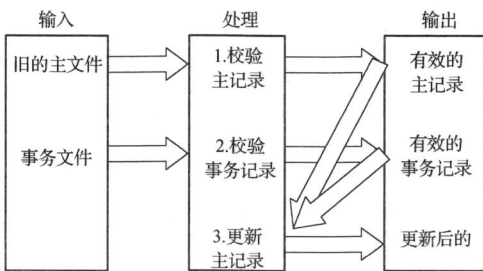

图 34-6 最早的 IPO 图

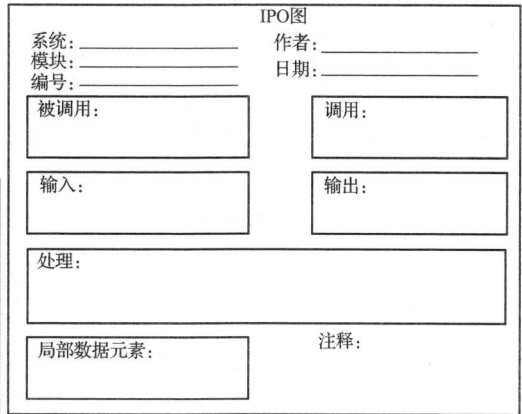

图 34-7 改进的 IPO 图

34.3.5 手工处理与计算机处理的差别

人工系统中，物资的记账过程归纳起来有两个：一是《统计台账》，二是事件登记表。对于弹药收发而言，即《弹药账本》和《弹药调拨通知单》。其过程：①根据调拨单(收入)，建立初始弹药账本；②根据账本情况开调拨单(收或发)；③通常年终进行盘点，形成年终结转账目；④以此反复。如果完全按此设计计算机软件，则需要分别建立《弹药账本》和《弹药调拨通知单》两个数据库，简称两库结构。但经过多个软件系统的开发及其问题分析以后，发现两库结构存在诸多问题：①多种原因导致两库的一致性出现问题；②如果一个调拨单超过有效期而废止时，其逆向计账问题比较复杂。经过多番研究以后，认为两库结构适用于手工计算，在每次收发时可直接查到现有数据；而在计算机条件下，由于其速度优势，每次业务过程可以从《调拨单》直接生成账页、可发出数量等《弹药账本》的各项内容，所以设计了单库结构，这样前面列举的两个问题自然消失。

对于有编程基础的学生，可布置以下作业练习。假设：弹药调拨单见表 15-1。其中：①调拨字号分为"弹发"和"弹收"两个序列，分别从 001 开始；②调拨单状态分为计划完成、实发完成、实收完成和(不考虑回收)作废，分别标识为"计"、"发"、"收"、"废"；③忽略质量等级和批次要素。

(1)从《调拨单》库中，查询某型号弹药的"现有弹药"数量。

(2)从《调拨单》库中，查询某型号弹药的"可调出弹药"数量。

(3)从《调拨单》库中，查询某型号弹药的"计划到达弹药"数量。

(4)从《调拨单》库中，查询某型号弹药的"累积调入/调出弹药"数量。

34.4　现行系统流程图

经过以上多种相关的业务结构和细节的分析与研究，合并形成了该公司的业务系统流程图，见图 34-8。当然还需要有一个《单据清样》作为业务人员与开发人员共同审核的基础。系统流程图还有"现行(原)系统"与"新系统"之分，其审核目标的差距是十分明显的，前者以忠实现行(原)系统为表达目标，后者是在前者基础之上结合《薄弱环节调查表》等问题，以及新系统建设目标为设计目标。

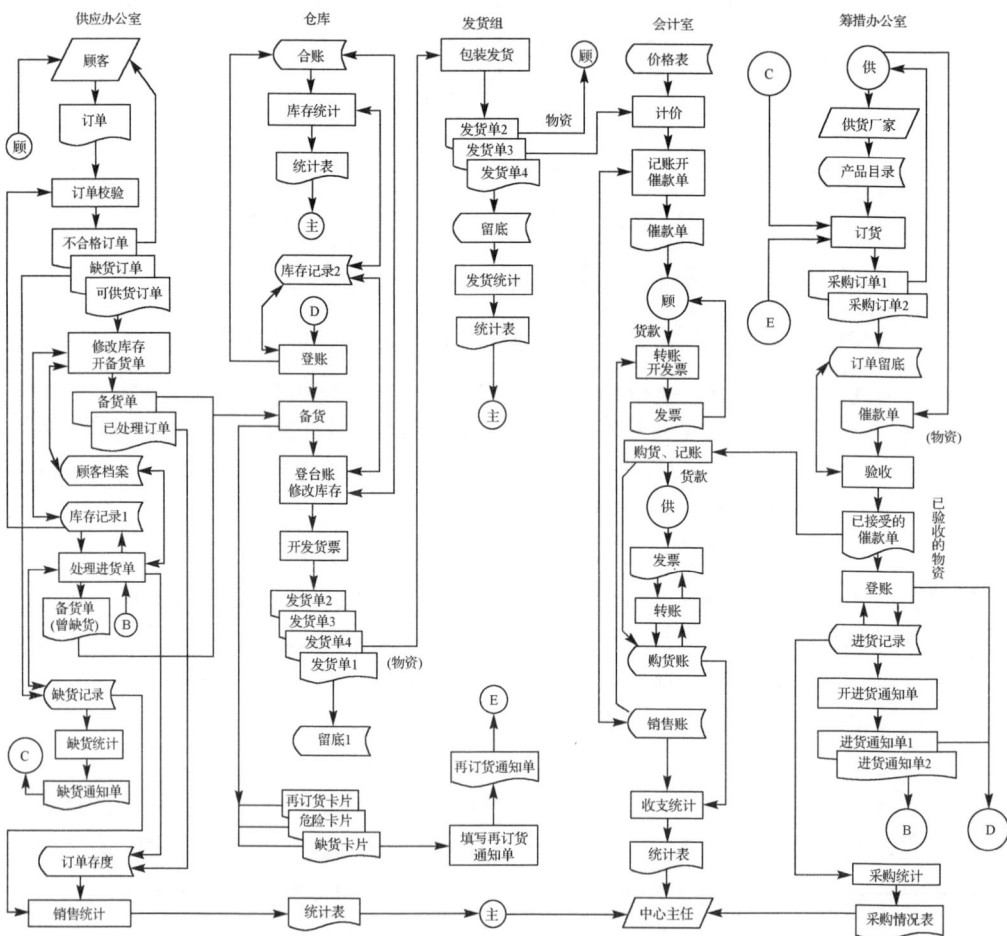

图 34-8　物资供应中心业务系统流程图

要 点 评 注

　　本案例用于在学生掌握系统流程基本要素和基本符号的基础上深入学习的需要，其目的：一是巩固符号与整体结构的知识；二是在规模上进行一定幅度的扩展，为后续的模块结构设计埋下伏笔；三是介绍物流工作基本业务，这对于未有工作经历的学生来说是非常急需的；四是表明流程与结构的表达方式是多样的，而从业务人员那里可得到的表达方式不一定能直接满足开发人员的需求，可能需要一些转换工作；五是计算机系统不是一个手工系统的简单翻版，而需要根据计算机的特点进行特定的设计。

第 35 章　信息系统研发过程

研 究 背 景

对于管理信息系统生命周期的认识,是管理信息系统专业人员的基本素质之一。理解管理信息系统生命周期对于管理信息系统开发过程的控制具有决定性的作用。目前很多管理信息系统的开发人员有一个共同的感觉:"昨天才批准项目,领导今天就要看系统。"有时经费还没有到位。这迫使开发人员仓促应战,在需求分析不充分,甚至没有进行的情况下,就进入了软件代码的编写,从而产生大量先天性的问题。

作为领导,通常不是业务领域的专家,对于项目是有压力的。一方面许多课题组不注重前期的工作成果——文档,造成领导对于项目的可见性差,很不放心;另一方面是对于速度不切实际的追求,导致了对于项目的可见和可理解部分过度要求。事与愿违,得到的结果正好相反。而且对于可见部分要求越早,软件的质量就越差。为了避免这种恶性循环,需要加强开发者,特别是领导对于信息系统研发过程的研究。

35.1　管理信息系统生命周期

在许多书籍中用图 35-1 介绍管理信息系统的生命周期阶段划分,各阶段文档要求见表 35-1,本书就不再赘述。

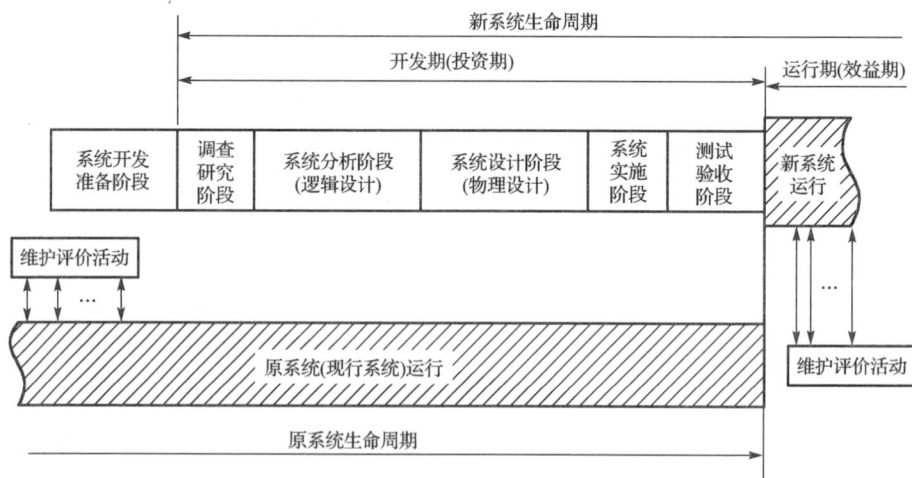

图 35-1　信息系统生命周期

表 35-1　生命周期法要求的文档

分项 文档内容		文档标准			写作时机						文档类型	备注
		国标	军标	部标	系统调查	系统分析	系统设计	系统实现	测试验收	运行		
1	可行性研究报告	√	√	√							技	
2	项目开发计划	√	√	√							管	
3	软件需求说明	√	√	√							技	
4	数据要求说明	√	√								技	
5	概要设计说明	√	√								技	
6	详细设计说明	√	√	√							技	
7	数据库设计说明	√	√								技	
8	用户书册		√								用	
9	操作手册		√	√							用	
10	程序维护手册		√								技	
11	安装实施手册		√								用	
12	测试计划	√	√	√							技	
13	测试分析报告	√	√								技	
14	模块开发卷宗	√	×	√							管	
15	开发进度月报	√	×	×							管	
16	项目开发总结	×	√	√							管	
17	错误报告	×	√	×							/	
18	修改建议	×	√	×							/	
19	修改通知	×	√	×							/	

35.2　六方生命周期图

这种线式结构的图形割裂了不同阶段的共性，因此在开发过程教学中除介绍图 35-1，重点按图 35-2 进行讲解。其中的对比项主要有：原/新系统实体、原/新系统物理模型、原/新系统逻辑模型等，并且将需求分析(广义)概念细分为系统调查、分析抽象和系统分析(狭义)三个阶段，各阶段中心和重点表现一览无遗，特别是系统分析，是根据现行系统的问题和系统建设目标，以原系统逻辑模型为基础，设计出新系统的逻辑模型，为后续步骤奠定基础。

如果单位有软件系统分析与设计力量，无疑，新系统的逻辑模型是开发合同的基础，如果没有分析力量，也需要争取以逻辑模型为界点，分两个合同分别执行，前者自动成为验收力量，这是用户单位最理想的选择。

　　按照该图五个步骤中系统实施是最容易理解的，本书就不再介绍。由于先有了逻辑模型，故系统设计相对而言也不十分困难，而系统调查、分析抽象和系统分析(狭义)三个步骤通常统归"系统分析(广义)"，当然，如果存在一个《软件的科学管理》一书中所称的"主程序员"，那问题就迎刃而解了。但现实中经常缺少这样的人，因此，需要由许多人组合完成这一工作。这种组合就是根据这个主程序员所需要的素质选择相应的人员，并分配给相应的工作，这些工作可简单地划分为系统调查、分析抽象和系统分析(狭义)三类。系统调查，需要熟悉业务工作的人员，不是一般的熟悉，而是可面对任何业务问题。分析抽象，需要逻辑能力十分强的人员，能够将业务人员提供的可能是"零散与大概"的业务描述进行逻辑分析，得出一个"不重不漏"且"专业性"的规则体系，当然这个过程是一个反复过程。系统分析(狭义)，就是设计出能解决现行系统存在问题并满足与新系统目标建设目标的逻辑模型。从这个任务分解情况看，新系统的建设需要两个专业大类：一是具体业务所代表的专业，主要从事系统调查工作，是优秀和可行系统的必备素质，试想，一个连自身业务都无法表达清楚的团队，怎么可能开发出一个可用甚至是优秀的系统呢？二是软件开发的专业，主要从事分析抽象和系统分析(狭义)，其中前者至少需要中级职称以上素质的专业人员担任，而后者需要高级职称的专业人员担任，系统建设的质量主要取决于这个专业。

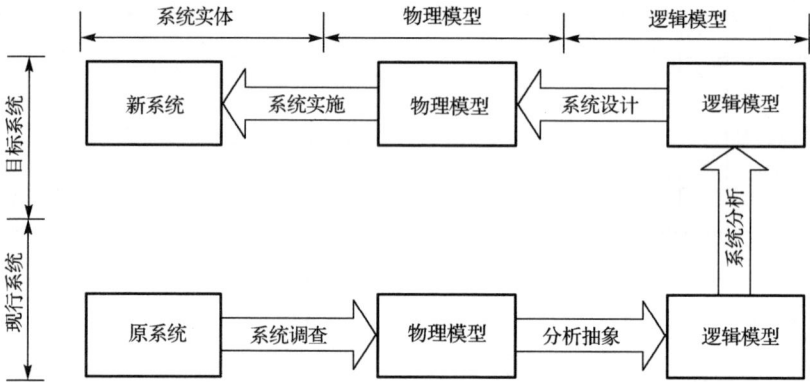

图 35-2　开发过程六方图

　　这些论述仅仅是理论性的，对于复杂、专业、大型的系统这种分工的依赖十分强烈。但在现实中由于各种原因，经常出现"一肩挑"的情况，并且得到一些外行领导的赞赏，从而导致系统失败。

　　在"全军装备大(中)修预测软件"分析过程中，开发组找到了一个从事过该项工作的人员，并且他也懂一些软件知识，该同志给出了《关于已进入大中修周期装备统计汇总的需求》原文，其目的在于预估本年度可能出现的大修任务。

《已进入大中修周期装备统计汇总表》。按照大中修间隔期在上年度进入大中修周期(系统可根据采集数据自动产生)且未安排大中修的装备,或由于其他原因经技术鉴定需在下年度安排大中修的装备进行统计汇总,该表将作为下年度装备维修计划及预算相关内容拟制审核的主要依据。计算方法:第一步,先判断是否大修过,如未大修过,则判断到统计截止时间为止的寿命消耗累计值是否大于或等于大修间隔期,若大于或等于则纳入进入大修周期装备统计表,若小于则不纳入大修周期装备统计表;再判断到统计截止时间为止的寿命消耗累计值——末次大修寿命消耗累计值是否大于或等于大修间隔期,若大于或等于则纳入大修周期装备统计表,若小于则不纳入大修周期装备统计表。先判断是否大于允许大修次数,对超过允许大修次数的装备不再判断是否进入大中修周期装备统计表。第二步,仅对未进入大修周期装备统计表的装备进行,先判断是否大修或中修过,若未大修或中修过,则判断统计截止时间的寿命消耗累计值是否大于或等于中修间隔期,若大于或等于则纳入中修周期装备统计表,若小于则不纳入中修周期装备统计表;若大修过且末次大修后未中修,则判断统计截止时间的寿命消耗累计值——末次大修寿命消耗累计值是否大于或等于中修间隔期,若大于或等于则纳入中修周期装备统计表,若小于则不纳入中修周期装备统计表;若大修过且末次大修后中修过,则判断统计截止时间的寿命消耗累计值——末次中修寿命消耗累计值是否大于或等于中修间隔期,若大于或等于则纳入中修周期装备统计表,若小于则不纳入中修周期装备统计表。

这是一个真实的案例。为了得到这段话费了“九牛二虎之力”。看起来内容很丰富和详细,但论述十分难懂。在业务人员中征求意见时,他们很难读懂;而给系统分析人员看时,逻辑上又不够完备。这是一种介于业务人员与系统分析人员之间的描述,结果是两头都看不懂。究其原因是没有分清“业务规则”与“软件流程”的差异。在系统调查阶段,业务人员只给出规则即可,在此基础上由分析抽象人员对其进行归纳抽象。业务人员只给出业务规则,而分析人员给出计算规则,再交给设计人员设计计算流程。

经过进一步的交流,可以确定:一是各型装备存在《全军装备大修和中修周期表(常数)》,二是提前大修需要经过技术鉴定,三是存在《已进入大中修周期装备统计汇总表(年度报表)》,四是软件目标是预计新年度的大修任务总量,以便提前进行有效的安排等。

那么许多问题就出现了。一是既然存在《已进入大中修周期装备统计汇总表》,不是已经回答了新年度的任务了吗,剩余的工作应当是预计工时和费用行装问题,那么还预计哪件装备需要大修干什么?显然这是表达上的错误。《已进入大中修周期装备统计汇总表》是软件的输出,而不是输入。软件的输入应当是《装备实力报表》,其中包含大修预测所需要的参数,如末次大中修时间和当前技术状况等。二是全军所有装备，包括几百元的手枪，都在预计这列吗？显然不是！主要是针对任务量大和经费需求多的部分装备的大修和中修，但不了解业务的开发团队很可能是这么理解的。

怎么办呢？对上述内容进行分解，首先归纳其中的"规则"部分，这主要由业务人员提供，经开发人员协商形成。

常数：《全军装备大修和中修周期表》。

输入：包含大修预测所需要的参数《装备实力报表》。

规则：

(1)到达或超过大修周期的装备，计入"进入大修周期装备数量"；

(2)未到达大修周期，但经过技术鉴定需要提前大修的装备，也计入"进入大修周期装备数量"；

(3)到达或超过大修极限，经技术鉴定仍有大修价值的装备，也计入"进入大修周期装备数量"；

(4)某些装备的首次大修周期与常规大修周期有差别；

"进入中修周期装备的数量"参照"进入大修周期装备数量"进行，且大修优先。

输出：《已进入大中修周期装备统计汇总表》。

这些内容需要业务人员从相应的规章制度中摘录。再经过业务人员群体审核补充，直到完整。在此基础上以分析抽象人员为主进行逻辑归纳，形成计算规则。

已进入大中修周期装备数量预测方法

一、已进入大修周期装备数量预测方法

1. 未大修过的装备，如果首次大修周期与正常大修周期不一致，以首次大修周期计算，否则按正常大修周期计算。

2. 对于已经达到(或超过)大修次数极限规定的装备，不再计入大修预测数量。

3. 对于已大修过，但尚未到达大修次数极限规定的装备，如果从末次大修时间到统计截止时间的间隔达到或超过大修周期计入大修预测数量；对于未达到大修周期，但经过技术鉴定需要安排大修的装备也计入大修预测数量；其余情况不计入大修预测数量。

二、已进入中修周期装备数量预测方法

对于未计入大修预测数量的装备，如果中修计时期达到或超过中修周期的装备，计入中修预测数量；对于中修计时期未达到中修周期的装备，但经过技术鉴定需要中修的装备，也计入中修预测数量；其余情况不计入中修预测数量。

中修计时期是指末次中修时间开始至本次统计截止时间的时间段。对于末次大修以后没有进行中修的装备，以末次大修时间为本次中修计时期的开始时间。对于没有经过大修或中修过的装备以出厂时间为本次中修计时期的开始时间。

以上内容还需要业务人员确定，因此，需要一种非软件专业人员可读懂的表达方式。在确定无误后，分析抽象人员还需要将其转换为技术语言，如表 35-2 和以下的伪码。

表 35-2　大修预测规则

大修状态		未达到大修周期		达到或超过大修周期	备注
		经过鉴定	未经鉴定		
未大修过		依结果	不列入	列入	首次大修周期
已大修过	未达到大修极限次数	依结果	不列入	列入	常规大修周期
	达到或超过大修极限次数　鉴定仍可修	列入	×	列入	
	鉴定不可修	不列入	×	不列入	

```
REM 装备字典＝装备代码＋装备名称＋首次大修间隔＋常规大修周期＋大修极限次数
REM 装备基本信息表＝装备代码＋装备号码＋出厂时间＋大修次数＋末次大修时间＋大修鉴定


DXSL＝0        REM 某型装备，进入大修周期装备数量

从《装备字典》中获取某型装备常数：首次大修间隔、常规大修周期、大修极限规定
Scan 《装备基本信息表》  for 某型装备
    REM 计算"大修计时期"，精度同大修周期(通常为年或月)
    If 该装备已大修过
        DXJS＝当前时间－末次大修时间
    Else
        DXJS＝当前时间－出厂时间
    EndIf
    If 首次大修间隔与常规大修周期不相等  and  大修次数＝0
        AA＝首次大修间隔
    Else
        AA＝常规大修周期
    EndIf

    If 装备大修次数＜大修极限规定
        If DXJS>=AA
            DXSL＝ DXSL+1
        Else
```

```
        If 技术鉴定需要大修  Then   DXSL= DXSL+1
      EndIf
   Else
      If  DXJS>=AA and 技术鉴定可以大修(新增) Then DXSL= DXSL+1
   EndIf
EndScan
```

35.3　四方生命周期图

更为普遍和一般的过程可按人员类别展开。首先是使用生产和生活实践中产生一种改进现行系统的想法，并与分析者交流，最终形成所谓的"需求"。分析者根据使用者的"需求"寻找和创新理论与方法，形成设想并与设计者不断地沟通，最终形成一个可行的逻辑"方案"。设计者根据分析者提出的逻辑方案设计生产过程，并与生产者不断地沟通形成产品"图纸"。最后，生产者根据图纸设计生产工艺并实施生产，最终形成"产品"。使用者再根据产品对于自己原始需求的满足程度，评价使用新产品。并以此往复，推动科学和技术的进步，见图 35-3。

为了加深学生对于这一开发和创新过程的理解，可布置学生作业，举例描述图 35-3 所述的过程，如飞机、计算机、车辆等的产生与发展过程。

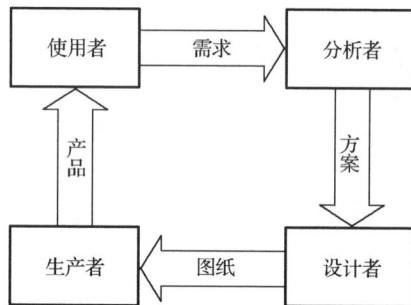

图 35-3　开发过程四方图

要 点 评 注

开发过程中过早地进行程序代码的编写，造成软件质量的低下。在这一模式中，用户单位的领导通常是其直接推手。其主要原因在于对信息系统的开发过程的不理解，从另一个意义上讲是一个不称职的信息化方面领导，但又在其位，项目组几乎无法阻止。从矛盾的主要方面入手，首先让领导层掌握信息系统建设的客观规律——这是一个艰巨的任务。否则在部分代码开发完成后，主观上又不愿意推倒从来，只是修修补补，从而大大降低了信息系统的质量。就好像一幢楼房，在其上部功能用途的详细方案没有完成以前，先做下层的基础，这样能够让领导有直观的进度感，但基础出地面后，发现与详细的上层功能与用途不能完全适应时，问题就表现出来，最终只能将就、凑合，基础已经完成，是不可更改的，只能通过上层的更改来适应基础，从而在效益和效果上大打折扣。应付出来的系统，可能好用吗？因此，在信息系统开发的过程问题上要让领导、用户和开发技术人员取得共识，才有可能健康、正常的进行，以便获得高质量的系统。

　　发达国家的程序员很大一部分是新手，或者根本就是高中生。作者感叹，中国的程序员却需要具备系统分析员、系统设计员（高级程序员）的素质，否则根本无法接编程任务。不仅如此，还需要给上级普及信息系统知识，这些都是软件行业不发达、不规范造成的不良后果。

第 36 章　流程设计与表达的多样性

研 究 背 景

处理过程的表达是专业软件开发人员的基本功之一，但目前系统开发的现状不容乐观，大量非专业人员及公司接受了软件开发任务。在许多软件系统鉴定项目中，作者发现让开发组写文档、描述过程，好像是十分痛苦的事。追其原因，在"管理信息系统"及其相关课程的教学中，没有专门的学习过程描述的工具。出于开发工作急需，以及教学需要，将典型的过程设计方法合并介绍，并用同一个案例进行对比分析，以便学生及初级开发人员学习使用。

本章用多种不同的工具表达同一个业务，以便理解流程表达的多样性，并对比各种工具的差别。

36.1　案例及自然语言描述

自然语言是技术人员与业务人员交流的最通用的工具，因为它不存在语言障碍，不需要技术人员向业务人员讲解技术符号的含义，因而受到业务人员的欢迎。

制作弹药保障计划对军械管理人员来讲是一个基本功，但完全靠手工计算，是烦琐、头痛的工作，且速度慢，易出差错，然而它又是不可缺少的。为了叙述方便，本章中把弹药保障计划表进行了简化，主要由常数(i, C, n_1, n_2)；输入数据(n_3, n_4, n_5)和输出数据(n_6, n_7, n_8 及合计)三个部分组成，见表 36-1。

表 36-1　弹药保障计划表

序号	武器名称	基数标准	发毛重	武器数	现有发数	应储基数	补充发数	补充基数	补充重量
i	C	n_1	n_2	n_3	n_4	n_5	n_6	n_7	n_8
1									
⋮						...			
I									
合计									

其过程用自然语言表述如下。

(1)如果需要修改常数，则调用 Modify 模块；

(2)循环键入"输入数据"；

（3）计算循环初始化：$i=1$, $\text{Total}_1=0$；

（4）$n_6=n_5 \cdot n_3 \cdot n_1-n_4$，如果 $n_6<0$，则取 $n_6=0$；

（5）如果 $n_3=0$，则 $n_7=0$，否则 $n_7=n_6/n_3/n_1$；

（6）$n_8=n_6 \cdot n_2$，$\text{Total}_1=\text{Total}_1+n_8$；

（7）$i=i+1$，如果 $i \leqslant I$，则再次执行（4）；

（8）调用打印输出模块 Print。

36.2　程序流程图

程序流程图又称程序框图，它是使用最广泛的描述软件设计的工具，从 20 世纪 40 年代末到 70 年代中期，程序流程图一直是软件设计的主要工具。它的主要优点是对控制流程的描绘很直观，便于初学者掌握。由于程序流程图历史悠久，熟悉人员众多，尽管它有种种缺点，许多软件方面的专家建议停止使用，但至今它仍被广泛使用，不过总的趋势是越来越多的软件专业人员不再使用程序流程图。但程序流程图越来越多地成为普通人的一种通用的工具。

程序流程图的主要缺点如下。

（1）程序流程图本质上不是逐步求精的好工具，它诱使程序员过早地考虑程序的细节控制问题，而不考虑程序的全局结构。

（2）程序流程图不易表示层次结构。

（3）程序流程图不易表示数据结构和模块调用关系等重要信息。

（4）程序流程图用箭头代表控制流，因此程序员不受任何约束，可以完全不顾结构化程序设计的精神，随意转移控制。但本例中的程序流程图（图 36-1）中的循环已经根据 GB1526-1989 表达，随意转移问题已经有部分的改进。

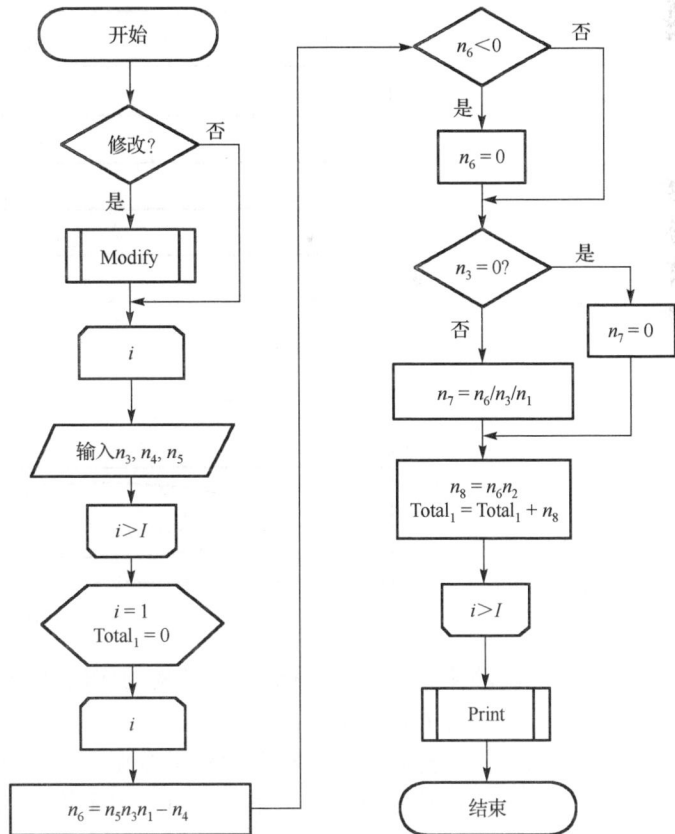

图 36-1　程度流程图

36.3　盒图（N-S 图）

出于要有一种不允许违背结构程序设计精神的图形工具的考虑，Nassi 和 Shnei-Derman 提出了盒图，又称为 N-S 盒图。如图 36-2 所示，它有下述特点。

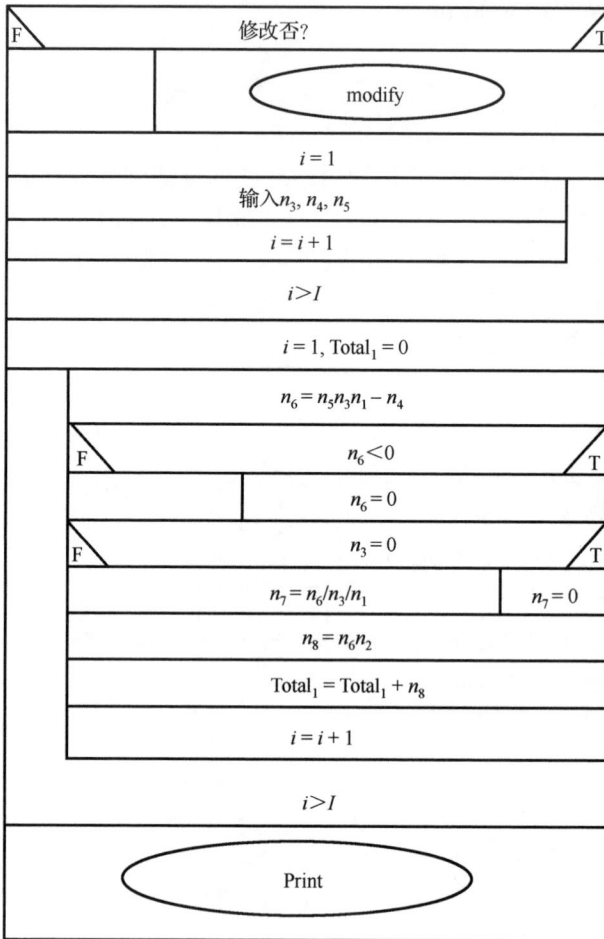

图 36-2　盒图

(1) 功能域（即一个特定控制结构的作用域）明确，可以从盒图上一眼就看出来。

(2) 不可能任意地转移控制。

(3) 很容易确定局部和全程变量数据的作用域。

(4) 很容易表现嵌套关系，也可以表示模块的层次结构。

虽然初次接触盒图的人可能感到不太习惯,但是它一点也不比程序流程图复杂。

盒图没有箭头，因此，不允许随意转移控制。坚持使用盒图作为详细设计的工具，可以使程序员逐步养成用结构化的方式思考问题和解决问题的习惯。

36.4　Warnier 方法和 Warnier 图

法国的 Warnier 提出的另一种面向数据结构的设计方法，又称为逻辑地构造程序的方法，Warnier 方法的原理和 Jackson 方法类似，也是从数据结构出发设计程序，但是这种方法的逻辑更严格。

在 Warnier 图（图 36-3）中数据元素或程序结构按从上到下的顺序出现，而不像 Jackson 图那样按从左到右的顺序出现。在 Warnier 图中数据元素或程序结构选择出现或重复出现的事实，用数据元素下方（或右方）的括号指明。

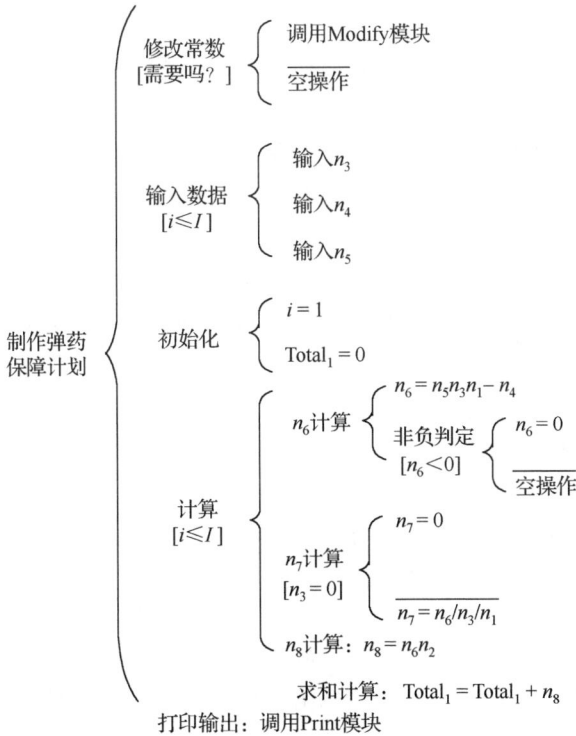

制作弹药保障计划
- 修改常数 [需要吗？]
  - 调用Modify模块
  - $\overline{空操作}$
- 输入数据 [$i \leqslant I$]
  - 输入n_3
  - 输入n_4
  - 输入n_5
- 初始化
  - $i = 1$
  - $Total_1 = 0$
- 计算 [$i \leqslant I$]
  - n_6计算
    - $n_6 = n_5 n_3 n_1 - n_4$
    - 非负判定 [$n_6 < 0$]
      - $n_6 = 0$
      - $\overline{空操作}$
  - n_7计算 [$n_3 = 0$]
    - $n_7 = 0$
    - $\overline{n_7 = n_6 / n_3 / n_1}$
  - n_8计算：$n_8 = n_6 n_2$
- 求和计算：$Total_1 = Total_1 + n_8$
- 打印输出：调用Print模块

图 36-3　Warnier 图

Warnier 程序设计方法的最终目标同样是得出对程序处理过程的详细描述。这种设计方法基本上由下述五个步骤组成。

（1）分析和确定输入数据和输出数据的逻辑结构，并用 Warnier 图描绘这些数据结构。

(2)主要依据输入数据结构导出程序结构，并用 Warnier 图描绘程序的处理层次。

(3)画出程序流程图并自上而下依次给每个处理框编序号。

(4)分类写出伪码指令，Warnier 定义了下列五类指令：输入和输入准备、分支、计算、输出和输出准备、子程序。

(5)把前一部分中分类写出的指令按序号排序，从而得出描述处理的伪码。

36.5　Jackson 方法与 Jackson 图

Jackson 方法可用于程序设计，由以下五个步骤组成。

(1)分析并确定输入数据和输出的逻辑结构，并用 Jackson 图描绘这些数据结构。

(2)找出输入数据结构和输出数据结构中有对应关系的数据单元。所谓有对应关系是指有直接的因果关系，在程序中可以同时处理的数据单元(对于重复出现的单元必须重复的次序和次数相同才可能有对应关系)。

(3)用下述三条规则从描绘数据结构的 Jackson 图导出描绘程序结构的 Jackson 图。

①为每对有对应关系的数据单元，按照它们在数据结构图中的层次，在程序结构图的相应层次画一个处理框(注意,如果这对数据单元在输入数据结构和输出数据结构中所处的层次不同，则和它们对应的处理框在程序结构图中所处的层次与它们之中在数据结构图中层次低的对应)。

②根据输入数据结构中剩余的每个数据单元所处的层次，在程序结构图的相应层次分别为它们画上对应的处理框。

③根据输出数据结构中剩余的每个数据单元所处的层次，在程序结构图的相应层次分别为它们画上对应的处理框。

总之，描绘程序结构的 Jackson 图应该综合输入数据结构和输出数据结构的层次关系而导出。在导出程序结构图的过程中，由于改进的 Jackson 图规定在构成顺序结构的元素中不能有重复出现或选择出现的元素，所以可能需要增加中间层次的处理框。

(4)列出所有操作和条件(包括分支条件和循环结束条件)，并且把它们分配到程序结构图的适当位置。

(5)用伪码表示。

根据这个方法，本章案例可用其表达，见图 36-4。

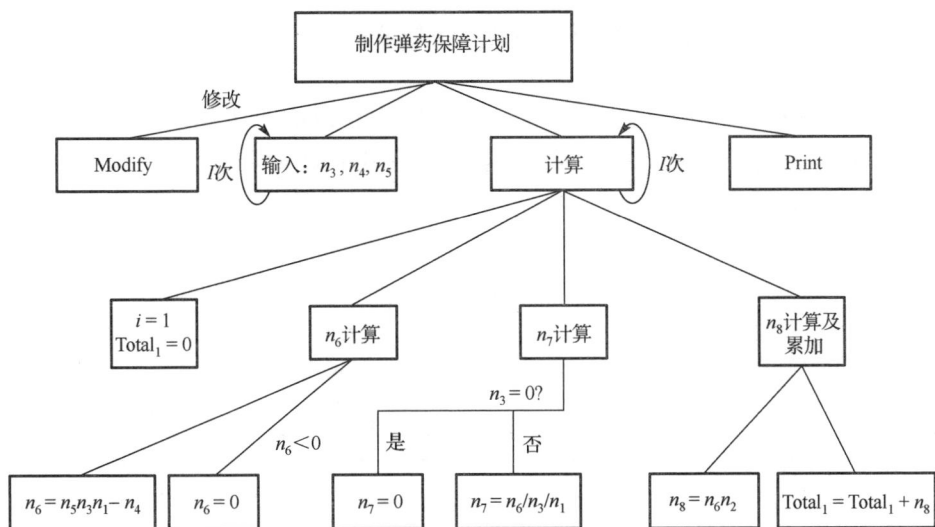

图 36-4 Jackson 图

36.6 过程设计语言

过程设计语言(process design language,PDL)又称为伪码,这是一个笼统的名称,现在使用的过程设计语言有许多种。它们是用来表示数据和处理过程的设计工具,见图 36-5。

PDL 应该具有下述特点。

(1)关键字的固定语法,提供了结构化控制结构、数据说明和模块化的特点。为使结构清晰和可读性好,通常在所有可能嵌套使用的控制结构的头和尾都有关键字。

(2)自然语言的自由语法,描述处理特点。

(3)数据说明的手段,应该既包括简单的数据结构(如纯量和数组),又包括复杂的数据结构(如链表或层次的数据结构)。

(4)模块定义和调用的技术,应该提供各种接口描述模式。

PDL 作为一种设计工具有如下优点。

(1)可以作为注释直接插在源程序中间。这样做能促使维护人员在修改程序代码的同时也相应地修改 PDL 注释,因此有助于保持文档和程序的一致性,提高文档的质量。

```
  ┌ IF    需要修改
  │ THEN  调用Modify模块
  └ ENDIF
i = 1
  ┌ Do While i≤I
  │   输入n₃、n₄和n₅
  │    i = i + 1
  └ ENDIF
初始化i = 1, Total₁ = 0
  ┌ Do While i≤I
  │   n₆ = n₅*n₃*n₁- n₄
  │   ┌ IF   n₆ = 0
  │   │ THEN  n₆ = 0
  │   └ ENDIF
  │   ┌ IF   n₃<0
  │   │ THEN  n₇ = 0
  │   │ ELSE   n₇ = n₆/n₃/n₁
  │   └ ENDIF
  │   n₈ = n₆*n₂
  │   Total₁ = Total₁ + n₈
  │   i = i + 1
  └ ENDDO
  调用Print模块
```

图 36-5 过程设计语言

（2）可以使用普通的正文编辑程序或文字处理系统，很方便地完成 PDL 的书写和编辑工作。

（3）已经有自动处理程序存在，而且可以自动由 PDL 生成程序代码。

PDL 的缺点是不如图形工具形象直观，描述复杂的条件组合与动作间的对应关系时，不如判定表清晰简单。

36.7 小 结

以上各种常用工具的基本符号汇总如下，见表 36-2。

表 36-2 各种流程表达工具符号对比表

名称	顺序	分支			循环	子程序	备注
		可选分支	二路分支	多路分支			
程序流程图	处理1→处理2→处理3	条件（是/否）→处理	条件（是/否）→处理1/处理2	条件 多路分支 1 2…n−1 n	循环名称 开始条件/循环体/循环名称；循环名称/循环体/循环名称 结束条件	子程序名	摘自 GB 1526—1989
盒图	处理1/处理2/处理3	是 条件 否 处理	是 条件 否 处理1 处理2	条件式 值1 值2 值3 值4 处理1 处理2 处理3 处理n	循环开始条件/循环体/循环结束条件	子程序名	尚无统一标准，表中图形及标注均属本书推荐样式
Warnier图	处理1/处理2/处理3	处理{处理[条件]}	处理{处理1/处理2}	处理(条件式){值1:处理1/值2:处理2/…/值n:处理n}	处理{循环体}(条件)	处理名本身即含有子程序的概念	尚无统一标准，表中图形及标注均属本书推荐样式
Jackson图	处理→处理1/处理2/处理3	条件/条件 处理 处理	处理（条件式）是 否 处理1 处理2	处理 条件式 值1 值2 值n 处理1 处理2 处理n	循环体 条件	方框本身可以认为是一个子程序	尚无统一标准，表中图形及标注均属本书推荐样式
伪码	处理1/处理2/处理3	IF 条件 THEN 处理 ENDIF ; IF 条件 ELSE 处理 ENDIF	IF 条件 THEN 处理1 ELSE 处理2 ENDIF	DO CASE CASE 情况1 处理1 CASE 情况2 处理2 … CASE 情况n 处理n ENDCASE	DO WHILE 条件 循环体 ENDDO ; DO WHILE 循环体 UNTIL 条件	DO 子程序名	尚无统一标准，表中流程结构关键词参照 dBASEⅢ语言选取

要 点 评 注

处理过程、程序流程等有许多表达工具，常用的是自然语言和程序流程图，而一种专业工具通常有一定的思想作为指导和方法约定，也各有其他优点。本章用不同的工具表达同一过程，表明了各种工具的本质是同样的。不同的工具表达的成果之间还可以转换，见程序流程图与盒图的转换案例（参见30.4节）。

基数和基数标准（第12章）的概念是一个业务的领域性概念。作为需求分析人员，必须要搞得十分明白，甚至需要超过业务人员，即一个系统的人员，在系统开发完成后，应当是对于这个系统最了解的人。而系统设计人员由于有分析人员把关，只需要基本明白，不影响工作即可。作为编程人员，明白最好，但不明白也无所谓，因为编程人员只是按照设计进行编程并达到规定要求，其中的物理意义与编程人员无关。

第 37 章　其他教学素材

研究背景

　　1991 年作者拿着《军械管理信息系统管理基础》一书到解放军出版社时，接待我的编辑不屑一顾地看着我说，管理信息系统方面的书已经出了几十个版本了，拿回去吧，我们有很多重要的工作要做！这是我始料未及的，认真地想了一下这本书出版的必要性后，我对编辑说给我 5 分钟，如果您仍然觉得没有必要，我心服口服地走人。这位编辑打开办公室，很不情愿地将我让进去。我说：前面出的书皆为论述 MIS 开发技术的，其主要章节是系统分析、系统设计、系统实施和系统测试等，而我这本书将这四个主要章节集成为"MIS 开发技术"一章，其余均为管理性内容，故书名中加入了"管理基础"四个大字。MIS 管理知识是本书的主要内容，保守一点的说法，其余的 MIS 书籍为七分技术三分管理，而我这本书的三分技术七分管理。目前各大院校都开设了管理专业，但我们的教材却是以技术为主体的，不适合管理专业使用，故才有了本书！一星期后我接到了出版通知，在那个出版非常严格的年代，一个中专生和助教接到国家级出版社的通知，其兴奋程度是可想而知的。本章第一节就是其中的代表部分之一。

　　生命周期法在当年又称之为结构化方法，在后来的发展中两个概念逐渐地区分开来。在《军械管理信息系统管理基础》将生命周期法与原型法从一个具体的方法上升为两种基本的方法论，因为后续的许多方法都是在此二法基础上的延伸。为了便于学习和记忆，将其归纳浓缩为本章第二节的表中。

　　改革开放初期，我们经常请国外的名人来讲课。大概在 1987 年，一个美籍华人来我院讲学。其在黑板上划了一个 4×4 的方格阵列，问"你们看到几个正方形？答对的是今天在场最聪明的人！"当然，首先的答案是 16 个，然后 18 个、20 个……，这些答案中过多地带有"猜"的成分，而使答案有很多"心虚"的感觉。我很快给出 30 个答案，演讲者问，你曾经见到过这个题目并知道答案？没有，那你为什么这么坚定你的答案是正确的？我说，这对于程序员而言是个极其简单的问题，将其按边长分为 1、2、3、4 分别是 4×4、3×3、2×2 和 1×1 然后加起来即为 30，不会多，也不会少，就这么确定！演讲者用敬佩的目光看着我，你是第一个令我信服的答案提供者！并当场签名并送给我她的新作《走向成功》。其实这仅仅是结构化方法中"分解和综合方法"的一个小小的应用而已，并非我聪明，而是我掌握了这一方法！由此我获得了很多称赞和美慕的目光。在后来的教学中我将此例延伸至长方形、按顶点分解等一个系列的方法，学生们受益匪浅。

37.1　信息系统开发中的管理任务分工案例

本书第 1 章中提出信息系统的"四个有序要素构成说"中制度系统是其中最重要的部分，它决定了其他要素的作用的发挥，其次是人员及其组织机构，"七五"期间军械管理信息系统的组织机构见图 37-1。而任务的科学分工是制度系统设计的重要依据之一。在多年的教学中以军械管理信息系统为例，形成了一般系统主要工作的分工练习，在此提供给大家。加底色的是已知条件，无底色是参考答案，见表 37-1。

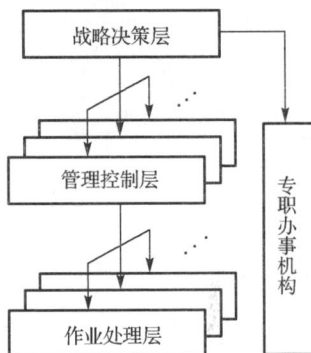

图 37-1　军械管理信息系统组织机构

表 37-1　管理信息系统任务分工（作业及答案）

序号	工作内容	战略决策层	管理控制层	作业处理层	专职办事机构
1	制定本组织开发应用工作规划、标准和制度；监督检查规划、计划的完成情况及标准、制度的执行情况	●			
2	下达本组织通用项目的研制任务，对口审定各级各部门应用软件系统并负责推广工作	●			
3	明确战略决策层与管理控制层两级管理信息系统的接口关系	●			
4	负责制定本组织信息的统一编码	●			
5	负责整个组织统一的硬件和系统软件的选定	●			
6	专职办事机构的建设和任务安排	●			
7	本级系统开发的组织和实施	●			
8	本级系统软、硬件的维护管理和运行管理	●			
9	制定本区 MIS 开发应用工作规划、计划，组织实施本辖区的开发应用工作		●		
10	制定本区 MIS 开发应用工作的有关规定、规则		●		
11	负责本区管理信息系统的软、硬件配置和维护管理工作		●		
12	进行信息的采集、整理、录入和处理，保证对战略决策层的接口畅通		●		
13	负责本区 MIS 操作员培训和软、硬件配置与维护管理工作		●		
14	负责本部门计算机软、硬件的维护管理工作			●	
15	负责业务信息的收集、整理、录入和上报工作			●	

序号	工作内容	战略决策层	管理控制层	作业处理层	专职办事机构
16	根据战略决策层和管理控制层的统一规划，组织或参加 MIS 的开发			●	
17	MIS 软件的版本注册和版本号更新审查				●
18	MIS 软件的收集、整理、复制和存储				●
19	维修服务中心的职能				●
20	系统硬件扩充的技术论证				●
21	承办本组织下达的各类计算机训练班				●

37.2　生命周期法内容概要

为了便于记忆，生命周期法内容概要见表 37-2。

表 37-2　生命周期法内容概要

阶段	结束标志	主要任务	主要方法	主要工具	主要文档	备　注
开发准备	《项目研制任务书》	制定任务书			《项目研究任务书》 《项目开发计划》	从提出开发请示开始
调查研究	《可行性研究报告》	调查现行系统 提出新系统目标 进行可行性研究	访问、座谈、填表、 抽样、查阅资料、 深入现场等	系统流程图 系统概况表 现场工作流程图 实体生命周期法	《可行性研究报告》 《开发进度月报》 《系统开发日志》 其他管理文献	
系统分析	《系统分析报告》	设计系统的逻辑模型	结构化分析方法 （即 SA 方法）	数据流图 数据词典 结构化语言 判定树判定表	《软件需求说明书》 《数据要求说明书》 《用户手册》 《测试计划》	
系统设计	《系统设计报告》	设计系统的物理模型	结构化设计方法 （即 SD 方法） Jackson 方法 Warnier 方法等	结构图 IPO 图 层次方框图	《概要设计说明书》 《详细设计说明书》 《数据库设计说明》 《设备选型报告》	
系统实施	全部程序相应文档编写完毕	系统硬、软件 程序的编制 数据收集准备 业务人员培训	结构化程序设计方法 Jackson 方法 Warnier 方法	程序流程图 盒码、伪码 Jackson 图 Warnier 图	《模块开发卷宗》 《人员培训计划》	
测试验收	正式投入运行	测试、验收系统转换交接	白盒法与黑盒法 直接转换 平等转换 分段转换		《测试分析报告》 《项目总结报告》 《错误报告》	没有明确的结束标志
运行维护	系统报废				《系统维护需求》 《系统运行日志》 《应急计划》	没有明确的开始标志

37.3 结构化的方法及其应用

结构化方法是软件开发中最古老的方法之一，几乎是所有的专业书籍无法回避的内容。在这些著作或教材中，经常有如下的论述。

在众多的分析技术中，"结构化分析"(structured analysis，SA)方法是一个简单实用、使用很广的方法。SA 方法由美国 Yourdom 公司提出，它适用于分析大型的数据处理系统，特别是机关企事业管理方面的系统，这个方法通常与设计阶段的 SD(structured design)方法衔接起来使用。

软件工程技术中，控制复杂性的基本手段是分解和抽象。同许多典型的分析方法一样，SA 方法也采用了这两个基本手段。

对于一个复杂的系统(如银行管理系统)，如何理解和表达它的功能呢?SA 方法使用了由顶向下逐层分解的方式。图 37-2 中系统 X 很复杂，为了理解它，可以将它分解成 1、2、3、4 四个子系统；如果子系统 1 和 2 仍然很复杂，可以将它们再分解成 1.1、1.2、1.3 及 2.1、2.2、2.3、2.4 等子系统，如此继续下去，直到子系统足够简单且能够被理解和被清楚的表达。

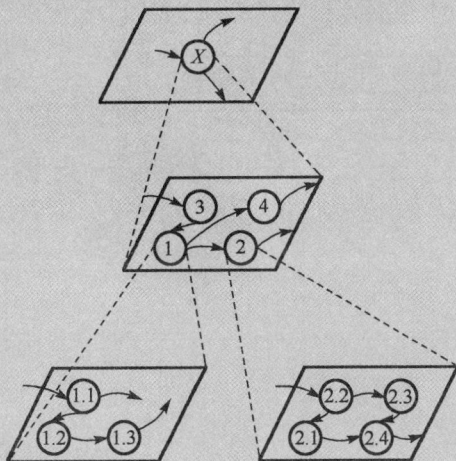

图 37-2 系统的分解

对系统进行合理的逐层分解后，就可以分别理解系统的每一个细部，并为每个细部写下说明，再将其组织起来，就获得了整个系统的说明书。

逐层分解也体现了抽象原则，它使人们不至于一下子被过多的细节所淹没，而是有控制地逐步地了解更多的细节，这是有助于理解问题的。图 37-2 中的顶层抽象地描述了整个系统，底层具体地画出了系统的每一个细部，而中间层则是从抽象到具体的逐步过渡。按照这样的方式，无论系统多么复杂，分析工作都可以有计划、按步骤、有条不紊地进行，系统规模再大，分析工作的复杂程度也不会随之增大，而是多分解几层，所以 SA 方法有效地控制了复杂性。

这段论述很浅显、好理解。但这里面有两个问题：一是什么是结构化的概念，难以理解；二是如何分解，如何验证分解的结果等，缺少说明案例。

第一个问题关于结构化的概念，它仅是一个软件专业常用的术语，并没有确切的定义，其内涵仅是约定俗成的，主要指明确的、确定的意思。对一个问题而言：如果已经掌握得十分清楚，则称为结构化问题；与此相对应，如果完全不清楚，则称为非结构化问题；但大量的问题并不是"0-1"逻辑所能描述的，即一部分清楚，而另一部分不清楚，称为半结构化问题。对于一种方法而言，如果已经非常确定，无论何人，采用这种方法在相同已知的情况下，一定得出相同的结论，至少是不冲突的结论，这就是结构化方法。一个事物在不同的发展过程中，人们对其认识是在不断增加的，见图 37-3。

对于第二个问题，即对于某个问题进行分析与设计，得出答案后，如何保证答案是正确的，是否知道还有没有其他答案等，即对自己的答案应当具有足够的信心。下面给出一个案例。

问题：有一个 4 行×4 列的方格阵，见图 37-4，问图中一共有多少个正方形？

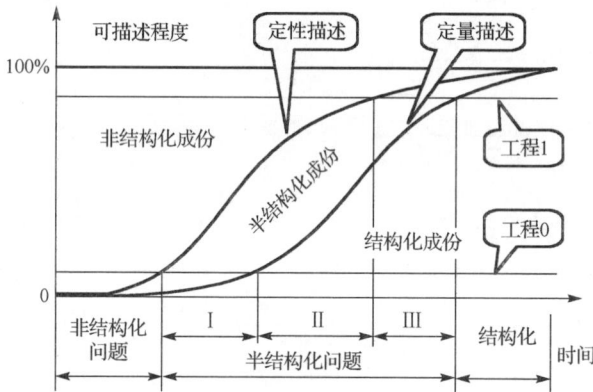

图 37-3　结构化概念　　　　　　　　图 37-4　方格图

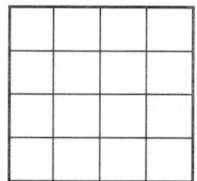

很快有人会说：16 个、18 个、23 个……很明显，正确答案只有一个。如果你给出了其中的一个答案，你心里面有底吗？这个"底"对于一个系统开发总师是不能缺少的，如果没有，那么在你主持下开发出来的新系统，也很难有"底"。

对于掌握了 SA 方法控制系统复杂程度方法的人来说，这是一个小的不能再小的问题。从表面上看，这个问题一眼看不到答案，属于比较复杂的，那么需要对它进行分解。如何分解，有很多方法。因为正方形的基本要素是边长，自然以边长为分类标准。显然最小边长为 1，而最大边长为 4，当然还有边长为 2 和 3 的情况。这个问题转换为边长分别为 1、2、3、4 的正形数量相加的问题。完成第一步分解，为 5 个小问题：一是边长为 1 的正方形的数量，显然有 4×4 共 16 个；二是边长为 2 的正方形的数量，显然有 3×3 共 9 个；三是边长为 3 的正方形的数量，显然有 2×2 共 4 个；四是边长为 4 的正方形的数量，显然有 1×1 共 1 个；五是求总 16+9+4+1＝30。这样得出的答案大家非常有"底气"。

在这个过程中，需要注意两个问题。①问题分解得是否恰当？前面提到，边长是正方形的要素，但顶点也是其要素，如果按顶点进行分解，那么，后面的综合（抽象）问题就会比较复杂，因为按边长分类，各类之间不会出现包含关系，而按顶点分类就会出现包含关系，这样，最后综合时，不仅需要相加，还需要减去其中重复的数量。即需要保证最终的答案是一个"不重不漏"的正方形集合，学术用语为"互斥且完备"。②各分问题是否可以解，如何解？如果不能解，则需要继续分解。当然分问题的解的正确性也很重要，并是需要保证的，但相对而言简单了许多。

作为教学部分，可以加大难度练习。例如，将上面的正方形条件更换为长方形、矩形如何解？也可以将 4×4 条件更换为 $M×N$ 等。

要点评注

在长期的 MIS 开发和教学实践中形成了许多卓有成效的教学案例，篇幅过大的无法进入本书，篇幅适中的已经形成前面的章，一些篇幅较小的集中于此章。

当前，MIS 大规模早期失效原的因很多，但在开发技术日臻完善的今天，归究于管理问题是当前的共识，目前许多单位对于硬件"有购置费无维护费"，对于软件"有开发人员无（欠缺）运行管理人员"，已经是一个不争的事实。因此，在开发初期就要认识到软件运行需要一个管理机构，并且其构成和运行制度需要确定，否则，软件失效是可预期的。因此，理解管理机构的组成和职能分工，就是信息系统建设与管理的重中之重！

本书列出的生命周期法的七个阶段，只是一个观点而已，并非"一统天下"的真理，许多书中还会有不同的划分方法。从微观着眼，每一次开发都是一次生命周期法，既便采用的是原型法，也脱离不了生命周期法的这几个步骤，只是每个步骤粗略了一点而已；而从宏观着眼，一个系统"从生到灭"整个过程就是一个原型法，两种方法几乎穷举了所有 MIS 过程。

结构化分析方法中的分解与综合技术，其最为关键的问题在于对结果的信心，必须做到"确信无疑"，否则，后序的开发与运行过程中可能出现大量的先天性的问题。

对于业务工作的结构化进程的估计也是系统分析一个重要判断，它涉及到后续一系列方法与策略问题。一个系统的成功是建立在每一个细节的成功基础之上，而一个系统的失败可能由于某一个不起眼的细节的失败引起的，因此，必须关注每一个细节。

致　　谢

在本书完稿之际，首先感谢 1986 年将"军械一号"作战模拟训练系统建模任务交给我的系主任、我的导师甘茂治教授。这是一个入门和奠基性的项目，我的信息化科研、学术、工程开发和教学工作就此开始。

感谢以总部赵恩祥参谋、刘广迎参谋、吕明部长、汪守国参谋、刘伟参谋为代表的提出任务需求、给予经费和项目支持的总部机关人员。他们在自身业务和信息化方面都有着很深的造诣，给出了准确、必要的强烈需求。没有需求，就没有工作；没有好的需求，就没有好的成果。

感谢信息化的前辈、我的导师、北京理工大学甘仞初教授，他的指点使我茅塞顿开，让我倾力和专注于信息化工作。没有兴趣爱好，就不能长久；没有高人指点，就难有高水平的成就。

感谢赵强教授，在他的引导、鼓励下，我编著完成了《军械管理信息系统管理基础》，并于 1991 年在解放军出版社出版，这使一个处在研究成群、教授成堆环境中的助教和中专生克服了难以逾越的心理障碍，使我更加自信。

感谢以军械工程学院张卓教授、甘茂治教授、龚传信教授、张光玉副教授、陈松林副教授、赵强教授等为代表的前辈多年来给予的倾心和大力指导，这使我终生难忘。

感谢李德毅院士、中国科学院顾基发教授、北京大学马蔼乃教授、清华大学侯炳辉教授、北京理工大学甘仞初教授、军事科学院雷渊深教授等老前辈！在硕士论文、国家自然科学基金项目、博士论文，以及个人参与的大项目和重要学术成果上给予的悉心的指导和帮助。

感谢以杜立伟、王钰、吕耀平、谯谊、刘浩、俞康伦、尤春风、阮拥军、赵湘、于同刚、张庆宏等为代表的长期共同从事研发工作的同事，没有他们高质量的奋力工作，就不会有丰富的引以为荣的成果。与他们愉快相处、协调一致的工作经历，给我留下人生中最美好的记忆。

感谢我的学生们，他们在完成学位论文的同时，还承担了大量的研究工作，本书中包含他们大量的辛勤劳动。

由于本书形成时间较长，内容经历多次提炼和提升，难以详细列出每一个人在其中的贡献，在此对那些为本书做出贡献的人表示衷心的感谢。

最后，还要特别地感谢清华大学的侯炳辉教授，在我"革命意志衰退"的时候，对我寄予期望，激发了我的历史责任感，让我在临近退休的这段时间里完成了本书。